JORGE MANUEL COUTINHO DE ABREU
Professor da Faculdade de Direito de Coimbra

CURSO DE DIREITO COMERCIAL

Vol. I

(Introdução, Actos de comércio, Comerciantes, Empresas, Sinais distintivos)

8.ª EDIÇÃO

ALMEDINA

CURSO DE DIREITO COMERCIAL
VOL. I – (INTRODUÇÃO, ACTOS DE COMÉRCIO, COMERCIANTES, EMPRESAS, SINAIS DISTINTIVOS)

AUTOR
JORGE MANUEL COUTINHO DE ABREU

EDITOR
EDIÇÕES ALMEDINA, SA
Rua Fernandes Tomás nºs 76, 78, 80
3000-167 Coimbra
Tel.: 239 851 904
Fax: 239 851 901
www.almedina.net
editora@almedina.net

PRÉ-IMPRESSÃO | IMPRESSÃO | ACABAMENTO
G.C. – GRÁFICA DE COIMBRA, LDA.
Palheira – Assafarge
3001-453 Coimbra
producao@graficadecoimbra.pt

Outubro, 2011

DEPÓSITO LEGAL
335044/11

Biblioteca Nacional de Portugal – Catalogação na Publicação

ABREU, Jorge Manuel Coutinho de, 1955-

Curso de direito comercial. – 8ª ed. - v. – (Manuais universitários)
1º v.: Introdução, actos de comércio, comerciantes, empresas, sinais distintivos. - p. - ISBN 978-972-40-4677-8

CDU 347
378

NÓTULA À 8.ª EDIÇÃO

Esta nova edição em muito pouco difere da anterior. Meia dúzia de (pequenas) actualizações legislativas e algumas correcções tipográficas é o que tem de novo.

Razões várias justificam esta parcimónia. Não apareceram novidades legislativas significativas nos campos por que se estende o vol. I deste Curso. Ao invés do que se registou no domínio das sociedades, objecto do vol. II, cuja revisão me vinha ocupando nos últimos tempos. Depois, quando há dias me preparava para proceder a algumas actualizações doutrinárias e jurisprudenciais, um ataque colunar-muscular (não falo como um médico!) lançou-me para vale de lençóis. E na colina universitária os estudantes demandam o vol. I...

Coimbra, 25 de Setembro de 2011

NÓTULA À 7.ª EDIÇÃO

No período compreendido entre a 6.ª edição deste volume (com duas reimpressões de permeio) e a actual nasceram numerosos actos legislativos (a taxa de natalidade no espaço jurídico-comercial continua elevadíssima). Que impuseram fastiosos pequenos toques e retoques em inúmeros pontos e, num ou noutro caso, a reescrita de algumas páginas. Por razões outras, foram introduzidas mais linhas aqui e ali.

Dou conta dos lugares onde podem ser vistas novidades maiores: n.º 1. 3. da Introdução (problema da autonomia do direito comercial), n.º 1. do cap. I (regime especial comum aos actos de comércio), n.ºs 3. 3. 1. 2. e 3. 4. 1. 1. do cap. III (novo regime das empresas municipais, intermunicipais e metropolitanas e forma dos negócios de trespasse, respectivamente), n.º 2. do cap. IV (nova disciplina dos logótipos, que absorveram os tradicionais nomes e insígnias de estabelecimentos).

Coimbra, 1 de Setembro de 2009

NÓTULA À 6.ª EDIÇÃO

A "fábrica" legislativa continua a laborar em ritmo intensivo. O "artesão"-escrevente de direito não tem, por isso também, descanso; precisa de ler, seleccionar e analisar para, às vezes contrariado, retocar e refazer as suas peças.

Várias leis publicadas depois da 5.ª edição do vol. I deste Curso *obrigaram a mexer em todos os capítulos do mesmo. As alterações maiores inscrevem-se no n.º 6. 2. do cap. II (escrituração mercantil) e nos n.os 3. 4. 1. 4. e 3. 4. 2. do cap. III (trespasse de estabelecimento instalado em prédio arrendado e locação de estabelecimento, respectivamente).*

Coimbra, 30 de Agosto de 2006

NÓTULA À 5.ª EDIÇÃO

Esgotados os exemplares de uma edição, seria mais cómodo para o autor fazer-se uma simples reimpressão. Isto não tem sido possível para o vol. I deste Curso. *Novidades legislativas, principalmente, têm obrigado a edições novas.*

Relativamente à anterior, a presente edição limita-se quase exclusivamente a alterações impostas pelo recente Código da Insolvência e da Recuperação de Empresas: foram reescritas as páginas do n.º 4. 2. 2. do cap. II e do n.º 4. do cap. III. A maioria destas páginas repete, com diferenças muito pequenas, o estudo Recuperação de empresas em processo de insolvência *(concluído em Agosto), destinado a um livro de justíssima homenagem ao Prof. Doutor António Castanheira Neves.*

Gostava de ter atendido a alguns contributos doutrinários e jurisprudenciais acerca de outras matérias que apareceram entretanto. Todavia, continuo sem aprender como aprisionar o tempo e obrigá-lo a permitir o diálogo com tantos papéis (des)esperando nas mesas e estantes...

Coimbra, 24 de Setembro de 2004

NÓTULA À 4.ª EDIÇÃO

Esta edição limita-se essencialmente a acertos impostos por legislação recente (por desdita, a recessão não chega à produção legislativa deste país).

Relevam sobretudo o novo Código da Propriedade Industrial (aprovado pelo DL 36/2003, de 5 de Março), que obrigou a ajustamentos em todo o cap. IV (e, aqui e ali, nos caps. II e III), o Código do Trabalho (aprovado pela L 99/2003, de 27 de Agosto), impondo pequenos ajustes nos caps. II e III, e a L 18/2003, de 11 de Junho ("regime jurídico da concorrência"), tida em conta principalmente no n.º 2. 2. do cap. III.

Coimbra, 25 de Setembro de 2003

NÓTULA À 3.ª EDIÇÃO

A 2.ª edição deste livro esgotou há muitos meses. Em vez de uma simples reimpressão, que me foi sugerida, decidi esperar que o tempo proporcionasse oportunidade para tratar de uma nova edição.

Ela aqui está. Muito próxima da anterior. Mas, natural mente, com actualizações doutrinárias, jurisprudenciais e legislativas, e retoques aqui e ali. Entretanto, introduzi um novo número na Introdução (o n.º 3.) e reescrevi (sem mudanças substanciais) o n.º 2. 1. do cap. III. De que resultaram algumas páginas mais (impossibilitando a inscrição ecológica e anti-costumeira na primeira página: "3.ª edição revista mas não ampliada"*...).*

Coimbra, 30 de Setembro de 2002

NÓTULA À 2.ª EDIÇÃO

O tempo que correu desde a publicação da 1.ª edição, embora breve, trouxe bastantes novidades legislativas. Delas dou conta agora. Novos contributos jurisprudenciais e doutrinários (sobretudo portugueses) são também tomados em conta.

Sai a 2.ª edição do vol. I do Curso... *e não sai a 1.ª do vol. II. Diversos afazeres (universitários) justificam o facto. Não olvidei o compromisso. Algumas páginas do vol. II foram já publicadas em fascículos e outras se seguirão. Espero que antes de nova edição deste vol. apareça o II em livro.*

Coimbra, 30 de Setembro de 2000

ABRINDO/FECHANDO

> "O que chamamos o começo é muitas vezes o fim
> E fazer um fim é fazer um começo"
>
> T. S. ELIOT, *Antologia poética*,
> Dom Quixote, Lisboa, 1988, p. 154

É dever do professor proporcionar "lições" escritas aos alunos. Dever que mais se faz sentir quando, como sucedeu na Faculdade nos últimos anos, os textos e lições de direito comercial fornecidos se mostram manifestamente desactualizados em alguns capítulos.

Em Junho de 1997, depois de o Conselho Científico me ter atribuído a regência da disciplina de Direito Comercial para o ano lectivo de 1997-1998, firmei o propósito de logo nesse ano facultar aos estudantes elementos de estudo postos em dia e que, de forma segura e rigorosa, reflectissem as preocupações e perspectivas do regente da cadeira.

Assim nasceu este vol. I do "Curso", que foi sendo posto à disposição dos alunos em fascículos. (Para a segunda parte da matéria preleccionada – sobre sociedades –, quatro colaboradores redigiram, a partir de sumários meus e sob coordenação minha, os "Estudos de Direito das Sociedades", publicados igualmente em fascículos. Para a terceira parte – respeitante às letras de câmbio –, continuou a contar-se, como livro de texto, com o 3.° vol. das "Lições" do Prof. Ferrer Correia.).

Claro que o que agora se dá à estampa não é obra de um ano apenas. Parte foi escrita em 1995 e 1996; outra parte recolhe muito do investigado para o ensaio "Da empresarialidade" (concluído no verão de 1994), de que se reproduzem, aliás, vários nacos. E todo o livro beneficia da investigação sobre temas diversos feita ao longo de muitos anos. Ainda assim, foi grande o esforço para aprontar neste ano lectivo o que aqui se oferece. Mas a julgar pelos resultados das provas de frequência e de exame entretanto realizadas, terá valido a pena.

Há diferentes modos ("modelos") de se escreverem "lições". Entre outros, um consiste em texto enxuto, sem ou com poucas notas, sem ou com poucas referências bibliográficas e comparatísticas – e que tanto pode ser "vulgata" como obra madura, rigorosa e reflectida; consiste outro em escrito mais "intertexto", com mais informações e referências – e que pode ser mais ou menos descritivo, compilatório, problematizador ou crítico. Este "Curso" encosta-se preferencialmente ao segundo "modelo". A opção assenta em razões várias.

Além do mais, certos escritos do apontado primeiro modelo têm vindo a confirmar de forma clamorosa um risco a ele inerente: o leitor menos versado fica muitas vezes com a ideia de que o discurso brota todo do autor – as posições, as teses expostas aparecem como originais e da lavra exclusiva do escrevente (e escreventes há tentando que assim transpareça...); e fica o leitor muitas vezes com a ideia de que a "ciência" desse modo comunicada não tem outras terras e outros mares...

O discurso jurídico não pode (não deve) ser simplista nem escolástico; o direito não é (não deve ser) ciência de unilateralidades nem de opiniões ditadas e consagradas por uma qualquer autoridade. Daí impor-se o diálogo intertextual, o discurso problematizador, o confronto de ideias e experiências, a crítica.

Nos diálogos a que este livro se abre participam não somente autores portugueses. São muitas vezes convocadas doutrina e legislação estrangeiras. Não, evidentemente, para ostentar erudição (que é "soma") nem por mor de um inconsciente provincianismo (não nos encandeiam as luzes da estranja), mas por ser útil e por vezes necessário – para comparar institutos, sugerir problemas, contribuir com possíveis soluções, etc. (e não se olvide que a "globalização" é fenómeno antigo no direito mercantil...). Não obstante, os que mais participam são naturalmente os autores portugueses. Procurei ponderar o maior número possível de contributos. Sem esquecer os "antigos", muitos há muito desaparecidos e por muitos ignorados. Mas que urge relembrar. Até porque bastante do que hoje se diz em domínios "clássicos" do direito comercial – e que é atribuído a "modernos" – está há muito dito (o seu a seu dono).

A crítica... essa palavra "que horroriza a tantos", e que uns poucos persistem em ver como sinónimo de ataque pessoal ou até, imagine-se, de traição (aí está o solipsismo ou a paranóia) "nada tem com a mania de negar tudo e todos" (volto a lembrar Sérgio) nem com a pretensão de manifestar a todo o custo singularidade. Tem sim com questionar, duvidar metodicamente, problematizar – em vez de dogmatizar; com confrontar ideias, reflectir e decidir – em vez de compilar e somar ideias ou abraçar aporéticas; com discordar franca e honestamente – em vez de omitir ou dissimular (fugindo a eventuais iras de algum chefe de capela ou cartel académico), de cortejar ou bajular...

Espero que os alunos me leiam e ouçam com este espírito crítico alimentador do conhecimento. Não têm de cultivar o velho "temor reverencial", muito menos o terror reverencial.

Como pode ver-se pelo subtítulo deste volume do "Curso", são "clássicos" do direito comercial os grupos temáticos nele tratados. Mas em cada grupo aparecem pontos novos e novas perspectivas; e, não raro, a sistematização diverge da tradicionalmente adoptada.

As novidade maiores notar-se-ão no capítulo dedicado às empresas. As empresas que mais interessam ao direito mercantil são, naturalmente, as comerciais. Todavia, para as compreender suficientemente, parece essencial enquadrá-las no vasto universo empresarial – em confronto com as empresas não mercantis, e sem descurar os sujeitos empresários, comerciantes ou não. [Não fique por dizer: o cap. III deste livro não pretende fornecer um quadro completo da "moderna teoria" das empresas (mas muito menos capaz de o fornecer é um qualquer tratamento incidindo exclusivamente na empresa comercial *enquanto* objecto de negócios*). À "moderna teoria" das empresas é imprescindível enfrentar a problemática dos "diálogos" empresas-pessoas ou sujeitos colectivos (sociedades, sobretudo), dos grupos de empresas (de sociedades, principalmente), da fisionomia e disciplina das empresas nos diversos ramos do direito (não apenas, portanto, no direito comer-*

cial)... Contudo, são temas sem espaço neste vol. I. Alguns deles entrarão no vol. II (mas o leitor interessado num quadro mais completo pode recorrer ao ensaio acima citado – v. ibid. *sobretudo o n.° 2 do cap. III, o cap. IV, o n.° 1 do cap. V, o n.° 3 do cap. VI).].*

Agradeço cordialmente a Pedro Maia, Alexandre Soveral Martins, Elisabete Ramos e Paulo de Tarso Domingues o apoio prestado, especialmente na "caça" às gralhas tipográficas.

Aos meus alunos que da leitura destas páginas retirem algum prazer e proveito vai o livro dedicado.

7 de Julho de 1998,

entre Coimbra - Lisboa e Lisboa - Coimbra
(no comboio – já sabem a quem imputar
algum solavanco deste Abrindo/Fechando)

ABREVIATURAS

A.	– Autor
Ac.	– Acórdão
ACE	– Agrupamento complementar de empresas
AcP	– Archiv für die Civilistische Praxis
ADC	– Annuario di Diritto Comparato e di Studi Legislativi
ADPIC	– Aspectos dos Direitos de Propriedade Intelectual relativos ao Comércio
AEIE	– Agrupamento europeu de interesse económico
BFD	– Boletim da Faculdade de Direito (Coimbra)
BMJ	– Boletim do Ministério da Justiça
BPI	– Boletim da Propriedade Industrial
CA	– Código Administrativo
CAM	– Código das Associações Mutualistas
CCiv.	– Código Civil
CCom.	– Código Comercial
CCoop.	– Código Cooperativo
CCP	– Código dos Contratos Públicos
CDA	– Código do Direito de Autor e dos Direitos Conexos
CDP	– Cadernos de Direito Privado
CEE	– Comunidade Económica Europeia
Cfr.	– Confira
CIRC	– Código do Imposto sobre o Rendimento das Pessoas Colectivas
CIRE	– Código da Insolvência e da Recuperação de Empresas
CIRS	– Código do Imposto sobre o Rendimento das Pessoas Singulares
Cit.	– Citado(a)
CIVA	– Código do Imposto sobre o Valor Acrescentado
CJ	– Colectânea de Jurisprudência
CJ (ASTJ)	– Colectânea de Jurisprudência (Acórdãos do Supremo Tribunal de Justiça)
CJTJ	– Colectânea da Jurisprudência do Tribunal de Justiça

CNot.	– Código do Notariado
CP	– Código Penal
CPA	– Código do Procedimento Administrativo
CPC	– Código de Processo Civil
CPI	– Código da Propriedade Industrial
CRCom.	– Código do Registo Comercial
CREF	– Código dos Processos Especiais de Recuperação da Empresa e de Falência (revogado)
CRP	– Constituição da República Portuguesa
CSC	– Código das Sociedades Comerciais
CT	– Código do Trabalho
CTF	– Ciência e Técnica Fiscal
CUP	– Convenção da União de Paris (de 20 de Março de 1883, várias vezes revista)
CVM	– Código dos Valores Mobiliários
DDP(SCom.)	– Digesto delle Discipline Privatistiche (Sezione Commerciale)
DHP	– Dicionário de História de Portugal
DJ	– Direito e Justiça
DL	– Decreto-Lei
DR	– Diário da República
DS	– Droit et Société
E.i.r.l.	– Estabelecimento individual de responsabilidade limitada
ED	– Enciclopedia del Diritto
EEL	– Entidade Empresarial Local
EPE	– Entidade Pública Empresarial
GC	– Giurisprudenza Commerciale
GJ	– Gazeta Judiciária
GRL	– Gazeta da Relação de Lisboa
GRUR	– Gewerblicher Rechtsschutz und Urheberrecht
HGB	– Handelsgesetzbuch
JDI	– Journal du Droit International
JOCE	– Jornal Oficial das Comunidades Europeias (ou Journal officiel des Communautés européennes)
JR	– Jurisprudência das Relações
L	– Lei
LCT	– Lei do Contrato de Trabalho (DL 49 408, de 24 de Novembro de 1969, revogado)
LDC	– Lei de Defesa dos Consumidores (L 24/96, de 31 de Julho)
LEMI	– Lei das Empresas Municipais, Intermunicipais e Regionais (L 58/98, de 18 de Agosto, rovogada)

LUCh	– Lei Uniforme relativa ao Cheque
LULL	– Lei Uniforme relativa às Letras e Livranças
MLR	– Michigan Law Review
NJW	– Neue Juristische Wochenschrift
NNDI	– Novissimo Digesto Italiano
NRAU	– Novo Regime do Arrendamento Urbano (aprovado pela L 6/2006, de 27 de Fevereiro)
Ob.	– Obra
OD	– O Direito
P. ex.	– Por exemplo
POC	– Plano Oficial de Contabilidade (DL 410/89, de 21 de Novembro, revogado)
Polis	– Enciclopédia Verbo da Sociedade e do Estado
R	– Regulamento (CEE)
RAU	– Regime do Arrendamento Urbano (DL 321-B/90, de 15 de Outubro, revogado)
RB	– Revista da Banca
RC	– Tribunal da Relação de Coimbra
RDC	– Rivista del Diritto Commerciale
RDCiv.	– Rivista di Diritto Civile
RDE	– Revista de Direito e Economia
RDES	– Revista de Direito e de Estudos Sociais
RDI	– Rivista di Diritto Industriale
RDM	– Revista de Derecho Mercantil
RDS	– Recueil Dalloz Sirey
RE	– Tribunal da Relação de Évora
REP	– Revista de Estudios Politicos
RFDUL	– Revista da Faculdade de Direito da Universidade de Lisboa
RGIC	– Regime Geral das Instituições de Crédito e Sociedades Financeiras (DL 298/92, de 31 de Dezembro, alterado)
RGIT	– Regime Geral das Infracções Tributárias (L 15 / 2001, de 5 de Junho)
RIDE	– Revue Internationale de Droit Economique
RJC	– Recueil de la Jurisprudence de la Cour
RJCS	– Regime Jurídico do Contrato de Seguro (aprovado pelo DL 72/2008, de 16 de Abril)
RL	– Tribunal da Relação de Lisboa
RLJ	– Revista de Legislação e de Jurisprudência
RN	– Revista do Notariado

ROA	– Revista da Ordem dos Advogados
RP	– Tribunal da Relação do Porto
RRNPC	– Regime do Registo Nacional de Pessoas Colectivas (aprovado pelo DL 129/98, de 13 de Maio)
RS	– Rivista delle Società
RSEE	– Regime do Sector Empresarial do Estado (DL 558/99, de 17 de Dezembro)
RSEL	– Regime do Sector Empresarial Local (L 53-F/2006, de 29 de Dezembro)
RTDC	– Revue Trimestrielle de Droit Commercial (et de Droit Économique – depois de 1980)
RUM	– Revista da Universidade Moderna
SI	– Scientia Iuridica
STJ	– Supremo Tribunal de Justiça
Tb.	– Também
TC	– Tribunal Constitucional
TCE	– Tratado que institui a Comunidade Europeia
TFUE	– Tratado sobre o Funcionamento da União Europeia
TJ	– Tribunal de Justiça
V.	– Veja
V. g.	– *Verbi gratia* (p. ex.)
ZGR	– Zeitschrift für Unternehmens-und Gesellschaftsrecht
ZHR	– Zeitschrift für das gesamte Handelsrecht und Konkursrecht (ou Wirtschaftsrecht em vez de Konkursrecht)

INTRODUÇÃO

1. Concepções de direito comercial

1. 1. Evolução histórica do direito mercantil

1. 1. 1. Um direito comercial em sentido próprio, enquanto corpo ou sistema normativo autónomo tendo por função regular a actividade mercantil, terá surgido somente na *época medieval* — nasceu no séc. XII (e cresceu nos séculos seguintes) em cidades italianas (Florença, Génova, Milão, Veneza e outras), filho dos comerciantes [(1)].

Era uma época de fraco poder político central e de forte ressurgimento do comércio. Os (grandes) comerciantes, organizados em corporações, passaram a constituir a classe económica e politicamente dominante (controlavam a produção, mandavam na distribuição, e assenhoreavam-se do poder político comunal) [(2)]. Havia pois condições para os merca-

---

(1) Cfr. L. GOLDSCHMIDT, *Universalgeschichte des Handelsrechts,* Stuttgart, 1891, p. 37, ou *Storia universale del diritto commerciale,* trad., UTET, Torino, 1913, pp. 33-34, TULLIO ASCARELLI, *Corso di diritto commerciale,* 3.ª ed., Giuffrè, Milano, 1962, pp. 3, ss., FRANCESCO GALGANO, *Storia del diritto commerciale,* il Mulino, Bologna, 1980, pp. 24, ss..

Todavia, não desconheceu o mundo antigo particulares normas e institutos jurídicos relativos ao comércio — v., p. ex., J. HAMEL/G. LAGARDE/ /A. JAUFFRET, *Droit commercial,* t. I, 2e éd., 1er vol., Dalloz, Paris, 1980, pp. 26, ss..

(2) Cfr. GALGANO, *ob. cit.*, pp. 26-27, 33, ss., 35, ss.. Se não pode falar-se em *burguesia* mercantil com respeito às comunas italianas dos sécs. X e XI — a aristocracia dominava então politicamente e foi ela quem enriqueceu nas primeiras expedições mercantis (JACQUES HEERS, *Histó-*

dores gerarem um direito "especial" do comércio — contraposto ao direito "comum" (romano-canónico) e aos vários direitos "próprios" ou particulares, desajustados às novas realidades da vida económico-mercantil.

Fontes desse direito eram os costumes mercantis (originados nas práticas contratuais dos comerciantes, cedo foram reduzidos a escrito, tendo sido depois retomados e desenvolvidos nos estatutos corporativos), os estatutos das corporações dos mercadores (continham não apenas costumes e princípios jurisprudenciais consolidados, mas também o programa do mandato dos comerciantes eleitos cônsules das corporações, as deliberações do conselho dos comerciantes mais antigos e das assembleias gerais) e a jurisprudência dos tribunais "consulares" (compostos por comerciantes designados pelas corporações, estes tribunais tiveram papel relevante na interpretação - aplicação e desenvolvimento das normas consuetudinárias e estatutárias) (3). E assim surgiram (e / ou se desenvolveram) regras, institutos e princípios jurídicos como a liberdade de forma na conclusão de contratos, o reforço do crédito mercantil (*v. g.*, nos domínios do pagamento dos preços aos comerciantes vendedores e da falência), a licitude da venda de bens alheios quando feita por comerciante, os auxiliares de comércio (gerentes, caixeiros, agentes, comissários), o estabelecimento comercial e sinais distintivos (firma, nome e insígnia de estabelecimento), a escrituração mercantil, as letras de câmbio, os seguros marítimos, a sociedade em comandita (útil instru-

---

ria universal — O mundo medieval, trad., Círculo de Leitores, 1977, pp. 126-127) —, já não assim quando nos reportamos ao séc. XII e seguintes (v. JACQUES LE GOFF, *Mercadores e banqueiros da idade média,* trad., Gradiva, Lisboa, pp. 35, ss. — onde se sublinha também um convergente emburguesamento da nobreza e enobrecimento da burguesia mercantil).

(3) Cfr. GOLDSCHMIDT, *ob. cit.*, pp. 150, ss. (trad., pp. 122, ss.), C. VIVANTE, *Trattato di diritto commerciale,* vol. I, 4.ª ed., F. Vallardi, Milano, 1911, pp. 4-5, ASCARELLI, *ob. cit.*, p. 8, GALGANO, *ob. cit.*, pp. 38-39.

mento também para fugir à proibição canónica da usura...), a sociedade em nome colectivo [(4)].

Foi portanto o medievo direito comercial italiano um "direito de classe", um *ius mercatorum:* um direito criado pelos *mercadores* para regular as suas actividades profissionais e por eles aplicado [(5)]. Dizendo de outro modo (mais corrente), foi um direito de cariz "subjectivo" — disciplinava os comerciantes e os actos destes relativos ao seu comércio.

Cedo, porém, despontaram germes "objectivistas": primeiro, os membros das corporações foram sujeitos à jurisdição consular por qualquer acto relativo ao comércio que efectuassem — mesmo tratando-se de actos isolados, estranhos ao ramo do comércio a que eles se dedicavam (não se abstraía da qualidade do sujeito — comerciante —, mas já se consideravam os actos em si mesmos); depois, admitiu-se que os não comerciantes demandassem os comerciantes nos tribunais consulares *causa et occasione mercaturæ;* mas mais ainda: admitiu-se que os não comerciantes (os não matriculados nas corporações de mercadores — clérigos, militares, etc.) fossem julgados naqueles tribunais se de facto exercessem o comércio ou praticassem tão-só singulares operações mercantis (estabelecia-se então — recorrendo a uma *fictio iuris* — que eram demandados e julgados como mercadores os não comerciantes que interviessem na prática mercantil; afastada a ficção, surgiria nítido o conceito de acto de comércio objectivo — mas este passo foi dado em outra época) [(6)].

---

(4) Cfr. GOLDSCHMIDT, *ob. cit.*, pp. 237, ss. (trad., pp. 188, ss.), ASCARELLI, *ob. cit.*, pp. 13, ss., GALGANO, *ob. cit.*, pp. 42, ss..

(5) Cfr. os dois últs. AA. e *obs. cits.*, pp. 21 e 39, respectivamente.

(6) V. ULISSE MANARA, *Gli atti di commercio,* Bocca, Torino, 1887, pp. 14, ss..

Além das comunas italianas, outras regiões contribuíram para a formação e desenvolvimento do direito comercial medievo. Aludamos aqui à Catalunha e à França. Da actividade da corporação mercantil marítima e do tribunal marítimo de Barcelona resultou um complexo de normas de direito marítimo ("libro del consolat del mar") que se difundiu amplamente por toda a Europa (7). Quanto à França, destaque-se a recolha das sentenças do tribunal marítimo de Oléron ("rolles des jugements d'Oléron"), que vigorou na Flandres, Holanda, Inglaterra e (integrado no "Waterrecht" — mais tarde chamado direito marítimo de Wisby) na Europa setentrional (8); especial destaque merecem as feiras (especialmente as da região de Champagne e as de Lyon): centros de transacção de mercadorias e dinheiro de toda a Europa ocidental, onde se forjaram alguns institutos (procedimentos executivos severos e expeditos) e se desenvolveram outros (letra de câmbio), elas concorreram fortemente para a internacionalização-uniformização do direito comercial daquela época (9).

E *Portugal?* Naqueles tempos, não se formou por cá um autónomo ramo jurídico regulador das relações comerciais (10). Com efeito, não foram muitas (nem muito signi-

---

(7) Cfr. GOLDSCHMIDT, *ob. cit.*, pp. 203, ss. (trad., pp. 162, ss.). E sabe-se como bom número de institutos mercantis surgiu no grande comércio marítimo, alastrando daí para o comércio terrestre (seguros, *commenda* — de que derivou a associação em participação e a sociedade em comandita —, etc.) — v. *ibid.*, pp. 28, n. (42), 239 (trad., pp. 26, 189), ASCARELLI, *ob. cit.*, p. 9.

(8) Cfr. GOLDSCHMIDT, *ob. cit.*, p. 223 (trad., p. 177).

(9) V. *últ. A. e ob. cits.*, pp. 224, ss. (trad. pp. 177, ss.), JEAN ESCARRA, *Manuel de droit commercial,* Sirey, Paris, 1947, pp. 9-10, ASCARELLI, *ob. cit.*, pp. 9-10 (sublinhando ainda o papel dos agentes consulares espalhados pelos diversos países na referida internacionalização), HAMEL / /LAGARDE / JAUFFRET, *ob. cit.*, p. 32.

(10) Não será temerário dizer-se que a autonomização jurídico-mercantil apenas se realizou com o código comercial de 1833 — neste sentido,

ficativas) as normas jurídicas especialmente destinadas ao comércio. Nos primeiros tempos da monarquia (até finais do séc. XII), os reis emitiram pouquíssimas leis gerais — nenhuma delas, que se saiba, versando matéria mercantil. O comércio seria então regulado por costumes (quase sempre locais), forais (também locais), parcas disposições do código visigótico e de direito canónico. Nos séculos seguintes, ele terá sido disciplinado por normas daquele tipo (com exclusão do citado código, caído no esquecimento), por disposições de direito romano (recebido a partir do séc. XIII), e por leis especiais de âmbito nacional e regulamentos locais [11]. No entanto: os poucos costumes ou foros que até nós chegaram revelam-se pouco importantes em matéria de comércio [12] (embora não seja desprezível a hipótese de usos e costumes mercantis de povos mais avançados terem sido aqui recebidos — desde cedo colónias privilegiadas de mercadores estrangeiros se estabeleceram por cá, e "nações" privilegiadas de mercadores portugueses fixaram-se na Flandres, Génova, Veneza, França, Inglaterra, etc.) [13]; os forais continham fundamentalmente normas de direito público [14]; a esparsa e parca legislação

---

J. G. PINTO COELHO, *Lições de direito comercial,* 1.º vol., C. E. Martins Souto, Lisboa, 1942, pp. 6-7, 9.

(11) Sobre as fontes do direito (em geral) do Portugal medievo, v., p. ex., M. A. COELHO DA ROCHA, *Ensaio sôbre a historia do governo e da legislação de Portugal para servir de introducção ao estudo do direito patrio,* 5.ª ed., Imprensa da Universidade, Coimbra, 1872, pp. 74, ss., N. J. ESPINOSA GOMES DA SILVA, *História do direito português,* I vol. — *Fontes de direito,* Fundação C. Gulbenkian, Lisboa, 1985, pp. 106, ss., e M. J. ALMEIDA COSTA, *História do direito português,* 3.ª ed., Almedina, Coimbra, 1996, pp. 183, ss..

(12) Cfr. *Portugaliæ monumenta historica — Leges et consuetudines,* Lisboa, 1856 - 68, vols. I e II.

(13) Cfr. CHARLES VERLINDEN, *Comércio externo — Na idade média,* DHP, vol. II, pp. 113-114, M. ANTONIETA SOARES DE AZEVEDO, *Cônsules, ibid.*, pp. 169, ss..

(14) Cfr. M. J. ALMEIDA COSTA, *Forais,* DHP, vol. III, pp. 55-56.

especialmente destinada à actividade comercial visou sobretudo, por um lado, o comércio marítimo (15) e, por outro lado, garantir o abastecimento público (criação de feiras, leis sobre almotaçarias, proibição de certas exportações) e evitar a subida dos preços (16) — regulamentação, num caso e noutro, de natureza predominantemente administrativa (17). Contudo, deve ser realçado o papel do Portugal medieval no desenvolvimento dos seguros (mútuos) marítimos — as primeiras bolsas de seguros marítimas lusas terão sido organizadas pelo rei D. Fernando entre 1375 e 1380 (não se conhece a data exacta), no quadro da "companhia das naus" (18).

Algumas das razões por que não se registou a autonomização do direito comercial serão estas: foi implantada desde cedo uma centralização estatal-régia relativamente

---

(15) V. exemplos em J. FERREIRA BORGES, *Das fontes, especialidade, e excellencia da administração commercial segundo o codigo commercial portuguez,* Porto, 1835, pp. IX-X, e J. F. AZEVEDO E SILVA, *Commentario ao novo codigo commercial portuguez,* Lisboa, 1888, pp. 78, ss..

(16) V. ANTÓNIO M. HESPANHA, *História das instituições — Épocas medieval e moderna,* Almedina, Coimbra, 1982, pp. 192, ss..

(17) Demonstrativas da escassez legislativo-mercantil dessa época são as Ordenações afonsinas e manuelinas — v., para uma sintética apresentação das mesmas, COELHO DA ROCHA, *ob. cit.*, pp. 117, ss..

(18) V. FERREIRA BORGES, *ob. cit.*, pp. 4, ss. das "Notas", AZEVEDO E SILVA, *ob. cit.*, pp. 81, ss., M. FERNANDA E. GOMES DA SILVA, *Bolsas marítimas,* DHP, vol. I, pp. 355-356, ARMINDO DE SOUSA, in J. MATTOSO (dir. de), *História de Portugal,* II vol., Círculo de Leitores, 1993, p. 381. Saber se a Portugal pertence a primazia na prática dos seguros marítimos é questão polémica — v. GOLDSCHMIDT, *ob. cit.*, pp. 201, 356, ss. (trad., pp. 160, 275, ss.), DAVID FERREIRA, *Seguros,* DHP, vol. VI, pp. 520-521. Note-se ainda que o português PEDRO SANTERNA (ou Pedro de Santarém) deve ter sido o primeiro autor de um livro sobre seguros (*Tractatus de assecurationibus et sponsionibus mercatorum,* publicado pela primeira vez em Veneza, em 1552) — cfr. MOSES AMZALAK, *Notas biográficas* que antecedem a versão portuguesa do *Tractatus*, ed. do Grémio dos Seguradores, Lisboa, 1961, pp. 10, ss., e D. MAFFEI, *Il giureconsulto portoghese Pedro de Santarém autore del primo trattato sulle assicurazioni (1488),* BFD - Estudos em homenagem aos Profs. Doutores M. Paulo Merêa e G. Braga da Cruz, I, 1982, pp. 703, ss..

forte[19]; além dos mercadores-burgueses, intervinham consideravelmente na actividade comercial membros da casa real, nobres, ordens religiosas, ordens militares[20]; as associações de tipo corporativo tiveram nos primeiros séculos da monarquia "pouco ou nenhum significado"[21] — e mesmo depois de finais do séc. XV não parece que a corporativização nos "mesteres" se tenha propagado ao (grande) comércio[22]; não existiam tribunais comerciais (o primeiro — o "Consulado" — foi criado apenas no final do séc. XVI[23]); as feiras, embora tivessem aparecido já no séc. XII[24], nunca alcançaram projecção comparável à de outras além-Pirenéus[25].

1. 1. 2. Na *época moderna*, com a centralização monárquica, a classe dos mercadores deixa de ser a fazedora (directa) do direito comercial. As corporações dos comerciantes são reguladas e controladas pelo Estado; os tribunais de

---

(19) Cfr. José Mattoso, *História...*, pp. 108, ss., 142, ss., 277, ss., 280, ss..

(20) Cfr. A. H. Oliveira Marques, *Capitalismo – Na idade média*, DHP, vol. I, p. 466, J. Mattoso, *ob. cit.*, pp. 252, ss.; diz Coelho da Rocha, *ob. cit.*, p. 85, que em tempos da primeira dinastia "o rei, assim como era o primeiro dos proprietarios territoriaes, não se dedignava de ser o primeiro dos negociantes".

(21) Oliveira Marques, *ob.* e *loc. cits.*.

(22) Fernanda Gomes da Silva, *ob. cit.*, p. 355, fala em "associações corporativas de mercadores" a propósito das diversas "bolsas marítimas" criadas desde os tempos de D. Dinis. Todavia, tendo em vista os fins de tais bolsas, não parece rigoroso integrá-las na categoria das corporações (Armindo de Sousa, *ob.* e *loc. cits.*, refere-se-lhes empregando expressões como "bolsas de socorros mútuos", "associações de entreajuda").

(23) V. Ferreira Borges, *ob. cit.*, pp. XVI, ss.. A "provizão" e o "regimento" desse tribunal estão publicados no apêndice II, pp. 33, ss., dessa obra.

(24) Cfr. H. Gama Barros, *História da administração pública em Portugal nos séculos XII a XV*, 2.ª ed., t. V, Sá da Costa, Lisboa, pp. 91, ss..

(25) Cfr. Armando Castro, *História económica de Portugal*, vol. II, Caminho, Lisboa, 1978, p. 225.

comércio, embora continuem a ser compostos por comerciantes, deixam de ser emanação da autonomia corporativa e passam a órgãos estaduais; os costumes são ultrapassados pelas leis no campo das fontes do direito mercantil. É a época da estatização-nacionalização do direito comercial [(26)].

Este direito continua a ser de carácter subjectivo. Mas a francesa *ordonnance* do comércio (1673) — que forma, juntamente com a *ordonnance* da marinha (1681), o primeiro conjunto legislativo-mercantil geral — consagra já alguns (poucos) actos puramente objectivos [(27)].

Fruto desses tempos foram as companhias coloniais privilegiadas — arquétipos das hodiernas sociedades anónimas. Constituídas primeiro na Holanda (no princípio do séc. XVII), caracterizavam-se já pela limitação da responsabilidade dos sócios e a divisão do capital social em acções transmissíveis [(28)].

Em *Portugal*, o grande desenvolvimento do comércio externo provocado pelas descobertas marítimas e ultramarinas não foi acompanhado por significativo movimento legislativo-comercial [(29)]. O séc. XVI regista meia dúzia de leis sobre organização judiciária (fraccionada), proibição da usura, comércio marítimo [(30)]; as Ordenações filipinas (editadas pela primeira vez em 1603) eram parcas também: duas normas sobre tribunais com competência mercantil

---

(26) Cfr. ASCARELLI, *ob. cit.*, pp. 27, ss., GALGANO, *ob. cit.*, pp. 55, ss..

(27) Cfr. MANARA, *ob. cit.*, pp. 20-21 (aí se transcreve o art. 2 do tit. XII da *ordonannce:* os tribunais comerciais conhecerão das questões "entre toutes personnes, pour lettres de change ou remises d'argent faites de place en place").

(28) Cfr. ASCARELLI, *ob. cit.*, pp. 35, ss., GALGANO, *ob. cit.*, pp. 61, ss..

(29) EDUARDO SALDANHA, *Estudos sobre o direito commercial portuguez,* I, Imprensa da Universidade, Coimbra, 1896, p. CXXXIII: "procurar dar á actividade mercantil uma lei organica foi cousa que não souberam" os "nossos reis".

(30) V. AZEVEDO E SILVA, *ob. cit.*, pp. 83-86.

(tits. LI e LII do livro I), outra proibindo clérigos e fidalgos de fazerem compras para revenda (livro IV, tit. XVI), uma outra sobre o contrato de "sociedade e companhia" (livro IV, tit. XLIV)[31], outra sobre contratos usurários (proibindo-os por princípio, mas admitindo excepções — livro IV, tit. LXVII), um título relativo a mercadores que quebrem (livro V, tit. LXVI), dois títulos sobre compras de pão, vinho ou azeite para revender (livro V, tits. LXXVI e LXXVII); o séc. XVIII continuou com legislação judiciária e processual fraccionada e enredada, e regras substantivas dispersas e desconexas[32]. Entretanto, os modelos estrangeiros das companhias coloniais foram aqui adoptados desde a primeira metade de seiscentos[33].

1. 1. 3. O *Code de Commerce* de 1807 marca o início da *etapa contemporânea* na evolução do direito comercial. Os princípios da liberdade e da igualdade (perante a lei), inspiradores da Revolução francesa (1789), eram incompatíveis com a manutenção de um direito dos comerciantes — enquanto classe corporativa. Daí que o código qualifique simplesmente como comerciantes os que fazem da prática de

---

(31) Acerca dele, v. RUI M. F. MARCOS, *As companhias pombalinas – Contributo para a história das sociedades por acções em Portugal,* Almedina, Coimbra, 1997, pp. 330, ss..

(32) V. E. R. HINTZE RIBEIRO, *Da reforma da legislação commercial,* Lisboa, 1877, pp. 12, ss., RUI MARCOS, *ob. cit.*, pp. 303, ss..

Expressivas do estado embrionário do direito comercial naquela época serão estas duas disposições: o tribunal do Consulado determinará a "Justiça das causas, que correm entre Mercadores, e Homens do Negocio, que consiste mais em uma resolução abreviada, e bem entendida dos daquella profissão, *que em pontos de Direito* (...)" — § 1.º do "Regimento do Consulado"; em matéria mercantil é "muito mais racionável e muito mais coherente, que (...) se recorra antes em casos de necessidade ao subsidio proximo das sobreditas *Leis das Nações Christãs, illuminadas, e pollidas,* que com ellas estão resplandecendo na boa, depurada, e sã jurisprudência (...)" — § 9 da lei de 18 de Agosto de 1769 ("lei da boa razão").

(33) V. J. BORGES DE MACEDO, *Companhias comerciais,* DHP, vol. II, pp. 122, ss., e, sobretudo, RUI MARCOS, *ob. cit.*.

actos do comércio profissão (art. 1.º), e como comerciais uma série de actos (incluindo alguns ligados à indústria transformadora e aos serviços) que não têm de ser praticados por comerciantes (cfr. arts. 631, n.º 3.º, 632, 633) — acentua-se, pois, o carácter objectivo do direito comercial (34).

O código francês influiu bastante nas codificações mercantis oitocentistas — por exemplo, nos códigos espanhóis de 1829 e de 1885 (mantendo-se este ainda em vigor), alemão de 1861, italianos de 1865 e de 1882. No entanto, o código comercial alemão de 1897 (ainda vigente) adoptou novamente a concepção subjectiva do direito mercantil — o *Handelsgesetzbuch* disciplina o estatuto dos comerciantes (§§ 1, ss.), e os actos de comércio *(Handelsgeschäfte)* são "actos de um comerciante que pertencem à exploração da sua empresa comercial" (§§ 343, ss.) (35).

Os *nossos códigos comerciais* oitocentistas filiam-se também no referido sistema objectivo. No primeiro, de 1833 (redigido por J. Ferreira Borges), comprovam-no sobretudo os arts. 12 e 203-205. O segundo, de 1888 (devido à iniciativa de F. Veiga Beirão, então ministro da justiça)— que se

---

(34) Mas não se trata, está bem de ver, de um sistema puramente objectivo (aliás, não se conhecem sistemas objectivos puros — mas "mistos", como sói dizer-se). O *Code*, manifestamente influenciado pelas *ordonnances* de 1673 e 1681, é mesmo um código mais das profissões mercantis do que dos actos objectivos de comércio (começa com um título dedicado aos comerciantes, os actos objectivamente comerciais aparecem no último livro, num título respeitante à competência dos tribunais de comércio...). É à doutrina do séc. XIX, nomeadamente a Pardessus, que se deve o sublinhar do objectivismo do código napoleónico — cfr., *v. g.*, HAMEL/LAGARDE / JAUFFRET, *ob. cit.*, p. 41.

(35) Não obstante, o direito comercial alemão regista algum objectivismo: o critério de aplicação do 5.º livro do HGB ("Comércio marítimo" — §§ 474, ss.) é o da existência de actos de comércio marítimo e não o da qualidade de comerciante; fora do HGB, coisa análoga se passa no domínio das letras de câmbio e dos cheques (cfr. K.-H. CAPELLE / CL.-W. CANARIS, *Handelsrecht*, 21. Aufl., Beck, München, 1989, p. 2).

mantém ainda em vigor, embora com várias normas alteradas e muitas mais revogadas —, começa sintomaticamente por declarar que "a lei comercial rege os actos de comércio sejam ou não comerciantes as pessoas que neles intervêm".

Consideráveis desenvolvimentos tem tido o direito comercial na última centúria. Consideraremos agora tão-só o relacionado com a renovada tendência para a sua internacionalização-uniformização (que caminha a par da globalização da economia).

Diversas convenções internacionais de âmbito potencialmente universal têm unificado os sistemas jurídico-mercantis nacionais em sectores específicos — assim, as convenções de Genebra de 1930 e 1931 estabelecendo leis uniformes em matéria de letras e livranças e em matéria de cheques. Os tratados constitutivos das organizações internacionais de integração (com destaque para as Comunidades Europeias) e as normas emanadas dos respectivos órgãos vão unificando ou (sobretudo) harmonizando o direito comercial dos Estados-membros em vastos domínios.

Nos últimos decénios, o movimento de uniformização tem-se acentuado no campo das relações comerciais internacionais — não intervindo, pois, directamente na disciplina das relações comerciais internas, sujeitas aos diversos direitos nacionais. Por um lado, têm sido celebradas convenções internacionais estabelecendo um regime uniforme para aquelas relações (36). Por outro lado, tem-se desenvolvido um

---

(36) Papel assinalável na elaboração de muitas dessas convenções têm tido a CNUDCI (UNCITRAL, na sigla inglesa) — Comissão das Nações Unidas para o Direito Comercial Internacional, criada em 1966 (sobre ela, v., p. ex., MANUEL OLIVENCIA, *UNCITRAL: Hacia un derecho mercantil uniforme en el siglo XXI,* RDM n.º 207, 1993, pp. 9, ss.) — e, em menor medida, o UNIDROIT — Instituto Internacional para a Unificação do Direito Privado, criado em 1926 e reorganizado em 1940 como organização inter-governamental independente.

direito uniforme de origem não-(inter)estadual. Um direito feito de usos e costumes do comércio internacional, de usos e práticas negociais — por vezes reduzidos a escrito e compilados (é o caso, *v. g.*, dos “Incoterms”, devidos à Câmara do Comércio Internacional, CCI) —, de cláusulas contratuais gerais (estabelecidas sobretudo por empresários e respectivas associações internacionais), e que é aplicado por tribunais arbitrais constituídos pelos sujeitos do comércio internacional. Neste âmbito, voltamos portanto a deparar com um direito feito por comerciantes (37) e por eles aplicado (como em tempos da Idade Média) — por isso se fala a propósito de moderna *lex mercatoria* (38).

1. 2. Noção de direito comercial português

1. 2. 1. Resulta do exposto nas páginas anteriores não existir um conceito unitário de direito mercantil com valia

---

(37) Que não deixam, aliás, de influenciar decisivamente também a produção normativo-mercantil de origem inter-estadual — v. R. ILLESCAS ORTIZ, *El derecho uniforme del comercio internacional y su sistematica*, RDM n.º 207, 1993, pp. 61-62.

(38) Sobre ela, v., entre outros, R. M. MOURA RAMOS, *Direito internacional privado e constituição — Introdução a uma análise das suas relações*, separata do vol. XX do Supl. do BFD, Coimbra, 1979, pp. 91, ss., A. MARQUES DOS SANTOS, *As normas de aplicação imediata no direito internacional privado — Esboço de uma teoria geral*, I vol., Almedina, Coimbra, 1991, pp. 656, ss., ULRICH EHRICKE, *Zur Einführung: Grundstrukturen und Probleme der lex mercatoria*, JuS, 1990, pp. 967, ss., ILLESCAS ORTIZ, *ob. cit.*, *passim*, L. LIMA PINHEIRO, *Contrato de empreendimento comum* (joint-venture) *em direito internacional privado*, Cosmos, Lisboa, 1998, pp. 605, ss..

Note-se ainda que a lei-modelo sobre a arbitragem comercial internacional aprovada pela CNUDCI em 1985 permite às partes escolherem a *lex mercatoria* como o direito que o tribunal arbitral aplicará na decisão da causa (art. 28) — v. M. ÂNGELA COELHO B. SOARES / R. M. MOURA RAMOS, *Arbitragem comercial internacional — Análise da lei-modelo da CNUDCI de 1985*, sep. do BMJ-DDC n.º 21, 1985, Lisboa, 1986, pp. 301, ss.. No mesmo sentido parece apontar o art. 33.º da L 31/86, de 29 de Agosto.

universal (quer a questão seja vista numa perspectiva diacrónica ou num plano sincrónico-actual). Ora, circunscrevendo-nos ao quadro jurídico-positivo nacional, podemos definir o direito comercial como *o sistema jurídico-normativo que disciplina de modo especial os actos de comércio e os comerciantes.*

Atendendo ao primeiro artigo do CCom., poderia ser-se tentado a definir este ramo do direito com referência apenas aos actos de comércio. Todavia, a lei mercantil regula fenómenos que não são actos comerciais [39] nem seus efeitos directos — por exemplo, obrigações especiais dos comerciantes (firmas, escrituração mercantil) e organização interna das sociedades. Por outro lado, a mesma lei, apesar de apresentar como "ponto de partida" uma concepção objectiva, visa sobretudo os comerciantes: discrimina-os (CCom., arts. 13.º, ss.), estabelece o seu estatuto (deveres e direitos — v. logo os arts. 18.º, ss.), traça a organização respectiva (sobretudo com respeito aos comerciantes - entes colectivos), regula os seus actos (os "subjectivos" têm de ser por eles praticados, e os "objectivos" contam também com a sua participação na grande maioria dos casos) e instrumentos (entre os quais avultam as empresas).

Nas noções de direito comercial aparece habitualmente a nota de ser ele um ramo do direito privado. Regulando este a organização dos sujeitos (singulares e colectivos) privados e as relações estabelecidas entre eles ou entre eles e entidades públicas actuando como particulares, é inquestionável que o direito mercantil é fundamentalmente direito privado. Não obstante, as leis comerciais contêm também disposições

---

[39] Mesmo entendendo tais "actos" muito amplamente, como "factos" jurídico-mercantis — v. FERNANDO OLAVO, *Direito comercial,* vol. I, 2.ª ed., 2.ª reimpr., Coimbra Editora, Coimbra, 1978, pp. 61, ss., e V. G. LOBO XAVIER, *Direito comercial (Sumários das lições ao 3.º ano jurídico),* ed. copiogr., Coimbra, 1977-78, pp. 29, ss..

de direito público [40]. Basta pensar (para já não falar das disposições penais incluídas em muitas delas) nas que consagram deveres jurídico-públicos dos comerciantes — relativos, por exemplo, às firmas, escrituração mercantil e inscrições no registo comercial [41].

Dentro do direito privado, e em face do direito civil (direito privado *comum,* aplicável a todas as pessoas e relações entre particulares), o direito comercial é, globalmente considerado, *especial* (e não excepcional — embora contenha normas excepcionais, tal como as contém o direito civil). É um ramo jurídico com regras diferentes das do direito comum, aplicável somente a certos sujeitos, objectos ou relações — mas sem excluir a aplicabilidade do direito civil enquanto direito comum e subsidiário [42].

O direito comercial disciplina actos de *comércio* e comerciantes, dissemos. Mas os conceitos de comércio em sentido jurídico e de actos jurídico-comerciais não coincidem com os correspondentes conceitos económicos.

---

(40) Pode dizer-se público o direito que regula a organização das entidades públicas e as relações estabelecidas entre elas ou entre elas e sujeitos privados em termos especiais, isto é, em termos não aplicáveis à organização dos sujeitos colectivos privados nem às relações entre particulares. (Acerca da distinção entre pessoas colectivas públicas e privadas, v. J. M. COUTINHO DE ABREU, *Definição de empresa pública,* sep. do vol. XXXIV do Supl. ao BFD, Coimbra, 1990, pp. 183, ss., e bibliografia aí indicada; v. tb. VITAL MOREIRA, *Administração autónoma e associações públicas,* Coimbra Editora, Coimbra, 1997, pp. 265, ss.).

(41) Mas estas normas de direito público servem ainda predominantemente os interesses do tráfico jurídico-privado — cfr. N. HORN, in HEYMANN, *Handelsgesetzbuch – Kommentar,* B. 1, de Gruyter, Berlin, New York, 1989, p. 5.

(42) Cfr. A. FERRER CORREIA (c/ colab. de M. H. MESQUITA e A. A. CAEIRO), *Lições de direito comercial,* vol. I, ed. copiogr., Coimbra, 1973, pp. 38, ss., LOBO XAVIER, *ob. cit.*, pp. 10, ss., J. OLIVEIRA ASCENSÃO, *Direito comercial,* vol. I — *Institutos gerais*, F.D.L., Lisboa, 1998 / 99, pp. 44, ss..

É hoje vulgar falar-se de três sectores da actividade económica: o primário (compreendendo a agricultura — que, num sentido amplo, abrange também a pecuária e a silvicultura —, a pesca e a caça), o secundário (indústria) e o terciário (serviços — compreendendo estes, residualmente, tudo quanto não cabe nos dois primeiros sectores: comércio, transportes, fornecimento de água, gás, electricidade, actividades seguradora, bancária, liberais, etc.) [43]. Numa outra perspectiva, diz-se que a produção económica se processa através da indústria (definível como criação de utilidades que ficam incorporadas nos objectos produzidos) — extractiva, agrícola, transformadora, transportadora e comercial — e dos serviços (acções humanas que satisfazem imediatamente, de modo directo ou com recurso a bens materiais, necessidades de outros homens) [44].

Ora, o comércio em sentido jurídico abarca não apenas o comércio em sentido económico (usualmente definido como actividade de interposição na circulação dos bens, ou de interposição nas trocas) mas também (outras) indústrias e serviços; e os actos jurídico-mercantis não se situam somente nos domínios do comércio economicamente entendido. É ver, por exemplo, o CCom., arts. 230.º (nos seus n.ºs), 366.º, ss., 394.º, ss., 397.º, ss., etc., etc.. [45]. Mas, por outro lado, também não pode dizer-se que o direito comercial disciplina todas as actividades económicas. Ele quase não entra, por exemplo, nas indústrias extractivas, na

[43] Esta trilogia é devida a COLIN CLARK — v. o trecho do A. reproduzido em D. ROUX/D. SOULIÉ, *L'entreprise, système économique,* PUF, Paris, 1972, pp. 12-13.

[44] V. J. J. TEIXEIRA RIBEIRO, *Economia política,* Coimbra, 1959, pp. 87-91.

[45] E há até actos jurídico-comerciais que não pertencem ao comércio (- actividade) em sentido económico ou jurídico, nem com ele apresentam conexão necessária: são os actos "formalmente comerciais" (nomeadamente as letras de câmbio) — cfr. LOBO XAVIER, *ob. cit.*, p. 8.

agricultura (cfr. CCom., arts. 230.º, §§ 1.º e 2.º, 464.º, n.º 2.º), nas indústrias e serviços artesanais (cfr. arts. 230.º, § 1.º, 464.º, n.º 3.º), nos serviços dos profissionais liberais.

1. 2. 2. Em vez de direito dos actos de comércio e dos comerciantes, não será preferível definir o direito comercial como o *direito das empresas* (comerciais), ou à volta das empresas (comerciais)?

Tendo Heck e seus continuadores (Radbruch, Locher) por precursores, a concepção empresarialista do direito mercantil, basicamente cunhada por Wieland e Mossa, teve grande repercussão nalgumas legislações e (sobretudo) na doutrina europeia e da América latina a partir dos anos vinte do séc. XX [(46)].

---

(46) V. numerosas referências em ORLANDO DE CARVALHO, *Critério e estrutura do estabelecimento comercial, I — O problema da empresa como objecto de negócios*, Atlântida, Coimbra, 1967, pp. 136, ss.; v. tb. M. OLIVENCIA RUIZ, *Derecho mercantil y derecho de la empresa*, in G. J. JIMÉNEZ SANCHÉZ (coord.), *Derecho mercantil*, 1, 2.ª ed., 1.ª reimpr., Ed. Ariel, Barcelona, 1994, pp. 22, ss.. Para HECK, *Weshalb besteht ein von dem bürgerlichen Rechte gesondertes Handelsprivatrecht?*, AcP, vol. 92, 1902, pp. 438, ss. (citado, p. ex., in P. RAISCH, *Geschichtliche Voraussetzungen, dogmatische Grundlagen und Sinnwandlung des Handelsrechts*, Müller, Karlsruhe, 1965, p. 109), o fundamento legal-causal das normas jurídico-mercantis estava no *Massenbetrieb* ("O direito da prática de negócios jurídicos em massa que procuramos é precisamente o direito comercial que temos") — vislumbravam-se pois já aspectos da ideia jurídica de empresa. Segundo K. WIELAND, *Handelsrecht*, B. I, Duncker & Humblot, München, Leipzig, 1921, as matérias do comércio em sentido jurídico revelam caracteres comuns no conceito de empresa (pp. 145, ss.); tal conceito permite compreender unitariamente um conjunto normativo feito de partes aparentemente díspares (p. 154). De acordo com LORENZO MOSSA, *I problemi fondamentali del diritto commerciale*, RDC, 1926, P. I, pp. 233, ss., "o direito comercial é ditado essencialmente para os comerciantes, e assim para as empresas"; é certo que o sistema objectivo prescinde para a delimitação de alguns actos de comércio da existência de uma empresa (casos das vendas comerciais ocasionais e dos títulos de crédito — mas os actos ocasionais, isolados, não ligados às empresas são marginais no sistema do direito mercantil (pp. 245-246).

É reconhecida a importância da concepção de Heck no desencadear do empresarialismo. Mas há que dizer que o nosso GUILHERME A. MOREIRA,

Porém, o empresarialismo "estrito" (o direito comercial como simples direito das empresas) foi perdendo força, e entrou em crise evidente a partir dos anos cinquenta [(47)]. Sobretudo, talvez, porque essa concepção tendeu a restringir em demasia o espaço do direito mercantil — excluiu actos isolados de comércio, o direito cambiário e das falências, o direito dos seguros e do tráfico marítimo e aéreo [(48)].

Contudo, na Alemanha (país onde o direito comercial é de estirpe subjectiva, explorando a generalidade dos comerciantes empresas e pouco relevando os actos objectivos de comércio ocasionais), reputados autores continuam a defender uma concepção empresarialista. Para P. Raisch e K. Schmidt, no centro do direito comercial está, não o comer-

---

escrevendo antes dele, era já mais afirmativo. É ver o seu *Actos de commercio — Estudo exegetico e critico das disposições do novo codigo commercial,* I, Imprensa da Universidade, Coimbra, 1889, pp. 15, ss., 165, ss.: "Assim, se um ou outro acto de transporte não reclamar uma legislação especial, do mesmo modo que um acto commercial isolado, reclamal-a-hão as grandes emprezas". "Um simples artista pode viver desafogadamente sob o dominio da legislação civil, mas não as grandes emprezas (...)". "E não se fará esperar muito a entrada nos domínios da legislação commercial da industria extractiva e da agricola", dadas as "muitas e importantissimas emprezas que já se acham constituidas para a exploração da primeira, e a futura organisação de grandes emprezas de cultura rural (...)". "Do que deixamos dicto já se póde concluir que, se a industria commercial reclama uma legislação especial pela sua complexidade organica, não menos a reclamam as outras industrias quando attingem um certo gráu de desenvolvimento (...)". "Não é, pois, ao acto de commercio, considerado isoladamente, que temos de ir procurar as causas que determinaram e ainda hoje justificam a constituição do direito commercial, como um corpo de leis independente./Essas causas e títulos justificativos encontram-se no commercio considerado na sua complexidade organica, no incessante movimento das transacções mercantis, nas garantias especiaes que a sua repetição habitual reclama". Só que, por motivos óbvios, a voz do professor de Coimbra não podia ter a ressonância (mesmo entre nós!) da do autor germânico...

(47) V. ORLANDO DE CARVALHO, *ob. cit.*, pp. 147, ss..

(48) V. EMILIO LANGLE, *El inquietante problema de la homogeneidad y unidad interna del derecho mercantil,* RDM n.º 79, 1961, pp. 352-353, ORLANDO DE CARVALHO, *ob. cit.*, p. 146.

ciante, mas a empresa (e respectivo titular) — regulando esse direito o estatuto dos sujeitos das empresas, o lado objectivo destas (os negócios sobre elas) e as relações inter-empresariais; e não se trata apenas das empresas tidas pelo HGB por comerciais — os autores alargam o campo de aplicação do direito mercantil a empresários não comerciantes, recorrendo nomeadamente à analogia [(49)]. E também nos países latinos, com um direito comercial de raiz objectiva e, portanto, aparentemente mais avesso a centrar-se na empresa, as concepções empresarialistas têm hoje alargado acolhimento [(50)]. Quer um empresarialismo mais estrito [(51)], quer — tendo em conta as tendências modernas do direito comercial para a "re-objectivação" [(52)] — menos estrito: neste sentido, mais que "das empresas", o direito mercantil será "à volta das empresas", pois não exclui certos actos ocasionais de comércio (designadamente no domínio dos títulos de crédito e das operações de bolsa) [(53)].

---

(49) V. P. RAISCH, ob. cit., pp. 16, ss., 249, ss., 277, ss., *Handels-oder Unternehmensrecht als Sonderprivatrecht?*, ZHR, 1990, pp. 568-569, KARSTEN SCHMIDT, *Handelsrecht*, 5. Aufl., C. Heymanns Verlag, Köln, Berlin, Bonn, München, 1999, pp. 47, ss. (o mote deste grosso e rico livro é precisamente: "do direito privado especial dos comerciantes para o direito privado exterior das empresas" — v. *ibid.*, pp. 6, 47). Esta concepção é criticada pela maioria dos autores alemães que se têm debruçado sobre o problema. Entre outras razões, porque muitos sujeitos não submetidos ao vigente HGB o passariam a estar. V. W. ZÖLLNER, *Wovon handelt das Handelsrecht?*, ZGR, 1983, pp. 83, ss., CAPELLE/CANARIS, *ob. cit.*, pp. 8-9 (crítica à referida concepção *de lege lata*), 10 (nem tanto *de lege ferenda*); para mais indicações bibliográficas, v. RAISCH, *Handels-...*, pp. 569, ss., SCHMIDT, *ob. cit.*, pp. 48, ss., em notas.

(50) V., para a Espanha, os nomes apontados por OLIVENCIA, *ob. cit.*, p. 24.

(51) Assim, e numa perspectiva *de jure condendo*, OLIVEIRA ASCENSÃO, *ob. cit.*, pp. 178, ss..

(52) V. ORLANDO DE CARVALHO, *ob. cit.*, pp. 148, ss..

(53) Nesta linha, v., entre nós, ORLANDO DE CARVALHO, *ob. cit.*, pp. 177, ss. (é deste A. a expressão "direito à volta das empresas") e, numa perspectiva *de lege ferenda*, A. FERRER CORREIA, *Sobre a projectada reforma da legislação comercial portuguesa*, ROA, 1984, II, pp. 8, ss., *maxime* p. 12.

Pode dizer-se, na verdade, que o núcleo do direito mercantil está na empresa comercial, constituindo ela o "princípio energético" a que todas as legislações (integráveis nos sistemas subjectivo, objectivo ou misto) prestam homenagem (ainda que em graus diferenciados) (54). É igualmente defensável que o nosso direito comercial — reformado — deve ser um direito à volta das empresas (um direito do estatuto dos empresários singulares e colectivos, dos direitos e negócios sobre as empresas e da tutela destas, dos negócios jurídicos de organização das empresas — *v. g.*, negócios constituintes de sociedades, agrupamentos complementares de empresas ou cooperativas —, dos "contratos [bilateralmente] de empresa" — *v. g.*, contratos de concessão comercial, franquia, consórcio). E não parecem ser obstáculos intransponíveis a esta defesa as imprecisões que se vêm manifestando na determinação da(s) empresa(s) (55), nem o facto de haver (hoje e, porventura, *de lege ferenda)* empresas não comerciais, empresários não comerciantes e até (embora muito marginalmente) comerciantes não empresários...

Todavia, o direito comercial português actual, além de admitir comerciantes não empresários (vê-lo-emos depois), regula actos de comércio esporádicos ou ocasionais que não têm que ver com empresas mercantis e cuja disciplina não poderá dizer-se (globalmente) determinada por interesses ligados à empresarialidade — pense-se em actos (ocasionais) de fiança (CCom., art. 101.º), mandato (arts. 231.º, ss.), empréstimo (arts. 394.º, ss.), penhor (arts. 397.º, ss.), depósito (arts. 403.º, ss.), aluguer (arts. 481.º-482.º)... São fenómenos *marginais,* fora do núcleo do direito mercantil? Pois são — mas *uma definição rigorosa do direito comercial*

(54) V. E. E. Hirsch, *Der Zentralbegriff des Handelsrechts – Eine Vorstudie zur Reform des türkischen Handelsgesetzbuchs,* ADC, 1938, P. I, pp. 386, ss..

(55) Apesar de tudo, talvez seja mais fácil determinar os actos de comércio...

vigente não pode desconsiderá-los. Por isso prefiro defini-lo como direito dos actos de comércio e dos comerciantes — *embora actos e sujeitos em regra ligados às empresas comerciais.*

1.3. O problema da autonomia do direito comercial (ou da unificação do direito privado)

Fala-se de autonomia de um ramo jurídico em diversas acepções: formal ou legislativa (assente na reunião das respectivas normas fundamentais num código ou corpo de leis próprio), substancial (expressiva de que o sub-sistema normativo regula de modo especial — divergindo da disciplina do direito comum — certos sujeitos e / ou objectos e relações), científica (dependente da substancial), didáctica (56). O problema da autonomia do direito comercial tem sido debatido atendendo sobretudo (muitas vezes de forma indiscriminada) às duas primeiras acepções. Mas a questão nuclear é a da autonomia substancial (um ramo do direito substancialmente autónomo pode estar ou não codificado, um ramo jurídico codificado ou legislativamente autónomo pode revelar-se sem autonomia substancial).

Desde o séc. XIX vem-se manifestando um forte movimento doutrinal em prol da unificação do direito privado (da fusão do direito mercantil com o direito civil) (57).

---

(56) Cfr. FERNANDO OLAVO, *ob. cit.*, pp. 17-18.

(57) Para numerosas referências bibliográficas, v., p. ex., VIVANTE, *ob. cit.*, pp. 32, n. (46), 34, ORLANDO DE CARVALHO, *ob. cit.*, pp. 122, ss., HAMEL / LAGARDE / JAUFFRET, *ob. cit.*, pp. 12, ss. É geralmente reconhecido ter sido Vivante o principal paladino da unificação (o A. iniciou os combates em 1892; pode ver-se o seu pensamento na *ob. cit.*, pp. 1-34) — pese embora o "acto parcial de conversão" publicitado em 1925 (a fusão do direito comercial com o direito civil continuava a ser dever científico, didáctico e jurisprudencial; todavia, a fusão dos dois códigos respectivos, "almeno per ora", não era aconselhável; v. o seu *L'autonomia del diritto*

A tradicional separação do direito privado seria contrária à "unidade essencial da vida económica", à "homogeneidade da nossa constituição social" (expressões de Vivante) — eis a base argumentativa dos unitaristas. Tal homogeneização do sistema sócio-económico ir-se-ia confirmando no plano jurídico: é evidente a "generalização" ou "comunização" de institutos tradicionalmente jurídico-mercantis e originariamente utilizados apenas por ou para comerciantes ou para o comércio ou operações comerciais — pense-se, por exemplo, nas letras de câmbio (utilizáveis por não comerciantes e para operações não comerciais), sociedades (os tipos de sociedades comerciais podem ser adoptados para o exercício de actividades civis), seguros (comerciais ou não, utilizáveis com relação a coisas e pessoas fora do âmbito mercantil) e falência ou insolvência (em diversos países deixou de ser instituto privativo dos comerciantes); os chamados sinais distintivos do comércio (firmas, logótipos, marcas) não são exclusivos do comércio; a disciplina da concorrência é aplicável a não comerciantes; obrigações de escrituração e de inscrição de certos actos no registo (comercial) não impendem somente sobre os comerciantes; em vários países operou-se mesmo a unificação legislativa (sobretudo no domínio do direito das obrigações) (58).

---

commerciale e i progetti di riforma, RDC, 1925, P. I, pp. 572, ss.). O citado movimento tem contado também com alguns autores portugueses — merecendo ser destacados EDUARDO SALDANHA (*ob. cit.*, pp. CLXXXV, ss.), no final do séc. XIX, e BARBOSA DE MAGALHÃES (*A revisão geral do código civil, a autonomia do direito comercial e o problema da codificação,* ROA, 1950, pp. 1, ss., *maxime* pp. 15, ss.), no séc. XX. Mas talvez se deva dizer mais. Costuma apontar-se Montanelli (com um livro de 1847) como o primeiro autor a manifestar-se contra a separação do direito privado em dois códigos (v., p. ex., VIVANTE, *Trattato...*, p. 32, n. (46)). Ora, 25 anos antes, já o nosso VICENTE J. F. CARDOZO DA COSTA, *Que he o codigo civil?,* Lisboa, 1822, pp. 109-114, propugnava essa via em páginas saborosas...

(58) V. exemplos em ORLANDO DE CARVALHO, *ob. cit.*, pp. 127, ss.. [Note-se, porém, que esta unificação formal quase nunca correspondeu a uma (inteira) unificação substancial — v. *ibid.*, pp. 157, ss.]. Exemplo recente da referida unificação legislativa é oferecido pelo Código Civil bra-

É visível que esta tendência jurídico-positiva para a unificação denota o que desde há muito se vem chamando "comercialização" do direito privado. Vão-se incorporando no direito civil regras e características ou princípios tradicionais do direito mercantil — princípios como o do *reforço do crédito* (verificável em matéria de falências ou insolvências, de solidariedade passiva nas obrigações), o da maior *protecção da confiança* (ligado aos deveres de registo e outras publicidades, de escrituração, à tutela da aparência — *v. g.*, nos domínios das sociedades e da protecção de terceiros de boa fé), o da *celeridade* nas operações negociais (assente na liberdade de forma nuns casos, e na exigência de formalismos noutros, na facilitação das provas, na fácil e rápida transmissão de créditos titulados), o da *certeza* nas transacções (brevidade de prazos de prescrição, de reclamação por vícios das coisas transaccionadas), o da *presunção de onerosidade* (*v.g.*, no mandato e no depósito) (59).

Tal comercialização (que caminha a par do desenvolvimento do capitalismo) representa simultaneamente o triunfo do direito comercial (ao impor as suas regras ao

---

sileiro (de 2002, que entrou em vigor em Janeiro de 2003), manifestamente influenciado pelo código italiano de 1942.

(59) Sobre estes e outros princípios de direito comercial, v., p. ex., ALFREDO ROCCO, *Princípios de direito comercial,* trad., Arménio Amado, Coimbra, 1931, pp. 73, 156, ASCARELLI, *ob. cit.*, pp. 87-88 (fazendo corresponder as "características" do direito comercial com as características típicas do capitalismo), FERRER CORREIA, *Lições...*, pp. 33, ss., FERNANDO OLAVO, *ob. cit.*, pp. 21, ss., HAMEL / LAGARDE / JAUFFRET, *ob. cit.*, pp. 8, ss., CAPELLE / CANARIS, *ob. cit.*, pp. 6-7, SCHMIDT, *ob. cit.*, pp. 33, ss.. Entre nós (e nalguns outros países — mas não assim na Alemanha, por exemplo, onde se fala geralmente de "características" do direito comercial) é corrente falar-se de "princípios" do direito mercantil. Todavia, os mais deles não são verdadeiros princípios jurídicos em sentido estrito (ideias ou intenções axiológico-normativas gerais fundantes e informadoras da regulamentação jurídico-positiva e de concretas realizações do direito). São mais princípios "técnico-jurídicos" e princípios "didácticos". Acerca destes e de outros princípios, v., p. ex., J. M. COUTINHO DE ABREU, *Sobre os regulamentos administrativos e o princípio da legalidade,* Almedina, Coimbra, 1987, pp. 136, ss., e os autores aí indicados.

direito civil) e — quando acabada — a "morte substancial" do mesmo direito (não havendo mais disciplina especial, submetendo-se os actos "de comércio" ao mesmo regime dos actos "civis", o direito comercial integra-se no direito comum). Mas, retorquir-se-á, a unificação do direito privado ao nível do direito das obrigações não arredará a necessidade de uma disciplina especial para os empresários comerciais, como o confirma o *Codice Civile* de 1942 (porventura o exemplo moderno mais significativo da unificação-comercialização). No entanto: uma disciplina subjectiva especial do tipo da italiana (relativa a registo, escrituração, execução concursal) não parece bastante para afirmar a autonomia substancial do direito mercantil; por outro lado, já demos conta de que também ao nível dos empresários (comerciais e não comerciais) se vem verificando uma progressiva unificação; por outro lado ainda, disciplina tradicionalmente aplicável a empresários vai-se estendendo a alguns não empresários. Daí que um direito comercial baseado nas empresas (mercantis ou mercantis e não mercantis) não tenha de ser, só por isso, substancialmente autónomo (continuando porém salvaguardada, parece, a autonomia didáctico-científica)...

Não obstante, vários autores têm visto nos últimos tempos sinais de "reafirmação" da autonomia substancial do direito comercial enquanto direito privado da empresa. Apoiando-se tal reafirmação principalmente na "redescoberta" dos contratos comerciais como "contratos de empresa" (contratos celebrados por empresários em ligação com a respectiva actividade empresarial), inclusive na disciplina (especial) comunitário-europeia dos contratos entre (de um lado) empresas e (do outro) consumidores [(60)].

---

(60) V., p. ex., VINCENZO BUONOCORE, em *Manuale di diritto commerciale* (a cura di V. Buonocore), 2.ª ed., Giappichelli, Torino, 1999, pp. 3, ss. (v. tb. *ibid.*, pp. 875, ss., o escrito de ANGELO LUMINOSO acerca de "La contratazione d'impresa") e GIUSEPPE B. PORTALE, *Il diritto commerciale*

Reflectindo sobre essa visão, direi o seguinte:

1) É aceitável, repete-se, a concepção do direito comercial como direito — basicamente — das empresas. Repita-se também: das empresas (no plural), não da empresa — a empresa como fenómeno unitário ou unívoco não existe (no direito ou fora dele). Repita-se ainda: no direito comercial português actual entram sujeitos e actos que não têm de entrar no domínio empresarial; e nem todas as (espécies de) empresas nele são acolhidas.

2) Os contratos comerciais (em Portugal e noutros ordenamentos em que a categoria é aceite) não podem ser (inteiramente) identificados com os contratos de empresa. (a) Existem contratos comerciais sem que nenhuma das partes seja empresário no exercício da respectiva actividade (*v. g.*, um operário compra a um companheiro de trabalho o automóvel deste, a fim de revendê-lo — art. 463.º/1.º do CCom.). (b) Há contratos não comerciais apesar de neles participarem empresários (*v. g.*, o proprietário e explorador de uma empresa agro-pecuária vende um boi reprodutor a outro agricultor — art. 464.º/4.º do CCom.).

3) Alguns contratos unilateralmente de empresa, ainda que qualificáveis frequentemente como comerciais (do lado da empresa — comercial), têm disciplina peculiar e autónoma não enraizada nas lógicas ou interesses (sempre no plural...) da empresarialidade ou da comercialidade. É o caso dos contratos de trabalho e dos contratos de consumo [(61)].

---

italiano alle soglie del XXI secolo, JUS, 1 (2008), pp. 19, ss., *maxime* 27 ss.; entre nós, v. J. ENGRÁCIA ANTUNES, *Contratos comerciais – Noções fundamentais,* DJ (vol. especial), 2007, F. CASSIANO DOS SANTOS, *Direito comercial português,* vol. I, Coimbra Editora, Coimbra, 2007, pp. 52, ss., 135, ss..

(61) Cfr. GIORGIO CIAN, *Contratti civili, contratti commerciali e contratti d'impresa: valore sistematico-ermeneutico delle classificazioni,* RDCiv., 2004, pp. 858, ss., ALBERTO BREGOLI, *Contratti di impresa,* GC, 2008, pp. 148-149. Sobre os contratos de consumo diremos mais daqui a pouco.

4) Mesmo para os contratos de empresa bilaterais (qualificáveis ou não de comerciais) não existe hoje disciplina e *ratio* (inteiramente) unitárias. Basta pensar no regime do "abuso de dependência económica" (62) e da nulidade das cláusulas contratuais em "transacções comerciais" entre empresas que, por exemplo, estabeleçam "prazos excessivos para o pagamento" (63). É regime mais aparentado ao que vale para os contratos de consumo do que para o tradicionalmente vigente nos contratos bilaterais de empresa (64).

5) O direito do consumo (ou dos consumidores) não é "contra" as empresas (mormente as grandes) ou o sistema de produção capitalista (ao invés) (65). Também não é "contra" o direito das empresas (ou o direito comercial). Mas diferencia-se deste. Basta ter presentes as especialidades de regime aplicáveis a qualquer contrato de consumo (66): dever de o fornecedor de bens prestar informações várias tanto nas negociações como na celebração dos contratos (L 24/96, de 31 de Julho — Lei de defesa dos consumidores ou LDC —, art. 8.º, 1) (67); direito de o consumidor resolver o contrato por deficiência de informação pré-contratual ou do conteúdo

(62) V. o art. 7.º da L 18/2003, de 11 de Junho (lei de defesa da concorrência) e J. P. MARIANO PEGO, *A posição dominante relativa no direito da concorrência,* Almedina, Coimbra, 2001. Recorde-se o n.º 1 daquele art. 7.º: "É proibida (...) a exploração abusiva, por uma ou mais empresas, do estado de dependência económica em que se encontre relativamente a elas qualquer empresa fornecedora ou cliente, por não dispor de alternativa equivalente".

(63) V. o art. 5.º do DL 32/2003, de 17 de Fevereiro, que transpôs a Directiva 2000/35/CE, de 29 de Junho.

(64) V. tb. BREGOLI, *ob. cit.,* pp. 147-148 [fala-se em Itália a propósito, desde há meia dúzia de anos (por provocação e sugestão de Pardolesi), de "terzo contratto" — v. *ibid.*, p. 147, n. (12)].

(65) Sobre os fundamentos do direito do consumo, v. C. FERREIRA DE ALMEIDA, *Direito do consumo,* Almedina, Coimbra, 2005, pp. 37, ss..

(66) V. *úl. A. e ob. cits.*, pp. 196, ss., especialmente p. 202.

(67) V. tb., para os contratos celebrados à distância e os contratos ao domicílio e equiparados, arts. 4.º e 5.º, 16.º e 17.º do DL 143/2001, de 26 de Abril, que transpôs a Directiva 97/7/CE, de 20 de Maio.

contratual (art. 8.º, 4, da LDC) (68); direito à adequação dos bens de consumo às legítimas expectativas do consumidor (art. 4.º da LDC) (69); relevância contratual de informações concretas e objectivas constantes de mensagens publicitárias (art. 7.º, 5, da LDC); imperatividade das normas de protecção e nulidade das cláusulas contratuais que as contrariem — sendo tal nulidade invocável somente pelo consumidor ou seus representantes (art. 16.º da LDC).

6) Nos contratos de consumo, contraparte do consumidor é normalmente um empresário (ou "empresa" em sentido subjectivo, comercial ou não). Mas não necessariamente: pode ser um "profissional" autónomo não empresário — *v. g.*, um artesão ou um profissional liberal sem empresa em sentido objectivo. (70)

7) Deflui do referido sob 5) e 6): (a) no campo dos contratos de consumo, é indiferente que apareça um empresário ou um ("profissional") não empresário como contraparte do consumidor; (b) as especialidades do regime dos contratos de consumo divergem manifestamente do regime tradicionalmente aplicável aos contratos de empresa ou de comércio unilaterais (regime ancorado na autonomia contratual de empresa, para satisfação de interesses próprios) (71) — e afastam boa parte deste regime (72).

---

(68) V. tb., p. ex., os arts. 6.º e 18.º do DL 143/2001 (o direito de resolução é aí mais amplamente atribuído).

(69) V. tb. o DL 67/2003, de 8 de Abril, sobre o regime da conformidade de bens de consumo com os respectivos contratos de compra e venda e outros (transpõe a Directiva 1999/44/CE, de 25 de Maio).

(70) V. art. 2.º, 1, da LDC, arts. 1.º, 3, 13.º, 1, 15.º, 1, do DL 143/2001, art. 1.º-A, 1, do DL 67/2003, art. 4.º, 1, b), do DL 133/2009, de 2 de Junho (transpõe a Directiva 2008/48/CE, de 23 de Abril, relativa a contratos de crédito aos consumidores), arts. 1.º e 3.º, b) e d), do DL 57/2008, de 26 de Março (transpõe a Directiva 2005/29/CE, de 11 de Maio — que altera várias directivas — relativa às práticas comerciais desleais das empresas nas relações com os consumidores).

(71) Cfr. BREGOLI, *ob. cit.*, p. 146.

(72) V. FERREIRA DE ALMEIDA, *ob. cit.*, pp. 200, ss..

Tudo isto, já se vê, não abona a tese da "reautonomização" do direito comercial como direito (sobretudo) dos contratos de empresa. Por outro lado, não é de menos assentar a autonomia do direito comercial nos contratos de empresa bilaterais?... [(73)]

8) O direito privado do consumo despontou com aspectos de regime especial relativamente ao direito comum. Tenha ou não merecido a qualificação de direito privado especial, parece que ele se vai integrando (se é que não esteve sempre integrado) no direito civil dos contratos (inclusive em diversos códigos civis), *rectius,* no direito privado dos contratos [(74)].

9) Temos então: (a) a burguesia comercial e financeira, primeiro, e industrial depois (classe que já foi revolucionária...) criou princípios e regras especiais dos contratos (comerciais) em face do direito "comum" quando precisou; (b) esses princípios e regras alastraram pelos campos do direito civil dos contratos patrimoniais, comunizaram-se largamente ("comercialização" do direito privado); (c) os princípios e regras especiais dos jovens contratos de consumo vêm-se comunizando também ("consumidorização" do direito privado, chamemos-lhe assim). Resulta(rá) destes movimentos [(b) e (c)] a harmonização (e considerável unificação) do direito privado dos contratos [(75)].

10) Portanto, a eventual "reafirmação" da autonomia do direito comercial não passará principalmente por con-

---

(73) E não se olvide o escrito *supra*, sob 4).

(74) Cfr. J. Sousa Ribeiro, *Direito dos contratos — Estudos,* Coimbra Editora, Coimbra, 2007, pp. 73-74, 96, 99, Ferreira de Almeida, *ob. cit.*, pp. 195, ss., Cian, *ob. cit.*, p. 860.

(75) Sem querer apagar especialidades e complexidades subsistentes, em vez das categorias contratos civis, contratos comerciais, contratos de consumo, etc., avance-se para a categoria contratos privados (ou de direito privado) — contrapostos aos contratos públicos (ou de direito público)...

figurá-lo como direito privado externo-contratual das empresas.

Posto isto, e olhando mais circunscritamente para Portugal: a unificação do direito privado (patrimonial) atingiu já um grau tal que obrigue a reconhecer a insubsistência da autonomia substancial do direito comercial? Parece que não. Pese embora a progressiva redução do círculo dessa autonomia, as nossas leis mantêm ainda um (pouco significativo) regime especial comum aos actos de comércio em geral (76); os actos de comércio em especial estão sujeitos a algumas (poucas) regras divergentes das que vigoram para os homólogos actos civis (e há actos mercantis sem homólogos civis); os comerciantes têm um estatuto algo diverso do dos não comerciantes (77).

Não obstante, numa perspectiva de reforma, será aconselhável (e não será difícil) promover uma maior unificação (também legislativa) do direito das obrigações (78); e deverá consolidar-se a harmonização do estatuto de empresários diversos (hoje comerciantes ou não) e do regime de diversas espécies empresariais (hoje comerciais ou não). Tudo isto, porém, sem prejuízo de algumas diferenciações de regime — ditadas, por exemplo, pelas diferentes dimensões das empresas e por especificidades de cada um dos sectores de actividade empresarial. (79)

---

(76) V. *infra*, cap. I.

(77) V. *infra*, cap. II.

(78) *V.* A. SOUTO DE MIRANDA, *A autonomia do direito comercial*, in Faculdade de Direito de Lisboa, *As operações comerciais*, Almedina, Coimbra, 1988, pp. 336, ss..

(79) No essencial, o direito comercial viria assim a coincidir com um "direito privado das empresas" tal como desenhado *supra*, no n.º 1. 2. 2. Para uma noção (mais ampla) de "direito das empresas", v. J. M. COUTINHO DE ABREU, *Da empresarialidade (As empresas no direito)*, Almedina, Coimbra, 1996 (reimpr. 1999), pp. 306, ss..

2. Fontes do direito comercial português

2. 1. Fontes externas e fontes internas

Nas fontes do direito mercantil — nos modos ou formas por que se constitui e manifesta o direito especificamente aplicável à matéria mercantil (actos e objectos comerciais, comerciantes) (80) — convém distinguir entre fontes externas e internas.

2. 1. 1. Entre as *fontes externas*, cuja importância se tem vindo a acentuar (81), destacamos as *convenções internacionais* ("As normas constantes de convenções regularmente ratificadas ou aprovadas vigoram na ordem interna após a sua publicação oficial e enquanto vincularem internacionalmente o Estado Português" — n.º 2 do art. 8.º da CRP) e os *regulamentos* e *directivas* da Comunidade Europeia (v. art. 288.º do TFUE, e art. 8.º, 3, da CRP — "As normas emanadas dos órgãos competentes das organizações internacionais de que Portugal seja parte vigoram directamente na ordem interna, desde que tal se encontre estabelecido nos respectivos tratados constitutivos") (82).

Embora de valor infra-constitucional, as normas da generalidade das convenções internacionais e as citadas normas

(80) Sobre a problemática das fontes do direito em geral, v. por todos A. CASTANHEIRA NEVES, *Fontes do direito — Contributo para a revisão do seu problema*, sep. do BFD – Estudos em homenagem aos Profs. Manuel Paulo Merêa e Guilherme Braga da Cruz – 1983, Coimbra, 1985.

(81) V. *supra*, parte final do n.º 1. 1. 3.

(82) As directivas, porque devem ser transpostas para o direito interno, não estão em princípio abrangidas pelo preceito constitucional acabado de transcrever. Todavia, em certos casos é reconhecido "efeito directo" às directivas não transpostas atempadamente ou incorrectamente transpostas (v., p. ex., B. GOLDMAN / A. LYON-CAEN / L. VOGEL, *Droit commercial européen*, 5e éd., Dalloz, Paris, 1994, pp. 58, ss., MIGUEL GORJÃO-HENRIQUES, *Direito comunitário*, 5.ª ed., Almedina, Coimbra, 2008, pp. 316, ss.).

de "direito supranacional" prevalecem sobre a lei ordinária interna (anterior ou posterior) [(83)].

2. 1. 2. Entre as *fontes internas* avultam as *leis* (comerciais) — amplamente entendidas, de modo a abarcarem "actos legislativos" (leis constitucionais, leis, decretos-leis, decretos legislativos regionais) e regulamentos [do Governo, das regiões autónomas, das autarquias locais, etc., incluindo os de "entidades administrativas independentes" (CRP, art. 267.°, 3) como a Comissão do Mercado de Valores Mobiliários — cfr. o CVM, arts. 353.°, 1, b), 369.°].

A CRP contém algumas regras atinentes ao direito comercial. Citemos brevemente os arts. 61.° (iniciativa económica privada, cooperativa e autogestionária), 81.°, f) (é incumbência prioritária do Estado "assegurar o funcionamento eficiente dos mercados, de modo a garantir a equilibrada concorrência entre as empresas, a contrariar as formas de organização monopolistas e a reprimir os abusos de posição dominante e outras práticas lesivas do interesse geral"), 82.° (coexistência dos "sectores de propriedade" público, privado, e cooperativo e social), 85.° (cooperativas e experiências de autogestão), 86.° (empresas privadas), 99.° (objectivos da política comercial), 100.° (objectivos da política industrial), 293.° (reprivatização de empresas).

Mas as principais fontes do direito comercial são as leis ordinárias (as leis propriamente ditas — da Assembleia da República — e os decretos-leis do Governo), à cabeça das quais havemos de situar o Código Comercial (aprovado por Carta de Lei de 28/6/1888). Código que, naturalmente, tem visto muitas das suas normas alteradas e revogadas - subs-

---

(83) V. por todos GOMES CANOTILHO / VITAL MOREIRA, *Constituição da República Portuguesa anotada*, 3.ª ed., Coimbra Editora, Coimbra, 1993, pp. 86-87, 89-91.

tituídas, e tem sido complementado por numerosa legislação extravagante [84].

Também a *jurisprudência* e a *doutrina* são fontes do direito comercial [85]. Com efeito, as decisões judiciais participam na criação ou constituição do direito — interpretam-concretizam normatividade jurídica (actividade especialmente relevante nos domínios das cláusulas gerais e dos conceitos indeterminados), integram lacunas (e sabe-se que a vida comercial é fértil na geração de fenómenos novos); e destas decisões concretas "vão-se inferindo (por uma generalização integrante das suas *rationes decidendi*) normas, *topoi* normativos, princípios normativo-jurídicos e mesmo institutos jurídicos, enquanto explicitações dogmáticas das intenções normativas que as informam (...)" [86]. Por sua vez, a doutrina releva principalmente enquanto "dogmaticamente complementar" e "heurístico-normativamente antecipante" do "direito jurisprudencial" [87].

E os *usos* (práticas sociais estabilizadas) e os *costumes* (práticas sociais estabilizadas seguidas com a convicção de serem juridicamente obrigatórias) mercantis? Apesar de serem hoje muitíssimo menos significativos do que em outras épocas [88], são ainda de alguma importância. Devem considerar-se fontes do direito comercial? Uma resposta afirmativa com respeito aos costumes não encontrará escolhos

---

(84) A principal legislação comercial posterior ao CCom. pode ser consultada em diversas colectâneas. A alguma dela faremos depois referência. Note-se ainda que em algumas leis (globalmente) não mercantis se podem encontrar disposições comerciais (disposições disciplinando de modo especial matéria mercantil).

(85) Afirmação contrariada, porém, por muitos.

(86) CASTANHEIRA NEVES, *ob. cit.*, p. 111 (v. tb. *ibid.*, pp. 31, ss., 61, ss., 103, ss.).

(87) V. *últ. A. e ob. cits.*, pp. 112-113. V. tb., acerca da jurisprudência judicial e da dogmática, FERNANDO J. BRONZE, *Lições de introdução ao direito*, 2.ª ed., Coimbra Editora, Coimbra, 2006, pp. 658, ss., 742-743.

(88) Cfr. *supra*, n.º 1. 1. 1; v. tb. J. FERREIRA BORGES, *Diccionario jurídico-commercial*, Lisboa, 1839, pp. 503-504.

substanciais [89]. E afirmativa deve ser também a resposta quanto aos usos mercantis [90]. Apesar de não constarem (tal como os costumes) do art. 3.º do CCom., eles podem manifestar regras jurídicas – quer se trate de usos invocados pela lei (serão então fonte "mediata" de direito – cfr. arts. 1.º, 1, e 3.º, 1, do CCiv.) [91], quer de usos solicitados para a interpretação e integração dos negócios jurídico-mercantis [92]. [93]

2. 2. Aplicação da lei civil a matéria mercantil

A lei civil é aplicável a questões comerciais. Di-lo logo o art. 3.º do CCom. ("Se as questões sobre direitos e obrigações comerciais não puderem ser resolvidas, nem pelo texto da lei comercial, nem pelo seu espírito, nem pelos casos análogos nela prevenidos, *serão decididas pelo direito civil*"). E deste

---

(89) Cfr. por todos CASTANHEIRA NEVES, *ob. cit.*, pp. 17, ss., 86, ss., J. OLIVEIRA ASCENSÃO, *O direito – Introdução e teoria geral,* 10.ª ed., Almedina, Coimbra, 1997, pp. 253, ss., A. VIEIRA CURA, *O costume como fonte de direito em Portugal,* BFD, 1998, pp. 241, ss., A. SANTOS JUSTO, *Introdução ao estudo do direito,* 3.ª ed., Coimbra Editora, Coimbra, 2006, pp. 206, ss..

(90) Contra, v. FERRER CORREIA, *Lições...*, pp. 46, ss. (para o A. apenas a lei comercial é fonte do direito comercial – v. *ibid.*, p. 48).

(91) Cfr. OLIVEIRA ASCENSÃO, *últ. ob. cit.*, p. 269. Para exemplos de invocação de usos pela lei comercial, v. CCom., arts. 232.º, § 1.º, 238.º, 248.º, 269.º, § 2.º, 271.º, § único, 399.º, 404.º, § único.

(92) Cfr. arts. 236.º, 1, e 239.º do CCiv., e A. VAZ SERRA, *Anotação ao Ac. do STJ de 7/3/69,* RLJ, ano 103.º (1970-71), pp. 227-228, n. (3); v. tb. DIOGO LEITE DE CAMPOS, *Anatocismo – Regras e usos particulares do comércio,* ROA, 1988, pp. 55-56. Em geral, sobre os usos e os costumes como fontes do direito comercial, v. ainda J. ENGRÁCIA ANTUNES, *Os usos e o costume no direito comercial. Algumas breves refelexões,* em *Estudos Comemorativos dos 10 anos da Faculdade de Direito da Univesidade Nova de Lisboa,* vol. II, Almedina, Coimbra, 2008, pp. 215, ss..

(93) Sobre outros modos de constituição do direito (comercial, também) – de natureza "institucionalmente social" (de que serão exemplo certos "códigos de conduta"), "associativamente estatutária" e "socialmente convencional", etc., v. CASTANHEIRA NEVES, *ob. cit.*, pp. 99, ss..

preceito se poderia concluir ser a legislação civil fonte de direito comercial.

Mas não seria correcta a conclusão. Sendo o direito comercial direito (privado) especial [(94)], lógico é que o direito civil, enquanto direito privado comum, intervenha na disciplina de matérias mercantis quando o normativo especial se revele insuficiente. Ora, a lei civil, quando subsidiariamente se aplica a questões comerciais, intervém porque é lei comum e a esse título — não se transformando em lei especial-comercial nem manifestando direito especial--comercial [(95)].

À primeira vista, parece defluir do citado art. 3.º que as normas do direito civil nunca são aplicáveis directamente às matérias comerciais, intervindo somente para integrar lacunas da lei comercial não integráveis por normas mercantis regulamentadoras de casos análogos [(96)]. Mas não é assim [(97)]. O direito comercial apresenta-se como um ordenamento especial e fragmentário, aberto portanto ao recurso directo ao direito comum na disciplina das situações e relações mercantis. Nem todas as omissões de regulamentação legal-mercantil significam verdadeiras lacunas (imperfeições ou inacabamentos contrários ao plano da lei). Algumas dessas omissões estão de acordo com o plano da lei comercial. Assim acontece, por exemplo, com respeito à caracterização básica de tipos contratuais [(98)], ao regime

---

(94) V. *supra* n.º 1. 2. e n. (42).

(95) V. no mesmo sentido, *v.g.*, ROCCO, *ob. cit.*, pp. 113-114, e FERRER CORREIA, *últ. ob. cit.*, pp. 44, ss..

(96) O art. 3.º parece referir-se apenas à *analogia legis* — v. OLIVEIRA ASCENSÃO, *Direito comercial...*, p. 42.

(97) V., desenvolvidamente, LOBO XAVIER, *Direito comercial* cit., pp. 12, ss..

(98) *V.g.*, a noção e os efeitos essenciais do contrato de compra e venda estabelecidos nos arts. 874.º e 879.º do CCiv. valem também (directamente) para a compra e venda comercial — os arts. 463.º, ss. do CCom. não os referem nem tinham de os referir.

geral dos negócios jurídicos (arts. 217.º-294.º do CCiv.) e dos contratos (arts. 405.º-456.º do CCiv.).

3. Plano do curso (sequência)

Se tomarmos na devida conta as balizas jurídico-positivas (ainda) actuais, não fantasiando ou tomando como ser o que (se pensa) deveria ou deverá ser, a noção de direito comercial português não pode andar longe da vista *supra,* no n.º 1. 2. 1.: sistema jurídico-normativo dos actos de comércio e comerciantes. Estes actos e sujeitos ligam-se em regra às empresas comerciais. Por sua vez, os mais significativos comerciantes e empresários — e sujeitos dos actos mercantis — são hodiernamente as sociedades comerciais. Eis, pois, os grandes grupos temáticos deste curso: actos de comércio, comerciantes, empresas, sociedades. [99]

Claro que o direito comercial inclui muitos outros temas. Em consonância com a dinâmica do capitalismo, "o direito comercial é uma nebulosa em expansão que, no seu movimento, liberta sem cessar satélites novos. A sua força é cen-

---

[99] Repito aqui o que disse em *Direito comercial – Relatório sobre o programa, os conteúdos e os métodos de ensino,* Coimbra, 1999, p. 3. O Prof. J. OLIVEIRA ASCENSÃO, no *Parecer* que sobre aquele escrito ofereceu, RFDUL, 2000, pp. 1139, ss., diz sobre aquele quadro programático: "É uma delimitação pragmática; não é científica. Limita-se a pressupor a lei, com os seus buracos e as suas contradições" (p. 1142). Bom, aquela delimitação toma em conta a lei (antes de mais o velho mas não evitável CCom.); porém, vai além (e aquém) dela e mostra-se (parece) suficientemente estruturada e harmónica, de modo a evitar "buracos" e "contradições" sistemáticos; por outro lado, é verdade, a delimitação não é insensível à importância "prática" de alguns dos temas incluídos (empresas, sociedades). Ora, se uma ideia possui valor científico quando tem suporte objectivo nos factos (legais e extra-legais, no caso), difícil será provar que aquela delimitação não é "científica"... A delimitação tem dimensão "pragmática"? Pois tem. Mas o científico não é (ou não deve ser) anti-pragmático ou não pragmático (e haverá ciência só "para si"?).

trífuga, não centrípeta" [100]. São hoje visíveis vários (sub-) ramos do direito mercantil com relevante autonomia (formal e substancial). Por exemplo: direito marítimo, direito dos transportes, direito dos títulos de crédito, direito bancário, direito dos seguros, direito da concorrência, direito dos valores mobiliários.

Mas é também claro que uma disciplina de direito comercial (do curso de licenciatura em Direito) não pode abarcar todos estes temas (todos, aliás, objectos dignos de cadeiras autónomas). Nem é conveniente respigar em cada um deles matérias para compor a nossa disciplina — ficaria demasiado fragmentária e desgarrada e, aqui e ali, necessariamente superficial [101]. Assim, parece preferível estudar numa primeira cadeira de direito comercial os fundamentais quatro grupos temáticos inicialmente assinalados.

A Parte I começará com o estudo dos actos de comércio em geral (cap. I). Embora sem os desenvolvimentos durante largas dezenas de anos praticados — até porque o regime especial comum aos actos de comércio se vem revelando cada vez menos importante —, o estudo desta temática continua (hoje) imprescindível. Na verdade, além do aludido regime especial, os actos de comércio são condição necessária da qualificação de sujeitos como comerciantes, e de empresas e sociedades como comerciais (o estudo de tais actos continua sendo o estudo da "gramática" basilar do direito mercantil).

Actos de comércio *em geral,* dissemos. Com efeito, a maioria dos actos de comércio em especial não será objecto de análise pormenorizada. Por várias razões.

---

(100) P. DIDIER, *Droit commercial,* t. 1, 3e éd., PUF, Paris, 1999, p. 23.

(101) Contudo, alguns assuntos dos referidos sub-ramos (e outros) inserem-se lógica e relevantemente nos grandes grupos temáticos assinalados, pelo que serão objecto do nosso estudo.

Os actos de comércio são sobretudo contratos. Que têm espaço de estudo mais apropriado em uma cadeira de direito dos contratos (privados) [102]. Na realidade, o grosso da disciplina aplicável aos contratos comerciais é de direito comum: aplica-se-lhes amplamente o regime geral do negócio jurídico, das obrigações, dos contratos; boa parte das normas específicas dos diversos tipos contratuais civis é igualmente aplicável aos homólogos contratos comerciais. Depois, há contratos somente regulamentados na lei comercial (operações de banco, operações sobre instrumentos financeiros, seguros, transporte, conta corrente, reporte, mediação imobiliária, locação financeira, agência) — sem lugar, portanto, para a contraposição regime comum / regime especial. Entre os contratos com regulamentação específica tanto na lei civil como na lei comercial, um ou outro não apresenta diversidade de regime (*v. g.*, aluguer — art. 482.° do CCom.); nos restantes casos (empréstimo, mandato, compra e venda, depósito), as divergências de regime têm vindo a esbater-se e devem em grande medida ser eliminadas (por via da "comercialização" nuns casos e da "civilização" noutros) [103]. Em suma, a unificação do direito privado no domínio dos contratos está já, também entre nós, realizada em muito considerável medida (mais no plano substancial, menos no plano formal-legislativo) — e deverá ser reforçada. Justifica-se, pois, quer do ponto de vista científico, quer do ponto de vista didáctico, um estudo tanto quanto possível unitário (que evite escusadas repetições e equívocos) dos contratos de direito privado [104].

---

(102) No caso de disciplinas há pouco mencionadas (direito dos transportes, direito bancário, etc.) integrarem o plano de estudos do 1.° e/ou do 2.° Ciclo, os respectivos contratos terão aí também assento, claro.

(103) V. indicações em SOUTO DE MIRANDA, *ob. cit.*, pp. 337-342.

(104) Mas v., diferentemente, A. MENEZES CORDEIRO, *Manual de direito comercial,* I vol., Almedina, Coimbra, 2001, p. 136: "O cerne do Direito Comercial — ou o que dele resta — é composto pelos contratos comerciais. Qualquer programa que pura e simplesmente esqueça esse domínio deve ser abandonado". 1) Como pode o "cerne" de um direito especial (direito comercial) relativamente ao direito civil (direito privado comum) estar num objecto (contratos) com regime largamente unificado? 2) Mesmo não se concordando com quem diz que o puro não é simples e que o simples não é puro, haverá algum programa de direito comercial que "esqueça

Cumpre dizer ainda que, tendo em vista os tempos de leccionação de um ano escolar, o tratamento dos mencionados grandes grupos temáticos com a devida detença e consistência impediria sempre atenção pormenorizada à maioria dos actos de comércio em especial.

Trataremos no cap. II da problemática respeitante aos comerciantes. Designadamente dos sujeitos qualificáveis e não qualificáveis como comerciantes, e do estatuto dos comerciantes — firmas e denominações, escrituração mercantil e prestação de contas, registo comercial, responsabilidade por dívidas comerciais contraídas por cônjuge comerciante.

Entramos depois no mundo das empresas (cap. III). Com desenvolvimentos não usuais para uma primeira cadeira de direito comercial. Mas justificáveis, penso. A generalidade dos actos mercantis é realizada no quadro de empresas comerciais (ou têm-nas como objecto), a grande maioria dos

---

pura e simplesmente" o domínio dos contratos comerciais? [Curiosamente, Menezes Cordeiro mostra-se em obra posterior (*Da modernização do direito civil,* Almedina, Coimbra, 2004, pp. 151, ss.) estrénuo defensor da unificação do direito privado: "Os pretensos princípios mercantis encontram, hoje, guarida no Direito civil" (p. 168); "Mas no plano dos princípios como no da dogmática, não há nenhuma diferenciação que perturbe a unidade do Direito privado" (p. 169); "A revisão aprofundada do Código Civil levará à absorção do Direito Comercial ou, pelo menos: *das áreas contratuais* do Direito comercial" (p. 171 — grifei)...

Já agora: são estudados (mais ou menos) desenvolvidamente neste curso vários contratos — contratos de trespasse (*infra,* cap. III, n.º 3. 4. 1.), locação de estabelecimento (cap. III, n.º 3. 4. 2.), licença de marca (cap. IV, n.º 3. 4. 2.), consórcio (vol. II, cap. I, n.º 4. 3.), associação em participação (cap. I, n.º 4. 4.), contrato de sociedade (cap. III, diversos n.os), acordos parassociais (cap. III, n.º 7.), suprimentos (cap. V, n.º 2. 2. 4. 3.), compra e venda de participações sociais (cap. V, diversos n.os). E são aqui estudados, já se vê, porque se inserem de modo essencial em dois dos grandes grupos temáticos seleccionados. Por outro lado, são feitas diversas referências, especialmente de carácter nocional, a numerosos outros contratos — sobretudo no cap. I da Parte I —, pois assim o exige a boa compreensão da problemática dos actos de comércio em geral.

comerciantes (incluindo sociedades) é empresária; além de nas empresas comerciais residir o "princípio energético" (Hirsch) do direito mercantil, este vem caminhando (e deverá caminhar) na via de um direito privado das empresas (mas direito das empresas não apenas e nem tanto "externo", mas também "interno" — de organização e funcionamento).

Naturalmente, as empresas que mais importam ao direito mercantil são as comerciais. Todavia, para as compreender melhor, será conveniente enquadrá-las no vasto universo empresarial, confrontá-las com as empresas não mercantis e situá-las nas diversas espécies empresariais qualificáveis pelos respectivos sujeitos. Tanto mais quanto é certo vir-se assistindo a uma progressiva unificação do estatuto de diversos empresários (comerciantes ou não) e do regime de diversas espécies empresariais (comerciais ou não).

Neste capítulo se tratará ainda dos principais negócios sobre as empresas e das providências de recuperação empresarial — temas de grande interesse e actualidade (na "prática", também).

Quase a fechar a I Parte do programa (e a fechar o presente vol.) temos um capítulo dedicado aos sinais distintivos de empresas e de produtos — logótipos, marcas, denominações de origem e indicações geográficas, recompensas.

Apesar de tais signos pertencerem, não propriamente ao direito comercial (não individualizam somente empresas e produtos mercantis, não são actos de comércio objectivos nem são utilizáveis apenas por comerciantes), mas ao direito (da propriedade) industrial, justifica-se o seu estudo na nossa disciplina. Quer por não existirem no elenco curricular do 1.º Ciclo de Direito outras disciplinas onde esse estudo se faça, quer por ser muito íntima a ligação de tais sinais às empresas (comerciais, principalmente).

A I Parte do programa (e o 1.º semestre lectivo) finalizará com o estudo (breve) de títulos de crédito, especialmente das letras de câmbio (matéria tradicionalmente tratada na cadeira de Direito Comercial).

As sociedades comerciais (e civis de tipo comercial) preenchem toda a II Parte do curso. Parece razoável que assim seja. Porquanto é de primordial importância (teorética e prática) este segmento do direito mercantil [(105)].

É muito extenso este campo das sociedades comerciais. Dados os limites de tempo para a leccionação, há pois que delimitar os espaços a percorrer. O estudo analítico de cada um dos tipos societários, além de esbarrar com a falta de tempo, revelar-se-ia algo desgarrado, dificultando ou impedindo os grandes enquadramentos e desaproveitando até as virtualidades da extensa parte geral do CSC. Será preferível o estudo conjunto dos vários tipos sociais, seleccionando matérias que, além de nucleares no direito das sociedades, convoquem problemáticas comuns aos diversos tipos — quer essas problemáticas apontem para soluções unitárias (da parte geral do CSC, mas não só), quer para soluções diferenciadas.

---

(105) A matéria das sociedades comerciais é na maioria dos países, parece, integrada no direito (e em cadeira de direito) comercial. Não tanto assim, p. ex., na Alemanha, onde se vem impondo a autonomização do *Gesellschaftsrecht* perante o *Handelsrecht* — quer por se entender que o direito das sociedades vai para lá do direito das sociedades comerciais (abrangendo o direito das associações e das sociedades de direito civil), quer por se entender que o direito das sociedades comerciais é composto em pequena medida por normas especificamente jurídico-comerciais, compondo-se mais de normas especificamente jurídico-associativas (cfr. K. SCHMIDT, *ob. cit.*, p. 12).

Não nego a considerável autonomia substancial e científica (e formal, hoje) do direito das sociedades (e qual o grande capítulo do Direito Comercial sem tal autonomia?). Também por isso ele preenche toda a parte segunda do curso. Mas é também evidente o entretecimento da matéria das sociedades com outras componentes do direito comercial, especialmente com as matérias dos comerciantes e das empresas.

Trataremos então da noção de sociedade (em confronto também com figuras afins) — cap. I —, dos tipos de sociedades comerciais (cap. II), da constituição das sociedades (cap. III), da personalidade e capacidade das mesmas (cap. IV), das participações sociais (cap. V), do capital e património sociais, lucros, reservas e perdas (cap. VI), e dos órgãos das sociedades, com destaque para as deliberações dos sócios (cap. VII).[106]

---

(106) Claro que muitos e importantes temas societários ficam de fora. Daí a grande conveniência de haver uma segunda disciplina de direito comercial para tratar de alguns desses temas... Como, por exemplo, estes: alteração do acto constituinte das sociedades, fusões, cisões, transformações, dissolução e liquidação, sociedades coligadas (no vol. II ler-se-ão já algumas linhas sobre estes temas — algumas páginas acerca das sociedades coligadas).

PARTE I

Actos de comércio, Comerciantes, Empresas, Sinais distintivos

Capítulo I

DOS ACTOS DE COMÉRCIO EM GERAL

1. Introdução

Os actos de comércio, ficou dito atrás, são parte essencial da "matéria mercantil". Todavia, já foi maior o interesse "prático" da qualificação de um "qualquer" acto como comercial [1].

Na verdade, durante muito tempo foram os litígios relativos aos actos mercantis julgados por tribunais comerciais e segundo regras processuais próprias. Ora, a jurisdição comercial foi extinta pelo DL 21 694, de 29 de Setembro de 1932, e o Código de Processo Comercial foi revogado pelo DL 29 673, de 28 de Maio de 1939, que aprovou um novo Código de Processo Civil. [2]

Hoje, *o regime especial comum aos actos de comércio em geral* revela-se sobretudo no seguinte: em regra, nas obri-

---

[1] Com importância um pouco semelhante à de outrora permanece a qualificação como comerciais de certos actos em especial (mandato, empréstimo, transporte, depósito, compra e venda, etc.), dado o regime específico de cada um destes actos permanecer algo divergente do dos homólogos civis.

[2] A L 3/99, de 13 de Janeiro (Lei de Organização e Funcionamento dos Tribunais Judiciais), possibilitou no art. 78.°, e), a criação de tribunais de comércio (e alguns foram entretanto criados); todavia, resultava do art. 89.° que a competência destes tribunais não assenta nos actos de comércio. A nova LOFTJ (L 52/2008, de 28 de Agosto) prevê a criação de "juízos de comércio" (arts. 74.°, 2, d), 175.°); mas, igualmente, a respectiva competência não assenta nos actos de comércio (art. 121.°).

gações comerciais — nas obrigações resultantes de actos mercantis — os co-obrigados são solidários (art. 100.º do CCom.) (3); segundo o art. 15.º, as dívidas dos comerciantes casados derivadas de actos mercantis presumem-se contraídas no exercício dos respectivos comércios (4); o art. 102.º estabelece um regime com uma ou outra particularidade para os juros relacionados com actos comerciais. Por outro lado, a qualificação como comerciais de actos em geral importa ainda para qualificar de mercantis outros actos que daqueles sejam acessórios (5), bem como para qualificar sujeitos como comerciantes (art. 13.º) (6).

Habitualmente são referidos ainda outros preceitos do título I ("disposições gerais") do livro II ("dos contratos especiais de comércio") do CCom., especialmente os arts. 96.º e 97.º.

Nos termos do art. 96.º, "os títulos comerciais serão válidos qualquer que seja a língua em que forem exarados" — regra da liberdade de língua na redacção dos contratos comerciais (7). Mas vale a mesma regra para os actos não comerciais. Além de o art. 365.º, 1, do CCiv. admitir a validade (formal) de documentos passados em país estrangeiro (ainda que em língua estrangeira), a lei portuguesa não exige, em geral, o uso da língua pátria na redacção dos documentos contratuais passados em Portugal. A regra da liberdade de língua é, pois, regra comum do direito privado.

---

(3) É diversa a regra vigente no domínio das obrigações civis — v. art. 513.º do CCiv.. Note-se, porém, que a regra do art. 100.º do CCom., além de ser supletiva (admite estipulação contrária), não é aplicável nos casos previstos no § único do mesmo artigo; por outro lado, o CCiv., além de admitir no citado art. 513.º a solidariedade passiva (ou activa) estipulada pelas partes, consagra a regra da solidariedade passiva em vários passos: arts. 497.º, 1, e 507.º, 1 (responsabilidade civil delitual e pelo risco), 649.º, 1 (fiança), 997.º, 1 (sociedade), 1139.º (comodato), 1169.º (mandato — pluralidade de mandantes).

(4) V. *infra*, n.º 6. 4. do cap. II.

(5) V. *infra*, n.º 4.

(6) V. *infra*, cap. II.

(7) De orientação diversa era o art. 248 do CCom. de 1833.

Há, no entanto, excepções (tanto para actos civis como para actos comerciais): *v. g.*, "os actos notariais são escritos em língua portuguesa" (art. 42.º, 1, do CNot.); "a indicação do objecto da sociedade [no acto constituinte da mesma] deve ser correctamente redigida em língua portuguesa" (art. 11.º, 1, do CSC).

Por outro lado, mas agora sem interferência com questões de validade dos actos, é às vezes exigido o uso da língua portuguesa. Nos contratos de consumo, deve a informação ao consumidor ser prestada em português (v. arts. 7.º, 3, 8.º da LDC). Nos contratos de seguro, deve o segurador prestar ao tomador do seguro várias informações em português (arts. 18.º, ss., 21.º, 1, 23.º do Regime Jurídico do Contrato de Seguro — RJCS —, aprovado pelo DL 72/2008, de 16 de Abril); a validade do contrato de seguro não requer forma especial, mas "o segurador é obrigado a formalizar o contrato num instrumento escrito, que se designa por apólice de seguro (...)", que deve, em regra, ser redigida em língua portuguesa (arts. 32.º e 36.º do RJCS). Outro exemplo: para efeitos do registo comercial, "os documentos escritos em língua estrangeira só podem ser aceites quando traduzidos nos termos da lei, salvo se titularem factos sujeitos a registo por transcrição, estiverem redigidos em língua inglesa, francesa ou espanhola e o funcionário competente dominar essa língua" (art. 32.º, 2 do CRCom.).

O art. 97.º do CCom. admite mais latamente do que o art. 379.º do CCiv. a validade e força probatória da "correspondência telegráfica" (8). Mas esta forma de comunicação caiu manifestamente em desuso (ultrapassada pela telecópia, o "fax", a internet...). (9)

---

(8) V. por todos J. OLIVEIRA ASCENSÃO, *Direito comercial,* vol. I — *Institutos gerais*, FDL, Lisboa, 1998/99, pp. 375-381.

(9) O regime especial comum aos actos de comércio é, convenhamos, parco e pouco relevante. Contudo, F. CASSIANO DOS SANTOS, *Direito comercial português,* vol. I, Coimbra Editora, Coimbra, 2007, pp. 135-191, expõe extenso rol de "regras gerais emergentes do direito comercial" aplicáveis às "relações comerciais". Mas muito do que aí é exposto, ou não é "regime geral" (aplicável a todos os actos de comércio), ou não é regime "especial" (divergente de regime comum, aplicável a actos comerciais e a actos não

Deixemos aqui umas linhas mais acerca do referido art. 102.º do CCom..

O corpo do artigo, que mantém (tal como o § 1.º) a formulação originária ("Há lugar ao decurso e contagem de juros em todos os actos comerciais em que for de convenção ou direito vencerem-se e nos mais casos especiais fixados no

---

comerciais). Por exemplo: *a)* o DL 32/2003, de 17 de Fevereiro (pp. 140, ss.), é aplicável a empresas comerciais e não comerciais, a comerciantes e não comerciantes, a actos de comércio e actos não comerciais — basta ver o art. 3.º, a) e b); *b)* o regime dos arts. 469.º-471.º do CCom. (pp. 148, ss.) vale fundamentalmente para os contratos comerciais de compra e venda e de troca (v., quanto a este, o art. 480.º) e deve ser confrontado principalmente com o regime dos arts. 924.º e 925.º do CCiv. (não com o do art. 913.º); por outro lado, o regime da conformidade ou desconformidade com o contrato vem sendo harmonizado, nacional e internacionalmente, para todos os contratos (comerciais, civis, de consumo) — v. C. FERREIRA DE ALMEIDA, *Direito do consumo,* Almedina, Coimbra, 2005, pp. 155, ss., 168; *c)* a disciplina das prescrições presuntivas estabelecida nos arts. 316.º e 317.º, a) e b), do CCiv. (pp. 152, ss.) não é aplicável a todos os actos de comércio (*v. g.*, ficam de fora actos ocasionais de comércio e actos bilateralmente comerciais entre comerciantes) e nem sequer só a actos de comércio (*v. g.*, entram na al. b) do art. 317.º também créditos dos artesãos); por outro lado, o prazo de prescrição que vale para os créditos previstos nas als. a) e b) do art. 317.º vale igualmente para os créditos de profissionais liberais nos termos da al. c) do mesmo artigo (sem actos de comércio nem comerciantes); *d)* relativamente à cessação dos contratos mercantis (pp. 157, ss.), afora o reconhecimento do princípio da proibição das vinculações perpétuas ou de duração excessiva — princípio geral de todo o direito privado, não apenas do direito comercial (também Cassiano dos Santos assim diz) —, não há regra respeitante à denúncia ou à resolução que valha para todos os contratos; *e)* o art. 1301.º do CCiv. (p. 163) é aplicável tão-só à compra e venda, vendedor sendo um comerciante; *f)* o regime especial da "transmissão de posições contratuais (em contratos mercantis)" — pp. 164, ss. — é circunscrito aos casos de trespasse (e não convence a aplicação analógica generalizada do art. 1112.º, 1, do CCiv. e do art. 11.º do DL 149/95, de 24 de Junho — v. *infra,* n.º 3. 4. 1. 2. do cap. III); *g)* a "tutela da aparência gerada nas relações mercantis" (pp. 169, ss.) não está presente, evidentemente, em toda e qualquer relação comercial (e os poderes de representação de empregados de bancos ou seguradoras — *ibid.*, p. 176 — não resultam da aplicação analógica do art. 259.º ou do art. 249.º do CCom.; basta ver o art. 115.º, 3, do CT); *h)* os "deveres de informação nas relações mercantis e o princípio da boa fé" (pp. 179, ss.) não valem somente nas "relações mercantis"; no direito privado, consubstanciam regras e princípios de direito comum e são particularmente exigentes nos contratos de consumo...

presente Código"), refere-se a juros convencionais (estabelecidos em negócios jurídicos) e legais (directamente resultantes de preceito de lei), remuneratórios (rendimentos de bens de capital) ou moratórios (reparação ou indemnização pela falta de cumprimento tempestivo de obrigação).

Os juros (comerciais) legais são devidos nos casos previstos no CCom. ou em outras leis (quando for de "direito vencerem-se") — desde que, nesta última hipótese, estejam também em causa "actos comerciais". Previsões no CCom.: arts. 241.º (mandato), 346.º, n.º 5.º, e 348.º, § único (conta corrente), 395.º (empréstimo), 415.º (depósito em armazéns gerais), 626.º, § 2.º (contrato de risco marítimo). Exemplos em outras leis: CCiv., arts. 465.º, e), 468.º, 1 (gestão de negócios), 480.º (enriquecimento sem causa), 806.º (obrigações pecuniárias), 1199.º, b) (depósito); LULL, arts. 48.º, n.º 2.º, 49.º, n.º 2.º, e DL 262/83, de 16 de Junho, art. 4.º [(10)]; DL 32/2003, de 17 de Fevereiro, art. 4.º, 1 e 2 [(11)].

Quando sejam devidos juros comerciais — legais ou convencionais, remuneratórios ou moratórios — e a taxa respectiva não seja fixada pelos intervenientes no acto de comércio, vale a taxa legal-supletiva. Se for outra a taxa querida (maior ou menor), ela tem de ser fixada por escrito (ainda que o acto de comércio respectivo não exija forma escrita), sob pena de nulidade (e aplicação da taxa supletiva) — é esta a interpretação do § 1.º do art. 102.º [(12)]. [(13)]

---

(10) V. A. SOVERAL MARTINS, *Títulos de crédito e valores mobiliários*, P. I, vol. I, Almedina, Coimbra, 2008, pp. 97, ss..

(11) Este DL, que transpôs para a ordem jurídica interna a Directiva 2000/35/CE, de 29 de Junho (estabelece medidas de luta contra os atrasos de pagamento nas transacções comerciais), alterou os §§ 2.º e 3.º do art. 102.º do CCom. e acrescentou-lhe o § 4.º.

(12) Quando o acto de comércio não está sujeito a forma escrita e não é adoptada esta forma, nada impede, ao contrário do que por vezes se diz, o estabelecimento da obrigação de juros "convencionais" — a fixação de taxa diferente da taxa legal supletiva é que tem de ser feita por escrito.

"Aplica-se aos juros comerciais o disposto nos artigos 559.º-A e 1146.º do Código Civil" (art. 102.º, § 2.º). É proibido, portanto, estipular taxa de juros que exceda a taxa de juros legais aplicável em mais de 3% ou 5%, conforme exista ou não garantia real.

O § 3.º do art. 102.º determina que a taxa supletiva dos juros moratórios, legais ou convencionais, relativos a créditos de que sejam titulares *"empresas comerciais"* é fixada em portaria conjunta dos ministros das finanças e da justiça. Esta taxa não pode ser inferior à taxa de referência do BCE acrescida de sete pontos percentuais (§ 4.º) (14).

Tendo em conta também o art. 2.º, 1, da Directiva 2000/35/CE e os arts. 3.º, a) e b), 4.º, 1, e 6.º do DL 32/2003 (15), as "empresas comerciais, singulares ou colectivas," aparecem no § 3.º em *sentido subjectivo* (16): sujeitos que exercem actividade económica juridicamente qualificada de mercantil (suportada ou não em empresas em sentido objectivo) (17).

Os juros em causa são somente os *moratórios* (não os remuneratórios). Além de assim indicar a letra do § 3.º,

(13) Um pouco diferente é o regime do n.º 2 do art. 559.º do CCiv..

(14) A Portaria 597/2005, de 19 de Julho, prescreve que a taxa será de montante idêntico ao mínimo determinável nos termos do § 4.º do art. 102.º do CCom.. De montante inferior é, normalmente, a taxa supletiva dos juros moratórios ou remuneratórios, legais ou convencionais, fixada nos termos do art. 559.º, 1, do CCiv..

(15) Recorde-se que a redacção actual dos §§ 3.º e 4.º do art. 102.º do CCom. foi introduzida pelo art. 6.º daquele DL.

(16) Sobre várias acepções de "empresa", v. *infra,* n.º 2. 2. do cap. III.

(17) Convergentemente, v. ANA AFONSO, *A obrigação de juros comerciais depois das alterações introduzidas pelo Decreto-Lei n.º 32/2003, de 17 de Fevereiro,* em "Revista de Ciências Empresariais e Jurídicas" nº 12 (2007), pp. 183, ss.. Menos convergentemente, J. ENGRÁCIA ANTUNES, *Contratos comerciais – Noções fundamentais*, vol. especial de DJ, 2007, pp. 171, 191, CASSIANO DOS SANTOS, *ob. cit.*, pp. 143, 178.

aponta no mesmo sentido o escopo do DL 32/2003: reagir contra os atrasos (a mora) nos pagamentos [18]. [19]

Importa deixar aqui uma nota mais.

Por força do art. 4.º, 1, do DL 32/2003, o regime dos juros moratórios previstos nos §§ 3.º e 4.º do art. 102.º do CCom. é igualmente aplicável a créditos de que sejam titulares *"empresas" não comerciais* (agricultores, profissionais liberais, artesãos...) — veja-se também o art. 3.º, a) e b), do DL.

Eis, pois, mais uma manifestação do esbatimento das especialidades do direito comercial dos contratos ou obrigações [20].

2. Noção de acto(s) de comércio

Norma delimitadora básica dos actos de comércio é o art. 2.º do CCom.: "Serão considerados actos de comércio todos aqueles que se acharem especialmente regulados neste Código, e, além deles, todos os contratos e obrigações dos comerciantes, que não forem de natureza exclusivamente civil, se o contrário do próprio acto não resultar".

Logo deste enunciado resultará *a impossibilidade de um conceito unitário, homogéneo ou genérico de acto de comércio.* Há actos considerados mercantis por estarem previstos, segundo *critérios heterogéneos* (fruto de várias etapas de uma evolução capitalista multissecular), na *lei* comercial

---

(18) Neste mesmo sentido, v. M. PUPO CORREIA, *Direito comercial — Direito da empresa,* 9.ª ed. (c/colab. de A. J. Tomás/O. C. Paulo), Ediforum, Lisboa, 2005, pp. 420, n. (564), 421, e ANA AFONSO, *ob. cit.*, pp. 197-198; contra, ENGRÁCIA ANTUNES, *ob. cit.*, pp. 170, 172.

(19) A taxa supletiva fixada nos termos do art. 559.º, 1, do CCiv. é aplicável aos juros remuneratórios devidos às empresas comerciais (ou a outros sujeitos).

(20) Recorde-se o n.º 1. 3. da Introdução (*supra*).

— e que podem em regra ser praticados por comerciantes ou não comerciantes —, e actos considerados mercantis por, antes do mais, serem praticados por *comerciantes* e, além disso, serem conexionáveis com o comércio e estarem — embora não necessariamente — conexionados com a actividade mercantil dos seus autores [(21)].

Todavia, por cá e além-fronteiras (no quadro de sistemas jurídico-comerciais de estirpe objectiva) têm sido defendidos conceitos unitários de acto de comércio. Para isso, tem-se lançado mão principalmente de três critérios: finalidade especulativa (é comercial o acto praticado com escopo lucrativo); interposição nas trocas ou na circulação das riquezas; existência de uma empresa (são comerciais os actos praticados por uma empresa e/ou no quadro de uma empresa) [(22)]. [(23)]

> Alfredo Rocco foi certamente um dos autores mais esforçados na busca de um conceito unitário de acto de comércio (segundo o código italiano de 1882) [(24)].

---

(21) Estas proposições serão explicitadas ao longo das páginas que se seguem.

(22) Este (também cronologicamente) último critério foi defendido em França (sobretudo *de lege ferenda*) por J. ESCARRA, *Manuel de droit commercial,* vol. I, Recueil Sirey, Paris, 1947, pp. 55, ss.. Entre nós, numa linha afim, defendeu ORLANDO DE CARVALHO que o critério da comercialidade é o critério da empresarialidade (cfr. *Sumários de direito comercial do ano lectivo 1996/1997,* FDUC, § 1.º, n.º 11. Dado o carácter dos sumários deste tipo, claro que a eles recorrerei apenas quando as respectivas posições se afigurem em alguma medida inovadoras.); v. tb., especificamente para os contratos comerciais (contratos "celebrados pelo empresário no âmbito da sua actividade empresarial"), ENGRÁCIA ANTUNES, *últ. ob. cit.*, pp. 15, ss..

(23) Como não poderia deixar de ser, alguns autores definem os actos de comércio com recurso não apenas a um dos critérios apontados mas a dois ou mais deles. Para não irmos mais longe no espaço, v. JOSÉ BENEVIDES, *Contractos commerciaes,* Ferin, Lisboa, 1892, p. 69: "actos de mediação entre productor e consumidor, que realisam ou auxiliam a circulação das riquezas e praticados com o fim directo de lucro".

(24) V. *Princípios de direito comercial,* trad., Arménio Amado, Coimbra, 1931, pp. 168, ss..

Para resumir como resume o Autor [25], haveria duas grandes categorias de actos comerciais: actos de comércio constitutivos ou pela sua natureza intrínseca, e actos comerciais por conexão ou acessórios. Os primeiros compreendem quatro grupos: actos de interposição na troca das mercadorias, dos títulos e dos prédios urbanos ou rústicos (compra para revenda e ulterior revenda); actos de interposição na troca do dinheiro contra dinheiro a crédito (operações bancárias); actos de interposição na troca do trabalho (empresas); actos de interposição na troca do risco (seguros). Os segundos (os actos acessórios dos "verdadeiros" actos comerciais) compreendem três grupos: actos directamente declarados comerciais pela lei, em virtude da sua conexão normal com negócio comercial — reporte, operações cambiárias, actos inerentes à navegação, depósitos nos armazéns gerais e operações a estes inerentes; actos cuja conexão com uma actividade comercial se presume (todos os actos praticados por um comerciante); actos cuja conexão com o negócio comercial carece de ser demonstrada — compra e venda de quotas ou acções, seguros de coisas no que toca ao segurado, operações de mediação, depósitos, conta corrente e cheque bancário, mandato, comissão. Por conseguinte, o acto de comércio seria definível como "todo o acto que realiza ou facilita uma interposição na troca".

Ora, nenhum destes critérios (isolada ou conjugadamente) possibilita um conceito unitário de acto de comércio.

Existem actividades (traduzíveis em actos, claro está) normalmente exercidas com *intuito especulativo ou lucrativo* e nem por isso qualificadas como comerciais. Recordem-se os casos da agricultura, da maioria das indústrias extractivas, do artesanato, da actividade dos profissionais liberais. Por outro lado, os actos e actividades mercantis não têm de ser realizados com fins lucrativos (embora o escopo especulativo esteja presente na maioria dos casos). Na verdade, o Estado pode praticar actos de comércio sem tais finalidades (por

---

(25) V. *ibid.*, pp. 222-223.

exemplo, quando compra madeira de florestas atingidas por incêndios para as revender por preços idênticos ou inferiores aos preços de custo — cfr. arts. 17.º e 463.º do CCom.); outras entidades, como por exemplo cooperativas, agrupamentos complementares de empresas, empresas públicas, exercem actividades comerciais sem fins lucrativos ou sem que tenham de prosseguir fins lucrativos [26]. Por outro lado ainda, o próprio CCom. admite explicitamente actos de comércio sem qualquer escopo especulativo — art. 404.º: "O depositário terá direito a uma gratificação pelo depósito, *salva convenção expressa em contrário*".

Por sua vez, o critério da *interposição nas trocas* é insuficiente também. O CCom. considera comerciais certos actos que não têm de realizar ou facilitar interposições nas trocas. Pense-se, por exemplo, na fiança (art. 101.º), na conta corrente (contrato que nem tem de ser celebrado entre comerciantes — arts. 344.º, ss.), no penhor (arts. 397.º, ss.), nas compras (não dirigidas à revenda) e vendas (quando a aquisição não houvesse sido feita para revenda) de participações sociais relativas a sociedades comerciais (art. 463.º, n.º 5.º), na reforma de títulos de crédito mercantil (art. 484.º). E quanto às empresas (e aos actos no quadro delas praticados): não parece que a sua qualificação como comerciais assente no facto de elas poderem ser vistas como actos de interposição na troca (também) do trabalho [27]; além disso, nem em todas as empresas comerciais haverá a referida intermediação na troca do trabalho, nem todas as empresas comerciais têm de funcionar com assalariados — pense-se, por exemplo, em certas empresas de agenciamento de negócios ou de transporte (cfr. art. 230.º, n.os 3.º e 7.º).

Finalmente, a existência de *empresa* e a *empresarialidade* não são critérios servíveis para a construção de um

---

(26) V. *infra*, cap. III, n.os 3. 2. e 3. 3.

(27) V. *infra*, n.º 3. 1. 2.

conceito unitário de acto de comércio. Por várias razões: a comercialidade de diversos actos esporádicos ou ocasionais prescinde, vimo-lo já, da existência de empresa [28]; a empresarialidade (o próprio das empresas ou o relativo às empresas) não é algo unívoco, captável através de um critério único [29]; há empresas civis, tendo obviamente também que ver com a empresarialidade — e os actos a elas pertinentes não são comerciais (e desenhar-se-ia um círculo vicioso se se pretendesse definir a comercialidade pela empresarialidade comercial...). E quanto, em particular, aos contratos comerciais como contratos de empresa, repita-se (*supra*, n.º 1. 3. da Introdução): há contratos comerciais que não são contratos de empresa e contratos de empresa que não são (hoje) contratos comerciais; os contratos de empresa não constituem categoria unitária, com disciplina especial exclusiva.

Os "actos" de comércio são sobretudo *contratos*. É aliás sintomático que o livro II do CCom. seja intitulado "Dos contratos especiais de comércio".

Mas, além dos negócios jurídicos bilaterais, podem ser actos mercantis *negócios jurídicos unilaterais*. É o caso, por exemplo, dos negócios cambiários e dos negócios constituintes de sociedades comerciais unipessoais — uns e outros previstos em lei mercantil (CCom., art. 483.º e LULL; CSC, arts. 270.º-A, 488.º).

E, fora do domínio dos negócios mas dentro ainda dos factos jurídicos voluntários, é possível encontrar *simples actos jurídicos* como actos comerciais. É o caso, por exemplo, das interpelações e avisos efectuados por sociedades mercantis a sócios remissos (CSC, arts. 203.º, 3, 204.º, ss., 285.º-286.º).

---

(28) V. *supra*, final do n.º 1. 2. 2. da *Introdução*.

(29) V. J. M. COUTINHO DE ABREU, *Da empresarialidade (As empresas no direito)*, Almedina, Coimbra, 1996 (reimpr. 1999), *maxime* cap. V, e *infra*, cap. III.

Os próprios *factos jurídicos ilícitos* não estão excluídos da qualificação, em certos casos, como actos comerciais. Desde logo quando estejam previstos na lei mercantil— como, *v. g.*, a abalroação culposa de navios (arts. 665.°, ss., do CCom.) [(30)].

Já os factos jurídicos não voluntários ou naturais (como o decurso do tempo fundamento de prescrição — cfr. arts. 70.° da LULL e 174.° do CSC) parecem não qualificáveis como actos de comércio. Afora o facto de o regime especial comum aos actos comerciais não ser aplicável a tais factos naturais, dificilmente se concebem "actos" que não sejam factos voluntários de sujeitos de direito — o próprio art. 1.° do CCom. parece confirmar a ideia [(31)].

Dito isto, podemos para já dizer que são actos de comércio *os factos jurídicos voluntários especialmente regulados em lei comercial e os que, realizados por comerciantes, respeitem as condições previstas no final do art. 2.° do CCom.*. Esta noção será explicitada nos próximos n.os, a propósito da classificação dos actos de comércio.

3. Actos de comércio objectivos e subjectivos

Na classificação básica dos actos de comércio, estes aparecem-nos ou como objectivos ou como subjectivos. Utili-

---

(30) V., p. ex., FERNANDO OLAVO, *Direito comercial,* vol. I, 2.ª ed., 2.ª reimp., Coimbra Editora, Coimbra, 1978, p. 62, A. FERRER CORREIA, *Lições de direito comercial,* vol. I (c/ colab. de M. HENRIQUE MESQUITA e ANTÓNIO A. CAEIRO), ed. copiogr., Coimbra, 1973, pp. 86, ss., V. G. LOBO XAVIER, *Direito comercial (Sumário das lições ao 3.° ano jurídico),* ed. copiogr., Coimbra, 1977-78, p. 32, OLIVEIRA ASCENSÃO, *ob. cit.*, pp. 69-70.

(31) V., em sentido convergente, LOBO XAVIER, *ob. cit.*, p. 33 e n. (1), e OLIVEIRA ASCENSÃO, *ob. cit.*, p. 71; em sentido contrário, v. FERNANDO OLAVO, *ob. cit.*, p. 62, e A. MENEZES CORDEIRO, *Manual de direito comercial,* I vol., Almedina, Coimbra, 2001, p. 148.

zando por ora os dizeres do art. 2.º do CCom., os primeiros são "todos aqueles que se acharem especialmente regulados neste Código"; os segundos "todos os contratos e obrigações dos comerciantes, que não forem de natureza exclusivamente civil, se o contrário do próprio acto não resultar".

Assim entendida, a classificação é "exacta" ou "científica". Pese embora o facto de um ou outro acto "especialmente regulado" (objectivo, *hoc sensu)* ser caracterizado também por notas subjectivas [(32)], e de os actos dos comerciantes, para serem considerados actos de comércio subjectivos, terem de cumprir as duas condições objectivas previstas no final do art. 2.º. As classificações são convencionais; necessário é que se explicite o respectivo significado... [(33)]

3. 1. Actos de comércio objectivos

3. 1. 1. Interpretação da 1.ª parte do art. 2.º do CCom.

Recorde-se a primeira parte do enunciado normativo do art. 2.º: "Serão considerados actos de comércio todos aqueles que se acharem especialmente regulados neste Código". É uma definição de actos de comércio objectivos por enumeração ou catálogo (uma definição "em extensão", não "em compreensão") — por enumeração implícita, mais precisamente (o preceito não explicita os actos, remetendo antes para outras disposições normativas).

Prevê o CCom., no estado actual, variados actos: fiança (art. 101.º), empresas (art. 230.º) [(34)], mandato (arts. 231.º, ss.),

---

(32) É o caso do contrato de transporte previsto nos arts. 366.º, ss.. Mas, note-se, o transportador (ao contrário do que por vezes se diz) não tem de ser comerciante — pense-se nas empresas de transportes geridas directamente pelos municípios (cfr. art. 17.º).

(33) Com ponto de vista diverso, v. FERNANDO OLAVO, *ob. cit.*, pp. 105-106, FERRER CORREIA, *ob. cit.*, pp. 57-59.

(34) V. *infra*, n.º 3. 1. 2.

conta corrente (arts. 344.º, ss.), operações de banco (arts. 362.º, ss.), transporte (arts. 366.º, ss.), empréstimo (arts. 394.º, ss.), penhor (arts. 397.º, ss.), depósito (arts. 403.º, ss.), depósito de géneros e mercadorias nos armazéns gerais (arts. 408.º, ss.), compra e venda (arts. 463.º, ss.), reporte (arts. 477.º, ss.), escambo ou troca (art. 480.º), aluguer (arts. 481.º-482.º), transmissão e reforma de título de crédito mercantil (arts. 483.º-484.º), actos relativos ao comércio marítimo (livro III).

Relativamente à maioria destes actos, o Código estabelece disciplina específica (regras próprias de cada um deles). Tal não se verifica relativamente a alguns: operações de banco (art. 363.º — "As operações de banco regular-se-ão pelas disposições especiais respectivas aos contratos que representarem, ou em que a final se resolverem".), aluguer (art. 482.º — "O contrato de aluguer comercial será regulado pelas disposições do Código Civil que regem o contrato de aluguer e quaisquer outras aplicáveis deste Código, salvas as prescrições relativas aos fretamentos de navios".). Nem por isso, como é evidente, desmerecem estes actos o qualificativo "comerciais". Quer isto dizer, portanto, que são actos de comércio — por "se acharem *especialmente regulados* neste Código" — *os actos concretamente caracterizados pelas notas caracterizadoras ou requisitos previstos no CCom.*. Assim sendo, mesmo os actos comerciais para os quais o Código não estabelece disciplina específica ficam sujeitos às regras (especiais) comuns aos actos de comércio em geral (35).

São actos de comércio objectivos apenas os "especialmente regulados *neste Código*" (Comercial)?

Esta formulação faria algum sentido em 1888. Não é, contudo, razoável petrificar um catálogo de actos num código datado; há-de ser possível leis posteriores, acompanhando a

(35) V. *supra*, n.º 1.

evolução económica, preverem novos actos comerciais. Por isso se entende pacificamente que a expressão "neste Código" deve ser interpretada (extensivamente) de modo a abarcar *outras leis comerciais* [(36)]. O próprio CCom. fala em "lei comercial" nos arts. 1.º e 3.º.

Mas quando pode uma lei ser qualificada, para estes efeitos, de comercial? Há que atender a três hipóteses: *a lei substitui normas do CCom.; a lei* auto-qualifica-se comercial, ou mais precisamente, *qualifica* (directa ou indirectamente) *actos como comerciais; nenhuma* destas hipóteses se verifica.

No *primeiro caso,* a lei substituta será em princípio comercial, os actos nela regulados serão mercantis. Seria estranho considerar comerciais actos previstos no CCom. e considerá-los não-comerciais quando previstos — de modo mais desenvolvido e/ou actualizado mas com idêntica fisionomia — fora do Código. Confortando esta ideia, está também o quase sempre ignorado art. 4.º da Carta de Lei de 28 de Junho de 1888: "Toda a modificação que de futuro se fizer sobre matéria contida no Código Comercial *será considerada como fazendo parte dele* e inserida no lugar próprio, quer seja por meio de substituição de artigos alterados (...)". Por conseguinte, são objectivamente comerciais os actos constituintes das sociedades comerciais previstos no CSC, que substituiu os arts. 104.º, ss., do CCom.; os negócios respeitantes às letras, livranças e cheques, basicamente regulados hoje nas LULL e LUCh e ontem nos arts. 278.º, ss., do CCom. [(37)]; as operações de bolsa, antes previstas nos arts. 351.º, ss., do CCom. e agora no CVM; os contratos de trans-

---

(36) Leis comerciais enquanto actos legislativos globalmente considerados ou tão-só singular(es) norma(s) de diplomas legislativos.

(37) Contra, v. J. PINTO FURTADO, *Obrigação cartular e desconto bancário,* in CCCDPOA, *Temas de direito comercial,* Almedina, Coimbra, 1986, pp. 116-117, 164-165 (alterando posição expendida em *Disposições gerais do código comercial,* Almedina, Coimbra, 1984, p. 18).

porte de mercadorias por mar, de fretamento, de transporte de passageiros por mar, regulados pelos DL 352/86, de 21 de Outubro, 191/87, de 29 de Abril, e 349/86, de 17 de Outubro, que revogaram os caps. V, VI e VII do título I do livro III do CCom.; os contratos de seguro disciplinados pelo RJCS, aprovado pelo DL 72/2008, de 16 de Abril, que revogou (art. 6.º, 2, a)) os arts. 425.º a 462.º do CCom. (38).

No entanto, nem todas as leis substitutas de artigos do CCom. serão comerciais e, por isso, qualificadoras de actos mercantis. Parece ser o caso do cap. II do DL 231/81, de 28 de Julho, relativo ao "contrato de associação em participação", e que revogou os arts. 224.º, ss., do CCom., sobre a "conta em participação" (39). Com efeito, segundo o art. 224.º, dava-se "conta em participação quando *o comerciante* interessa uma ou mais pessoas ou sociedades nos seus ganhos e perdas, trabalhando um, alguns ou todos em seu nome individual somente". Ora, o art. 21.º, 1, do citado DL define a associação em participação como "associação de *uma pessoa* a uma actividade *económica* exercida por outra, ficando a primeira a participar nos lucros ou nos lucros e perdas que desse exercício resultarem para a segunda". Não se exige agora, portanto, que o associante seja comerciante nem que a actividade dele seja comercial. Por outro lado, o regime estabelecido no DL — quer a associação em participação se refira a uma actividade mercantil quer não — é unitário e não parece ser de direito (privado) especial; mais: o art. 22.º, 1, estatui que, "sendo várias as pessoas que se ligam, numa só associação, ao mesmo associante, *não se presume a solida-*

(38) Embora perpasse no RJCS certa tendência autonomizadora (diz o art. 4.º, epigrafado "direito subsidiário", que "às questões sobre contratos de seguro não reguladas no presente regime nem em diplomas especiais aplicam-se, subsidiariamente, as correspondentes disposições da lei comerciais e da lei civil (...)").

(39) Com opinião contrária, MENEZES CORDEIRO, *ob. cit.*, pp. 437, 449.

riedade dos débitos e créditos daquelas para com este".[40] Por conseguinte, a associação em participação não é acto objectivo de comércio — podendo ser, porém, acto subjectivo de comércio, nos termos da 2.ª parte do art. 2.º do CCom..

Atendamos agora à *segunda hipótese*. O CCiv., no capítulo da "locação", alterado pela L 6/2006, de 27 de Fevereiro (aprovou o "Novo Regime do Arrendamento Urbano" — NRAU), contém "disposições especiais do arrendamento para fins não habitacionais" (subsecção VIII, arts. 1108.º-1113.º). Entre esses fins conta-se (também) o comércio. E a locação de estabelecimento "comercial ou industrial" e o trespasse de estabelecimento "comercial ou industrial" merecem aí algumas regras específicas (arts. 1109.º, 1112.º, 1, a), 4). Ora, sendo embora certo que em tal "comércio ou indústria" podem caber actividades sem cabimento no comércio em sentido jurídico [41], certo é também que é este o visado primordialmente. Em consequência, devem considerar-se actos objectivos de comércio, porque "especialmente regulados" em "lei comercial", a locação e o trespasse de estabelecimentos comerciais.

Os agrupamentos europeus de interesse económico (AEIE, cuja disciplina básica consta do R(CEE) 2137/85, de 25 de Julho de 1985) podem ter objecto comercial ou civil (podem exercer actividades comerciais ou civis). Pois bem, quando o objecto de um AEIE seja mercantil, o respectivo contrato constituinte é um acto objectivamente comercial. É o que resulta claramente do art. 3.º, 1, do DL 148/90, de 9 de Maio: "O contrato de agrupamento tem carácter civil ou comercial, consoante o seu objecto".

---

[40] Relembre-se o art. 100.º do CCom..

[41] V. COUTINHO DE ABREU, *ob. cit.*, pp. 91-92, n. (222), 92, ss., 325; v. tb. *infra*, cap. III, n.º 3.4.1.1.

O DL 144/2006, de 31 de Julho, que transpôs para o ordenamento jurídico interno a Directiva 2002/CE, de 9 de Dezembro, e revogou o DL 388/91, de 10 de Outubro (arts. 1.º, 3, 106.º), regula as condições de acesso e de exercício da actividade de mediação de seguros ou de resseguros (art. 1.º, 1 e 2). Consiste esta mediação em actividades de promoção da celebração de contratos de seguro ou de resseguro, de apoio à gestão e execução desses contratos e, eventualmente, de celebração (em nome das seguradoras) dos mesmos contratos (arts. 5.º, c) e d), 29.º, a), d)). Os mediadores são pessoas singulares ou entidades colectivas que exercem remuneradamente aquelas actividades e distribuem-se por três categorias: mediador de seguros ligado, agente de seguros e corretor de seguros (arts. 5.º, e), f), 8.º). Esta actividade de mediação ou interposição nas trocas (mediação entre seguradoras e tomadores de seguros), por ser comércio em sentido económico[42], já mereceria ser qualificada de comércio em sentido jurídico; e os actos em que ela se traduz — essencialmente "simples actos jurídicos"-"operações jurídicas" de promoção de e assistência a contratos de seguro[43] — mereceriam consequentemente a qualificação de actos de comércio. Mas o próprio DL 144/2006 (tal como fazia o DL 388/91) qualifica (de modo indirecto) como objectivamente comerciais os actos de mediação de seguros (e de resseguros): no art. 10.º, 1, c) (só podem ser inscritas no registo de mediadores as pessoas singulares que "tenham capacidade legal para a prática de *actos de comércio*"), e 2 (o mediador pessoa singular pode

---

[42] Cfr. *supra,* final do n.º 1. 2. 1. da *Introdução.*

[43] As actuações de facto ou "operações jurídicas" incluem-se nos "factos jurídicos voluntários", podendo ser, pois, "actos" de comércio — cfr. *supra,* final do n.º 2. Esta ideia costuma ser explicitada pela doutrina alemã — v., p. ex., N. HORN, in HEYMANN, *Handelsgesetzbuch,* Band 4, de Gruyter, Berlin, New York, 1990, p. 31, e H. BROX, *Handelsrecht und Wertpapierrecht,* 15. Aufl., Beck, München, 2001, p. 122.

exercer a actividade de mediação "sob a forma de estabelecimento individual de responsabilidade limitada (EIRL)" — estabelecimento *comercial* [(44)]).

Ainda no campo das actividades de mediação, também o DL 211/2004, de 20 de Agosto, qualifica (indirectamente) os contratos de mediação imobiliária e os actos praticados pelos mediadores (profissionais) em execução desses contratos como actos objectivos de comércio (a actividade de mediação imobiliária é, nos termos do art. 2.º, 1, do DL, "aquela em que, por contrato, uma empresa se obriga a diligenciar no sentido de conseguir interessado na realização de negócio que vise a constituição ou aquisição de direitos reais sobre bens imóveis, a permuta, o trespasse [*sic*] ou o arrendamento dos mesmos ou a cessão de posição em contratos cujo objecto seja um imóvel"). Com efeito, o mediador (ou "empresa de mediação") deve ser, por norma, "sociedade *comercial*" (art. 6.º, 1, a)) — tendo, pois, por objecto a prática de actos de comércio (art. 1.º, 2, do CSC) —, possuidora de um ou mais "estabelecimentos *comerciais*" (art. 15.º), e que em princípio não pode exercer "outras actividades *comerciais*" (art. 3.º, 3) [(45)].

Vários decretos-leis reguladores de certas modalidades de sociedades caracterizam-nas explicitamente como "sociedades *comerciais*" [(46)]. Ora, repita-se, sendo comerciais as sociedades "que tenham por objecto a prática de *actos de comércio*" (art. 1.º, 2, do CSC), são tais decretos-leis actos legislativos comerciais e actos de comércio objectivos são os actos que exprimem o objecto das respectivas sociedades.

---

(44) V. *infra*, n.º 3. 1. 2. do cap. III.

(45) A mesma qualificação resultava também dos anteriores diplomas reguladores da actividade de mediação imobiliária, os DL 285/92, de 19 de Dezembro, e 77/99, de 16 de Março.

(46) V. exemplos *infra*, na n. (76).

E chegamos à *terceira hipótese*. Na maioria dos casos, as leis não se auto-qualificam explicitamente (de modo directo ou indirecto) como comerciais, civis, etc. Como saber então se estamos perante uma lei mercantil, prevendo de algum modo actos (objectivos) de comércio?

Não parece suficiente remetermos vagamente para as necessidades ou interesses do comércio (lei mercantil seria a que disciplina actos tendo em vista satisfazer necessidades do comércio) (47). Por um lado, porque não existe um conceito unitário ou *in genere* de comércio (48) — o comércio (em sentido jurídico) integra sectores e subsectores variados de actividade económica, com *necessidades diferenciadas* entre eles e dentro de cada um deles. Por outro lado, porque as leis comerciais (com o CCom. à cabeça) regulam também *actos de comércio ocasionais* (não integrados no comércio-actividade).

Para saber se as leis em questão são comerciais, parece necessário, pois, ver se elas disciplinam matéria análoga à disciplinada no CCom. ou em outras leis classificadas como comerciais. Mas este problema, porque integrável no quadro mais amplo da qualificação de actos mercantis por *analogia*, será tratado *infra*, no n.º 3. 1. 3.

3. 1. 2. Significado do art. 230.º do CCom. no quadro dos actos de comércio

Dispõe o art. 230.º: "Haver-se-ão por comerciais as empresas, singulares ou colectivas, que se propuserem: / 1.º Transformar, por meio de fábricas ou manufacturas, matérias-primas, empregando para isso, ou só operários, ou operários e máquinas; / 2.º Fornecer, em épocas diferentes, géneros, quer a particulares, quer ao Estado, mediante preço conven-

(47) Mas v. FERRER CORREIA, *ob. cit.*, p. 83.

(48) V. *supra*, 2.ª parte do n.º 1. 2. 1. da *Introdução*. Voltaremos ao tema.

cionado; / 3.º Agenciar negócios ou leilões por conta de outrem em escritório aberto ao público, e mediante salário estipulado; / 4.º Explorar quaisquer espectáculos públicos; / 5.º Editar, publicar ou vender obras científicas, literárias ou artísticas; / 6.º Edificar ou construir casas para outrem com materiais subministrados pelo empresário; / 7.º Transportar, regular e permanentemente, por água ou por terra, quaisquer pessoas, animais, alfaias ou mercadorias de outrem". [(49)]

Qual o alcance de a lei qualificar estas empresas de comerciais?

Uma corrente doutrinária entende que as "empresas" aí previstas significam o mesmo que "empresários" ou, mais concretamente, *"comerciantes"*; as empresas seriam as pessoas, singulares ou colectivas, que se propusessem praticar os actos de comércio enumerados no artigo [(50)]. Para uma outra corrente, tais empresas não são mais que *séries ou complexos de actos comerciais (objectivos)*. Enquanto outros actos regulados no Código são considerados isoladamente (são mercantis mesmo que praticados ocasionalmente), os previstos no art. 230.º são comerciais porque praticados em série, em "repetição orgânica" [(51)] [(52)].

---

(49) O art. compreende ainda três §§, mas não interessam especialmente por agora.

(50) Assim JOSÉ TAVARES, *Sociedades e empresas comerciais,* Coimbra Editora, Coimbra, 1924, pp. 728, ss.. (Este A. foi o iniciador da referida corrente, com *Emprezas no direito commercial portuguez* — obra integrada, em 2.ª ed., naquele livro). Nessa linha, v. ADRIANO ANTHERO, *Comentario ao Codigo Commercial Portuguez,* Porto, 1913, p. 425, L. CUNHA GONÇALVES, *Comentário ao Código Comercial Português,* vol. I., Empreza Ed. J. B., Lisboa, 1914, pp. 586, ss. (no campo da "exegese", não assim no "doutrinal": v. pp. 584-585...), BARBOSA DE MAGALHÃES, *Do estabelecimento comercial,* Ática, Lisboa, 1951, p. 21, PAULO M. SENDIN, *Artigo 230, Código Comercial e teoria jurídica da empresa mercantil,* BFD — "Estudos em homenagem ao Prof. Ferrer Correia", II, *v. g.* pp. 1008, ss., 1025.

(51) GUILHERME A. MOREIRA, *Actos de commercio,* Imprensa da Universidade, Coimbra, 1889, pp. 188, ss.. Na mesma linha, LOBO XAVIER,

O enunciado normativo em causa sugere, na verdade, o sentido de pessoa ou empresário para "empresa": abre com o "haver-se-ão por comerciais as empresas, *singulares ou colectivas*, que *se propuserem*", e fecha com três parágrafos excluindo "o proprietário ou explorador rural", o "autor", o "artista, industrial", etc. (53). Apesar de a letra do artigo conter também elementos perturbadores. "Haver-se-ão por *comerciais* as pessoas (ou os empresários)" é formulação no mínimo esquisita. Neste domínio, as pessoas ou são comerciantes ou não comerciantes. Comerciais serão os actos ou... as empresas (-actos ou actividades). Por que não se escreveu: "Haver-se-ão por comerciantes as empresas [pessoas], singulares ou colectivas (...)"?... (54)

Todavia, outros "elementos de interpretação" (o histórico (55), o sistemático e o teleológico) revelam-se menos favo-

---

ob. cit., pp. 38, ss., OLIVEIRA ASCENSÃO, *ob. cit.*, pp. 154, ss., *maxime* 158, ss., MENEZES CORDEIRO, *ob. cit.*, pp. 157, ss..

(52) Posição intermédia é a de FERNANDO OLAVO, *A empresa e o estabelecimento comercial,* CTF n.os 55-60, 1963, pp. 14, ss.: o art. 230.º "emprega a expressão *empresa* em *sentido subjectivo,* reportando-se ao empresário"; mas o preceito caracteriza as empresas pelo seu objecto, pela actividade (conjunto de actos) exercida pelos empresários (empresa em sentido objectivo). Por outro lado, acrescenta o A., a actividade do empresário é dotada de organização — o estabelecimento comercial (não confundível com a empresa)...

(53) Em abono da sua tese, JOSÉ TAVARES, *ob. cit.*, p. 729, diz que "o mesmo sentido é ainda igualmente manifesto: no art. 366.º e seu § 1.º [CCom.] nas seguintes palavras: 'quando os condutores tiverem constituído empresa ou companhia...', 'haver-se-á por constituída empresa logo que qualquer ou quaisquer pessoas se proponham...' ". Não diria tanto. Este artigo, no seu corpo, parece separar "condutores" (pessoas) e "empresa" (por aqueles constituída); e, nos termos do § 1.º, a empresa fica constituída quando as pessoas se proponham (e isto foi omitido por J. Tavares) "exercer a *indústria de fazer transportar* (...)"...

(54) Exceptuando-se no final, eventualmente, uma ou outra hipótese a que depois aludiremos.

(55) As *imprese* previstas no art. 3 do *Codice di Commercio* de 1882 eram entendidas como complexos ou séries de actos jurídicos efectuados no quadro de peculiares organizações produtivas (v., p. ex., U. MANARA, *Gli atti di commercio,* Bocca, Torino, 1887, pp. 442, ss.); idêntica inter-

ráveis àquela tese. Norma delimitadora primeira da matéria mercantil é a do art. 1.º do CCom.: "A lei comercial rege os actos de comércio sejam ou não comerciantes as pessoas que neles intervêm". E esses actos são logo os previstos no CCom. (v. art. 2.º, 1.ª parte) — no livro II, onde se situa o art. 230.º. Por outro lado, havendo no livro I um capítulo (o II — "Dos comerciantes" — do título II — arts. 13.º, ss.) estabelecendo quem é (e quem não é) comerciante, mal se compreende vir depois o art. 230.º atribuir directamente essa qualidade a certos empresários (56). Aliás, pode haver pessoas (colectivas, nomeadamente — certas associações, fundações, o Estado e autarquias locais) a explorar empresas previstas no art. 230.º, sem que por isso adquiram a qualidade de comerciantes (v. arts. 14.º e 17.º do CCom.) (57).

Inclinamo-nos, por conseguinte, a ver as empresas do art. 230.º como *conjuntos ou séries de actos (actividades) objectivamente comerciais enquadrados organizatoriamente*

---

pretação vale para as *entreprises* previstas no art. L. 110-1 do *Code de Commerce* francês de 2000 (art. correspondente ao art. 632 do *Code* de 1807) — v., p. ex., J. HAMEL / G. LAGARDE / A. JAUFFRET, *Droit commercial,* t. I, 2e éd., 1er vol., Dalloz, Paris, 1980, p. 249. (O *Code* de 2000 reagrupou num texto único, com pequenas alterações, os arts. do *Code* de 1807 que ainda vigoravam, bem como leis comerciais posteriores).

(56) No mesmo sentido, v. LOBO XAVIER, *ob. cit.*, p. 45, n. (1).

(57) JOSÉ TAVARES, *ob. cit.*, p. 733, tem consciência do problema, com relação às empresas (não personalizadas, está bem de ver) do Estado. Mas reitera: as empresas comerciais do art. 230.º são comerciantes, não devendo todavia considerar-se comerciante "o Estado quando as exerça, visto ser expressa a disposição do art. 17.º". Posição, de resto, consentânea com ver as "empresas colectivas" do art. 230.º como "sociedades comerciais" [v. *ibid.*, p. 730; neste sentido, tb. A. ANTHERO, *ob. cit.*, p. 421, CUNHA GONÇALVES, *ob. cit.*, p. 586 (o A., porém, entende que "não são *comerciais* as emprêsas fabris e de transportes organizadas pelo Estado ou pelas demais pessôas moraes"), BARBOSA DE MAGALHÃES, *ob. cit.*, p. 21]. Mas já não consentânea com a visão dos actos previstos no art. 230.º como subjectivamente comerciais (exceptuados os que também são regulados — objectivamente — noutras normas do Código, *maxime,* no art. 366.º) — v. TAVARES, *ibid.*, p. 735. Com efeito, não pratica o Estado actos objectivamente mercantis quando, por exemplo, explora uma empresa de espectáculos públicos (n.º 5 do art.)?...

(actos praticados no quadro de organizações de meios pessoais e / ou reais) (58).

Mas quais actos objectivos? Tão-só os contratos em que o exercício da empresa tipicamente se traduz [por exemplo, os contratos de fornecimento — n.º 2.º do art. 230.º —, de agência — n.º 3.º —, de edição — n.º 5.º —, de empreitada — n.º 6.º —, de transporte — n.º 7.º —, regulado (em parte), aliás, nos arts. 366.º, ss. do CCom.], ou todos os actos praticados na exploração dessas organizações empresariais? Dir-se-á: tão-somente aqueles, pois são eles que patentemente se revelam nos vários n.os do artigo; os restantes (por exemplo, compras de instrumentos e objectos de trabalho, contratos de trabalho e de prestação de serviços) serão subjectivamente comerciais, nos termos da 2.ª parte do art. 2.º do CCom.. De resto, acrescentar-se-á, é isto que sucede com relação às empresas não previstas no art. 230.º cuja actividade se traduz em actos regulados no Código (*v. g.*, uma mercearia — cfr. art. 463.º, 1.º —, um banco — cfr. arts. 362.º, ss.). Contudo, propendo para a segunda alternativa. Por um lado, o nosso art. parece basear a tipificação de algumas empresas em factos não jurídico-negociais: as empresas transformadoras (n.º 1.º: "Transformar, por meio de fábricas ou manufacturas, matérias primas, empregando para isso, ou só operários, ou operários e máquinas"), as empresas de espectáculos públicos (n.º 4.º: "Explorar quaisquer espectáculos públicos"), e até as empresas construtoras (n.º 6.º: "Edificar ou construir casas para outrem com materiais subministrados pelo empresário"). Nestes casos, quais os actos que merecem o qualificativo de objectivamente comerciais, e quais os actos a considerar subjectivamente mercantis?... Por outro lado, a visão "orgânica" dos diversos actos em que

(58) Sendo, portanto, normalmente (mas não necessariamente) comerciantes as pessoas, singulares ou colectivas, que exerçam tais empresas (cfr. art. 13.º do CCom.).

o exercício das empresas (previstas na norma) se traduz favorecerá igualmente esta tese. Tal como poderá ainda confortá-la o facto já assinalado de as empresas referidas no art. 230.º poderem ser exploradas por não comerciantes — não havendo então lugar para os actos subjectivamente comerciais...

Apareceu entretanto um discurso intentando revelar um "sentido imediato ou primário" do art. 230.º. O preceito pretenderia comercializar todas as empresas, não apenas as nele previstas especificamente; as empresas de comércio em sentido económico seriam juridicamente comerciais porque análogas às previstas no art. 230.º; a agricultura e o artesanato são excluídos neste artigo por não serem exercidos empresarialmente; o legislador oitocentista constatou um facto, à época, e proferiu "declaração de ciência negativa": as explorações agrícolas não são empresas; se uma exploração agrícola for empresa, ela será comercial porque análoga às previstas no art. 230.º (59).

Este discurso ignora alguns dados.

1) O CCom. não é código das empresas, os seus critérios da comercialidade não são os critérios da empresarialidade e não abarca todos os sectores e subsectores de actividade económica e empresas respectivas.

2) Mesmo sem sair do CCom., há empresas comerciais além das previstas no art. 230.º e análogas. São evidentemente comerciais as empresas que são instrumento para a prática de actos previstos no Código: *v. g.*, as empresas bancárias (v. arts. 362.º, ss.) ou as variadas empresas do comércio em sentido económico (v. arts. 463.º, ss.) — não é necessário recorrer a qualquer analogia.

3) O direito comercial não é produto de "lógica geométrica" ("se, por lei, são comerciais as empresas industrial-transformadoras, de intermediação na troca de coisas móveis, etc., então são comerciais também todas as demais empresas"). É produto histórico, resultado de factores económicos, políticos, sociais, culturais. Durante séculos limitou-se ao tráfico de mercadorias e de dinheiro; muito mais tarde

(59) CASSIANO DOS SANTOS, *ob. cit.*, pp. 77, ss..

integrou manufacturas, indústrias, serviços — mas, repita-se, sem nunca incorporar todas as actividades exercidas empresarialmente.

4) É de todo infundada a afirmação de que no Portugal da segunda metade do séc. XIX não havia empresas agrícolas. Basta uma olhadela pelos livros de história... [60] Havia empresas agrícolas e algumas delas bem mais evoluídas do que muitas das previstas no art. 230.º [em qualquer dos seus n.os — não precisamos de recordar somente minúsculas empresas de agenciamento de negócios (n.º 3.º), de "espectáculos de títeres", malabarismo ou espectáculos de saltimbancos (n. 4.º), de transportes por terra — com simples animais ou carros por eles deslocados —, ou por água — com embarcações como o rabelo, o moliceiro, a barca serrana, as "barcas de passagem" (n.º 7.º)...].

5) Porque não previu o Código, então, as empresas agrícolas como empresas comerciais? Tradicionalmente, as (grandes) terras pertenciam à nobreza e ao clero. Que, ao longo dos séculos não sentiram necessidade de direito "especial" ao jeito do direito comercial; ao invés, evitaram a sujeição a institutos como a falência ou a escrituração mercantil. Também a burguesia, quando chegou aos campos (muitas vezes como nova nobreza), não sentiu aquela necessidade...

6) O direito positivo actual apresenta diversos dados normativos — além do art. 230.º do CCom. — indicando a não comercialidade das empresas agrícolas [61]. Daqui não resulta, porém, grande diferenciação de regime relativamente às empresas comerciais — o direito mercantil, sabemos já, vem perdendo especialidade, a unificação (substancial) do direito privado vai prosseguindo. Não obstante, desde há muito que as empresas agrícolas (sobretudo as grandes e médias) são enquadráveis em um dos mais significativos institutos do direito comercial: a sociedade (de tipo) comercial (cfr. agora o art. 1.º, 4, do CSC).

---

(60) V., p. ex., J. AMADO MENDES, em *História de Portugal* (dir. José Mattoso), 5.º vol. — *O liberalismo (1807-1890)*, Círculo de Leitores, 1993, pp. 322 ss., 325, ss..

(61) Iremos dando conta dos mesmos. V. já minha *Da empresarialidade...*, pp. 83, ss..

3. 1. 3. Qualificação de actos de comércio por analogia

A enumeração implícita dos actos de comércio constante da 1.ª parte do art. 2.º do CCom. é exemplificativa ou taxativa? Actos não regulados legislativamente, ou previstos em leis cujo carácter (comercial ou outro) não é declarado (directa ou indirectamente) podem ser qualificados comerciais por analogia com actos previstos em lei mercantil?

Eis um problema que tem dividido marcadamente a doutrina portuguesa (62).

(62) Recusando (embora com nuanças) o recurso à analogia na qualificação de actos comerciais, v. GUILHERME MOREIRA, *ob. cit.*, pp. 44, ss., E. ALVES DE SÁ, *Primeiras explicações do codigo commercial portuguez de 1888,* vol. I, M. Gomes Ed., Lisboa, 1903, pp. 158, ss., CAEIRO DA MATTA, *Direito commercial português,* Imprensa da Universidade, Coimbra, 1910, pp. 229, ss., MÁRIO DE FIGUEIREDO, *Direito comercial* (Lições coligidas por J. Miranda / A. Vaz / A. Queiró), Livraria do Castelo, Coimbra, 1936, pp. 40, ss., J. G. PINTO COELHO, *Lições de direito comercial,* 1.º vol., C. E. Martins Souto Ed., Lisboa, 1942, pp. 27, ss., FERNANDO OLAVO, *Direito comercial* cit., pp. 69, ss., L. BRITO CORREIA, *Direito Comercial,* 1.º vol., AAFDL, Lisboa, 1987, pp. 34-35, PUPO CORREIA, *ob. cit.*, pp. 403, ss.. Admitindo (também com *nuances)* o recurso à analogia, v. J. BENEVIDES, *ob. cit.*, pp. 66, ss., CUNHA GONÇALVES, *ob. cit.*, pp. 13-14, BARBOSA DE MAGALHÃES, *Direito comercial* (Lições coligidas por A. Palma Carlos), J. Rodrigues Ed., Lisboa, 1924, p. 87, FERRER CORREIA, *ob. cit.*, pp. 67, ss., A. PEREIRA DE ALMEIDA, *Direito comercial,* I, AAFDL, Lisboa, 1976-77, pp. 66, ss., LOBO XAVIER, *ob. cit.*, pp. 56, ss., OLIVEIRA ASCENSÃO, *ob. cit.*, pp. 64, ss., 160, ss..

MENEZES CORDEIRO, *ob. cit.*, p. 154, afirma que o "debate da possibilidade de recurso à analogia na qualificação de actos de comércio corresponde a uma inversão metodológica. A qualificação não é causal do regime; antes decorre deste". Então, 1) "perante um acto que não esteja 'especialmente regulado neste Código' — ou situação equivalente, há que verificar se o seu regime é 'comercial e especial'; sendo a resposta positiva, o acto é comercial"; 2) "perante um acto lacunoso, há que lhe apurar o regime (...); perante o resultado obtido, se chegarmos à conclusão que o acto ficou 'especialmente regulado neste Código', ele é comercial". Este discurso não (me) merece concordância em vários pontos. Bastarão dois exemplos (v. muitos mais *infra*). 1) Os ACE são regulados pela L 4 / 73 e pelo DL 430 / 73. Esta regulação é unitária — vale tanto para os ACE com objecto mercantil como para os ACE com objecto civil —, não podendo dizer-se que é especial-comercial. Ora, para saber se a um concreto con-

Uma primeira precisão. O problema não se resolve recorrendo ao art. 3.º do CCom.. Esta norma admite o recurso à analogia para regular actos já qualificados como comerciais ("Se as questões sobre *direitos e obrigações comerciais* não puderem ser resolvidas (...) pelos casos *análogos* (...)"). A nossa questão diz respeito a lacunas de qualificação, não imediatamente a lacunas de regulação.

Os defensores da tese da inadmissibilidade da qualificação de actos mercantis por analogia invocam três argumentos principais. Primeiro: *a letra da lei*. "Serão considerados actos de comércio todos aqueles que se acharem *especialmente regulados* neste Código, e, *além deles* (...)" — é um enunciado que, além dos actos subjectivos de comércio, apenas permitiria como actos comerciais os "especialmente regulados" em lei mercantil. Segundo: *razão histórica*. A 1.ª parte do nosso art. 2.º foi inspirada no 2.º parágrafo do art. 2.º do "Código de Comercio" espanhol de 1885 ("Serán reputados actos de comercio los comprendidos en este Código y *cualesquiera otros de naturaleza análoga")* — e a parte final deste parágrafo foi deliberadamente afastada da nossa lei. Por outro lado, vão no mesmo sentido o relatório ministerial que precedeu a proposta de lei para a aprovação do CCom. (apresentado por Veiga Beirão) e a discussão nas câmaras dos deputados e dos pares sobre o projecto do

---

trato constituinte de um ACE é aplicável o ou algum do regime especial comum a todos os actos do comércio (cfr. *supra*, n.º 1.), é necessário saber se tal contrato é ou não qualificável como acto mercantil; da qualificação como acto de comércio — não fundada no regime constante daqueles diplomas — decorrerá a aplicação do referido regime especial. 2) As empresas de reparação de automóveis (e muitas outras de prestação de serviços) não estão previstas na lei como civis ou como comerciais. Para saber se uma dessas empresas convoca regime comercial (para saber, p. ex., se o sujeito que a explora é por isso comerciante), é necessário qualificar a empresa como comercial. (E se assim for qualificada, não fica "especialmente regulada neste Código"...).

CCom. [63]. Terceiro argumento: *certeza e segurança jurídicas*. Dado o regime especial e as implicações dos actos de comércio [64], seria atentar contra o valor jurídico da segurança permitir a analogia na determinação de actos mercantis.

É uma argumentação insubsistente. Primeiro, porque a letra do art. 2.º não é concludente — não diz que, além dos subjectivos, são actos de comércio *apenas* os especialmente regulados em lei comercial. Segundo, porque está perimida desde há muito a concepção subjectivista-histórica da interpretação das leis [65]. Terceiro, porque o argumento da certeza jurídica já pesou muito mais do que agora (sobretudo por ter sido extinta a jurisdição mercantil) e, doutro lado, porque o valor da justiça ou razoabilidade há-de sobrelevar — no fértil campo económico-jurídico vão-se gerando instrumentos que, por serem análogos a outros já registados no direito comercial, neste se hão-de filiar também.

Para qualificar actos como comerciais, é legítimo, portanto, recorrer à analogia. *Analogia legis* e/ou *analogia juris?*

Na perspectiva que adoptamos, a admissibilidade do recurso à *analogia legis* não levantará grandes dúvidas. Já o mesmo se não dirá quanto à *analogia juris*. Com efeito, esta significa (tradicionalmente) a disciplina dos casos omissos

---

(63) V. *Appendice ao Codigo Commercial Portuguez,* 2.ª ed., Imprensa da Universidade, Coimbra, 1893, pp. 18, 159, 485.

(64) Cfr. *supra,* n.º 1.

(65) Cfr. tb. art. 9.º do CCiv..

Diga-se também que lá fora, com respeito a códigos comerciais com figurino de actos mercantis semelhante ao do nosso, era ou é dominante a tese da legitimidade do recurso à analogia. V., a propósito do código italiano de 1882, C. VIVANTE, *Trattato di diritto commerciale,* vol. I, 4.ª ed., F. Vallardi, Milano, 1911, pp. 114-115, L. BOLAFFIO, in *Il codice di commercio commentato,* vol. I, Parte I, 4.ª ed., Utet, Torino, 1914, pp. 83, ss., ROCCO, *ob. cit.*, pp. 165, ss., e, a propósito do código francês, HAMEL/LAGARDE/JAUFFRET, *ob. cit.*, p. 223.

através da aplicação de "princípios gerais" obtidos através de induções lógico-generalizadoras de uma série de normas legais. Ora, quem defenda a existência de um conceito unitário de acto de comércio coerentemente defenderá o recurso à *analogia juris* (extraído do sistema normativo mercantil o "princípio geral"-conceito unitário de acto de comércio, há que aplicá-lo aos casos omissos) (66). Vimos atrás (no n.º 2), porém, a irrealidade (objectiva) do conceito unitário de acto de comércio. Sendo assim, é compreensível que alguns se oponham à *analogia juris* (67). Contudo: rejeitando embora um conceito unitário de acto comercial, não será possível extrair (vários) "princípios gerais" de (vários) grupos de normas qualificadoras (por razões idênticas ou similares) de diversos actos como actos de comércio — possibilitando, pois, o recurso à *analogia juris?* Penso que sim.

Vamos à concretização destas ideias.

O n.º 6.º do art. 230.º do CCom. refere-se às *empresas de construção,* somente, de "casas". Não são então comerciais as empresas construtoras de edifícios no mais amplo sentido, bem como de outras obras (vias de comunicação, barragens, molhes...)? Não há razões substanciais para se lhes negar tal qualidade. Por conseguinte, a norma deve ser estendida analogicamente *(analogia legis)* àquelas outras empresas de construção. (68)

---

(66) Nesta linha se situam os já citados José Benevides, *ob. cit., últ. loc. cit.* (o A. parece até recusar a *analogia legis*), Rocco, *ob. cit.*, p. 168, Orlando de Carvalho [para o A., um acto não previsto na lei comercial é acto de comércio se corresponder à "lógica" da "empresa" *(in genere)* — sendo que dessa "lógica da empresa" derivam treze (!) "princípios do direito comercial" ... V. *ob. cit.*, n.os 8 e 11 do § 1.º.].

(67) É o caso de Lobo Xavier, *ob. cit.*, pp. 58-59, e de Oliveira Ascensão, *ob. cit.*, p. 63.

(68) Contra, v. Ac. do STJ de 31/5/60, BMJ n.º 97, pp. 405, ss.. Cunha Gonçalves, *ob. cit.*, pp. 616-617, vai antes pela interpretação extensiva da norma. Lobo Xavier, *ob. cit.*, pp. 61-62, n. (1), admite ambas as vias. Confirma em boa medida a comercialidade das empresas de construção o

Os agrupamentos complementares de empresas estão regulados na L 4/73, de 4 de Junho, e no DL 430/73, de 25 de Agosto. O objecto deles tanto pode ser comercial como civil, pelo que não pode dizer-se serem estes diplomas leis comerciais (eles regulam unitariamente os ACE com objecto civil e os ACE com objecto mercantil). Todavia, sendo os ACE entidades análogas aos AEIE, deve o *contrato constituinte de um ACE* com objecto comercial ser considerado acto objectivo de comércio por extensão analógica *(analogia legis)* do já citado art. 3.º, 1, do DL 148/90, de 9 de Maio.

"*Locação financeira* é o contrato pelo qual uma das partes se obriga, mediante retribuição, a ceder à outra o gozo temporário de uma coisa, móvel ou imóvel, adquirida ou construída por indicação desta e que o locatário poderá comprar, decorrido o período acordado, por um preço nele determinado ou determinável mediante simples aplicação dos critérios nele fixados" — art. 1.º do DL 149/95, de 24 de Junho. Pois bem, a locação financeira é um contrato em que se associam essencialmente prestações próprias da compra e venda e da locação. Ora, a compra de coisas móveis feita pelo locador financeiro para as alugar e, eventualmente, as revender (ao locatário financeiro) é acto de comércio objectivo (n.º 1.º do art. 463.º do CCom.); a venda dessas coisas é também, nos termos do n.º 3.º do citado art., acto comercial; e o aluguer de tais coisas — compradas para se lhes alugar o

---

DL 61/99, de 2 de Março (disciplina as condições de acesso e permanência nas actividades de empreiteiro de obras públicas e de industrial de construção civil) — v., p. ex., os arts. 1.º, b), c), e 6.º.

A propósito da interpretação extensiva e do art. 230.º: não é difícil incluir nas empresas previstas no artigo realidades que, apesar de não caberem rigorosamente no imediato significado dos vários n.os (na sua "letra"), são aceites pelo seu "espírito" (captável pelos elementos interpretativos histórico, sistemático e teleológico, ou por alguns deles). Assim, p. ex., são naturalmente comerciais, por interpretação extensiva, as empresas transportadoras aéreas — não conhecidas ao tempo da publicação do Código, que refere, por isso, tão-só os transportes "por água ou por terra" no n.º 7.º desse artigo.

uso — é igualmente mercantil (art. 481.º do CCom.). Por outro lado, as compras e revendas de coisas imóveis (feitas pelo locador financeiro) são comerciais "quando aquelas, para estas, houverem sido feitas" (n.º 4.º do art. 463.º); mas o art. 463.º já não prevê a compra de coisas imóveis para serem arrendadas, e o aluguer do art. 481.º incide sobre móveis (e o elemento locativo parece ser o determinante na locação financeira); não obstante, afigura-se razoável estender analogicamente a norma do art. 481.º à locação de imóveis no *leasing*. Portanto, o contrato de locação financeira, globalmente considerado, é um acto de comércio objectivo; vendo as coisas de outra perspectiva: o DL 149/95 é uma lei comercial, nela se achando "especialmente regulado" acto de comércio. (69)

Voltemos ao art. 230.º do CCom.. O seu n.º 2.º trata das empresas que fornecem, "em épocas diferentes, géneros, quer a particulares, quer ao Estado, mediante preço convencionado". Uma primeira curiosidade: o enunciado normativo deste n.º parece ter sido copiado de um autor francês (Rivière) (70); mas a cópia foi imperfeita — omitiu-se "ou

(69) Nem se diga que esta solução já resultaria da lei reguladora das sociedades de locação financeira (hoje o DL 72/95, de 15 de Abril) — sociedades comerciais, com objecto comercial portanto. Por um lado, há que demonstrar a comercialidade do objecto destas sociedades [tarefa facilitada também, parece, depois da publicação do "Regime Geral das Instituições de Crédito e Sociedades Financeiras", aprovado pelo DL 298/92, de 31 de Dezembro — o RGIC alargou a enumeração (exemplificativa) das operações de banco constante do art. 362.º do CCom.; operações essas que constituem, em maior ou menor medida, o objecto das instituições de crédito (onde se incluem as sociedades de locação financeira) e das sociedades financeiras]. Por outro lado, os contratos de locação financeira podem ser actos ocasionais de comércio (praticados por locadores não profissionais) — "para além dos bancos, só as sociedades de locação financeira podem celebrar, *de forma habitual*, na qualidade de locador, contratos de locação financeira" (art. 4.º do DL 72/95).

(70) *V.* GUILHERME MOREIRA, *ob. cit.*, p. 198, e CUNHA GONÇALVES, *ob. cit.*, p. 596.

outros objectos" *(ou autres objets)* a seguir a "géneros" *(des denrées)*. Segunda curiosidade (paradoxal): já se defendeu que não havia qualquer necessidade de especificar no art. 230.º estas empresas de fornecimentos [(71)]; não obstante, a norma do n.º 2.º tem sido a mais fértil fonte para, através de interpretação extensiva ou de integração por *analogia legis,* se reconhecer a comercialidade de uma série de espécies empresariais. Com efeito, tem-se entendido — com base em interpretação extensiva — serem comerciais as empresas fornecedoras de água, gás ou electricidade [(72)]. Tal como se tem entendido — agora com base na analogia — considerar mercantis uma multiplicidade de empresas de fornecimento de serviços: empresas hoteleiras, de publicidade, de informações comerciais, de gestão de bens, de tratamentos de beleza, de reparação de automóveis, lavandarias, etc. [(73)]. Raciocina-se assim: a consideração que impressionou o legislador e o levou a qualificar de comerciais as empresas mencionadas no n.º 2.º "foi a de haver aqui um certo *risco,* originado pelo facto de interceder sempre um período de tempo mais ou menos longo entre o momento da fixação do preço e o dos múltiplos actos sucessivos de fornecimento"; por conse-

---

(71) Assim, G. MOREIRA, *ob. cit.*, p. 197. E explica (pp. 197-198): "O fornecedor ou compra géneros para revender, e n'esse caso pratica um acto commercial por força do que dispõe o art. 463; ou vende os produtos por elle manufacturados ou fabricados, e então pratica um acto commercial segundo o n.º 1.º do art. 230". (Todavia, parece que as empresas do n.º 2.º devem ter os ditos fornecimentos por específico objecto...).

(72) V. FERRER CORREIA, *Lições...*, p. 80, n. (1), e LOBO XAVIER, *ob. cit.*, p. 63, e n. (1). Talvez possa chegar-se a esta conclusão com base em simples interpretação declarativa: os bens em causa são coisas determinadas por um género... De todo o modo, certo é que o vocábulo "géneros" não pode ter no n.º 2.º o sentido tradicional-restrito de produtos agrícolas (seria esse o seu significado na aludida definição de RIVIÈRE, e no *Code de commerce* — cfr. CUNHA GONÇALVES, *ob. cit.*, pp. 596-597), ou o de "géneros alimentícios" (além do mais, corrobora esta asserção o elemento interpretativo histórico — v. *últ. A. e ob. cits.*, p. 597).

(73) V. FERRER CORREIA, *Lições...*, pp. 80, ss., e LOBO XAVIER, *ob. cit.*, pp. 63, ss..

guinte, devem ser abrangidas por aquela disposição todas as empresas que, apesar de não serem de fornecimento de géneros [estes, de facto, abrangerão bens materiais, não bens imateriais ou serviços], se traduzam no exercício de uma actividade económica desenvolvida dentro do condicionalismo referido (74). É certo que o contrato de fornecimento é em geral caracterizado por alguém se obrigar, mediante um preço previamente estabelecido, a fornecer a outrem, em épocas determinadas (habitualmente periódicas), coisas ou serviços (75). Mas também parece ser certo que a actividade de muitas das empresas atrás apontadas não se desenvolve dentro do referido condicionalismo: os respectivos empresários não se obrigam (ou podem não se obrigar) a sucessivas prestações de serviços contra um preço previamente fixado. Falhará aí, portanto, a citada *analogia legis*...

Então como qualificar essas *empresas (de prestação) de serviços* (designemo-las agora assim para as distinguir das empresas de fornecimento de serviços propriamente ditas — implicantes de contratos de fornecimentos), que têm crescido consideravelmente (em número, diversidade e importância) nos últimos decénios (à medida do acentuar da "ter-

---

(74) V. *últs. AA. e locs. cits.*.

(75) Para esta noção (que poderá dizer-se presente no n.º 2.º do art. 230.º no respeitante aos fornecimentos de "géneros"; "Estado", aí, deve entender-se em sentido amplo, abrangendo a generalidade das pessoas colectivas públicas), cfr., *v. g.*, VIVANTE, *ob. cit.*, p. 154, e HAMEL / /LAGARDE/JAUFFRET, *ob. cit.*, p. 257. Parece, todavia, que este contrato comporta também a hipótese de os fornecimentos de bens se processarem de forma contínua, ininterrupta: é o caso do fornecimento de água, gás, electricidade... [Note-se que o *Codice di Commercio* de 1882 reputava actos de comércio "le imprese di somministrazioni" (n.º 6.º do art. 3); tal como ainda hoje o *Code de Commerce* francês diz ser acto de comércio "toute entreprise de fournitures" (Art. L. 110-1, n.º 6.º). Estas lacónicas formulações revelaram-se bem mais fecundas do que a formulação definidora do nosso n.º 2.º — a jurisprudência e a doutrina desses países, sem recorrerem à interpretação extensiva ou à extensão analógica, consideraram comerciais diversas empresas de fornecimento de serviços, etc.... V., nas obras há pouco citadas, pp. 154-155, e 257-258, respectivamente.]

ciarização" da economia), mas que não são análogas às previstas no n.º 2.º, ou noutros, do art. 230.º, nem às incluíveis noutras normas do CCom., nem às consideradas comerciais em diplomas posteriores? (76) Se aquelas empresas de serviços não podem ser qualificadas de comerciais pelo recurso à *analogia legis* (não há uma precisa norma considerando comercial uma empresa que pudesse dizer-se análoga a alguma(s) daquelas — cfr. art. 10.º, 1 e 2, do CCiv.), já podem sê-lo pelo recurso à teleologia imanente ao sistema legal mercantil, ao seu espírito, à *analogia juris* portanto (cfr. n.º 3 do art. 10.º do CCiv., mas nesta perspectiva). Na verdade, o facto de a lei, quer no CCom. (cfr. arts. 230.º, n.os 2.º, 3.º, 4.º, 5.º, 7.º, 403.º, ss.) quer em diplomas ulteriores (alguns deles há pouco citados), considerar comerciais muito variadas empresas de serviços conduz-nos a esta conclusão (haverá, pois, um "princípio geral de direito" comercial segundo o qual as empresas de serviços são, em regra, comerciais). (77)

---

(76) Entre outras, foram expressamente (ainda que de modo indirecto) qualificadas de comerciais as empresas transitárias, exploradas por "sociedades *comerciais*" (DL 43/83, de 25 de Janeiro, art. 1.º, e DL 255/99, de 7 de Julho — que revogou aquele —, arts. 3.º, 4.º, 2); as empresas de *factoring,* igualmente exploradas por "sociedades *comerciais*" [art. 6.º do DL 56/86, de 18 de Março. (Este DL foi revogado pelo DL 171/95, de 18 de Julho, que não repete a expressão "sociedades comerciais". Não quer isto dizer, porém, que a lei tenha rejeitado aquela qualificação — v. tb. a al. h) do art. 3.º do RGIC.)]; as empresas das agências de viagens e turismo (DL 209/97, de 13 de Agosto, art. 1.º, 2: "Para os efeitos do presente diploma, a noção de empresa compreende o *estabelecimento individual de responsabilidade limitada,* a cooperativa e a sociedade *comercial* (...)" — redacção introduzida pelo DL 12/99, de 11 de Janeiro); as empresas de animação turística (DL 108/ 2009, de 15 de Maio, cujo art. 2.º, 1, apresenta redacção semelhante à do art. 1.º, 2, do DL 209 / 97, há pouco transcrito).

(77) O Ac. da RP de 30/11/82, CJ, 1982, pp. 229, ss. (com um voto de vencido), entendeu não ser estabelecimento comercial, para efeitos do art. 1118.º do CCiv. (v. agora o art. 1112.º, 1, a)), um externato de ensino secundário e primário. Em sentido contrário, manifestaram-se (sucintamente) BARBOSA DE MAGALHÃES, *Do estabelecimento...*, p. 24, e o Ac. do

Ainda a propósito de empresas comerciais (embora agora em plano diverso). Vimos acima (no n.º 3. 1. 1.) que o trespasse e a locação de estabelecimento comercial são actos de comércio objectivos (estão especialmente regulados em lei mercantil). Recorrendo mais uma vez à *analogia juris*, diremos pois que os *negócios sobre empresas comerciais* são actos objectivamente comerciais.

"*Agência* é o contrato pelo qual uma das partes se obriga a promover por conta da outra a celebração de contratos, de modo autónomo e estável e mediante retribuição, podendo ser-lhe atribuída certa zona ou determinado círculo de clientes" — art. 1.º, 1, do DL 178/86, de 3 de Julho (com a redacção introduzida pelo DL 118/93, de 13 de Abril). Até àquela data, o contrato de agência era negócio atípico. E questionava-se a sua comercialidade. Afirmada claramente nos casos em que o contrato é concluído no âmbito de uma empresa — assim decorre do art. 230.º, n.º 3.º, do CCom. —, e afirmada também (embora com maiores dificuldades) quando fosse concluído fora do quadro de uma empresa dedicada a agenciar negócios — agora por virtude de analogia *(legis)* com o mandato e comissão comerciais (CCom., arts. 231.º e 266.º) (78).

A comercialidade do contrato de agência deve continuar a ser afirmada. Mas com argumentos parcialmente diversos dos referidos há pouco (sobretudo para os casos

---

STJ de 19/3/80, RLJ, ano 114.º (1981-1982), p. 12 (com aprovação de ANTUNES VARELA, *ibid.*, p. 15). Mais recente e detidamente, o Ac. do STJ de 16/4/96, BMJ n.º 456 (1996), pp. 396, ss., entendeu que um estabelecimento de ensino particular visando a reeducação de crianças atrasadas mentais entra no campo de aplicação do art. 115.º do RAU (v. agora o art. 1112.º, 1, a), do CCiv.) — é uma empresa "industrial" (*sic*). Ora, os estabelecimentos particulares de ensino são empresas (de serviços) comerciais — ou por aplicação analógica do n.º 2.º do art. 230.º do CCom., ou por recurso à *analogia juris* (tudo nos termos vistos).

(78) V. por todos LOBO XAVIER, *ob. cit.*, pp. 66-67.

em que o agente não seja empresário [79]). [80] O comércio em sentido económico é, já o referimos, actividade de interposição nas trocas ou intermediação na circulação dos bens. O comércio em sentido jurídico, sendo embora mais que isso, é evidentemente também isso. É ver, por exemplo, o CCom., arts. 362.º, ss. (operações de banco), 463.º, n.os 1.º a 4.º (compras e vendas), 480.º (escambo ou troca), 481.º (aluguer), e os também já citados DL 144/2006 (mediação de seguros) e 211/2004 (mediação imobiliária). Colhe-se, pois, um "princípio geral" segundo o qual as actividades (e certos actos) de interposição nas trocas pertencem ao comércio em sentido jurídico. Ora, o agente exerce uma actividade ("estável") de intermediação nas trocas (de intermediação entre a oferta e a procura de bens). O DL 178/86, disciplinando matéria jurídico-mercantil, é portanto uma lei comercial — e o contrato de agência e os actos que por virtude dele o agente pratica são actos de comércio objectivos. [81]

Arrazoado semelhante é aplicável às *actividades de intermediação de emprego* previstas no DL 124/89, de 14 de Abril, regulador das "agências privadas de colocação" ("Consideram-se agências todas as pessoas singulares ou colectivas não integradas, sob qualquer forma, na Administração Pública que promovam a colocação de candidatos a emprego,

---

(79) É verosímil a hipótese do agente sem empresa (agenciadora) — cfr. ROBERTO BALDI, *Il contratto di agenzia. La concessione di vendita. Il franchising,* 5.ª ed., Giuffrè, Milano, 1992, pp. 57, ss.. Contra, v. OLIVEIRA ASCENSÃO, *ob. cit.*, pp. 270, ss..

(80) Sobre a diferenciação da agência relativamente ao mandato e à comissão, v., p. ex., M. JANUÁRIO GOMES, *Da qualidade de comerciante do agente comercial,* BMJ n.º 313 (1982), pp. 25-26, 33-35, M. HELENA BRITO, *O contrato de agência,* in FDUCL/CEJ, *Novas perspectivas do direito comercial,* Almedina, Coimbra, 1988, pp. 122-123, A. PINTO MONTEIRO, *Contrato de agência,* 5.ª ed., Almedina, Coimbra, 2004, pp. 47, ss., 54-56.

(81) A título secundário, o carácter comercial deste DL pode ainda apoiar-se no seu preâmbulo (n.º 2: "o contrato de agência, ou de representação *comercial*" — e desconsideremos a impropriedade de se falar aqui em "representação"; cfr. arts. 1.º e 2.º, 1).

servindo de intermediários entre a procura e a oferta de emprego" – art. 2.º, 1). [(82)]

Concessão comercial é o contrato de carácter duradouro pelo qual o concedente se obriga a vender (sucessivamente) bens por si produzidos ou distribuídos ao concessionário, obrigando-se este a comprá-los e a promover, nas condições acordadas e em nome e por conta própria, a respectiva revenda [(83)]. É claro que as vendas dos concedentes (produtores – mercantis – ou distribuidores) são comerciais, tal como são comerciais as compras (para revenda) efectuadas pelos concessionários (art. 463.º, n.º 3.º). Porém, o contrato de concessão comercial não se confunde com o contrato de compra e venda: aquele tem carácter duradouro; é fonte da celebração de vários e sucessivos contra-

---

(82) Mas não se ignore: tais "agentes" de colocação, bem como outros mediadores (mediadores imobiliários, mediadores-"corretores de seguros", etc.), sendo embora intermediários na circulação de bens como são também os agentes propriamente ditos, distinguem-se destes. Sobretudo nisto: o agente colabora estavelmente com o "principal", vinculando-se a promover por conta deste uma pluralidade indeterminada de negócios, enquanto que o mediador promove singulares negócios entre sujeitos variados (não se vincula estavelmente a nenhum deles). Costumam os autores adiantar que o mediador age com imparcialidade, ao contrário do agente, que actua por conta e no interesse do "principal" (v. JANUÁRIO GOMES, *ob. cit.*, p. 28, M. HELENA BRITO, *O contrato de concessão comercial,* Almedina, Coimbra, 1990, pp. 6, 116, 117, PINTO MONTEIRO, *ob. cit.*, pp. 50-51, C. LACERDA BARATA, *Anotações ao novo regime do contrato de agência,* Lex, Lisboa, 1994, pp. 19-20, BALDI, *ob. cit.*, pp. 48, ss. – mas v. *ibid.*, pp. 48, n. (59), 355, n. (93), notícia de autores discordantes). Parece, todavia, que a nota da imparcialidade não é indefectível na caracterização dos mediadores. Uns (como os mediadores imobiliários) poderão actuar no interesse (principalmente) de quem os encarrega de arranjar interessado para certo negócio, outros (como os corretores de seguros) actuarão no interesse das partes que vão aproximando (cfr. DL 144/2006, art. 8.º, c)). (Também críticos relativamente à referida nota, v. MANUEL J. G. SALVADOR, *Contrato de mediação,* Lisboa, 1964, pp. 78, ss., na esteira de AZZOLINA, e C. FERREIRA DE ALMEIDA, *Contratos,* II, Almedina, Coimbra, 2007, p. 204.).

(83) Cfr. por todos HELENA BRITO, *últ. ob. cit.*, pp. 179, ss., e A. PINTO MONTEIRO, *Direito comercial – Contratos de distribuição comercial,* Almedina, Coimbra, 2002, pp. 105, ss..

tos de compra e venda; caracteriza-se por um conjunto de direitos e obrigações mais complexo que o do simples contrato de compra e venda [84]. Contudo, pode dizer-se que o contrato de concessão comercial (negócio juridicamente — mas não socialmente — atípico, dado não possuir entre nós uma regulamentação específico-sistemática) consubstancia um acto de interposição nas trocas ou, mais precisamente, é pressuposto necessário de uma actividade de intermediação nas trocas. Por isso se deve qualificar tal contrato, recorrendo à *analogia juris*, como acto de comércio.

Posto isto, aqui fica uma definição de actos de comércio objectivos: *os factos jurídicos voluntários (ou os actos, simplesmente) previstos em lei comercial e análogos.*

3. 2. Actos de comércio subjectivos

Utilizando os dizeres da 2.ª parte do art. 2.º do CCom., actos de comércio subjectivos são "todos os contratos e obrigações dos comerciantes, que não forem de natureza exclusivamente civil, se o contrário do próprio acto não resultar". É uma fórmula com ares esotéricos, e com ingredientes e combinação transalpinos [85].

Decompõe-se a "fórmula" em três partes. Analisemos.

Os actos subjectivos de comércio começam por ser *actos "dos comerciantes"*. Dos comerciantes nos ocuparemos no próximo capítulo [86]. Registe-se entretanto o enunciado nor-

---

(84) Cfr. HELENA BRITO, *ob. cit.*, pp. 131, ss..

(85) O nosso legislador traduziu quase perfeitamente o art. 4 do *Codice di Commercio* de 1882: "Si reputano inoltre atti di commercio gli altri contratti e le altre obbligazioni dei commercianti, se non sono di natura essenzialmente civile o se il contrario non risulti dall' atto stesso".

(86) V. *infra*, n.º 2. do cap. II.

mativo do art. 13.º do CCom.: "São comerciantes: / 1.º As pessoas, que, tendo capacidade para praticar actos de comércio, fazem deste profissão; / 2.º As sociedades comerciais."

Mas o art. 2.º não fala simplesmente de actos dos comerciantes; fala de "*contratos e obrigações* dos comerciantes". É uma formulação no mínimo pouco harmónica. Com efeito: nem só "os contratos (...) dos comerciantes" são "actos dos comerciantes" — e o art. 2.º começa e acaba referindo-se a "acto(s)"; as "obrigações" não são "actos" (ou factos jurídicos) — sendo sim consequência de actos; nos "contratos", um comerciante não pode ser simultaneamente ambas as partes — e um contrato pode ser mercantil relativamente a uma das partes e não mercantil com respeito à outra [87]. Por conseguinte, seria mais coerente referir-se o enunciado normativo a "todos os actos dos comerciantes" em vez de a "todos os contratos e obrigações dos comerciantes".

Não obstante, poderemos adivinhar algum efeito útil da menção às "obrigações". Na verdade, nem todas as obrigações comerciais dos comerciantes derivam — ao menos imediatamente — de actos mercantis por eles praticados. Tenham-se em conta as obrigações previstas no art. 18.º do CCom., ou a obrigação de indemnizar resultante da responsabilidade objectiva de comerciantes-comitentes [88]. Ora, a afirmação da comercialidade, nos termos do art. 2.º, de tais obrigações pode conduzir à aplicação, por exemplo, do art. 15.º do CCom. (conjugado com os arts. 1691.º, 1, d) e 1695.º, 1, do CCiv.) [89].

Para serem (subjectivamente) comerciais, os actos (e obrigações) dos comerciantes *não podem ser "de natureza exclusivamente civil"*.

---

[87] V. *infra*, n.º 6.

[88] Cfr. art. 500.º do CCiv..

[89] V. *infra*, n.º 6. 4. do cap. II.

Segundo o entendimento tradicional, seriam de natureza exclusivamente civil os actos apenas ("exclusivamente") regulados na lei civil (*maxime,* no CCiv.); não possuiriam tal natureza os actos incluíveis num género de que o CCom. (ou outra lei mercantil) regula uma ou mais espécies, bem como os actos com regulamentação tanto na lei civil como na lei comercial. Patenteia-se esta concepção no já citado relatório do ministro Veiga Beirão: "Não se acha o acto regulado especialmente no codigo de commercio, e foi praticado por um simples cidadão? Não é commercial. / Foi praticado por um commerciante? Se tal acto se acha exclusivamente regulado no codigo civil, será civil. / Se se acha regulado n'elle e no commercial, e do proprio acto não resulta que seja o contrario d'um acto mercantil, o acto será commercial". (90)

Parece ser uma interpretação claudicante. O preceito refere-se a actos que não forem de *natureza* exclusivamente civil, não a actos que não estejam regulados exclusivamente na lei civil; e não se antolha espinhoso figurar actos previstos (expressamente) apenas na lei civil mas não essencialmente civis. Por outro lado, a norma do art. 2.º, depois de visar na 1.ª parte os actos regulados na lei comercial, há-de visar na 2.ª parte sobretudo os actos dos comerciantes nessa mesma lei não previstos (sob pena de a norma ser de pequena utilidade). Além disso, há actos omissos, não regulados nem na lei civil nem na comercial, aos quais pode não repugnar a comercialidade. Por outro lado ainda, é razoável que o preceito pretenda sujeitar ao regime do direito comercial actos (e obrigações) conexionáveis com o comércio profissional — ainda que não previstos na lei mercantil.

---

(90) V. *Appendice...*, p. 19. Aceitaram este entendimento GUILHERME MOREIRA, *ob. cit.*, pp. 117, ss., JOSÉ BENEVIDES, *ob. cit.*, pp. 18, ss., JOSÉ TAVARES, *Curso de direito commercial,* t. I, França Amado Ed., Coimbra, 1901, pp. 36, ss., CAEIRO DA MATTA, *ob. cit.*, pp. 241, ss., PINTO COELHO, *ob. cit.*, pp. 38, ss.; substancialmente no mesmo sentido, FERNANDO OLAVO, *Direito...*, pp. 85, ss..

Em consonância com autorizada doutrina italiana que se ocupou do art. 4 do *Codice di Commercio,* entendemos pois serem actos (e obrigações) de natureza exclusivamente civil os que, por sua natureza ou essência, não são conexionáveis com o exercício do comércio, não se concebendo (juridicamente) nem dirigidos a auxiliar, promover ou levar a cabo o exercício do comércio, nem a deste dependerem (91). São portanto actos de natureza exclusivamente (ou essencialmente) civil os actos de carácter extrapatrimonial como o casamento, a perfilhação, a designação de tutor pelos pais.

Vejamos contudo alguns actos (e obrigações) cuja natureza essencialmente civil (ou não) tem sido discutida.

É possível considerar doações actos subjectivamente comerciais com respeito ao comerciante-doador? Alguns autores vão pela negativa (92). Outros respondem afirmativamente (93). Penso também que, por exemplo, as gratificações a empregados (doações remuneratórias — cfr. art. 941.° do CCiv.), bem como as doações feitas pelos comerciantes com fins reclamísticos não são actos de natureza exclusivamente civil, são actos com causa mercantil, conexionáveis com o

(91) V. por todos MANARA, *ob. cit.*, pp. 86-87. Entre nós, no mesmo sentido, v. ALVES DE SÁ, *ob. cit.*, pp. 215, ss., CUNHA GONÇALVES, *ob. cit.*, pp. 16, ss., ADRIANO ANTHERO, *ob. cit.*, pp. 23, ss., BARBOSA DE MAGALHÃES, *Direito...*, pp. 101, ss., FERRER CORREIA, *ob. cit.*, pp. 113, ss., LOBO XAVIER, *ob. cit.*, p. 72.

É certo que o art. 4 do código italiano utiliza o advérbio "essenzialmente", e o nosso art. 2.° utiliza "exclusivamente". Todavia, mesmo admitindo não existir rigorosa equivalência entre os dois vocábulos (v. FERNANDO OLAVO, *últ. ob. cit.*, p. 86) e ter existido o propósito de substituir "exclusivamente" a "essencialmente" (v. *Appendice...*, p. 159), a crítica e a conclusão há pouco expendidas parecem bem fundadas.

(92) V., p. ex., BOLAFFIO, *ob. cit.*, pp. 271, ss. (mas o A. não considera verdadeiras doações as gratificações e lembranças dos comerciantes aos empregados e clientes), FERNANDO OLAVO, *ob. cit.*, p. 90, OLIVEIRA ASCENSÃO, *ob. cit.*, pp. 75-76, MENEZES CORDEIRO, *ob. cit.*, p. 162.

(93) V., p. ex., MANARA, *ob. cit.*, pp. 93, ss., BARBOSA DE MAGALHÃES, *últ. ob. cit.*, p. 103, ROCCO, *ob. cit.*, p. 212, MÁRIO DE FIGUEIREDO, *ob. cit.*, p. 68.

comércio, promotores do exercício do comércio. E, sendo tais actos qualificados como comerciais, é-lhes aplicável algum do regime aplicável aos actos mercantis em geral — nomeadamente o art. 15.º do CCom. [(94)].

Porque conexionáveis com o exercício do comércio em geral, também as rendas perpétuas e vitalícias (cfr. arts. 1231.º, ss., do CCiv.) não são actos essencialmente civis. Suponha-se um comerciante que adquire a um particular uma pintura muito valiosa, obrigando-se a pagar, como "renda", determinada quantia em dinheiro por tempo ilimitado (renda perpétua) ou durante a vida de um filho do alienante (renda vitalícia) [(95)].

Conexão com o comércio podem ter também os factos jurídicos ilícitos, geradores de responsabilidade civil extracontratual. Acontece com efeito comerciantes, no exercício do respectivo comércio, lesarem ilicitamente terceiros, com dolo ou mera culpa (*v. g.*, um comerciante dedicado ao transporte de mercadorias causa negligentemente com o seu camião um acidente de que resultam ferimentos num peão ou danos numa moradia). Tais factos ilícitos não têm natureza exclusivamente civil, resultam do exercício do comércio, podem ser actos subjectivamente mercantis. [(96)]

---

(94) Pense-se nas promessas de doação aceites pelos beneficiários e noutras doações não cumpridas pelos doadores.

(95) Cfr., neste sentido, MANARA, *ob. cit.*, pp. 100, ss.; em oposto sentido, v. FERNANDO OLAVO, *últ. ob. e loc. cits.*.

(96) Nesta direcção, v. GUILHERME MOREIRA, *ob. cit.*, pp. 133, 223, CUNHA GONÇALVES, *ob. cit.*, pp. 19, ss., BARBOSA DE MAGALHÃES, *ob. cit.*, pp. 97, ss., FERNANDO OLAVO, *ob. cit.*, pp. 82, ss., FERRER CORREIA, *ob. cit.*, pp. 119-120, PEREIRA DE ALMEIDA, *ob. cit.*, pp. 91, ss.. JOSÉ TAVARES, *ob. cit.*, pp. 42, 43-44, admite a comercialidade dos "quase-delitos" (factos ilícitos meramente culposos), não dos "delitos" (factos ilícitos dolosos); nos mesmos termos, CAEIRO DA MATTA, *ob. cit.*, pp. 250-251, 252-253. PINTO COELHO, *ob. cit.*, pp. 70-71, também não admite a comercialidade dos "delitos". Na Itália, parece que era dominante concepção similar à defendida no texto — v. MANARA, *ob. cit.*, pp. 121, ss., ROCCO, *ob. cit.*, p. 212. E dominante parece ser em França — v. HAMEL/LAGARDE/JAUFFRET,

Por fim, um acto (ou obrigação) de natureza não exclusivamente civil de um comerciante é (subjectivamente) comercial *"se o contrário do próprio acto não resultar"*.

Na linha (directa ou colateral) da interpretação oferecida pela doutrina italiana (designadamente Manara) de dizeres correspondentes, os autores portugueses têm feito equivaler (e bem) aquela enigmática proposição a estoutra: se do próprio acto não resultar a não ligação ou conexão com o comércio (do comerciante autor do acto ou, acrescentemos, sujeito de certa obrigação) (97).

Assim, se do próprio acto resulta a ligação com o comércio, o acto é comercial (*v. g.*, um merceeiro compra uma furgoneta a um agricultor, declarando destinar-se a mesma ao transporte de mercadorias de e para a sua mercearia); se do próprio acto não resulta a não ligação com o comércio, o acto é igualmente comercial (*v. g.*, o merceeiro compra a furgoneta ao seu conhecido agricultor sem nada declarar acerca do destino da viatura); se do próprio acto resulta a não conexão com o comércio, o acto não é mercantil (*v. g.*, o

---

ob. cit., pp. 283, ss., M. PÉDAMON, *Droit commercial,* 2e éd., Dalloz, Paris, 2000, pp. 170-171.

(97) Cfr. MANARA, *ob. cit.*, pp. 70-71, ALVES DE SÁ, *ob. cit.*, pp. 228, ss., GUILHERME MOREIRA, *ob. cit.*, pp. 126, ss., JOSÉ TAVARES, *ob. cit.*, pp. 38-39 (e, ainda nos mesmos termos, CAEIRO DA MATTA, *ob. cit.*, pp. 243, ss.), BARBOSA DE MAGALHÃES, *ob. cit.*, pp. 104, ss., PINTO COELHO, *ob. cit.*, pp. 46, ss., FERNANDO OLAVO, *ob. cit.*, pp. 92, ss., FERRER CORREIA, *ob. cit.*, pp. 111-112, OLIVEIRA ASCENSÃO, *ob. cit.*, pp. 77, ss.. ORLANDO DE CARVALHO, *ob. cit.*, n.º 9. 2. do § 1.º, na interpretação da 2.ª parte do art. 2.º, mais uma vez recorre à ideia da empresa: pressupostos do acto de comércio subjectivo são a qualidade de comerciante do sujeito que pratica o acto; a conexão, em abstracto, do acto com o mundo das empresas; a conexão (efectiva ou eventual) do acto com a empresa do agente. Uma vez mais dizemos que o comerciante não tem de ser empresário — v. *infra*, cap. II. Por outro lado, pode um sujeito, antes de constituir empresa, ser já comerciante e, consequentemente, praticar actos subjectivos de comércio [suponha-se uma sociedade comercial regularmente constituída que compra máquinas para a constituição da sua empresa — tal sociedade é comerciante (art. 13.º, n.º 2.º, do CCom.) e a compra é acto subjectivamente comercial].

nosso merceeiro, ao comprar a furgoneta, declara que a utilizará como "caravana" nas férias).

"Próprio acto" significa não apenas o facto jurídico em si mas também as circunstâncias concomitantes que auxiliem na sua compreensão (não relevam, pois, as circunstâncias posteriores conducentes, eventualmente, a outra compreensão). Exemplifiquemos com um acto negocial, convocando ainda os nossos prestáveis merceeiro e agricultor. O merceeiro convida o agricultor a fazer-lhe uma proposta de venda da furgoneta e propõe que o contrato de compra e venda se realize através de escrito particular (cfr. art. 223.º, 1, do CCiv.); o agricultor aceita. Aquando da conclusão do negócio, o merceeiro comunica necessitar do veículo para o utilizar como caravana; mas do escrito não consta qualquer declaração relativa à projectada utilização da viatura. Se atendêssemos simplesmente ao acto negocial, às declarações negociais das partes que o constituem, concluiríamos tratar-se de um acto mercantil — dele não resulta uma não conexão com o comércio. Todavia, porque devemos atender às circunstâncias concomitantes, no caso ao (verdadeiro) projecto de utilização dado a conhecer pelo comerciante, o acto (a compra, mais concretamente) há-de ser qualificado de civil.

A 2.ª parte do art. 2.º contém ou não uma presunção legal? Tal como aconteceu em Itália a propósito do art. 4 do *C. di Commercio*, também por cá se tem discutido a questão. Segundo alguns autores, a norma revela uma presunção (os actos dos comerciantes presumem-se comerciais) — presunção *juris tantum* para uns [(98)], *juris et*

---

(98) José Benevides, *ob. cit.*, p. 16, Barbosa de Magalhães, *ob. cit.*, p. 108, Pereira de Almeida, *ob. cit.*, pp. 84, ss., Pupo Correia, *ob. cit.*, p. 409.

de jure para outros [99]. Segundo outros autores, a norma é imperativa [100].

Acompanho os últimos autores. "Presunções são as ilações que a lei ou o julgador tira de um facto conhecido para firmar um facto desconhecido" (art. 349.º do CCiv.). Ora, do facto de se saber que determinado sujeito é comerciante não se conclui que os actos por ele praticados são comerciais. Aquela norma estabelece a comercialidade de actos (e obrigações) que respeitem três requisitos (um positivo e dois negativos — que hão-de ser provados): serem de comerciantes; não serem de natureza exclusivamente civil; nem deles resultar não estarem conexionados com o comércio dos respectivos comerciantes.

Para terminar o n.º, aqui fica uma definição de actos de comércio subjectivos: *os factos jurídicos voluntários (ou os actos, simplesmente) dos comerciantes conexionáveis com o comércio em geral e de que não resulte não estarem conexionados com o comércio dos seus sujeitos.*

4. Actos de comércio autónomos e actos de comércio acessórios

São actos de comércio autónomos os qualificados de mercantis por si mesmos, independentemente de ligação a outros actos ou actividades comerciais. [101] Entendemos por *actos de comércio acessórios os que devem a sua comer-*

---

[99] ALVES DE SÁ, *ob. cit.*, pp. 168-169, 233, ss..

[100] JOSÉ TAVARES, *ob. cit.*, pp. 46-47 (e, ainda nos mesmos termos, CAEIRO DA MATTA, *ob. cit.*, pp. 256, ss.), PINTO COELHO, *ob. cit.*, pp. 33, ss., FERNANDO OLAVO, *ob. cit.*, pp. 96-97.

[101] Os actos de comércio autónomos são comummente designados actos de comércio "por natureza" ou "absolutos" — terminologia que me parece "ontologicista" ou "absolutista"...

cialidade ao facto de se ligarem ou conexionarem a actos mercantis.

O CCom. prevê alguns actos acessórios: fiança (art. 101.º — "Todo o fiador de *obrigação mercantil*, ainda que não seja comerciante, será solidário com o respectivo afiançado."), mandato (art. 231.º — "Dá-se mandato comercial quando alguma pessoa se encarrega de praticar *um ou mais actos de comércio* por mandado de outrem."), empréstimo (art. 394.º — "Para que o contrato de empréstimo seja havido por comercial é mister que a cousa cedida seja destinada *a qualquer acto mercantil.*")[102], penhor (art. 397.º — "Para que o penhor seja considerado mercantil é mister que a dívida que se cauciona proceda *de acto comercial.*"), depósito (art. 403.º — "Para que o depósito seja considerado mercantil é necessário que seja de géneros ou de mercadorias destinados *a qualquer acto de comércio.*").

Estes actos tanto podem ser acessórios de actos de comércio objectivos e autónomos (*v. g.*, mandato para a compra de uma mercadoria destinada a revenda), como de actos de comércio objectivos mas acessórios (*v. g.*, mandato para o depósito de mercadorias que o mandante comprou para serem revendidas), como de actos subjectivamente comerciais (*v. g.*, mandato para a compra de caixas-registadoras destinadas ao supermercado do mandante).

Tem-se questionado a possibilidade de qualificação como comerciais dos actos de não comerciantes não especialmente regulados na lei mercantil mas acessórios de actos objectivamente comerciais. Por exemplo, uma pessoa comprou dez arrobas de queijo da serra para revender e, para transportar os queijos, compra caixas de madeira e utiliza uma viatura

---

(102) Note-se que o empréstimo bancário é acto comercial autónomo — cfr. art. 362.º.

dada em aluguer por um agricultor. A compra das caixas e o aluguer da viatura (que não cabem no art. 463.°, n.° 1.°, nem no art. 481.°, respectivamente) são qualificáveis como actos de comércio pelo facto de serem acessórios de um acto mercantil (a compra dos queijos para revender)?

Há quem responda afirmativamente. De acordo com a chamada *teoria do acessório*, todo o acto de um não comerciante efectivamente conexionado com acto objectivamente mercantil é acto de comércio (103).

Resposta negativa é dada pela doutrina dominante — ou porque se considera inadmissível o recurso à analogia, ou porque se admite tal recurso mas de modo restrito (104).

Penso também que a "teoria do acessório", na pretendida máxima extensão, não deve ser acolhida entre nós. É certo que a lei comercial prevê vários actos mercantis por serem acessórios de outros actos de comércio. Porém, dada a diversificada índole daqueles actos, não parece legítimo afirmar um "princípio geral" segundo o qual todo e qualquer acto de não comerciantes seria mercantil quando conexionado com actos objectivos de comércio (não há aqui lugar, portanto, para a *analogia juris*).

---

(103) V. CUNHA GONÇALVES, *ob. cit.*, pp. 12-13, ADRIANO ANTHERO, *ob. cit.*, pp. 29-30, BARBOSA DE MAGALHÃES, *ob. cit.*, pp. 109, ss..

Note-se, porém, que a tradicional "teoria do acessório" (nascida em França) começou por se aplicar somente aos actos dos comerciantes (actos subjectivos, relativos ou acessórios do comércio), alargando-se depois a actos (poucos) dos não comerciantes — v. por todos HAMEL/LAGARDE/ /JAUFFRET, *ob. cit.*, pp. 275, ss.. (Diz-se por vezes que a originária "teoria" francesa foi acolhida na 2.ª parte do art. 2.° do nosso CCom., ou que todos os actos de comércio subjectivos são actos mercantis por conexão ou acessoriedade — FERNANDO OLAVO, *ob. cit.*, p. 109. Mas não é rigorosamente assim. Já vimos poder haver actos de comércio subjectivos não conexionados efectivamente com o comércio dos seus autores.).

(104) V. PINTO COELHO, *ob. cit.*, pp. 63, ss., FERNANDO OLAVO, *ob. cit.*, p. 102, FERRER CORREIA, *ob. cit.*, pp. 91, ss., PEREIRA DE ALMEIDA, *ob. cit.*, pp. 63-64, OLIVEIRA ASCENSÃO, *ob. cit.*, p. 68, PUPO CORREIA, *ob. cit.*, pp. 412-413.

Não obstante, já nos parece legítimo qualificar de comerciais certos actos de não comerciantes por serem análogos a actos acessórios de comércio previstos na lei *(analogia legis)* [105].

5. Actos formalmente comerciais (e actos substancialmente comerciais)

Apesar de ter hoje pouco relevo prático, é de manter esta (entre nós) tradicional classificação [106].

Actos formalmente comerciais (a que se contrapõem os substancialmente comerciais) *são os esquemas negociais que, utilizáveis* (por comerciantes ou não comerciantes) *quer para a realização de operações mercantis, quer para a realização de operações económicas que não são actos de comércio nem se inserem na actividade comercial, estão contudo especialmente regulados na lei mercantil,* merecendo portanto a qualificação de actos de comércio [107].

Protótipos destes actos são os negócios cambiários (relativos às letras de câmbio). [108] Suponha-se que *A,* não comerciante, vende o seu automóvel a *B,* também não

(105) V. tb. Lobo Xavier, *ob. cit.*, p. 69. Para uma aplicação desta ideia, v. *supra,* n.º 3. 1. 3., a propósito do contrato constituinte de um ACE com objecto comercial.

(106) Referindo-se a ela, v. Guilherme Moreira, *ob. cit.*, pp. 210-211, Fernando Olavo, *ob. cit.*, pp. 110, ss. (preferindo falar de actos de comércio abstractos e causais), Pereira de Almeida, *ob. cit.*, pp. 64-65, Lobo Xavier, *ob. cit.*, pp. 47, ss., Oliveira Ascensão, *ob. cit.*, pp. 79, ss., Pupo Correia, *ob. cit.*, pp. 413-414.

(107) São, pois, actos de comércio que, além de formais, são objectivos e autónomos.

(108) Orlando de Carvalho considera que os negócios cambiários não são formalmente comerciais, sendo tão substancialmente mercantis como todos os outros actos de comércio objectivos; rejeita portanto a classificação de que curamos (cfr. *ob. cit.*, n.º 10. 3. do § 1.º).

comerciante, destinando-se a viatura ao uso do comprador (compra e venda não comercial — art. 464.°, n.° 1.°, do CCom.). Suponha-se ainda que o preço não é logo pago e as partes convencionam a emissão de uma letra de câmbio — sacada por *A* e aceite por *B*. Estes negócios cambiários (o saque e o aceite), porque previstos em lei mercantil (a LULL), são actos de comércio — apesar de a sua comercialidade ser "formal", dado a causa deles poder nada ter a ver (como no caso) com o comércio ou actos de comércio.

6. Actos bilateralmente comerciais e actos unilateralmente comerciais

Os primeiros são actos cuja comercialidade se verifica em relação a ambas as partes (-sujeitos). Por exemplo: *A*, produtora de automóveis, vende, no quadro de um contrato de concessão comercial, *x* automóveis ao seu concessionário *B* (a venda é acto de comércio — objectivo ou subjectivo, consoante a perspectiva que se adopte —, e a compra é também comercial — art. 463.°, n.° 1.°); *A* celebra com *C*, seguradora, um contrato de seguro relativo aos seus estabelecimentos mercantis (tanto pelo lado de *A* como de *C*, o contrato é objectivamente comercial); *B*, a fim de financiar a compra dos automóveis, contrai um empréstimo junto do banco *D* (tanto de um lado como do outro, o contrato é objectivamente comercial — arts. 394.° e 362.°, respectivamente).

São unilateralmente comerciais os actos cuja comercialidade se verifica só em relação a uma das partes. Por exemplo: *E*, professor, compra a *B* um automóvel para seu uso e da sua família (a venda é objectivamente comercial — art. 463.°, n.° 3.° —, a compra é civil — art. 464.°, n.° 1.°); *E* segura o seu automóvel junto de *C* (o contrato é mercantil com respeito a *C*, não com respeito a *E*); *E*, para pagar parte das prestações relativas à compra da viatura, celebra um contrato de empréstimo com *D* (do lado deste é o contrato comercial – art. 362.º –, não do lado de *E*– cfr. art. 394.º).

Qual o regime jurídico dos actos unilateralmente comerciais? Aplicar-se-lhes-á a lei comercial, a civil, ou uma e outra? Responde o art. 99.º do CCom.: "Embora o acto seja mercantil só com relação a uma das partes será regulado pelas disposições da lei comercial quanto a todos os contratantes, salvo as que só forem aplicáveis àquele ou àqueles por cujo respeito o acto é mercantil, ficando, porém, todos sujeitos à jurisdição comercial". (109) Os actos unilateralmente comerciais estão em regra sujeitos, portanto, à disciplina mercantil. Exceptuam-se, porém, as disposições da lei comercial "que só forem aplicáveis àquele ou àqueles por cujo respeito o acto é mercantil". E quais são elas? Hoje será especialmente a do art. 100.º do CCom.: "Nas obrigações comerciais os co-obrigados são solidários, salva estipulação contrária. / § único. Esta disposição não é extensiva aos não comerciantes quanto aos contratos que, em relação a estes, não constituírem actos comerciais". (110) A solidariedade de devedores só se verifica, por conseguinte, relativamente àqueles "por cujo respeito o acto é mercantil". Suponhamos que dois comerciantes, num único contrato, compram *y* peças de artesanato a dois artesãos. O acto é unilateralmente comercial – a compra é mercantil (art. 463.º, n.º 1.º) e a venda civil (art. 464.º, n.º 3.º, *in fine*). O acto fica sujeito à disciplina jurídico-comercial, mas os artesãos não são deve-

(109) Dada a extinção da jurisdição mercantil, está revogada a parte final do artigo (v. no entanto *supra,* n. (2)).

(110) Alguns autores citam ainda as disposições apenas aplicáveis aos comerciantes – designadamente as do art. 18.º do CCom. (FERNANDO OLAVO, *ob. cit.*, p. 118, PINTO FURTADO, *Disposições...*, p. 274, BRITO CORREIA, *ob. cit.*, p. 43, MENEZES CORDEIRO, *ob. cit.*, p. 178). Mas a citação não parece curial. As obrigações dos comerciantes previstas no art. 18.º não têm que ver com actos unilateralmente comerciais por respeito a eles, dependem antes do estado ou estatuto deles (cfr. ROCCO, *ob. cit.*, p. 235).

dores solidários quanto à entrega das peças — a disposição do art. 100.º (solidariedade nas obrigações comerciais) é somente aplicável àquele ou àqueles por cujo respeito o acto é mercantil.

Deve, contudo, acrescentar-se uma categoria mais geral de excepções à aplicação das disposições da lei comercial. Quando o acto unilateralmente comercial seja contrato de consumo, aplicam-se a ambos os contratantes as regras especiais das relações de consumo (111).

(111) V. FERREIRA DE ALMEIDA, *Direito do consumo* cit., pp. 200-201.

Capítulo II

DOS COMERCIANTES

1. Introdução

Sabemos já que os sujeitos dos actos de comércio e das relações jurídico-mercantis podem ser comerciantes e não-comerciantes.

Os sujeitos (singulares ou colectivos) com capacidade civil de exercício possuem igualmente capacidade comercial de exercício, podem praticar actos de comércio — "Toda a pessoa, nacional ou estrangeira, que for civilmente capaz de se obrigar, poderá praticar actos de comércio, em qualquer parte destes reinos e seus domínios [vetusta roupagem poupada pelos tempos], nos termos e salvas as excepções do presente Código" (art. 7.º do CCom.).

Porém, os actores determinantes no (e do) direito mercantil são os comerciantes.

E tem alguma importância saber quem é (e não é) comerciante. Pois possuem os comerciantes um *estatuto próprio,* que se traduz principalmente no seguinte: a) Os actos dos comerciantes são considerados subjectivamente comerciais, nos termos da 2.ª parte do art. 2.º do CCom.; b) As dívidas comerciais dos comerciantes casados presumem-se contraídas no exercício dos respectivos comércios (art. 15.º do CCom; e tais dívidas são em princípio da responsabilidade dos comerciantes e seus cônjuges — art. 1691.º, 1, d) do CCiv.); c) A prova de certos factos em que intervêm comerciantes é facilitada: "o empréstimo mercantil entre comerciantes admite, seja qual for o seu valor, todo o género de prova" (art. 396.º do CCom.) (1); "para que o penhor mercantil entre comerciantes por quantia excedente a duzentos mil réis [cerca de 1 euro!] produza efeitos com relação a terceiros basta que se prove por escrito" (art. 400.º do CCom.) (2); d) Prescrevem no prazo de dois anos "os créditos dos comerciantes pelos objectos vendidos a quem não seja comerciante ou os não destine ao seu comércio, e bem assim os créditos daqueles que exerçam profissionalmente uma indústria, pelo fornecimento de mercadorias ou produtos, execução de trabalhos ou gestão de negócios alheios, incluindo as despesas que hajam efectuado, a menos que a prestação se destine ao exercício industrial do devedor" (art. 317.º, b), do CCiv.); e) Nos termos do art. 18.º do CCom., os comerciantes estão obrigados a adoptar uma firma, a ter escrituração mercantil, a fazer inscrever no registo comercial os actos a ele sujeitos, a dar balanço e a prestar contas. (3)

---

(1) Cfr., para o mútuo civil, art. 1143.º do CCiv..

(2) Cfr. arts. 669.º e 681.º do CCiv..

(3) Não obstante, deve dizer-se que já foi maior a importância da qualificação dos sujeitos como comerciantes. Com efeito, a falência (agora insolvência) deixou há anos de ser instituto (quase) privativo dos comerciantes — v. *infra,* n.º 4. 2. 2. Por outro lado, diversos não comerciantes têm sido sujeitos a obrigações tradicionalmente específicas dos comerciantes (firmas e denominações, escrituração, inscrições no registo comercial — v. *infra,* n.º 6) e vêm sendo emparceirados a estes para diversos efeitos. Depois, os demais pontos referidos em texto acerca do estatuto dos comerciantes são poucos e pouco significativos. Também deste lado se vê, portanto, o progressivo esbatimento da autonomia substancial do (tradicional) direito mercantil.

2. Sujeitos qualificáveis como comerciantes

2. 1. Pessoas singulares

Nos termos do n.º 1.º do art. 13.º do CCom. são comerciantes "as pessoas, que, tendo capacidade para praticar actos de comércio, fazem deste profissão". O preceito compreende sem dúvida pessoas singulares (veremos depois se compreende ou não outros sujeitos).

Para serem comerciantes, as pessoas, segundo aquele enunciado normativo, têm de ter *"capacidade para praticar actos de comércio"*. Discute-se se a capacidade exigida é a capacidade jurídica (ou capacidade de gozo de direitos — aptidão para se ser sujeito de relações jurídicas), ou a capacidade de exercício de direitos (ou capacidade de agir — aptidão para actuar juridicamente, por acto próprio ou mediante procurador). Entende a doutrina tradicional e dominantemente referir-se a norma à capacidade de exercício [4]. Assim entendo também. A "prática" de actos de

---

(4) Cfr. ADRIANO ANTHERO, *Comentario ao codigo commercial portuguez,* vol. I, "Artes & Letras", Porto, 1913, p. 58, L. CUNHA GONÇALVES, *Comentário ao código comercial português,* vol. I, Empreza Ed. J. B., Lisboa, 1914, p. 79, BARBOSA DE MAGALHÃES, *Direito comercial* (Lições coligidas por A. Palma Carlos), J. Rodrigues, Lisboa, 1924, p. 149, FERNANDO OLAVO, *Direito comercial,* vol. I, 2.ª ed. (2.ª reimpr.), Coimbra Editora, Coimbra, 1978, p. 401, V. G. LOBO XAVIER, *Direito comercial (Sumário das lições ao 3.º ano jurídico),* ed. copiogr., Coimbra, 1977-78, pp. 76, ss., J. OLIVEIRA ASCENSÃO, *Direito comercial,* vol. I — *Institutos gerais,* F.D.L., Lisboa, 1998/99, p. 239, L. BRITO CORREIA, *Direito comercial,* 1.º vol., AAFDL, Lisboa, 1987, pp. 190-191, M. PUPO CORREIA, *Direito comercial — Direito da empresa,* 9.ª ed. (c/ colab. de António J. Tomás / O. Castelo Paulo), Ediforum, Lisboa, 2005, pp. 100, ss..

Defendendo tratar-se da capacidade de gozo, v. MÁRIO DE FIGUEIREDO, *Direito comercial* (Lições coligidas por Afonso Queiró, Albino Vaz e João Miranda), Casa do Castelo Ed., Coimbra, 1936, pp. 90-91, A. FERRER CORREIA, *Lições de direito comercial,* vol. I (c/ colab. de M. HENRIQUE MESQUITA e ANTÓNIO A. CAEIRO), ed. copiogr., Coimbra, 1973, p. 123,

comércio e a "profissão" mercantil hão-de referir-se à capacidade de agir, não à mera idoneidade para se ser titular de direitos e obrigações; por outro lado, o art. 13.º (primeiro artigo do cap. II do título II) há-de concordar com o art. 7.º (primeiro artigo do cap. I do mesmo título), relativo à capacidade de exercício para a prática de actos do comércio.

Sendo assim, os incapazes (menores não emancipados, interditos e inabilitados) não poderiam nunca ser comerciantes; a lei, pondo a coberto dos riscos do comércio o património dos incapazes, impedi-los-ia de serem comerciantes(5). Mas não é assim. Tendo em vista outras normas legais (e a razoabilidade), o requisito da capacidade previsto no art. 13.º tem de ser compreendido com algumas restrições.

Na verdade, a al. c) do n.º 1 do art. 1889.º do CCiv. permite aos pais, enquanto representantes do filho, e desde que autorizados pelo Ministério Público (v. o art. 2.º, 1, b), do DL 272 / 2001, de 13 de Outubro), "adquirir estabelecimento comercial ou industrial ou continuar a exploração do que o filho haja recebido por sucessão ou doação". O mesmo é permitido (havendo autorização do M. P.) ao tutor representante de menor (art. 1938.º, 1, a) e f), do CCiv.) ou de interdito (art. 139.º do CCiv.). (6) Por sua vez, o inabilitado assistido por curador (curador-assistente) pode não só

A. Pereira de Almeida, *Direito comercial,* AAFDL, Lisboa, 1976-77, pp. 328-329.

(5) É esta a solução legal francesa — pelo menos para os menores e interditos; tais incapazes não podem, nem por si nem através dos representantes legais, exercer o comércio. V. (com perspectiva crítica) J. Hamel / G. Lagarde / A. Jauffret, *Droit commercial,* t. I, 2e éd., 1er vol., Dalloz, Paris, 1980, pp. 553, ss..

(6) Compete também ao tutor o poder de continuar a exploração de estabelecimento que o interdito já explorava antes da interdição — v. CCiv., arts. 139.º, 144.º, 1935.º, 1878.º, 1, 1881.º, 1. Mas, tendo em atenção várias alíneas do n.º 1 do art. 1889.º (para que remete o art. 1938.º, 1, a)) — sobretudo as als. a), e) e g) —, bem como o art. 1938.º, 1, b), e) e f) (aplicando-se esta alínea analogicamente), o exercício daquele poder dependerá igualmente de autorização do Ministério Público.

continuar a exploração de estabelecimento que vinha explorando antes da inabilitação, mas também adquirir empresa e explorá-la (cfr. art. 153.º do CCiv.); o curador administrador dos bens do inabilitado (curador-representante — cfr. art. 154.º do CCiv.) pode, com autorização do M. P., continuar a exploração de empresa já explorada pelo inabilitado antes da inabilitação, bem como adquirir empresa ou continuar a exploração da que o inabilitado haja recebido por sucessão ou doação — tudo nos termos que vimos para o tutor (art. 156.º do CCiv.). [(7)]
Ora, os incapazes que exerçam o comércio através de representantes legais devidamente autorizados pelo Ministério Público devem ser considerados comerciantes, têm o estatuto de comerciantes (apesar de não terem capacidade

[(7)] Tendo presente o art. 127.º do CCiv. — designadamente a al. c) do n.º 1 ("são excepcionalmente válidos" "os negócios jurídicos relativos à profissão, arte ou ofício que o menor tenha sido autorizado a exercer, ou os praticados no exercício dessa profissão, arte ou ofício") —, alguns autores (FERNANDO OLAVO, *ob. cit.*, pp. 426-427, PEREIRA DE ALMEIDA, *ob. cit.*, p. 326, BRITO CORREIA, *ob. cit.*, p. 351, MENEZES CORDEIRO, *Manual de direito comercial,* I vol., Almedina, Coimbra, 2001, pp. 189-190) afirmam que os menores têm capacidade para o exercício do comércio (e para a prática dos respectivos actos mercantis) quando para isso autorizados pelos representantes legais. Mas a afirmação parece infundada. Segundo o n.º 2 do art. 127.º, pelos actos praticados no exercício da profissão "só respondem os bens de que o menor tiver a livre disposição", isto é, nos termos da al. a) do n.º 1 do mesmo art., "os bens que o maior de dezasseis anos haja adquirido por seu trabalho". "E não julgamos que a lei tenha querido permitir a criação de um tão grande risco para terceiros, admitindo a intervenção na vida mercantil de um comerciante com uma responsabilidade limitada por aquela forma" (LOBO XAVIER, *ob. cit.*, p. 78, em nota). Além disso, aquele entendimento está em contradição com os citados arts. 1889.º, 1, c), e 1938.º, 1, a): se, por aqui, os representantes legais dos menores têm de obter autorização do Ministério Público para adquirir e explorar em nome dos representados estabelecimento comercial, como permitir, por além, que tais representantes autorizem simplesmente os menores a comerciar? Por conseguinte, a "profissão" do art. 127.º, 1, c), não abrange o comércio; visará sobretudo o trabalho assalariado; em "arte ou ofício" estarão sobretudo compreendidas as profissões artesanais e as ligadas às belas-artes...

para a prática de actos de comércio) [8]. Por conseguinte, os menores não emancipados, os interditos e os inabilitados não são comerciantes: quando exerçam o comércio (apenas) por si; quando o comércio seja exercido em nome deles por quem não é representante legal; quando os representantes legais exerçam o comércio em nome dos incapazes sem autorização do M. P..

Para serem comerciantes, as pessoas com capacidade para praticar actos comerciais (e os incapazes, nos casos acabados de analisar) *têm de fazer do comércio profissão* (são comerciantes, diz o n.º 1.º do art. 13.º, "as pessoas, que (...) fazem deste [do comércio] profissão").

Se pode dizer-se haver consenso quanto a uma ideia mínima de "profissão" (comum nos dicionários) — exercício habitual de actividade económica como meio de vida —, já o mesmo se não pode dizer quanto ao "comércio".

Vimos já no capítulo introdutório que o comércio em sentido jurídico vai para lá do comércio em sentido económico [9]. E o comércio referido no n.º 1.º do art. 13.º há-de ser comércio em sentido jurídico [*v. g.*, ninguém contestará que (quase todos) os transportadores referidos nos arts. 366.º, ss., do CCom. são comerciantes] [10].

Pois bem, este comércio significa actividade (diversos tipos de actividade). Actividade qualificada por lei (directa ou indirectamente) como comercial. E actividade que se traduz em actos. Entre os quais se encontram, muitas

---

(8) Com posição parcialmente divergente (e pouco clara), v. CUNHA GONÇALVES, *ob. cit.*, pp. 79-80.

(9) V. *Introdução,* parte final do n.º 1. 2. 1.

(10) Contudo, alguns autores (J. G. PINTO COELHO, *Lições de direito comercial,* 1.º vol., C. E. Martins Souto Ed., Lisboa, 1942, p. 160, FERRER CORREIA, *ob. cit.*, p. 126, J. PINTO FURTADO, *Disposições gerais do código comercial,* Almedina, Coimbra, 1984, p. 64) fazem coincidir o "comércio" daquela norma com o comércio económico.

vezes de forma determinante, actos de comércio propriamente ditos [11].

Todavia, não é a prática, ainda que habitual ou sistemática, de quaisquer actos de comércio que faz do respectivo sujeito comerciante. Estão evidentemente fora de causa os actos de comércio subjectivos — não atribuem a qualidade de comerciante, supõem-na. Fora de causa estão também os actos formalmente comerciais [12] — podem ser utilizados ou não para a realização de operações mercantis, e a sua prática, mesmo que habitual, não pode denotar o exercício de uma profissão (*v. g.*, um agricultor que recorre sistematicamente ao crédito, aceitando por isso letras de câmbio, não exerce qualquer profissão comercial pelo facto de habitualmente praticar actos de comércio cambiários). Fora de causa estão também os actos de comércio acessórios? Responde afirmativamente a doutrina dominante [13]. É verdade que a prática de certos actos acessórios não conduz à qualificação do respectivo sujeito como comerciante; por exemplo, só as instituições de crédito e as sociedades financeiras, não as pessoas humanas, podem exercer a título profissional actividades que se traduzam na prestação de fianças ou penhores mercantis (v. os arts. 4.º, 1, b), e 8.º, 2, do RGIC). Mas nem sempre assim sucede. Suponha-se uma pessoa que

---

(11) Por exemplo, o típico comerciante em sentido económico e jurídico caracteriza-se essencialmente pela prática sistemática de actos mercantis de compra e venda (cfr. art. 463.º); o empresário industrial-transformador, embora pratique também actos de comércio, já não se caracteriza essencialmente por tal prática, mas antes por actos materiais não qualificáveis como comerciais (nem sequer são simples actos jurídicos-operações jurídicas) — cfr. art. 230.º, n.º 1.º.

(12) Doutrina e jurisprudência italianas de tempos recuados decidiram em contrário — v. JOSÉ TAVARES, *Problemas práticos da qualidade de commerciante,* na revista "Estudos Jurídicos", Coimbra, 1903, p. 618.

(13) FERNANDO OLAVO, *ob. cit.*, p. 407, FERRER CORREIA, *ob. cit.*, pp. 125-126, PEREIRA DE ALMEIDA, *ob. cit.*, pp. 338-339, OLIVEIRA ASCENSÃO, *ob. cit.*, p. 249, BRITO CORREIA, *ob. cit.*, p. 192, PUPO CORREIA, *ob. cit.*, p. 103.

explora um armazém onde são depositadas mercadorias destinadas a ser revendidas pelos depositantes (cfr. art. 403.º). Porque não há-de ser considerada comerciante? [14] Outra questão: quaisquer actos de comércio objectivos, substanciais e autónomos possibilitam a qualificação de pessoas como comerciantes? Não parece. Tenham-se em vista, por exemplo, a conta corrente (arts. 344.º, ss.) e as compras de participações sociais não destinadas à revenda ou as vendas de participações sociais não adquiridas com intuito de revenda (art. 463.º, n.º 5.º).

Repita-se: para serem comerciantes, as pessoas têm de exercer uma actividade comercial ou praticar actos de comércio com profissionalidade, isto é, de modo habitual ou sistemático (não é comerciante quem pratique esporadicamente actos mercantis). Não se exige, no entanto, que a profissão comercial seja a única exercida pelo sujeito, nem que seja a principal (é comerciante quem exerça uma profissão não mercantil a título principal e uma outra a título secundário, mas autónomo, que seja mercantil). Nem se exige, para que haja profissão comercial, que a respectiva actividade seja exercida de modo contínuo ou ininterrupto (*v. g.*, é comerciante quem explore um parque de campismo somente nos períodos de veraneio).

Deve acrescentar-se que as pessoas que exercem profissionalmente uma actividade comercial só são comerciantes quando a exerçam em nome próprio (pessoalmente ou através de representantes); dizendo de outra maneira: *é comerciante a pessoa que exerce pessoalmente e a título profissional o comércio ou em cujo nome ele é exercido.* [15]

---

(14) Neste sentido, v. CUNHA GONÇALVES, *ob. cit.*, vol. II, 1916, p. 471, e V. G. LOBO XAVIER, *Comerciante,* Polis, 1983, cols. 986-987.

(15) É um requisito habitualmente invocado entre nós e na doutrina estrangeira — cfr. CUNHA GONÇALVES, *ob. cit.*, vol. I, p. 81, BARBOSA DE MAGALHÃES, *ob. cit.*, pp. 158-159, LOBO XAVIER, *últ. ob. cit.*, col. 987, C. VIVANTE, *Trattato di diritto commerciale,* vol. I, 4.ª ed., F. Vallardi,

São, portanto, comerciantes os incapazes e não os seus representantes legais, os empresários mercantis e não os seus mandatários ou representantes, etc. (voltaremos ao assunto).

É correcto dizer-se (entre nós) que os comerciantes são, afinal, as pessoas (singulares) que exploram (a título de propriedade, locação, usufruto, etc.) empresas comerciais *(os empresários comerciais)*?

É tendencialmente correcto, não inteiramente correcto. (16) A larga maioria dos comerciantes explora empresas comerciais (empresas com objecto mercantil (17)). Mas não todos. Parece infundado sustentar-se que certos vendedores ambulantes, equipados com um tabuleiro de 1 m x 1,20 m (v. art. 3.º, 1, do DL 122/79, de 8 de Maio) onde são expostos os artigos comprados para revenda, têm uma empresa (18); os agentes e outros profissionais intermediários comerciais são comerciantes — e podem não explorar empresas (de intermediação) (19); os especuladores que, com profis-

---

Milano, 1911, pp. 191-192, BAUMBACH/DUDEN/HOPT, *Handelsgesetzbuch,* 28. Aufl., Beck, München, 1989, p. 34, H. BROX, *Handelsrecht und Wertpapierrecht,* 15. Aufl., Beck, München, 2001, p. 15. A. ROCCO, *Princípios de direito comercial,* trad., Arménio Amado Ed., Coimbra, 1931, p. 254 (apoiado entre nós por FERNANDO OLAVO, *ob. cit.*, p. 405, e BRITO CORREIA, *ob. cit.*, pp. 194-195), não dissente substancialmente, mas afirma não estarmos perante mais um requisito da qualidade de comerciante, tratando-se antes de um efeito geral da representação (criticando esta ideia, v. LOBO XAVIER, *últ. loc. cit.).*

(16) Todavia, a maioria dos autores que se têm referido à questão define o comerciante como empresário comercial: BARBOSA DE MAGALHÃES, *Do estabelecimento comercial,* Ática, Lisboa, 1951, pp. 30-31, FERRER CORREIA, *ob. cit.*, pp. 126, 127, PUPO CORREIA, *ob. cit.*, p. 104, ORLANDO DE CARVALHO, *Sumários de direito comercial do ano lectivo de 1996 / 1997,* FDUC, § 2.º, n.º 4. 1. 3.; contrariando a ideia (embora algo dubitativamente), LOBO XAVIER, *últ. ob. cit.*, cols. 988-989.

(17) V. *infra,* n.º 3. 1. 1. do cap. III.

(18) Acerca do que são as empresas discorreremos largamente no próximo capítulo.

(19) V. *infra,* n.º 5. Recorde-se também o que ficou dito no cap. I, n.º 3. 1. 3.

sionalidade, e apenas munidos (em casa) com computador, telefone e alguns livros e revistas, compram e revendem participações sociais na Bolsa ou fora dela (através de mandatários-intermediários financeiros ou directamente) são comerciantes, mas não exploram (nessa actividade) empresas [(20)]; pode acontecer uma pessoa dever ser considerada comerciante mesmo antes de ter constituído empresa [(21)].

A partir de que momento adquirem as pessoas singulares a qualidade de comerciantes? Quando é que se começa a fazer profissão do comércio? Só depois da prática, reiterada durante algum tempo, de actos mercantis?

Não parece possível uma resposta única. O início da qualidade de comerciante poderá depender de um só acto ou de vários. Em tese geral, diremos que tal início se determinará pela prática do acto ou dos actos reveladores do propósito e possibilidade de certo sujeito se dedicar ao exercício habitual de uma actividade comercial.

Assim, por exemplo, um sujeito não empresário que celebra pela primeira vez um contrato de agência passa desde então a ser considerado profissional do agenciamento comercial e comerciante — apesar de não ter ainda promovido a celebração de qualquer contrato por conta do "principal".

A questão apresenta maior relevo, porém, a propósito dos comerciantes-empresários. Tem-se entendido entre nós,

---

(20) Os especuladores habituais em operações de bolsa são há muito tempo considerados comerciantes pela jurisprudência e doutrina francesas – cfr. por todos Y. GUYON, *Droit des affaires,* t. 1, 10e éd., Economica, Paris, 1998, p. 64.

(21) V. o que se diz de seguida em texto. Fora do domínio das pessoas singulares, apontámos já fenómeno idêntico a respeito das sociedades comerciais — cap. I, n. (97).

Anote-se ainda o seguinte: se deve afirmar-se que *nem todos os comerciantes são empresários,* deve também afirmar-se que *nem todos os empresários comerciais são comerciantes* — v. *supra,* n.º 3. 1. 2. do cap. I, e *infra,* n.os 3. e 4.

sobretudo com apoio no art. 95.º do CCom., que uma pessoa passa a ser comerciante logo que abre um estabelecimento pronto a funcionar (22). Mas não se deverá ir mais longe?

Na Alemanha, antes da lei de reforma do direito comercial de 22 de Junho de 1998, entendia-se pacificamente que a aquisição da qualidade de comerciante — definido no § 1 do HGB — se bastava com actos preparatórios da empresa (arrendamento do local, contratação do pessoal, etc.) (23); não parece que a actual redacção daquele § determine entendimento diferente. Na Itália, a questão é bastante debatida. Uma importante corrente doutrinária (apesar de minoritária, parece) sustenta também que uma série de actos concatenados com vista à organização e exploração de uma empresa é suficiente para o respectivo sujeito adquirir a qualidade de empresário (recorde-se que o *imprenditore commerciale* é o sucedâneo do *commerciante* do código oitocentista) (24). Entendo semelhantemente. Se alguém compra uma empresa comercial, revelando o propósito de a explorar, torna-se por isso comerciante (se o não era já). Se alguém pratica vários actos de organização de uma empresa comercial (*v. g.*, manda construir um edifício apropriado, compra máquinas e mobiliário, contrata trabalhadores) e esses actos (e outros, eventualmente) indiciam que ele irá explorá-la, torna-se por isso comerciante (se o não era já) — apesar de ainda nem sequer existir empresa propriamente dita. (25)

---

(22) V. JOSÉ TAVARES, *O conceito jurídico da qualidade de commerciante,* na revista "Estudos Jurídicos", 1903, pp. 374, ss., CUNHA GONÇALVES, *ob. cit.*, p. 81, BARBOSA DE MAGALHÃES, *Direito comercial* cit., pp. 156-157, PINTO COELHO, *ob. cit.*, pp. 170-171.

(23) Cfr. por todos J. v. GIERKE / O. SANDROCK, *Handels-und Wirtschaftsrecht,* Band 1, 9. Aufl., de Gruyter, Berlin, New York, 1975, p. 128.

(24) V. por todos F. GALGANO, *Diritto commerciale,* 1 — *L'imprenditore,* 5.ª ed., Zanichelli, Bologna, 1996, pp. 93, ss..

(25) Parece próximo desta perspectiva BRITO CORREIA, *ob. cit.*, p. 357; divergente, PUPO CORREIA, *ob. cit.*, p. 104.

2. 2. Pessoas colectivas

2. 2. 1. Sociedades comerciais

Prescreve ainda o art. 13.º do CCom. que "são comerciantes" "as sociedades comerciais" (n.º 2.º). Nos termos do n.º 2 do art. 1.º do CSC, "são sociedades comerciais aquelas que tenham por objecto a prática de actos de comércio e adoptem o tipo de sociedade em nome colectivo, de sociedade por quotas, de sociedade anónima, de sociedade em comandita simples ou de sociedade em comandita por acções". [(26)]

As sociedades comerciais de que tratamos adquirem a qualidade de comerciantes pelo menos a partir do momento em que adquirem personalidade jurídica (cfr. art. 5.º do CSC) [(27)]. Não é necessário, portanto, que pratiquem primeiro quaisquer actos de comércio compreendidos no seu objecto.

O CSC, no n.º 4 do art. 1.º, permite que as sociedades que tenham exclusivamente por objecto a prática de actos não comerciais adoptem um dos tipos ou formas das sociedades comerciais – sendo-lhes então aplicável o regime desse Código. As sociedades civis de tipo ou forma comercial, porque lhes falta um dos requisitos das sociedades comerciais – não têm objecto comercial, não se propõem exercer nem exercem actividade mercantil –, não são sociedades comerciais. Logo, não são comerciantes; o art. 13.º, n.º 2.º, do CCom. qualifica de comerciantes somente as sociedades que sejam sociedades comerciais [(28)].

---

(26) As sociedades comerciais serão objecto de análise na parte II deste Curso.

(27) Veremos *infra,* no n.º 5. 9., se sociedades comerciais sem personalidade poderão ser consideradas comerciantes.

(28) Neste sentido, v. tb. o n.º 4 do preâmbulo do DL 262/86, de 2 de Setembro, que aprovou o CSC.

2. 2. 2. Outras pessoas colectivas

Além das sociedades comerciais, outras pessoas colectivas podem ser comerciantes. É o caso das entidades públicas empresariais (EPE) e entidades empresariais locais (EEL), dos agrupamentos complementares de empresas (ACE), agrupamentos europeus de interesse económico (AEIE) e cooperativas — *quando tais pessoas colectivas tenham objecto comercial* (tenham por objecto a prática de actividades ou actos comerciais) (29).

Comecemos pelas *EPE* e *EEL*. Porque não são sociedades, não cabem no n.º 2.º do art. 13.º do CCom.. Entrarão no n.º 1.º ?

Segundo alguns autores, este n.º, ao falar de "pessoas", referir-se-ia tão-só às pessoas singulares ou físicas, não às pessoas colectivas ou jurídicas (30). Todavia, em rigor, as "pessoas" tanto podem ser singulares como colectivas. E a própria legislação comercial emprega aquele substantivo, sem qualquer adjectivação, para abranger também pessoas colectivas. É ver, por exemplo, os arts. 68.º, 1, 75.º, 344.º, 368.º do CCom. (31), e o art. 7.º, 2, *in fine,* do CSC (possibilidade de

---

(29) Da noção destes diversos sujeitos colectivos tratar-se-á em outros momentos; mas v. já o RSEE (DL 558/99, de 17 de Dezembro) — para as EPE —, o RSEL (L 53-F/2006, de 29 de Dezembro) — para as EEL —, a L 4/73, de 4 de Junho, e o DL 430/73, de 25 de Agosto — para os ACE —, o R (CEE) 2137/85, de 25 de Julho de 1985, e os DLs 148/90, de 9 de Maio, e 1/91, de 5 de Janeiro — para os AEIE —, e o CCoop. (L 51/96, de 7 de Setembro) — para as cooperativas.

(30) V. FERNANDO OLAVO, *ob. cit.*, pp. 236, ss., FERRER CORREIA, *ob. cit.*, p. 137, PINTO FURTADO, *ob. cit.,* pp. 62-63, BRITO CORREIA, *ob. cit.*, pp. 184-185. Contra, v. JOSÉ TAVARES, *Problemas práticos...*, pp. 634-636, BARBOSA DE MAGALHÃES, *Sociedades comerciais irregulares (Parecer),* GRL, 1934, p. 322, P. SOUSA MACEDO, *Manual de direito das falências,* vol. I, Almedina, Coimbra, 1964, pp. 162, ss., PEREIRA DE ALMEIDA, *ob. cit.*, p. 280, OLIVEIRA ASCENSÃO, *ob. cit.*, pp. 245-246.

(31) O CCom. fala ainda em "pessoa(s)" nos arts. 7.º, 97.º, §§ 1.º e 3.º, 231.º, 244.º e 367.º.

uma sociedade ser "constituída por uma só pessoa"), conjugado com o art. 488.º, 1 (possibilidade de uma sociedade por quotas, anónima, ou em comandita por acções constituir "uma sociedade anónima de cujas acções ela seja inicialmente a única titular").

Uma resposta negativa à questão formulada poderia ainda ancorar-se na "profissão" constante do n.º 1.º do art. 13.º: primeiro, porque só as pessoas físicas exerceriam profissões; segundo, porque o exercício profissional do comércio implicaria, além da prática habitual ou regular (não ocasional) de actos comerciais, o intuito lucrativo (32) — e veremos mais tarde que as entidades de que agora curamos não têm de visar o lucro. Todavia, estes argumentos são insubsistentes. Primeiro: é verdade que "profissão" se liga normalmente (na linguagem corrente e na das leis (33)) às pessoas humanas; não obstante, ela pode também caracterizar o exercício de actividades por parte de pessoas jurídicas (34).

---

(32) Este entendimento tem sido pacífico entre nós: v. CUNHA GONÇALVES, *ob. cit.*, p. 82, MÁRIO DE FIGUEIREDO, *ob. cit.*, pp. 94-95, PINTO COELHO, *ob. cit.*, p. 157, FERNANDO OLAVO, *ob. cit.*, p. 404, FERRER CORREIA, *ob. cit.*, p. 126, PEREIRA DE ALMEIDA, *ob. cit.*, pp. 357, ss., LOBO XAVIER, *últ. ob. cit.*, col. 987, OLIVEIRA ASCENSÃO, *ob. cit.*, p. 249, BRITO CORREIA, *ob. cit.*, p. 193, M. HELENA BRITO, *O contrato de concessão comercial,* Almedina, Coimbra, 1990, p. 188, MENEZES CORDEIRO, *ob. cit.*, pp. 184, 198.

(33) V., p. ex., art. 47.º, 1, da CRP.

(34) Falando da profissão do comércio a respeito das sociedades comerciais, v., p. ex., BARBOSA DE MAGALHÃES, *últ. ob. cit.*, p. 323, PINTO COELHO, *ob. cit.*, p. 198. Por outro lado, o art. 14.º, n.º 1.º, do CCom. proíbe (mas pode haver desrespeito...) "a *profissão* do comércio às associações ou corporações que não tenham por objecto interesses materiais" (cfr., a este propósito, PEREIRA DE ALMEIDA, *ob. cit.*, p. 280, n. (2), e OLIVEIRA ASCENSÃO, *ob. cit.*, p. 246). E outras leis referem também "profissão" a pessoas colectivas — v., p. ex., a L 24/96, de 31 de Julho (defesa dos consumidores), art. 2.º, e o DL 446/85, de 25 de Outubro, alterado pelo DL 220/95, de 31 de Janeiro (cláusulas contratuais gerais), art. 17.º.

Na França (cfr. art. L. 121-1 do *Code de Commerce*) e na Itália (cfr. art. 2082 do *Codice Civile),* a profissão vai referida também a pessoas colectivas — v. por todos, respectivamente, G. VEDEL / P. DELVOLVÉ, *Droit administratif,* 8e éd., PUF, Paris, 1982, p. 1004, e T. ASCARELLI, *Corso di*

Segundo: uma interpretação objectivo-actualista da citada norma do art. 13.º, que tenha em conta a sua teleologia e as novas (ou renovadas) realidades económico-empresariais, não pode impor o intuito lucrativo como nota essencial, indefectível, de "profissão" (35).

Por sua vez, não se contestará que as EPE e as EEL têm "capacidade para praticar actos de comércio" (cfr. arts. 25.º e 27.º do RSEE e arts. 35.º e 38.º do RSEL).

Portanto, nada há no art. 13.º, 1.º, do CCom. que impeça estas entidades de serem comerciantes. Sê-lo-ão quando o seu objecto consista no exercício de actividades jurídico-mercantis. Dizendo de outra maneira: são comerciantes quando as respectivas empresas (-objecto) são comerciais (36).

---

diritto commerciale, 3.ª ed., Giuffrè, Milano, 1962, p. 192, GALGANO, *ob. cit.*, pp. 18-19.

(35) Aceitamos o intuito lucrativo como nota caracterizadora da profissionalidade de pessoas singulares e das sociedades em geral; não assim relativamente à profissionalidade de outras entidades.

Em Itália, antes do Código de 1942, a doutrina dominante via o escopo lucrativo como característica essencial da profissionalidade. Parece já não suceder isso hodiernamente — cfr. *últ. A. e ob. cits.*, pp. 19, ss..

(36) Aliás, pode dizer-se que, com uma ou outra especificidade, as obrigações previstas no art. 18.º do CCom. valem também para as EPE e as EEL. Na verdade, elas têm de ter denominação (RSEE, art. 24.º, 2; RSEL, art. 36.º) e escrituração mercantil (RSEE, arts. 7.º, 1, 32.º; RSEL, arts. 6.º, 41.º, 42.º), devem fazer inscrever determinados factos no registo comercial (RSEE, art. 28.º;RSEL, arts. 6.º, 33.º, 4; CRCom., art. 5.º) e dar balanço e prestar contas (RSEE, art. 32.º; RSEL, art. 42.º). Por outro lado, se a actividade (externa) destas empresas é, em geral, regulada pelo "direito privado" (RSEE, art. 7.º, 1; RSEL, arts. 6.º, 34.º, 1), porquê recusar-lhes, quando comerciais (recusando-lhes a qualidade de comerciantes), os direitos ou vantagens que aquele direito integra no estatuto dos comerciantes (cfr., p. ex., os arts. 44.º, 396.º, 400.º do CCom.)?... E será razoável que, por exemplo, as mencionadas vantagens tenham sido ontem afirmadas para uma sociedade comercial, e sejam hoje negadas para a EPE que lhe "sucedeu", e sejam amanhã reafirmadas para a sociedade em que a EPE se transforme?...

Para indicações bibliográficas relativas à problemática da qualificação como comerciantes das velhas empresas públicas estaduais, antecessoras das EPE (e com natureza similar à das EEL), v. J. M. COUTINHO DE ABREU, *Definição de empresa pública,* Coimbra, 1990, pp. 202-206.

Os *ACE* e os *AEIE*, que também não são sociedades (sobretudo por não terem escopo lucrativo — cfr. L 4/73, Base II, 1, R (CEE) 2137/85, art. 3.º, 1), são comerciantes quando tenham objecto comercial — cabendo igualmente no n.º 1.º do art. 13.º do CCom.. Tal asserção, que resultaria já da interpretação dessa norma (há momentos explicitada), é hoje apoiada pelo art. 3.º, 2, do DL 148/90: "O agrupamento europeu de interesse económico que tenha por objecto praticar actos de comércio é comerciante". E é sabido que o AEIE teve por modelo o *groupement d'intérêt économique,* nascido em França em 1967 (37), de onde o legislador português o importou, meia dúzia de anos volvidos, para edificar o ACE... (38) (39)

Antes do CCoop. de 1980, as *cooperativas* eram genericamente reguladas no CCom. enquanto sociedades. Ao contrário do que à primeira vista poderia parecer, desde cedo se defendeu, no entanto, que nem todas elas seriam sociedades *comerciais* — sê-lo-iam apenas as cooperativas tendo por objecto a prática de actos de comércio (40). E estas eram, naturalmente, comerciantes (art. 13.º, n.º 2.º, do CCom.).

Embora não qualificáveis hoje como sociedades (sobretudo, também, por não terem escopo lucrativo — v. logo o

(37) Cfr., p. ex., C. DUCOULUX-FAVARD, *Il gruppo europeo di interesse economico (GEIE) e la società europea (SE),* RDC, 1992, pp. 15, ss..

(38) V. tb. o art. 12.º do DL 148/90.

(39) A possibilidade de os ACE serem comerciantes é também afirmada por PEREIRA DE ALMEIDA, *ob. cit.*, pp. 288-291, J. PINTO RIBEIRO / R. PINTO DUARTE, *Dos agrupamentos complementares de empresas,* CEF, Lisboa, 1980, pp. 61-62 (todos [?] os ACE são comerciantes), PINTO FURTADO, *ob. cit.*, p. 63 (os ACE são sociedades [?]; quando tenham "fim comercial" são comerciantes — art. 13.º, 2.º, do CCom.).

(40) V. GUILHERME A. MOREIRA, *Da personalidade collectiva,* RLJ, ano 41.º (1908-1909), p. 259, JOSÉ TAVARES, *Sociedades e empresas comerciais*, Coimbra Editora, Coimbra, 1924, pp. 257-259.

art. 2.º do CCoop.), nada impede que as cooperativas com objecto comercial sejam consideradas comerciantes (art. 13.º, n.º 1.º, do CCom. – relembre-se quanto sobre ele ficou dito; recorde-se também o que dissemos sobre os ACE e os AEIE, entidades igualmente sem fim lucrativo). (41) (42)

Deve entender-se que estas diversas pessoas colectivas adquirem a qualidade de comerciantes pelo menos a partir do momento em que passam a gozar de personalidade jurídica (cfr. RSEE, art. 24.º, 1, e RSEL, art. 33.º, 1; L 4/73, base IV; DL 148/90, art. 1.º; CCoop., art. 16.º) (43).

3. Sujeitos não qualificáveis como comerciantes

Vimos nos números anteriores que são comerciantes os que exercem (ou se propõem exercer) com profissionalidade actividades comerciais. Por conseguinte, *não são comerciantes os que exercem actividades não mercantis*. Sendo estas actividades as não qualificadas legalmente de comerciais e as não análogas às comerciais – certo sendo ainda que a lei, por vezes, exclui expressamente (de modo directo e / ou indirecto) certos sectores da actividade económica do campo da comercialidade.

---

(41) Tendo em vista o art. 18.º do CCom., v. tb. os arts. 9.º, 14.º, 49.º, b), 56.º, a) e h), do CCoop., e o art. 4.º do CRCom..

(42) Considerando também comerciantes as cooperativas de que cuidamos, v. OLIVEIRA ASCENSÃO, *ob. cit.*, pp. 480, ss.; contra, BRITO CORREIA, *ob. cit.*, pp. 187-188, e MENEZES CORDEIRO, *ob. cit.*, p. 198. O Ac. do STJ de 26 / 9 / 95, BMJ n.º 449 (1995), pp. 299, ss., entendendo embora serem comerciantes as cooperativas que fazem do comércio profissão, julgou (incorrectamente) não ser comerciante uma cooperativa de construção e habitação (relembre-se também o n.º 6.º do art. 230.º do CCom.); julgando no mesmo sentido, v. o Ac. do STJ de 28 /5/96, CJ (ASTJ), 1996, t. II, pp. 88, ss..

(43) Mas v., *mutatis mutandis,* o n.º 5. 9. deste capítulo.

Assim, não são comerciantes as pessoas (singulares ou colectivas) que exercem uma *actividade agrícola* (e não exerçam, claro está, uma outra actividade considerada comercial) – valendo aqui um conceito amplo de agricultura, que compreende a actividade agrícola em sentido estrito e tradicional (cultivo da terra para obtenção de colheitas), a silvicultura, a pecuária, e ainda a cultura de plantas e a criação de animais sem terra ou em que esta apresenta carácter acessório (44). Com efeito, a lei exclui a agricultura (e actividades acessórias) dos domínios do comércio. Para não sair do CCom., vejam-se os arts. 230.º, §§ 1.º (1.ª parte) e 2.º, 464.º, n.os 2.º e 4.º. (45)

Também não são comerciantes os *artesãos,* isto é, os produtores qualificados que, podendo embora servir-se de máquinas, utilizam predominantemente o seu trabalho manual e, como instrumentos, ferramentas. Na verdade, o CCom., nos arts. 230.º, § 1.º (2.ª parte), e 464.º, n.º 3.º, exclui do comércio a actividade artesanal industrial-transformadora exercida "directamente" pelos artesãos (oleiros, ferreiros, latoeiros, sapateiros, alfaiates, costureiras, cesteiros, etc.). Por sua vez, as actividades artesanais de outro tipo (situadas sobretudo no domínio dos serviços), quando exercidas "directamente" pelos artesãos (electromecânicos, estucadores, cabeleireiros, esteticistas, etc.), também não são comerciais – já por não se acharem especialmente reguladas na lei mercantil, já por serem análogas às previstas no art. 230.º, § 1.º.

---

(44) Sobre este conceito, v. J. M. COUTINHO DE ABREU, *Da empresarialidade (As empresas no direito),* Almedina, Coimbra, 1996 (reimpr. 1999), pp. 84, ss. (cfr. tb. *infra,* n.º 3. 1. 3. 2. do cap. III).

(45) PEREIRA DE ALMEIDA, *ob. cit.*, pp. 166, ss., defende que as empresas agrícolas (ou algumas delas) são comerciais, sendo consequentemente comerciantes os respectivos sujeitos; v. tb. *supra*, parte final do n.º 3. 1. 2. do cap. I. Embora defensável *de jure condendo* (cfr. *supra,* n.os 1. 2. 2. e 1. 3. da *Introdução*), esta ideia não tem qualquer arrimo no nosso direito positivo.

Muitas vezes, o artesanato é exercido de modo não empresarial. Mas há empresas artesanais. Mesmo nestes casos, os artesãos-empresários que exerçam "directamente" a respectiva actividade não são comerciantes (a actividade artesanal assim exercida continua, nos termos da lei, fora do comércio) [46]. [47]

Os *profissionais liberais* — pessoas singulares que exercem de modo habitual e autónomo actividades primordialmente intelectuais, susceptíveis de regulamentação e controlo próprios (a cargo, em grande medida, de associações públicas — "ordens", "câmaras") [48] —, bem como os *sujeitos colectivos cujo objecto consista numa actividade profissional-liberal* (*v. g.*, sociedades) também não são comerciantes.

---

[46] V. COUTINHO DE ABREU, *últ. ob. cit.*, pp. 94, ss., e *infra*, n.º 3.1.3.3. do cap. III; diversamente, v. OLIVEIRA ASCENSÃO, *ob. cit.*, p. 280.

[47] O recente DL 41 / 2001, de 9 de Fevereiro — já alterado pelo DL 110 / 2002, de 16 de Abril —, que "aprova o estatuto do artesão e da unidade produtiva artesanal e define o respectivo processo de reconhecimento" (art. 1.º), introduz alguns elementos perturbadores. Sobretudo no art. 12.º: "Para efeitos do presente diploma, considera-se unidade produtiva artesanal toda e qualquer unidade económica legalmente constituída e devidamente registada, designadamente sob as formas de empresário em nome individual, estabelecimento individual de responsabilidade limitada, cooperativa, sociedade unipessoal ou sociedade comercial (...)". Ora, além do mais, o estabelecimento individual de responsabilidade limitada pode ser constituído por "qualquer pessoa singular que exerça ou pretenda exercer uma *actividade comercial*" (art. 1.º, 1, do DL 248 / 86, de 25 de Agosto), e a sociedade comercial tem "por objecto a prática de *actos de comércio*" (art. 1.º, 2, do CSC). Contudo, não parece que aquele art. 12.º tenha o condão de (mesmo "para os efeitos do presente diploma") qualificar como comercial a actividade artesanal, revogando ou derrogando os pertinentes preceitos do CCom., que continua sendo o diploma fundamental na delimitação do mercantil e não mercantil. Sendo assim, havemos de acrescentar que o e.i.r.l. é hoje utilizável não apenas por comerciantes mas também por artesãos; por outro lado, a "sociedade comercial" referida no citado art. 12.º deve ser interpretada de modo restritivo, significando sociedade (civil) que pode adoptar um dos tipos de sociedade comercial (v. o art. 1.º, 4, do CSC).

[48] São, pois, profissionais liberais os advogados, médicos, engenheiros, arquitectos, economistas, revisores oficiais de contas, etc.

Além de os actos típicos das actividades respectivas não serem qualificados legislativamente de mercantis, a asserção é confirmada por diversos actos normativos: DL 229/2004, de 10 de Dezembro (art. 1.º, 2: "As sociedades de advogados são sociedades *civis* (...)"), DL 487/99, de 16 de Novembro (art. 94.º, 1: "As sociedades de revisores revestem a natureza de sociedades *civis,* dotadas de personalidade jurídica").

Próximos dos profissionais liberais (e, nalguns casos, dos artesãos), temos uma série de trabalhadores autónomos igualmente não comerciantes. É o caso, por exemplo, dos *escultores, pintores, escritores, cientistas, músicos.* As actividades próprias destas pessoas não são legalmente qualificadas de mercantis; e o § 3.º do art. 230.º reforça essa não qualificação.

Dissemos há pouco serem comerciantes os que exercem actividades comerciais. Todavia, nem todos os exercitantes de tais actividades são comerciantes.

"O Estado, o distrito, o município e a paróquia não podem ser comerciantes, mas podem, nos limites das suas atribuições, praticar actos de comércio, e quanto a estes ficam sujeitos às disposições deste Código" (art. 17.º do CCom.). Quer dizer (numa leitura actualizada), as pessoas colectivas públicas territoriais — o Estado, as regiões autónomas e as autarquias locais (freguesias e municípios, por ora) — podem praticar actos de comércio até de forma habitual e sistemática, podem explorar directa e imediatamente empresas comerciais (não personalizadas), mas nem por isso adquirem a qualidade de comerciantes. Não há, ao contrário do que por vezes se diz [49], incompatibilidade entre o exercício profissional do comércio e o exercício de

[49] V., p. ex., Rocco, *ob. cit.*, p. 251.

funções públicas ou a prossecução de finalidades públicas por parte de pessoas colectivas de direito público [(50)]. Não obstante, a lei veda a qualificação e o estatuto de comerciante às referidas entidades que se dediquem (também) ao comércio.

Segundo a norma em apreço, o Estado não pode ser comerciante. E as *pessoas colectivas públicas de tipo institucional* (institutos públicos — serviços personalizados, fundações públicas, estabelecimentos públicos, EPEs) *e de tipo associativo* (ordens e câmaras profissionais, etc.)? [(51)] Exceptuadas as EPE, atrás referidas [(52)], parece que todas essas entidades também não podem ser comerciantes — mesmo quando pratiquem habitualmente actos de comércio (o que, dadas as atribuições de muitas delas, poucas vezes se verificará). O "Estado" mencionado no art. 17.º deve pois ser interpretado extensivamente, de maneira a abarcar estas pessoas colectivas públicas que prosseguem uma administração *estadual indirecta* ou uma administração *autónoma*.

Acrescenta o § único do art. 17.º: "A mesma disposição é aplicada às misericórdias, asilos, mais institutos de beneficência e caridade". Isto é, as *associações e fundações de direito privado com fim desinteressado ou altruístico* podem, nos limites das suas atribuições, praticar actos de comércio, mas não podem adquirir a qualidade de comer-

---

(50) Cfr. COUTINHO DE ABREU, *últ. ob. cit.*, pp. 127-128.

(51) Para a análise destas pessoas colectivas públicas, v. por todos D. FREITAS DO AMARAL, *Curso de direito administrativo,* vol. I, 2.ª ed., Almedina, Coimbra, 1994, pp. 331, ss., e VITAL MOREIRA, *Administração autónoma e associações públicas,* Coimbra Editora, Coimbra, 1997, pp. 306, ss..

(52) Convém lembrar aqui que o Estado, modernamente, exerce o comércio quase sempre de modo indirecto — através de sociedades de capitais públicos ou de economia mista e de EPEs; e nada impede, sabemos já, que estes sujeitos, quando o objecto seja comercial, sejam qualificados como comerciantes.

ciantes — mesmo quando exerçam o comércio de forma sistemática (*v.g.*, uma misericórdia que explore uma empresa hospitalar não é comerciante).

4. Sujeitos legalmente inibidos da profissão de comércio

4. 1. Entidades colectivas

Diz o art. 14.º do CCom.: "É proibida a profissão do comércio: / 1.º Às associações ou corporações que não tenham por objecto interesses materiais".

A norma (algo obscura) não pode pretender que as referidas associações fiquem impossibilitadas de praticar actos de comércio, inclusive de forma sistemática ou habitual. Respeitados os limites da sua capacidade jurídica (que "abrange todos os direitos e obrigações necessários ou convenientes à prossecução dos seus fins" — art. 160.º do CCiv.), tais associações, actuando através dos competentes órgãos, têm capacidade de exercício para praticar actos mercantis (cfr. arts. 7.º e 17.º, § único, do CCom.). O intuito do preceito parece ser o de vedar o estatuto de comerciante às citadas associações; ainda que exerçam o comércio, ele não deverá ser exercido a título de profissão, como "modo de vida" delas. Vejamos mais de perto.

As *associações de fim desinteressado ou altruístico* não podem ser comerciantes — não têm evidentemente "por objecto interesses materiais", e aplica-se-lhes também o § único do art. 17.º.

As *associações de fim interessado ou egoístico mas ideal* (associações recreativas, culturais, desportivas, etc.) também não têm "por objecto interesses materiais". Mas podem praticar actos comerciais e exercer comércio. Suponha-se uma associação recreativa que, entre outras coisas, explora um negócio de bar; ou uma associação promotora de cultura teatral e cinematográfica que gere um "cine-teatro". Em ambos os casos é o exercício do comércio um meio — mais indirecto (obtenção de recursos financeiros) ou mais directo (promoção imediata da cultura cine-teatral) — para a prossecução dos fins de natureza ideal caracterizadores das associações. Em rigor, portanto, estas entidades não fazem do comércio profissão. [(53)]

Das *associações de fim interessado ou egoístico de cariz económico não lucrativo* (associações mutualistas, sindicais, de empregadores, etc.) já não pode dizer-se não terem "por objecto interesses materiais". Serão comerciantes quando exerçam actividade comercial (*v. g.*, uma associação mutualista explorando caixa económica ou farmácia [(54)], uma associação sindical explorando escola de formação profissional [(55)], uma associação de automobilistas explorando escola de condução)? Não parece. Ainda aqui as associações não fazem propriamente profissão (modo de vida) do comércio; as actividades comerciais por elas desenvolvidas são acessórias e/ou instrumentais das actividades e finalidades principais — de carácter não mercantil — por elas prosseguidas.

---

(53) Mas não seria absurdo se a lei qualificasse como comerciantes as associações tendo por objecto principal a exploração de empresas-meios directos para a consecução de fins ideais. Na Alemanha, p. ex., as associações de fins ideais podem ser comerciantes — v., entre outros, R. SACK, *Der "vollkaufmännische Idealverein"*, ZGR, 1974, pp. 182, ss., V. EMMERICH, in HEYMANN, *Handelsgesetzbuch*, B. 1, de Gruyter, Berlin, New York, 1989, § 1, pp. 78-79, e KARSTEN SCHMIDT, *Handelsrecht*, 5. Aufl., Heymanns, Köln, Berlin, Bonn, München, 1999, p. 99.

(54) V. Código das Associações Mutualistas (aprovado pelo DL 72/90, de 3 de Março), arts. 45.°, 2, e), 54.°, 55.°, i), 121.°. Para uma caracterização breve destas associações (em confronto com as cooperativas), v. COUTINHO DE ABREU, *Da empresarialidade* cit., pp. 187-188.

(55) As associações de empregadores "não podem dedicar-se à produção ou comercialização de bens ou serviços ou de qualquer modo intervir no mercado" (art. 443.°, 3, do CT) — v. n. (28) do cap. III do vol. II deste *Curso*.

E se uma associação de algum destes tipos, postergando a lei, o acto constitutivo e / ou os estatutos, passar a dedicar-se exclusivamente ao exercício de uma actividade mercantil, a fazer do comércio profissão (actuando como um comerciante, nomeadamente uma sociedade comercial)? Adquire por isso a qualidade de comerciante? Pensamos que não. A actividade de uma tal associação está fora da sua capacidade jurídica (cfr. art. 160.°, 1, do CCiv.), pelo que são nulos os respectivos actos (arts. 294.°, 295.° do CCiv.). E a associação deve ser judicialmente extinta, a pedido do Ministério Público ou de qualquer interessado (CCiv., arts. 182.°, 2, b) — o seu fim real não coincide com o fim legalmente permitido e expresso no acto de constituição ou nos estatutos —, e 183.°, 2). E não adquirirá a qualidade de comerciante antes da extinção — essa qualidade não poderá fundar-se na prática sistemática de actos nulos (56).

4. 2. Pessoas singulares

4. 2. 1. Alguns casos de incompatibilidades

Diz ainda o art. 14.° do CCom. que é proibida a profissão do comércio: "2.° Aos que por lei ou disposições especiais não possam comerciar".

A legislação comercial estabelece algumas *incompatibilidades* (incompatibilidade é, para estes efeitos, definível como a impossibilidade legal do exercício de comércio por sujeito que desempenhe certas funções ou se encontre em determinada situação jurídica). Vejamos alguns exemplos. a) "Nenhum *gerente* poderá negociar por conta própria, nem tomar interesse debaixo do seu nome ou alheio em negociação do mesmo género ou espécie da de que se acha incum-

(56) Em sentido idêntico, v. PEREIRA DE ALMEIDA, *ob. cit.*, p. 315. Noutro sentido, v. SOUSA MACEDO, *ob. cit.*, p. 165.

bido, salvo com expressa autorização do proponente" (art. 253.º do CCom.). b) "Nenhum *sócio [de sociedade em nome colectivo]* pode exercer, por conta própria ou alheia, actividade concorrente com a da sociedade (...), salvo expresso consentimento de todos os outros sócios" (art. 180.º, 1, do CSC). c) "Os *gerentes [de sociedades por quotas]* não podem, sem consentimento dos sócios, exercer, por conta própria ou alheia, actividade concorrente com a da sociedade" (art. 254.º, 1, do CSC). d) Os *administradores* de sociedades anónimas não podem, sem autorização (da assembleia geral ou do conselho geral e de supervisão), exercer por conta própria ou alheia actividade concorrente da sociedade (arts. 398.º, 3, 428.º do CSC). e) "Os *sócios comanditados* [de sociedades em comandita simples] são obrigados a não fazer concorrência à sociedade, nos termos prescritos para os sócios de sociedades em nome colectivo" (art. 477.º do CSC). Como se vê, estas *incompatibilidades (de direito privado)* são todas *relativas,* isto é, removíveis mediante autorização de certos sujeitos ou órgãos, e *parciais* — proibida não é qualquer actividade comercial (ou outra) mas somente a concorrente (trata-se, pois, de *proibições legais de concorrência*).

Existem também diversas *incompatibilidades de direito público.* Exemplos: a) "Os *magistrados judiciais* em exercício não podem desempenhar qualquer outra função pública ou privada de natureza profissional, salvo as funções docentes ou de investigação científica de natureza jurídica, não remuneradas, e ainda funções directivas em organizações sindicais da magistratura judicial" (art. 13.º, 1, da L 21/85, de 30 de Julho, na redacção introduzida pela L 10/94, de 5 de Maio). b) "É incompatível com o desempenho do cargo de *magistrado do Ministério Público* o exercício de qualquer outra função pública ou privada de índole profissional, salvo funções docentes ou de investigação científica de natureza jurídica ou funções directivas em organizações representativas da magistratura do Ministério Público" (art. 81.º, 1, da L 47/86, de 15 de Outubro, alterada pela L 60/98, de 27 de Agosto). c) "O *militar* na efectividade de serviço ou nas situações de licença com perda de vencimento, em comissão especial ou inactividade temporária não pode, por si ou por interposta pessoa, exercer quaisquer actividades civis relacionadas com as suas funções militares ou com o equipamento, armamento, infra-estrutura e reparação de materiais destinados às Forças Armadas. /O militar não pode exercer actividades incompatíveis com o seu grau hierárquico ou o decoro militar ou que o coloquem em dependência susceptível de afectar a sua respeitabilidade e dignidade perante as Forças Armadas ou a sociedade" (art. 16.º, 1 e 2, do Estatuto dos Militares das Forças Armadas, aprovado pelo DL 236/99, de 25 de Junho). d) A titularidade de *órgãos de soberania,* de *outros cargos políticos* (*v. g.*, membros dos governos regionais, governadores civis, deputados ao parlamento europeu — v. art. 1.º, 2, da L 64/93, de 26 de Agosto, alterado pela L 28/95, de 18 de Agosto) e de *altos cargos públicos ou equiparados* (*v. g.*, presidentes dos conselhos de administração de EPEs e de sociedades anónimas de capitais exclusiva ou maioritariamente públicos — v. art. 3.º da L 64/93) é, salvaguardadas algumas excepções, "incompatível com quaisquer outras funções profissionais remuneradas ou não" (art. 4.º da L 64/93, alterado pela L 28/95 e pela L 12/98, de 24 de Fevereiro). As incompatibilidades de direito público de que demos exemplos são, como se vê, dominantemente *absolutas* (não relativas) e *gerais* (não parciais).

Uma pessoa proibida por lei de comerciar mas que viole a proibição, exercendo profissionalmente o comércio, é comerciante? Tem-se dito que sim [(57)], tem-se dito que

---

(57) *V.* CUNHA GONÇALVES, *ob. cit.*, p. 78, MÁRIO DE FIGUEIREDO, *ob. cit.*, p. 108, FERNANDO OLAVO, *ob. cit.*, pp. 243-244, FERRER CORREIA,

não [58]. Acrescento um sim. Por um lado, porque as pessoas em questão têm capacidade para praticar actos de comércio e fazem deste profissão — os requisitos do art. 13.º, n.º 1.º, estão cumpridos. Por outro lado, porque não são nulos, anuláveis ou ineficazes os actos ou actividades comerciais de tais pessoas. As referidas incompatibilidades visam possibilitar ou potenciar o desempenho efectivo e eficiente de certos cargos ou funções (pretende-se que o administrador não descure a gestão nem prejudique os interesses da sociedade a que está ligado; que o juiz ou o político se dedique em exclusivo ao desempenho das suas funções públicas, etc.). Por isso as sanções cominadas para a violação das proibições legais não afectam a validade e eficácia do exercício do comércio; são de outra ordem: responsabilidade civil (cfr. CCom., art. 253.º, § único, CSC, arts. 180.º, 2, 254.º, 5, 398.º, 5, 428.º, 477.º), destituição com justa causa (cfr. CSC, arts. 254.º, 5, 398.º, 5, 428.º), penas disciplinares (cfr. L 21/85, arts. 85.º, ss., L 47/86, arts. 166.º, ss., Estatuto Disciplinar dos Trabalhadores que Exercem Funções Públicas, aprovado pela L 58/2008, de 9 de Setembro, arts. 9.º, ss., 17.º, c), 18.º, 1, e)), perda de mandato, demissão, destituição judicial (cfr. L 64/93, arts. 10.º, 3, 13.º, com a redacção introduzida pela L 42/96, de 31 de Agosto), etc.

---

ob. cit., pp. 140, ss., SOUSA MACEDO, *ob. cit.*, pp. 104, ss. (mas v. pp. 110-112), BRITO CORREIA, *ob. cit.*, pp. 355-356. É a mesma a opinião generalizada noutros países — v., p. ex., HAMEL/LAGARDE/JAUFFRET, *ob. cit.*, pp. 172, 550, GUYON, *ob. cit.*, p. 44, J. V. RYN / J. HEENEN, *Principes de droit commercial*, t. I, 2e éd., E. Bruylant, Bruxelles, 1976, p. 339, F. VICENT CHULIÁ, *Compendio crítico de derecho mercantil*, t. I., vol. 1.º, 3.ª ed., J. M. Bosch, Barcelona, 1991, p. 93, EMMERICH, in HEYMANN, *ob. cit.*, § 7, p. 107.

(58) V. PINTO COELHO, *ob. cit.*, pp. 205-206, PINTO FURTADO, *ob. cit.*, p. 76, OLIVEIRA ASCENSÃO, *ob. cit.*, pp. 198, ss. (mas v. p. 200).

4. 2. 2. Insolvência e inibição para o exercício do comércio

No quadro problemático das inibições legais para o exercício de comércio que atingem pessoas singulares, merece referência especial a situação dos (judicialmente declarados) insolventes e seus administradores [59].

4. 2. 2. 1. *Âmbito de aplicação do processo de insolvência.* O processo de insolvência, enquanto processo de execução universal, visa satisfazer conjuntamente os credores de um devedor. Dispõem os credores de duas vias principais para aproveitarem as forças patrimoniais do devedor: ou vão pela liquidação dos bens integrantes da massa insolvente e consequente repartição dos resultados distribuíveis — tudo nos termos estabelecidos na lei —, ou se decidem por um plano de insolvência onde regulam autonomamente — respeitados que sejam certos limites legais — o modo por que serão satisfeitos os seus interesses (cfr. o art. 1.º do CIRE).

Quem está sujeito a declaração de insolvência? Atendendo ao art. 2.º do CIRE, é possível compor três grupos [60].

Entram no primeiro "quaisquer *pessoas singulares ou colectivas*" (art. 2.º, 1, a)). Enquanto pessoas colectivas, podem pois ser declarados insolventes associações, fundações, sociedades comerciais, sociedades civis de tipo comercial, sociedades civis simples personalizadas (como as de advogados), cooperativas, agrupamentos complementares de empresas (ACE), agrupamentos europeus de interesse económico (AEIE).

---

[59] Para a noção de administradores que interessa aqui, v. o art. 6.º, 1, do CIRE (aprovado pelo DL 53/2004, de 18 de Março).

[60] O legislador terá pensado em dois: o das pessoas e o dos patrimónios autónomos (v. o n.º 20 do preâmbulo do DL 53/2004).

O segundo grupo reúne entidades ou *sujeitos de natureza colectiva mas não personalizados*. Por exemplo, associações sem personalidade jurídica e comissões especiais (art. 2.º, 1, c)), sociedades civis (simples) — art. 2.º, 1, d) —, sociedades comerciais e sociedades civis de tipo comercial antes do registo definitivo do acto pelo qual são constituídas (art. 2.º, 1, e)), cooperativas antes do registo da constituição (art. 2.º, 1, f)) (61). Fica agora claro que estes sujeitos sem personalidade jurídica podem também ser declarados judicialmente insolventes. Da letra do art. 125.º, 1 e 3, do CREF (de 1993) parecia resultar claramente que tais entidades não eram passíveis da declaração de falência. Propugnei, contudo, que os enunciados normativos daqueles n.os deviam ser interpretados extensivo-teleologicamente, de modo a sujeitar igualmente esses sujeitos à falência (62).

No terceiro grupo temos a *herança jacente* (art. 2.º, 1, b), do CIRE), o estabelecimento individual de responsabilidade limitada (*e.i.r.l.*) — art. 2.º, 1, g) — e "quaisquer *outros patrimónios autónomos*" (art. 2.º, 1, h)). (63)

---

(61) O Código não refere expressamente os ACE e AEIE antes do registo do acto constituinte — mas cabem na al. h) do n.º 1 do art. 2.º.

(62) V., p. ex., J. M. COUTINHO DE ABREU, *Providências de recuperação de empresas e falência (Apontamentos de direito português)*, BFD, 1998, pp. 122, ss.. Acerca da possibilidade de as entidades colectivas sem personalidade beneficiarem de providências de recuperação, v. *ibid.*, pp. 110-111.

(63) Contudo, o n.º 2 do art. 2.º do CIRE estabelece duas excepções, uma absoluta, outra relativa. Por um lado (al. a)), está vedado declarar insolventes "as pessoas colectivas públicas e as entidades públicas empresariais" (dispensava-se bem a menção às EPE: elas são pessoas colectivas de direito público; a própria lei assim as qualifica — DL 558/99, de 17 de Dezembro, art. 23.º, 1). Por sua vez, acrescenta a al. b): "As empresas de seguros, as instituições de crédito, as sociedades financeiras, as empresas de investimento que prestem serviços que impliquem a detenção de fundos ou de valores mobiliários de terceiros e os organismos de investimento colectivo, na medida em que a sujeição a processo de insolvência seja incompatível com os regimes especiais previstos para tais entidades". Para as empresas de seguros, v. o DL 94-B/98, de 17 de Abril, arts. 109.º, ss. (sobretudo o art. 121.º); para as instituições de crédito e

Como logo deflui do art. 2.º do CIRE, os sujeitos passivos da declaração de insolvência *não têm de ser comerciantes*. Mantém-se, pois, o corte (iniciado pelo CREF) com o longo passado em que a falência era instituto (tendencialmente) privativo dos comerciantes [(64)].

Os sujeitos em causa também *não têm de ser empresários* (proprietários e/ou exploradores de empresa). Inclusive o plano de insolvência não pressupõe a existência de empresa na massa insolvente (cfr. o art. 192.º, 1, do CIRE) — embora esse instrumento seja utilizável sobretudo quando haja empresa (cfr. os arts 1.º, 195.º, 2, b) e c)). Não obstante, há aspectos do regime da insolvência dependentes da existência ou inexistência de empresa. Por exemplo: não têm o dever de apresentação à insolvência as pessoas singulares que não sejam titulares de empresa (art. 18.º, 2); pode ser dispensada a liquidação da massa insolvente quando ela não compreenda empresa e o insolvente seja pessoa singular, nos termos do art. 171.º; a administração da massa insolvente pelo devedor só é possível quando nela esteja compreendida empresa (arts. 223.º, ss.); do "plano de pagamento aos credores" (arts. 251.º, ss.) podem beneficiar pessoas singulares não empresários ou titulares de pequenas empresas (art. 249.º).

Pressuposto objectivo para alguém (ou algo) ser declarado insolvente é a *situação de insolvência* ou *situação equiparada*.

---

sociedades financeiras, v. o DL 199/2006, de 25 de Outubro; para os organismos de investimento colectivo, v. os arts. 19.º e 20.º do respectivo Regime Jurídico, aprovado pelo DL 252/2003, de 17 de Outubro. Acrescente-se ainda que não estão sujeitas ao processo de insolvência as EEL (v. o art. 44.º do RSEL) — estando a ele sujeitas as empresas municipais, intermunicipais e metropolitanas de tipo societário (cfr. o art. 6.º).

(64) Tem sido essa, aliás, a tendência consagrada noutros países — v., p. ex., a *Insolvenzordnung* alemã (*InsO*, de 1994), §§ 11 e 304 (era já assim antes deste diploma), e a recente *Ley Concursal* espanhola (de 9 de Julho de 2003), art. 1.

Em geral, "é considerado em situação de insolvência o devedor que se encontre *impossibilitado de cumprir as suas obrigações vencidas*" (art. 3.º, 1, do CIRE). Este enunciado, semelhante aos que encontramos no § 17 (2) da *InsO* ou no art. 2 (2) da *Ley Concursal,* equivale ao resultado da interpretação preferível do art. 3.º, 1, do CREF [(65)]. A impossibilidade de cumprimento há-de assentar essencialmente na falta de meios de pagamento ou bens de liquidez (*v. g.*, dinheiro em caixa e depósitos bancários, créditos bancários vencidos, produtos e títulos de crédito fácil e oportunamente convertíveis em dinheiro) [(66)]. Por outro lado, as obrigações não cumpridas hão-de estar já vencidas e representar, se não a totalidade das obrigações do devedor, pelo menos parte essencial (em termos de montante) das mesmas [(67)].

Por conseguinte, um devedor com activo superior ao passivo pode, por falta de liquidez, encontrar-se impossibilitado de cumprir a generalidade das suas obrigações — em situação de insolvência, portanto; e, diversamente do que sucedia no antigo instituto da "insolvência dos não comerciantes", é possível um devedor ter passivo superior ao activo mas nem por isso estar em situação de insolvência: basta que vá obtendo (por recurso ao crédito bancário, por exemplo) os meios necessários à medida que as obrigações se vençam [(68)].

Acrescenta o art. 3.º, no n.º 4: "*Equipara-se* à situação de insolvência actual [(69)] a que seja meramente *iminente,* no caso de apresentação pelo devedor à insolvência". Como se

---

(65) V. minha *últ. ob. cit.*, pp. 111-112.

(66) Não releva, é claro, o facto de o devedor, podendo pagar, se recusar a fazê-lo — simplesmente porque não quer pagar, ou porque entende não ter o dever de o fazer.

(67) Cfr. tb. o art. 20.º, 1, a) e b), e L. CARVALHO FERNANDES/JOÃO LABAREDA, *Código da Insolvência e da Recuperação de Empresas anotado,* 2.ª ed., Quid Juris, Lisboa, 2008, pp. 72-73.

(68) Tem de ressalvar-se, porém, o disposto no n.º 2 do art. 3.º do CIRE, de que falaremos daqui a pouco.

(69) O adjectivo era dispensável...

vê, o preceito não define situação de insolvência iminente. Atendendo à noção presente no § 18 (2) da *InsO* (70), diremos que existe tal situação quando se antevê como provável que o devedor não terá meios para cumprir a generalidade das suas obrigações (já existentes) no momento em que se vençam (71). A equiparação consagrada no art. 3.º, 4, legitima apenas o devedor para apresentar o pedido de declaração de insolvência (72). Outros sujeitos (nomeadamente os credores) não têm, segundo essa norma, possibilidade de requerer tal pedido com base no mero risco (sério) de insolvência. Pretender-se-á evitar que os credores coloquem sob pressão (limitem a liberdade de iniciativa de) devedor ainda não insolvente (73). Não obstante, importa assinalar que o Código atribui legitimidade aos credores e outras entidades para requererem a declaração de insolvência nalguns casos em que não há ainda situação de insolvência — tal como definida no art. 3.º, 1 —, havendo antes (ou podendo haver) tão-só risco de insolvência iminente: v. o art. 20.º, 1, d), h)...

---

(70) V. tb., menos precisamente, o art. 2 (3) da *Ley Concursal*.

(71) Cfr. tb., p. ex., HERBERT WAGNER, *Insolvenzordnung: Taschenkommentar*, Nomos, Baden-Baden, 1998, p. 44, e REINHARD BORK, *Einführung in das Insolvenzrecht*, 3. Aufl., Mohr Siebeck, Tübingen, 2002, p. 43.

(72) Tendo em conta o art. 28.º ["A apresentação à insolvência por parte do devedor implica o reconhecimento por este da sua situação de insolvência, que é declarada (...)"], é questionável a necessidade do n.º 4 do art. 3.º para efectivar a intenção profiláctica que lhe subjaz. Neste sentido, v. JOÃO LABAREDA, *O novo Código da Insolvência e da Recuperação de Empresas — Alguns aspectos mais controversos*, in IDET, Miscelâneas n.º 2, Almedina, Coimbra, 2004, p. 30.

(73) V. WAGNER, *ob. cit.*, p. 43, BORK, *ob. cit.* p. 42 (o legislador português seguiu o exemplo dos legisladores alemão — § 18 (1) da *InsO* — e espanhol — art. 2 (3) da *Ley Concursal*). Criticando a solução, v. JOÃO LABAREDA, *ob. e loc. cits.*. Apoiando-a, mas com argumentação diversa da exposta há momentos em texto (e em parte contraditável com o disposto no art. 22.º do CIRE), v. CATARINA SERRA, *O novo regime português da insolvência — Uma introdução*, 2.ª ed., Almedina, Coimbra, 2005, p. 17.

O CIRE considera ainda uma *outra situação* como de *insolvência* (não de equiparação à insolvência) — embora não aplicável à generalidade dos devedores. Diz o art. 3.º, 2: "As *pessoas colectivas* e os *patrimónios autónomos* por cujas dívidas nenhuma pessoa singular responda pessoal e ilimitadamente, por forma directa ou indirecta, são também considerados insolventes quando o seu *passivo seja manifestamente superior ao activo*, avaliados segundo as normas contabilísticas aplicáveis". A norma é, pois, aplicável designadamente às (personalizadas) sociedades por quotas e anónimas, e sociedades em nome colectivo e em comandita em que, respectivamente, todos os sócios ou os sócios comanditados (que respondem pelas dívidas sociais) sejam pessoas colectivas "de responsabilidade limitada" (*v. g.*, sociedades por quotas ou anónimas) (74), às cooperativas sem cooperadores de responsabilidade ilimitada, aos e.i.r.l., aos ACE e AEIE cujos membros sejam somente pessoas colectivas de responsabilidade limitada. O activo e o passivo das referidas pessoas colectivas e patrimónios autónomos são avaliados, adianta o preceito, "segundo as normas contabilísticas aplicáveis". Parecia tratar-se principalmente das normas constantes no POC, aprovado pelo DL 410/89, de 21 de Novembro, agora substituído pelo SNC — cfr. também a al. h) do n.º 1 do art. 20.º do CIRE.

No entanto, permite o n.º 3 do art. 3.º que se utilizem outros critérios de avaliação, a fim de ser feita prova de que o activo (inferior ao passivo por aplicação das normas contabilísticas comuns) é afinal superior ao passivo (75).

---

(74) A norma já não é aplicável, por exemplo, a uma sociedade em nome colectivo só com pessoas colectivas como sócios, mas sendo uma (ou mais) delas outra sociedade em nome colectivo com um ou mais sócios pessoas singulares — em tal hipótese, estas pessoas respondem "por forma indirecta" pelas dívidas daquela primeira sociedade.

(75) É uma faculdade concedida sobretudo ao devedor não requerente da declaração de insolvência (v. o art. 30.º, 4). No mesmo sentido, CARVALHO FERNANDES/JOÃO LABAREDA, *ob. cit.*, pp. 75-76.

Assim, "consideram-se no activo e no passivo os elementos identificáveis, mesmo que não constantes do balanço, pelo seu justo valor" (al. a)). Apesar da indeterminação da alínea, poder-se-á avançar o seguinte. 1) São consideráveis não só os elementos identificados no balanço mas também os identificáveis, designadamente intangíveis como o direito de arrendamento, marca, patente, alvará que por qualquer razão não foram atendidos no balanço [76], e os elementos que passaram a integrar o património depois da data a que se reporta o balanço. 2) Afora os casos em que, por força da natureza das coisas ou da lei, o valor atribuído a certos elementos é em princípio inalterável (pense-se, *v. g.*, nos meios de pagamento em caixa ou em depósitos bancários e nas obrigações pecuniárias de que é devedor ou credor o titular do património), o "justo valor" dos elementos corresponderá ao valor de troca ou de mercado, ao preço que resultaria da sua negociação em comércio livre [77]. Por exemplo, é sabido que, por mor da prática (ainda que legal) das amortizações, o valor registado no balanço para bens do activo imobilizado corpóreo (*v. g.*, imóveis, equipamento básico) é inferior ao "justo valor"; ou que a prática frequente (ainda que ilegal) de subvalorizar bens do activo e/ou sobrevalorizar elementos do passivo origina reservas ocultas — o "justo valor" exige a revelação e contabilização destas reservas.

Por sua vez, acrescenta a al. b) do n.º 3 do art. 3.º: "Quando o devedor seja titular de uma empresa, a valorização baseia-se numa perspectiva de continuidade ou de liquidação, consoante o que se afigure mais provável, mas em qualquer caso, com exclusão da rubrica de trespasse". É razoável uma prognose de continuidade da empresa quando

---

(76) Cfr. o n.º 6 da Directriz Contabilística n.º 12 ("Conceito contabilístico de trespasse"), DR, II série, de 30/3/93 (entretanto revogada).

(77) Quanto a esta segunda dimensão, cfr., p. ex., WAGNER, *ob. cit.*, pp. 46-47.

esta se mostre com viabilidade económica, quando apareça como provável que ela gerará receitas suficientes para se ir mantendo em funcionamento (pelo menos em termos de médio prazo) [78]. Quando assim seja, o "justo valor"-"valor de continuação" dos elementos (do activo empresarial, essencialmente), porque integrados numa organização ou sistema funcionante, será normalmente superior ao "valor de liquidação" ("justo"), ao preço conseguível através da alienação dos singulares elementos patrimoniais [79]. Em qualquer caso, o valor de continuação e, inclusive, o valor de liquidação podem ser superiores aos registados no balanço. É duvidosa a bondade do disposto na parte final da alínea — "exclusão da rubrica de trespasse" —, em particular nos casos em que se perspective a continuidade da empresa. Destinando-se a rubrica trespasse a registar contabilisticamente a diferença entre o "custo de aquisição" e o "justo valor dos activos e passivos identificáveis" (inferior) [80], porque não considerar o valor de "aviamento" ou de "good-will" da empresa no activo do sujeito cuja situação de insolvência se pretende apurar? Porque não relevar também aqui a empresa unidade jurídica-organização, todo que é mais do que a soma das suas parte?... [81]

Por último, prescreve a al. c) do n.º 3 do art. 3.º: "Não se incluem no passivo dívidas que apenas hajam de ser pagas à

(78) Cfr., p. ex., MATHIAS HABERSACK, in *AktG – Großkommentar,* 4. Aufl., 11. Lief., de Gruyter, Berlin, New York, 1999, pp. 22, ss., WAGNER, *ob. cit.*, p. 46.

(79) O "valor de continuação" tende a coincidir com o "custo de reposição" — v. HABERSACK, *ob. cit.*, pp. 28-29, com mais indicações. Dizia-se no n.º 5. 3. 8. do POC: "Entende-se como custo de reposição de um bem o que a empresa teria de suportar para o substituir nas mesmas condições, qualidade, quantidade e locais de aquisição e utilização".

(80) V. o n.º 1 da citada Directriz Contabilística n.º 12, remetendo para o n.º 3. 2. 5 da Directriz n.º 1.

(81) Cfr. COUTINHO DE ABREU, *Da empresarialidade* cit., pp. 43-44, 48-49.

custa de fundos distribuíveis ou do activo restante depois de satisfeitos ou acautelados os direitos dos demais credores do devedor". Parece estarem em causa principalmente as dívidas correspondentes a prestações suplementares dos sócios (v. o art. 213.º, 1, 3, do CSC), a suprimentos e a outros créditos subordinados (v. o art. 245.º, 3, a), do CSC e o art. 48.º do CIRE). (82)

O regime consagrado no art. 3.º, 2 (e 3), do CIRE merece umas notas mais.

a) Regime semelhante foi inaugurado entre nós pelo Código de Falências de 1935 (art. 2.º, § 1.º: "Nas sociedades de responsabilidade limitada a falência pode ser declarada com fundamento na insuficiência manifesta do activo para satisfação do passivo."). Perdurou no CPC de 1939 (art. 1136.º, § 1.º) e no CPC de 1961 (art. 1174.º, 2). Deixou de vigorar com o CREF. Que justificação para o ressurgimento no CIRE?

No Relatório que precedeu o Código de 1935 dizia-se: "Nas sociedades de responsabilidade limitada o crédito propriamente pessoal não existe e a sua organização é de tal ordem que a sua actividade é ou deve ser bem conhecida das pessoas a quem interessa. Daqui resulta que a impossibilidade de pagar anda normalmente ligada à insuficiência do activo, motivo porque em relação às sociedades se estabelece o princípio de que poderão ser declaradas falidas quando o activo for inferior ao passivo". (83) Mas as sociedades de

(82) Se depois da reavaliação operada de acordo com as regras do n.º 3 do art. 3.º do CIRE o passivo se mantiver manifestamente superior ao activo, é claro que a situação de insolvência continua a ser declarável.

(83) Discurso convergente é corrente na Alemanha, a propósito do § 19 da *InsO* (mas regime similar vinha já de trás) — onde o art. 3.º, 2 e 3, do CIRE foi beber. *V.* BORK, *ob. cit.*, p. 43: a disciplina do § 19 não existe para as pessoas singulares e, no fundamental, as sociedades de pessoas, pois as respectivas empresas aproveitam em considerável medida das capacidades pessoais do empresário, dificilmente avaliáveis; o verdadeiro "capital"

responsabilidade limitada dispõem ou podem dispor de crédito próprio [84]; beneficiam também do eventual crédito e capacidade dos administradores e/ou sócios dominantes. A prática demonstra-o: mesmo sociedades com património líquido negativo (passivo superior ao activo) continuam obtendo crédito de modo a irem cumprindo as suas obrigações. Porquê então considerar insolventes nos termos do art. 3.º, 2, do CIRE sociedades solventes (por referência ao art. 3.º, 1) — sociedades não impossibilitadas de cumprir as suas obrigações vencidas? Não é isto incoerente com a "lógica de mercado" em que se louva o Código (n.º 3 do preâmbulo do DL 53/2004)?

b) A situação de património líquido negativo será normalmente a antecâmara da situação de impossibilidade de cumprimento das obrigações. Mas não é sempre assim. Talvez fosse preferível, pois, não considerar a situação de insuficiência do activo para cobrir o passivo como de insolvência e deixar operar o disposto no n.º 4 do art. 3.º nos casos em que aquela situação é efectivamente de insolvência iminente.

c) Independentemente do exposto nas duas alíneas anteriores, afigura-se criticável o facto de não ter havido o cuidado de conjugar a disciplina em análise com a do art. 35.º do CSC (que, anote-se, não prescrevia ao tempo da elaboração do CIRE o que prescreve hoje) [85]. De acordo com esta norma, verificando-se que o património líquido da

---

é aqui a capacidade do empresário, que não pode ser considerada num balanço patrimonial.

(84) V. tb. J. PINTO FURTADO, *Âmbito subjectivo da falência e índices de revelação do estado de insolvência,* RB, 1990, p. 52 (cita no mesmo sentido P. Sousa Macedo).

(85) Procedeu diferentemente o legislador espanhol. A *Ley Concursal*, embora não consagre regime análogo ao do art. 3.º, 2 e 3, do CIRE, deu nova redacção aos arts. 260 (1), 4.º, e 262 (2) da lei das sociedades anónimas e 104 (1), e), e 105 (1) da lei das sociedades por quotas, que continham disciplina afim da do art. 35.º do CSC.

sociedade tem valor inferior a metade do capital social (n.os 1 e 2), "devem os gerentes convocar de imediato a assembleia geral ou os administradores requerer prontamente a convocação da mesma, a fim de nela se informar os sócios da situação e de estes tomarem as medidas julgadas convenientes" (n.º 1). O n.º 3 elenca algumas das medidas possíveis. Ora, quando exista situação de insolvência nos termos do art. 3.º, 2, do CIRE, existe igualmente a "perda de metade do capital" do art. 35.º do CSC (86). Numa situação dessas, temos o CIRE a *permitir* que a administração da sociedade — sem necessidade de prévia deliberação dos sócios — requeira a declaração de insolvência (cfr. os arts. 19.º, 24.º, 2, a)) (87), ou que os credores sociais façam o mesmo (art. 20.º, 1, h)), e temos o CSC *impondo* à administração que promova a realização de assembleia geral, a fim de os sócios decidirem... Pois bem, em situações dessas, e sem prejuízo de iniciativa dos credores sociais nos termos do CIRE, há-de prevalecer a imposição do art. 35.º do CSC aos administradores.

4. 2. 2. 2. *Alguns efeitos da declaração de insolvência; inibição para o exercício do comércio.* Normalmente, a declaração judicial de insolvência "priva imediatamente o insolvente, por si ou pelos seus administradores, dos poderes de administração e de disposição dos bens integrantes da massa insolvente, os quais passam a competir ao admi-

(86) Exemplo: uma sociedade por quotas tem 5000 euros de capital, um activo de 6000 e um passivo de 7000 [o passivo supera o activo e o património líquido (–1000) é inferior a metade do capital]. Ao invés, a "perda de metade do capital" nem sempre significa situação de insolvência. Imagine-se que aquela sociedade tem o activo de 6000 e o passivo de 4000 [o património líquido — 2000 — é inferior a metade do capital, mas o passivo não é superior ao activo].

(87) Dizemos "permitir", pois o devedor somente tem o *dever* de se apresentar à insolvência quando ocorra situação prevista no n.º 1 do art. 3.º (v. o art. 18.º).

nistrador da insolvência" (art. 81.º, 1, do CIRE) [88]. A massa insolvente é constituída, em regra, por todo o património do devedor à data da declaração da insolvência e pelos bens que ele adquira na pendência do processo (art. 46.º, 1) [89]; no entanto, "os bens isentos de penhora só são integrados na massa insolvente se o devedor voluntariamente os apresentar e a impenhorabilidade não for absoluta" (art. 46.º, 2) [90]. Cabe ao administrador da insolvência — não ao insolvente — administrar e dispor dos bens da massa insolvente (património autónomo do devedor que é afectado ao pagamento das dívidas da massa e da insolvência — art. 46.º, 1, 47.º, ss.); compete-lhe, designadamente, obter dinheiro através da alienação de bens da massa, ou/e continuar a actividade empresarial que o insolvente vinha desenvolvendo (art. 55.º, 1) [91]. Se o insolvente dispuser de um objecto da massa, o acto é ineficaz, não produz efeitos [92] (art. 81.º, 6). A ineficácia é agora, não relativa [93], mas absoluta [94]. Dado

[88] Não é assim (no início do n.º 1 do art. 81.º faz-se também a ressalva) nos casos em que a administração da massa insolvente é confiada (pelo juiz ou pela assembleia de credores) ao devedor — v. os arts. 223.º e 224.º (se o insolvente era comerciante, continuará entretanto a sê-lo).

[89] Sobre a apreensão dos bens para entrega ao administrador da insolvência, v. os arts. 36.º, g), e 149.º, ss..

[90] Sobre bens impenhoráveis (absoluta, relativa ou parcialmente), v. os arts. 822.º, ss. do CPC.

[91] Em qualquer caso, o insolvente, se era comerciante, continuará a sê-lo, embora "representado" (art. 81.º, 4) pelo administrador da insolvência; a entidade colectiva permanece comerciante até que seja extinta, a pessoa singular até que cesse a respectiva actividade mercantil.

[92] Salvo se o acto for celebrado a título oneroso com terceiro de boa fé antes do registo da sentença de declaração da insolvência e não for de algum dos tipos referidos no n.º 1 do art. 121.º (art. 81.º, 6, a) e b)).

[93] Relativa era na legislação anterior (ineficácia relativamente à massa falida) — cfr. COUTINHO DE ABREU, *Providências...*, pp. 125-126.

[94] Foi seguida a solução da *InsO* — v. o § 81 e, p. ex., WAGNER, *ob. cit.*, p. 172 (regime diferente é previsto no art. 40 (7) da *Ley Concursal:* anulabilidade do acto, podendo embora o administrador concursal convalidá-lo ou confirmá-lo). É razoável que a sanção seja a ineficácia, não qualquer invalidade. Pois que o insolvente não é, enquanto tal (só porque

que o acto de disposição efectuado pelo insolvente não vincula a massa, esta responderá pela restituição do que lhe houver sido prestado pela contraparte do insolvente "apenas segundo as regras do enriquecimento sem causa" (art. 81.º, 6, do CIRE; v. também os arts. 473.º, ss. do CCiv.) (95). Contudo, é possível que o acto do insolvente se revele benéfico para a massa (para os credores). Será lícito então o administrador da insolvência ratificar o acto (integrando-se os respectivos direitos e obrigações na massa insolvente) (96).

Na sentença de declaração da insolvência, o juiz declara, geralmente, aberto o incidente de qualificação de insolência (art. 36.º, i)). A insolvência será qualificada como *culposa* ou *fortuita* (arts. 185.º, 189.º, 1). É culposa "quando a situação tiver sido criada ou agravada em consequência da actuação, dolosa ou com culpa grave, do devedor, ou dos seus administradores, de direito ou de facto, nos três anos anteriores ao início do processo de insolvência" (art. 186.º, 1) (97).

Sendo a insolvência *culposa*, deve o juiz "decretar a *inabilitação* das pessoas afectadas [*v. g.*, a pessoa singular insolvente, administrador(es) da entidade colectiva insolvente] por um período de 2 a 10 anos" (art. 189.º, 2, b)) e "declarar essas pessoas *inibidas para o exercício do comércio* durante um período de 2 a 10 anos, bem como para a

---

assim o declarou o juiz) incapaz; pode, inclusive, praticar actos de carácter patrimonial (que não afectem a massa insolvente) — art. 81.º, 8 (v. tb. os arts. 113.º, 1, 114.º, 1; e recorde-se que nem todos os bens do insolvente são integráveis na massa).

(95) É igualmente a solução do § 81 da *InsO*.

(96) Neste sentido, v. CATARINA SERRA, *ob. cit.*, p. 33. Identicamente se entende na Alemanha (apesar de o § 81 da *InsO* — tal como o nosso art. 81.º, 6 — não referir a hipótese da ratificação) — v., p. ex., WAGNER, *ob. cit.*, p. 172.

(97) V. tb. os restantes n.os do art. (segundo o n.º 2, certos comportamentos fazem com que a insolvência seja sempre considerada culposa; no n.º 3 estabelecem-se presunções de culpa grave).

ocupação de qualquer cargo de titular de órgão [de administração ou de fiscalização] de sociedade comercial ou civil, associação ou fundação privada de actividade económica, empresa pública ou cooperativa" (art. 189.º, 2, c)) [(98)].

É estranha a novel consequência da inabilitação. [(99)] As incapacidades fundam-se na falta ou diminuição de certas qualidades natural-pessoais e visam defender os incapazes. Ora, os insolventes ou seus administradores, ainda quando causem ou agravem culposamente a situação de insolvência, não sofrerão em geral daquela falta ou diminuição (anomalia psíquica, surdez-mudez ou cegueira, habitual prodigalidade, uso de bebidas alcoólicas ou de estupefacientes, segundo o art. 152.º do CCiv.); por outro lado, a inabilitação surge no CIRE primordialmente como sanção para aqueles sujeitos [(100)]. [(101)]

---

(98) A "empresa pública" abrange hoje principalmente sociedades (cfr. J. M. COUTINHO DE ABREU, *Sobre as novas empresas públicas,* separata do BFD, Coimbra, 2002, e *infra,* n.º 3. 2. 1. do cap. III). Pelo que a referência da al. c) à EP (depois de mencionar as sociedades) vale sobretudo para as EPE e as EEL (v. *ob. cit.,* pp. 4, ss., 11 ss.). Por outro lado, a referência da al. c) a associações privadas de actividade económica deve ser interpretada de modo a compreender também os ACE e os AEIE [contra, v. CATARINA SERRA, *ob. cit.*, pp. 38-39. Critica ainda aí a A. o facto de aparecer na al. c) do n.º 2 do art. 189.º do CIRE "bem como" em vez de "incluindo", que aparecia no art. 148.º, 1, do CREF, logo a seguir a "inibição para o exercício do comércio". Mas sem razão. A formulação do CREF (que eu havia questionado singelamente — v. *Providências...*, p. 126) era incorrecta: o exercício de cargos de administração ou fiscalização em entidades colectivas não se inclui no exercício do comércio; algumas dessas entidades podem exercer o comércio e ser comerciantes, não os titulares dos seus órgãos (enquanto tais)].

(99) V. tb. R. PINTO DUARTE, *Efeitos da declaração de insolvência quanto à pessoa do devedor,* separata de "Themis" (ed. especial), 2005, pp. 145-146.

(100) O legislador português inspirou-se na *Ley Concursal.* Mas a inabilitação tem aí alcance bem menor: "La inhabilitación de las personas afectadas por la calificación *para administrar los bienes ajenos* durante un período de dos a quince años, así como *para representar o administar a cualquier persona* (...)" — art. 172 (2), 2.º.

(101) Quando seja inabilitado o insolvente (pessoa singular), deve entender-se que, antes do encerramento do processo de insolvência (cfr.

Entretanto, o Tribunal Constitucional declarou recentemente (Ac. 173/2009, de 2 de Abril), com força obrigatória geral, a inconstitucionalidade do art. 189.º, 2, b), do CIRE, "por violação dos artigos 26.º e 18.º, n.º 2, da Constituição da República Portuguesa, na medida em que impõe que o juiz, na sentença que qualifique a insolvência como culposa, decrete a inabilitação do administrador da sociedade comercial declarada insolvente" (102).

Era tradicional entre nós a inibição legal do falido pessoa singular para o exercício do comércio, como consequência imediata da declaração de falência (103). Deixou, e bem, de ser assim, vimo-lo há pouco, com o CIRE — só ficam proibidos de exercer o comércio as pessoas singulares (não apenas os insolventes, também os administradores) afectados pela qualificação da insolvência como culposa (104).

Não parece que a inibição para o exercício do comércio seja qualificável como incapacidade. Ela não se funda em défices nas faculdades pessoais dos afectados, e visa proteger não os inibidos mas o comércio; os sujeitos proibidos de comerciar têm capacidade para praticar actos negociais (105), inclusive actos de comércio, e a inobservância da inibição não provoca a invalidade dos actos correspondentes. O inibido de comerciar é incapaz mas enquanto

---

arts. 230.º, 233.º), ao curador do inabilitado (cfr. o art. 190.º) competirá actuar somente com relação a bens não integrantes da massa insolvente (ao administrador da insolvência está reservada a administração dos bens compreendidos na massa — art. 81.º, 1, 4). V. tb. CATARINA SERRA, *ob. cit.*, pp. 39-40.

(102) Como se vê, a decisão do TC (atendendo ao pedido) não afecta a citada norma do CIRE em toda a sua extensão (mas apenas quanto à aplicação a administradores de sociedades comerciais). Será razoável ir mais longe — v. a declaração de voto do relator do acórdão, J. Sousa Ribeiro.

(103) V., p. ex., os (revogados) arts. 1191.º do CPC e 148.º, 1, do CREF.

(104) No entanto, relativamente aos administradores de entidades colectivas, o art. 148.º, 2, do CREF continha já regime similar.

(105) Cfr., p. ex., os arts. 113.º e 114.º do CIRE.

inabilitado (não enquanto inibido) e pelo período em que o for [(106)].

Deve, pois, a inibição de comerciar ser qualificada também como *incompatibilidade* (absoluta) — impossibilidade legal do exercício de comércio por pessoa afectada pela qualificação da insolvência como culposa.

Se a pessoa proibida de comerciar *violar a proibição,* exercendo profissionalmente o comércio, torna-se comerciante? [(107)] Parece que *não*. Não deve poder ostentar o título de comerciante e ter o correspondente estatuto quem está legalmente impedido — por razões de tutela (do crédito) do comércio — de comerciar [(108)].

5. Alguns (outros) sujeitos de qualificação duvidosa

5. 1. Mandatários comerciais com representação

Quase unanimemente, entende a doutrina não serem comerciantes os sujeitos que, a título profissional, executem mandato comercial com representação.

Voz discordante, e única (parece) durante largas dezenas de anos, foi a de José Tavares: "O mandatário commercial

---

(106) Este período pode ser igual, inferior ou superior ao da inibição para o exercício do comércio (nesta última hipótese, é possível que o ex-inibido exerça o comércio através do curador, ou com a assistência deste). É algo diversa a disciplina espanhola. Segundo o art. 13 (2.°) do *Código de Comercio,* na redacção introduzida pela *Ley Concursal,* as pessoas inabilitadas de acordo com esta lei não poderão exercer o comércio até ao termo do período da inabilitação.

(107) Este exercício profissional do comércio é verosímil especialmente nos casos em que a inabilitação termine antes da inibição (se, enquanto aquela durar, o curador desrespeitar a proibição, o inibido não se torna comerciante — cfr. *supra,* n.° 2. 1.).

(108) Note-se que este impedimento está sujeito a registo — v. o CIRE, art. 189.°, 3, o CRCiv., arts. 1.°, 1, m), 69.°, 1, j), e o CRCom., art. 9.°, j).

pratica duas categorias de actos juridicamente distinctas: uma, constituida pelos actos realizados em nome do mandante; e outra, que é o proprio mandato, é inteiramente pessoal e propria do mandatario, constituindo a sua profissão. / Pela primeira, o mandatario não deve, é verdade, considerar-se commerciante, porque de facto e de direito procede em nome e interesse de outra pessoa, que é, portanto, a respeito destes actos, o verdadeiro commerciante (Codigo commercial, artt. 231.°, 250.°, 251.°, e outros). / Mas pela segunda categoria de actos, isto é, pelo proprio exercicio, quando fôr profissional, do mandato mercantil, o mandatario não póde deixar de adquirir a qualidade de commerciante, pois que exerce a profissão de um commercio, que é o mandato commercial, acto de commercio objectivo, nos termos dos artt. 2.° e 231.°" [109].

Não parece que se deva fazer coro com o Prof. José Tavares. Com efeito, o "exercício" profissional do mandato mercantil traduz-se na execução deste, na prática de vários (outros) actos de comércio (cfr. art. 231.° do CCom.). E estes actos de comércio realizados pelo mandatário-representante produzem os seus efeitos na esfera jurídica do mandante-representado (cfr. art. 258.° do CCiv.). Do ponto de vista dos efeitos jurídicos, é o mandante quem realiza esses actos — sendo comerciante se os realiza de modo profissional (os actos são praticados de forma habitual e sistemática em seu nome e por sua conta). Por outro lado, o mandato comercial não é "um comércio" para efeitos do art. 13.° do CCom. O mandato é comercial porque o mandatário é encarregado de praticar um ou mais actos de comércio (art. 231.° do

(109) *O conceito jurídico...*, pp. 379-380. Entretanto, M. JANUÁRIO COSTA GOMES, *Contrato de mandato comercial – Questões de tipologia e regime,* in FDL, *As operações comerciais,* Almedina, Coimbra, 1988, p. 513, concordou com José Tavares (e alterou a posição que havia manifestado em *Da qualidade de comerciante do agente comercial,* BMJ n.° 313, 1982, p. 35).

CCom.); são estes actos que podem consubstanciar-se num comércio (profissional), numa actividade comercial exercida em nome e por conta do mandante. (110)

5. 2. Gerentes de comércio, auxiliares e caixeiros de comerciantes

É gerente de comércio quem, em nome e por conta de um comerciante, trata do comércio deste no lugar onde este o exerce ou noutro qualquer (cfr. CCom., arts. 248.°, 250.°, 251.°) (111). O "mandato" (*rectius,* o poder de representação) conferido ao gerente é em princípio "geral e compreensivo de todos os actos pertencentes e necessários ao exercício do comércio" para que tenha sido dado (art. 249.°). "Auxiliares" são as pessoas encarregadas por comerciante do desempenho constante, em nome e por conta dele, "de algum ou alguns ramos do tráfico" a que o comerciante se dedica (art. 256.° do CCom.) (112). Por sua vez, os "caixeiros" (viajantes ou não) são "empregados" de comerciante encarregados de funções várias, incluindo a realização de negócios jurídicos (CCom., arts. 257.°, ss.). O poder de representação dos auxiliares e caixeiros é menos extenso que o dos gerentes (v. arts. 258.° e 259.°).

Os gerentes, auxiliares e caixeiros são qualificados pelo CCom. como mandatários comerciais com representação (disciplinados no cap. II de um título epigrafado "Do mandato"). É uma qualificação hoje insubsistente. Compreendia-

---

(110) V. tb. o Ac. da RE de 25/3/04, CJ, 2004, II, p. 242.

(111) Não se confundam estes gerentes de comércio com os "gerentes" das sociedades em nome colectivo, por quotas, ou em comandita (CSC, arts. 191.°, ss., 252.°, ss., 470.°-471.°). Tais "gerentes" são membros ou titulares do órgão "gerência", que forma e exprime vontade juridicamente imputável à sociedade. E as sociedades podem evidentemente ter "gerentes de comércio" (cfr. arts. 250.°, 251.°, § 2.°, 255.° do CCom., 13.° do CSC).

(112) O § único deste artigo deve considerar-se revogado — cfr. CSC, arts. 9.°, 1, 13.°, 252.°, 6, 391.°, 7.

-se naquele tempo, dada a velha ideia de que os poderes de representação voluntária tinham de assentar num contrato de mandato (ideia presente também no *Codice di Commercio* de 1882 e no *Código de Comercio* espanhol de 1885, cujos arts. 281, ss. o nosso legislador seguiu de muito perto). Actualmente (e desde há muito tempo) não é assim. Os poderes de representação voluntária podem resultar de outros negócios jurídicos. Por exemplo, do contrato de trabalho: "Quando a natureza da actividade [para que o trabalhador é contratado] envolver a prática de negócios jurídicos, considera-se que o contrato de trabalho concede ao trabalhador os necessários poderes, salvo se a lei exigir instrumento especial" (art. 115.°, 3, do CT). Ora, os gerentes, auxiliares e caixeiros devem, em geral, ser qualificados como trabalhadores subordinados (cfr. arts. 1152.° do CCiv. e 11.° do CT; v. também arts. 257.°, 263.°-265.° do CCom.), não como mandatários — até porque não realizam apenas "actos jurídicos" (art. 1157.° do CCiv.) ou actos de comércio (113).

Sendo os gerentes, auxiliares e caixeiros trabalhadores subordinados que tratam do comércio *em nome* e por conta

(113) Convergindo em boa medida neste sentido, v. OLIVEIRA ASCENSÃO, *últ. ob. cit.*, pp. 254, ss., BRITO CORREIA, *ob. cit.*, pp. 197, ss., JANUÁRIO GOMES, *Contrato...*, p. 511, HELENA BRITO, *ob. cit.*, pp. 90, ss.. Há já algumas dezenas de anos, M. GOMES DA SILVA, *O "representante comercial" e sua remuneração,* SI, 1952-1953, p. 358, defendia também que o gerente de comércio é empregado, trabalhador por conta de outrem. Em Espanha, apesar da qualificação legal, os sujeitos em análise são também considerados trabalhadores subordinados, não mandatários — v., p. ex., L. ANGULO RODRÍGUEZ, *Colaboradores del empresario y otros contratos de colaboración,* in G. J. JIMÉNEZ SÁNCHEZ (coord. de), *Derecho mercantil,* vol. 2, 2.ª ed., Ariel, Barcelona, 1992, p. 258.

Digno de nota é igualmente o facto de no Código Comercial de 1833 aparecerem os "feitores" ou gerentes de comércio, os caixeiros e outros auxiliares como empregados ou trabalhadores assalariados com poderes de representação, não como mandatários (v. n.os 97, ss., 141, ss., 512, ss., 762, ss.).

Diga-se ainda que, assente a qualificação proposta, devem considerar-se revogados os arts. 263.° a 265.° do CCom..

dos empregadores, há-de concluir-se não serem comerciantes (à mesma conclusão se chegaria considerando-os mandatários com representação). Comerciantes são os empregadores, que exercem profissionalmente o comércio por intermédio ou com o auxílio daqueles colaboradores.

5. 3. Comissários comerciais

"Dá-se contrato de comissão quando o mandatário executa o mandato mercantil, sem menção ou alusão alguma ao mandante, contratando por si e em seu nome, como principal e único contraente" (CCom., art. 266.º). "O comissário fica directamente obrigado com as pessoas com quem contrata, como se o negócio fosse seu, não tendo estas acção contra o comitente, nem este contra elas (...)" (art. 268.º).

É pois o comissário um mandatário comercial sem representação (cfr. também o art. 1180.º do CCiv.). Quando execute a título profissional contrato ou contratos de comissão deve ser considerado comerciante. Na verdade, praticará então de forma habitual actos de comércio. E, apesar de essa prática ser por conta de comitente(s) (os efeitos, ou parte deles, dos actos comerciais devem projectar-se ou repercutir-se na esfera jurídica do comitente [114]), é o comissário quem, *em seu próprio nome,* pratica os actos e *se responsabiliza directamente* perante os terceiros com quem contrata. Aos olhos do público, é ele que aparece a comerciar.

É uma posição que tem sido geralmente apoiada [115]. Contudo, é bastante diverso o discurso de Pinto Coelho. Segundo o Autor, "não pode apresentar-se como condição ou

---

(114) Cfr. F. PESSOA JORGE, *O mandato sem representação,* Lisboa, 1961, pp. 192, ss..

(115) O Código de 1833 era mesmo explícito na qualificação do comissário como comerciante (n.os 35, ss.. A definição de contrato de comissão do n.º 788 foi quase integralmente repetida no art. 266.º do Código actual).

requisito para a aquisição da qualidade de comerciante a prática de actos de comércio em nome próprio". Isso levar-nos-ia "longe de mais, obrigando-nos a reconhecer esta qualidade aos comissários", que realizam "as operações comerciais em seu próprio nome, ainda que por conta dos comitentes, [e] a recusá-la a êstes, a quem verdadeiramente essas operações pertencem, visto não serem realizados em seu nome os actos de comércio em que elas se resolvem. / O que poderá dizer-se é que só é comerciante quem exerce o comércio *em nome e por conta própria,* quer pessoalmente, quer por interposta pessoa, isto é, por intermédio de um representante (...)". / "Relativamente ao comissário, há escritores que lhe reconhecem a qualidade de comerciante (...). Esta opinião é, porém, difícil de justificar, uma vez enunciado o critério referido (...)". / "O comissário é, na verdade, um mandatário (...). O comissário, pois, pelos actos apenas que nessa qualidade realiza, só poderá considerar-se como *comerciante* quando, atendendo às *circunstâncias peculiares* em que desenvolve a sua actividade, mantendo uma *organização especial,* necessitando de crédito (...), se entenda que essa actividade entra no conceito geral de comércio, nos termos do art. 13.º, n.º 1.º, tendo a profissão de comissário carácter mercantil" (116).

Não me parece convincente o discurso do ilustre Professor. Primeiro: Reconhecer a qualidade de comerciante ao comissário não implica recusá-la ao comitente. Por exemplo, um comitente-fabricante não deixa de ser comerciante quando encarrega outrem de vender os seus produtos (cfr. art. 230.º, n.º 1.º, do CCom.); um comitente-grossista não deixa de ser comerciante quando, em vez de vender directamente a retalhistas, o faz através de comissário (cfr. art. 463.º, n.º 1.º, do CCom.); num caso e noutro, o comissário é igualmente comerciante, pois realiza em seu nome vendas

(116) *Lições...*, pp. 163-165 (os sublinhados são meus).

jurídico-mercantis (cfr. o n.º 3.º do art. 463.º). Segundo: É algo contraditório afirmar ser comerciante somente quem exerce o comércio em nome e *por conta própria,* e dizer depois que, afinal, o comissário — enquanto tal — pode em algumas circunstâncias ser considerado comerciante. Terceiro: Para qualificar o comissário como comerciante não parece necessário haver uma empresa de comissões ("organização especial"). Imagine-se um comissário que vende a dois empresários do concelho de Coimbra fios têxteis de um comitente-fabricante estrangeiro, sem colaboração de quaisquer assalariados e servindo-se de um armazém de terceiro para depositar os fios, daí transportados uma vez por mês pelos referidos empresários...

5. 4. Mediadores

Mediador (propriamente dito) é o sujeito (pessoa singular ou ente colectivo) que estabelece a ligação entre vários outros sujeitos — aos quais se não vincula por relações de colaboração estável —, promovendo a celebração de negócios entre eles [117].

Os autores que entre nós se têm preocupado com a questão propendem para considerar comerciante tão-só o mediador-empresário, o mediador que explora uma empresa comercial do tipo das previstas no n.º 3.º do art. 230.º do CCom. [118].

---

(117) Mencionámos já no capítulo anterior algumas espécies de mediadores (de seguros, imobiliários, de colocação de trabalhadores) — v. n.ºs 3. 1. 1. e 3. 1. 3. No entanto, entre os mediadores de seguros, somente o corretor de seguros merece a qualificação de mediador em sentido próprio. O medidador de seguros ligado e o agente de seguros vinculam-se a uma ou mais empresas seguradoras (v. os arts. 8.º, a) e b), 15.º-18.º do DL 144/2006); o mediador de seguros ligado pode, inclusive, ser trabalhador de empresa seguradora (arts. 14.º, 1, a), 32.º, 1, g)).

(118) V. PEREIRA DE ALMEIDA, *ob. cit.*, pp. 340, ss., OLIVEIRA ASCENSÃO, *ob. cit.*, pp. 261-262, BRITO CORREIA, *ob. cit.*, p. 203.

Entendo também que os mediadores-empresários são comerciantes. Exploram empresas comerciais, incluíveis no n.º 3.º do art. 230.º [(119)], exercendo no quadro delas comércio a título profissional. Mas entendo mais. Vimos também no capítulo anterior (n.º 3. 1. 3.) que as actividades de interposição nas trocas — onde se incluem as actividades de mediação propriamente dita — são económica e juridicamente mercantis. Logo, um mediador que exerça profissionalmente actividade de mediação deve ser considerado comerciante — ainda quando a exerça fora do quadro de uma empresa.

5. 5. Corretores

Não há uma categoria única de corretores. Podemos apontar duas espécies principais: a dos corretores-mediadores, de que são exemplo os "corretores de seguros" (DL 144/2006, art. 8.º, c)), e que, vimo-lo já, são comerciantes; e a dos corretores que actuam normalmente como mandatários com e/ou sem representação, de que são exemplo os "corretores" de bolsa [(120)]. Foi a propósito da qualificação dos corretores de bolsa como comerciantes ou não que se travou polémica [(121)].

Actualmente, os "corretores" são "sociedades corretoras" ou "sociedades financeiras de corretagem", constituídas sob a forma de sociedade anónima (v. o DL 262/2001, de 28 de Setembro, que disciplina as citadas sociedades, e o CVM, art. 293.º, 2, a), b)). [(122)] Tais sociedades são *comerciais*

---

(119) E às vezes qualificadas de mercantis por normas mais específicas — v. DLs 144/2006 (mediação de seguros) e 211/2004 (mediação imobiliária), citados no n.º 3. 1. 1. do cap. I.

(120) Cfr. PESSOA JORGE, *ob. cit.*, pp. 234-236.

(121) V. indicações em BRITO CORREIA, *ob. cit.*, p. 208.

(122) O diploma que anteriormente regulava estas sociedades permitia tanto a forma de sociedade anónima como a de sociedade por quotas

(cfr. art. 1.º, 2, do CSC) e, consequentemente, comerciantes (art. 13.º, n.º 2.º, do CCom.). Na verdade, além da forma, elas têm objecto mercantil — têm por objecto a prática de actos comerciais: "operações de bolsa", na terminologia epigráfica do CCom. (arts. 351.º, ss., revogados pelo DL 142-A/91, de 10 de Abril), "serviços e actividades de investimento em instrumentos financeiros", etc., agora (arts. 2.º e 3.º do DL 262 / 2001 e 289.º, ss., do CVM).

5. 6. Agentes comerciais

Agente comercial é o sujeito (pessoa singular ou entidade colectiva) que promove por conta de outrem (o "principal") a celebração de contratos de modo autónomo (como operador independente, não subordinado) e estável (obriga-se a promover não determinado(s) contrato(s) mas uma pluralidade indeterminada de negócios), e mediante retribuição; podendo ainda, actuando como representante voluntário do "principal", participar na própria celebração daqueles (ou de alguns daqueles) contratos (essencialmente, a sua actividade é pois de promoção de contratos, não de celebração de contratos em nome do principal) — cfr. DL 178/86, de 3 de Julho (alterado pelo DL 118/93, de 13 de Abril), arts. 1.º, 1, 2.º, 1, 15.º, ss..

A actividade de promoção ou agenciamento de negócios, enquanto actividade de intermediação nas trocas, é uma actividade jurídico-comercial (e os respectivos "simples actos jurídicos"-"operações jurídicas" são actos comerciais) (123). Os agentes, porque exercem profissionalmente essa actividade, são comerciantes. Mesmo quando (contra a opinião

(DL 229-I/88, de 4 de Julho, art. 5.º, 1). O art. 4.º, 1, do DL 262/2001 impõe agora a forma de sociedade anónima — mas sem prejuízo das sociedades antes constituídas como sociedades por quotas (art. 4.º, 2).

(123) Cfr. *supra*, n.os 3. 1. 1. e 3. 1. 3. do cap. I.

dominante entre nós) não utilizem para tal empresas de agenciamento de negócios (previstas no n.º 3.º do art. 230.º do CCom.) (124)

5. 7. Farmacêuticos

Tempos houve em que o farmacêutico dono e/ou explorador de farmácia desempenhava prevalecentemente a função (profissional-liberal) de preparação dos medicamentos que vendia ao público. Era então profissional liberal-não comerciante (125).

Nos tempos medicantes de agora já assim não é. Os farmacêuticos realizam sistematicamente compras e vendas

---

(124) V. JANUÁRIO GOMES, *Da qualidade...*, pp. 43 ss. (o agente é comerciante se tiver empresa de agenciamento), OLIVEIRA ASCENSÃO, *ob. cit.*, pp. 272-273 (tendo o agente de ser empresário, é comerciante). BRITO CORREIA, *ob. cit.*, p. 207, considera comerciante o agente, sem referir qualquer requisito empresarial. PUPO CORREIA, *ob. cit.*, p. 108, distingue duas hipóteses: a) o agente com poderes de representação do principal não é em princípio comerciante; sê-lo-á, porém, se exercer a actividade através de "empresa autónoma", enquadrável no art. 230.º, n.º 3.º [além do mais, já sabemos que os poderes de representação não são elemento essencial, mas acidental, do contrato de agência]; b) o agente sem poderes de representação é comerciante, "analogamente à situação do comissário" [além de não ser necessário recorrer a qualquer analogia para afirmar a qualidade de comerciante do agente, é duvidoso haver analogia entre comissário e agente — aquele pratica actos de comércio em nome próprio e por conta do comitente; o agente, em nome próprio e por conta do principal, promove a celebração de contratos — o que é essencial — e, quando acessória e complementarmente tem poderes de representação, celebra negócios em nome e por conta do principal; pertinente seria invocar a analogia entre a actividade de mediação imobiliária — legalmente qualificada de mercantil — e a actividade de agência].

Em França, com fundamento na qualificação do agente como mandatário, a jurisprudência dominante e alguma doutrina entendem não ser o agente comerciante — cfr. HAMEL / LAGARDE / JAUFFRET, *ob. cit.*, pp. 363-364, GUYON, *ob. cit.*, pp. 847-848, M. PÉDAMON, *Droit commercial,* 2e éd., Dalloz, Paris, 2000, pp. 53-54, 68, 594.

(125) Neste quadro se compreenderá a posição análoga de ADRIANO ANTHERO, *ob. cit.*, pp. 427-428, que cita também jurisprudência no mesmo sentido.

comerciais de medicamentos (e de outros produtos), vendem nas suas farmácias (verdadeiras empresas) sobretudo medicamentos comprados com intuito de os revender (art. 463.°, n.os 1.° e 3.°, do CCom.). São pois (também) comerciantes. (126)

E comerciantes são também os farmacêuticos que explorem laboratórios "industriais" de produtos farmacêuticos — é aqui determinante a actividade industrial-transformadora e empresarial (art. 230.°, n.° 1.°, do CCom.) — e os que explorem armazém de revenda de fármacos. (127)

5. 8. Sócios de responsabilidade ilimitada

É consensual o entendimento de que os sócios das sociedades comerciais por quotas e anónimas (personalizadas) — mesmo quando sejam titulares do órgão de administração — não são (enquanto tais) comerciantes. Comerciantes são as próprias sociedades (art. 13.°, n.° 2.°, do CCom.), são elas que, através dos órgãos respectivos, exercem o comércio.

Não se verifica o mesmo consenso a respeito dos sócios de responsabilidade ilimitada, mais concretamente, dos sócios das sociedades (comerciais) em nome colectivo (art. 175.° do CSC) e dos sócios comanditados das sociedades (comerciais) em comandita (art. 465.°, 1, do CSC). Segundo alguns auto-

---

(126) Na Bélgica, os farmacêuticos que exploram farmácias não são considerados comerciantes. Depois de terem protestado contra a solução jurisprudencial que os qualificava como comerciantes, uma lei de 18 de Julho de 1973 introduziu no código comercial o art. 2 *bis,* segundo o qual não são actos do comércio as compras e vendas de fármacos realizadas pelos farmacêuticos... Cfr. HAMEL/LAGARDE/JAUFFRET, *ob. cit.*, p. 543.

(127) De acordo com as bases II, ss. da L 2125, de 20 de Março de 1965, e descontadas algumas situações relacionadas com as misericórdias e "outras instituições de assistência e previdência social", só podiam ser proprietários de farmácias farmacêuticos-licenciados em Farmácia (e, em determinadas circunstâncias, estudantes de Farmácia). Foi requerida, sem êxito, a declaração de inconstitucionalidade desses preceitos — v., p. ex., o Ac. do TC de 6/5/85 (DR, II série, de 8 de Junho de 1985). Finalmente, o DL 307/2007, de 31 de Agosto, que revogou a L 2125, pôs cobro àquele regime restritivo — v. os arts. 14.°, ss. e 60.°, 1, a).

res, estes sócios — todos ou alguns — são comerciantes [128]. Uma certa confusão entre o património social e o de cada um dos sócios de responsabilidade ilimitada, e a tradicional regra segundo a qual a declaração de falência das sociedades em nome colectivo e em comandita envolve a dos sócios de responsabilidade ilimitada (sendo a falência um instituto privativo dos comerciantes), eis as principais razões apontadas em defesa da tese.

Mas já no regime anterior ao CREF era mais razoável defender que a falência não se restringia aos comerciantes — alargando-se aos sócios de responsabilidade ilimitada-não comerciantes para possibilitar ou facilitar uma efectiva responsabilização desses sócios pelas dívidas sociais, para reforçar as garantias dos credores de tais sociedades. Com o CREF (de 1993), a falência passou a aplicar-se indistinta-

---

(128) V. GUILHERME MOREIRA, *ob. cit.*, RLJ, ano 41.° (1908-1909), pp. 241, ss. (para o A., as sociedades em nome colectivo e em comandita nem sequer eram comerciantes; recorde-se que, na sua concepção, estas sociedades não tinham personalidade jurídica — v. *ob. cit.*, RLJ, ano 40.°, 1907-1908, p. 482, RLJ, ano 41.°, pp. 19, ss., 50, ss., 226, ss., 241, ss., 290), CUNHA GONÇALVES, *ob. cit.*, p. 80 (todos os sócios de responsabilidade ilimitada "exercem uma industria mercantil, na qual arriscam todos os seus haveres"), PINTO COELHO, *ob. cit.*, pp. 189, ss. (concordando com Marghieri, e citando ainda outros autores italianos no mesmo sentido, considera comerciantes os sócios de responsabilidade ilimitada "que têm uma participação pessoal e directa no exercício mercantil da sociedade"), P. SOUSA MACEDO, *ob. cit.*, pp. 96, ss. (deve ser considerado "comerciante o sócio de responsabilidade ilimitada cujo nome, património e clientela são elementos preponderantes do crédito e clientela da sociedade").

A lei francesa das sociedades comerciais (lei n.° 66-537, de 24 de Julho de 1966) qualificava os sócios em questão como comerciantes nos arts. 10 ("Les associés en nom collectif ont tous la qualité de commerçant (...)") e 23 ("Les associés commandités ont le statut des associés en nom collectif"); estes preceitos encontram-se agora nos arts. L. 221-1 e L. 222-1 do *Code de Commerce*. Na Alemanha, onde se entende generalizadamente que as sociedades correspondentes às nossas sociedades em nome colectivo e em comandita simples não gozam de personalidade jurídica, confrontam-se teses divergentes tanto na jurisprudência como na doutrina — cfr. BAUMBACH / DUDEN/HOPT, *ob. cit.*, p. 376, EMMERICH, *ob. cit.*, p. 73, K. SCHMIDT, *ob. cit.*, pp. 90, ss..

mente a comerciantes e a não comerciantes. O mesmo sucede actualmente com a insolvência, segundo o CIRE — onde já não aparece, aliás, a declaração de insolvência dos sócios de responsabilidade ilimitada por efeito da declaração de insolvência das respectivas sociedades. Por sua vez, não se confunde o património das sociedades em nome colectivo e (menos ainda) em comandita com o património dos respectivos sócios de ilimitada responsabilidade, nem elas se identificam perfeitamente com estes. A responsabilidade dos sócios é subsidiária da da sociedade, e os credores dos sócios não podem executar as partes destes na sociedade (CSC, arts. 175.°, 1, 183.°, 1, 465.°, 1, 474.°); e estas sociedades constituem sujeitos distintos dos sócios, agindo estes (quando sejam gerentes) em nome delas (CSC, arts. 191.°, 192.°, 470.°, 474.°, 478.°). Em suma, comerciantes são as sociedades, não os sócios de responsabilidade ilimitada (elas é que devem adoptar uma firma, ter escrituração mercantil, fazer inscrever no registo certos actos, etc.)[129].

5. 9. Sociedades comerciais sem personalidade jurídica

As sociedades comerciais gozam de personalidade jurídica a partir da data do registo definitivo do acto (contrato, normalmente) pelo qual se constituem (art. 5.° do CSC). Antes desse registo, quer o acto constituinte tenha sido reduzido a escritura pública quer não, as sociedades não têm personalidade. Podem estas sociedades ser comerciantes?

Os poucos autores portugueses que colocam a questão respondem breve e categoricamente com um não. "Também

(129) É a concepção dominante entre nós — v., p. ex., JOSÉ TAVARES, *Problemas práticos...*, pp. 636, ss., MÁRIO DE FIGUEIREDO, *ob. cit.*, pp. 114, ss., FERRER CORREIA, *ob. cit.*, pp. 149, ss., PEREIRA DE ALMEIDA, *ob. cit.*, pp. 349, ss., OLIVEIRA ASCENSÃO, *ob. cit.*, pp. 275, ss., BRITO CORREIA, *ob. cit.*, pp. 209, ss..

as sociedades commerciaes não constituidas nos termos do Codigo commercial (artt. 104.º, n.º 2.º, e 107.º), chamadas por isso *irregulares* ou *de facto*, não podem chegar a adquirir a qualidade de commerciantes, por isso mesmo que não constituem pessoa juridica, nos termos do art. 108.º" [130]. "Não pódem adquirir a qualidade de commerciantes as sociedades, cuja constituição e formação não esteja de harmonia com as disposições da lei commercial, embora tenham fins commerciaes, por argumento a *contrario sensu* do n.º 2.º do art. 13.º e do art. 104.º do codigo commercial" [131]. "O art. 13.º tambem considera comerciantes as sociedades comerciaes; mas é preciso atender a que essa qualidade só pode pertencer ás sociedades que, além de terem por objecto praticar um ou mais actos de comercio, estejam constituídas conforme os preceitos da lei, pois só assim elas podem adquirir individualidade juridica (arts. 104.º e 108.º). As sociedades que não têem personalidade, como todas as sociedades irregulares e as simples associações, não têem a qualidade de comerciantes (...)" [132].

---

(130) José Tavares, *últ. ob. cit.*, p. 634. Dizia o art. 104.º: "São condições essenciais para que uma sociedade se considere comercial: / 1.º Que tenha por objecto praticar um ou mais actos de comércio; / 2.º Que se constitua em harmonia com os preceitos deste código". E o art. 107.º: "Ter-se-ão por inexistentes as sociedades com um fim comercial que se não constituirem nos termos e segundo os trâmites indicados neste código (...)". E o art. 108.º: "As sociedades comerciais representam para com terceiros uma individualidade jurídica diferente da dos associados".

(131) Caeiro da Matta, *Direito commercial português*, Imprensa da Universidade, Coimbra, 1910, p. 543.

(132) Cunha Gonçalves, *ob. cit.*, pp. 75-76. V. ainda, na mesma linha, Brito Correia, *ob. cit.*, 2.º vol. – *Sociedades comerciais*, AAFDL, Lisboa, 1989, pp. 186, ss.. Já depois de nas duas primeiras edições deste *Curso* se poder ler o que a seguir se lerá (em texto e notas), Menezes Cordeiro, *ob. cit.*, p. 195, escreve, breve e categoricamente também: "As sociedades comerciais adquirem a personalidade no momento do registo definitivo do acto constituinte – artigo 5.º do CSC. *Resta concluir que se tornam comerciantes nesse momento.*" (Grifei).

Penso que as sociedades comerciais sem personalidade jurídica podem ser comerciantes. Também brevemente: 1) O n.º 2.º do art. 13.º do CCom. diz serem comerciantes "as sociedades comerciais". E as sociedades que tenham por objecto a prática de actos de comércio são comerciais, mesmo que não possuam personalidade colectiva (133). 2) Apesar de não serem pessoas colectivas, tais sociedades têm subjectividade jurídica, têm capacidade de gozo e de exercício suficiente para praticarem actos de comércio (e outros) (134). 3) Os sócios (enquanto tais) destas sociedades não são comerciantes — quando exercem o comércio, fazem-no *em nome* das respectivas sociedades (cfr. arts. 36.º, 2, do CSC e 996.º-997.º do CCiv., arts. 38.º, ss., 174.º, 1, e), do CSC) (135). 4) São as sociedades em causa (através dos sócios ou órgãos respectivos), não os sócios, que devem cumprir as obrigações específicas dos comerciantes previstas no art. 18.º do CCom.. 5) Posto isto, deve entender-se que as sociedades comerciais sem personalidade podem ser comerciantes — adquirindo esta qualidade com a prática do ou dos actos reveladores do propósito de se dedicarem ao exercício habitual de uma actividade mercantil. (136)

---

(133) Voltaremos ao tema na parte II do Curso. Adiante-se entretanto que a doutrina e jurisprudência largamente dominantes antes do CSC consideravam igualmente comerciais as sociedades com objecto comercial mas irregulares — v. por todos BARBOSA DE MAGALHÃES, *Sociedades comerciais irregulares* cit., p. 324 (o A. cita no mesmo sentido José Tavares, Adriano Anthero, Fernandes Vaz, Abranches Ferrão, Cunha Gonçalves, RLJ e Guilherme Moreira).

(134) Permito-me remeter novamente para a minha *Da empresarialidade...*, pp. 197, ss..

(135) MÁRIO DE FIGUEIREDO, *ob. cit.*, pp. 119, ss., defendia também que os sócios das sociedades comerciais irregulares não são comerciantes. JOSÉ TAVARES, *últ. ob. e loc. cits.*, CUNHA GONÇALVES, *ob. cit.*, p. 76, SOUSA MACEDO, *ob. cit.*, pp. 170-171, defendiam a possibilidade de tais sócios (ou alguns deles) serem comerciantes.

(136) Na Alemanha, as sociedades comerciais correspondentes às nossas sociedades em nome colectivo e em comandita simples (desprovidas de personalidade jurídica, recorde-se) são legalmente qualificadas de

5. 10. Comunidades conjugais

Os cônjuges casados em regime de comunhão geral ou de adquiridos são muitas vezes (co-)titulares em "comunhão" ou "mão comum" de uma empresa comercial (bem comum)(137). Se apenas um deles gere ou administra a empresa, só ele é comerciante (relativamente a essa empresa; o outro cônjuge poderá ser comerciante por exercer profissionalmente outro comércio). Mas se os dois administram a empresa, deve entender-se que ambos são comerciantes (ambos fazem do comércio profissão)(138). Mais: mesmo quando a direcção da empresa é exercida principalmente por um dos cônjuges, pode o outro praticar "actos de administração ordinária" relativamente à mesma (*v.g.*, comprar aos fornecedores habituais os produtos comercializados na mercearia, vendê-los aos consumidores, pagar dívidas, cobrar créditos, dirigir os empregados)(139); se o fizer de forma habitual e sistemática, é igualmente comerciante(140). (141)

---

comerciantes — § 6 (1) do HGB. Por outro lado, defende a doutrina serem comerciantes as sociedades de responsabilidade limitada e por acções (correspondentes às nossas sociedades por quotas e anónimas) ainda não registadas e que explorem empresas comerciais — v. EMMERICH, *ob. cit.*, p. 79, K. SCHMIDT, *ob. cit.*, p. 296.

(137) Não têm, pois, de constituir uma sociedade comercial para a explorar — embora o possam fazer (v. art. 8.°, 1, do CSC).

(138) A comunidade conjugal, ou a "comunhão", não tem subjectividade para lhe poder ser atribuída a qualidade de comerciante.

(139) Além de que deve consentir na prática dos "restantes actos de administração". Diz com efeito o n.° 3 do art. 1678.° do CCiv.: "Fora dos casos previstos no número anterior, cada um dos cônjuges tem legitimidade para a prática de actos de administração ordinária relativamente aos bens comuns do casal; os restantes actos de administração só podem ser praticados com o consentimento de ambos os cônjuges".

(140) No mesmo sentido, v. V. G. LOBO XAVIER, *Se pode o cônjuge do empresário, ao abrigo do art. 1678.°, n.° 3, do Código Civil, intervir na gestão do estabelecimento mercantil, quando este seja um bem comum do casal,* RDES, 1979, p. 76, n. (4). Contudo, nas pp. 76, ss., o A. responde negativamente à questão formulada no título do estudo. Não podendo entrar aqui na análise da argumentação expendida, sempre direi que o

Sendo ambos os cônjuges comerciantes por mor da administração de uma mesma empresa, é claro que a maioria das obrigações previstas no art. 18.º do CCom. e em outras normas não são duplicadas...

5. 11. Comunidades de herdeiros

Integrando uma herança já aceite (CCiv., arts. 2050.º, ss.), mas indivisa (art. 2101.º), uma ou mais empresas comerciais, administrada(s) pelo cabeça-de-casal (arts. 2079.º, ss.), quem é comerciante? O cabeça-de-casal? Não, pois não exerce o comércio em nome próprio. Os herdeiros, cada um e todos eles? Não parece, pois não actuam individual-agregadamente, e a herança indivisa é património autónomo (v., *v.g.*, art. 2097.º; recorde-se também o facto de a herança jacente ser passível de declaração de insolvência). Os herdeiros enquanto titulares em comunhão ou mão comum da herança, enquanto "comunidade de herdeiros"? Inclino-me para esta hipótese (142).

---

saudoso Professor terá interpretado com demasiada latitude os "actos de administração ordinária" (v. *ibid.*, p. 77; cfr. MANUEL DE ANDRADE, *ob. cit.*, pp. 58, ss.).

(141) Interessante é a experiência francesa. Antes de 1982, a jurisprudência admitia a qualificação dos cônjuges como comerciantes (nos casos de intromissão de um no comércio do outro, de sociedade de facto criada por ambos, de exercício do comércio em comum). A lei n.º 82-596, de 10 de Julho de 1982, regulou três modalidades (não taxativas) de possível cooperação conjugal (as do cônjuge "colaborador", "assalariado" e "associado") — v. agora os arts. L. 121-4 a L. 121-6 do *Code de Commerce.* Não obstante, continua a defender-se que, fora de qualquer daquelas modalidades, a exploração em comum de um comércio pode atribuir a qualidade de comerciante a ambos os cônjuges. V. por todos Y. CHARTIER, *Droit des affaires,* 1, 2e éd., PUF, Paris, 1986, pp. 185, ss., e PÉDAMON, *ob. cit.*, pp. 72, ss..

(142) Na Alemanha, no mesmo sentido, v., p. ex., BAUMBACH/DUDEN/ /HOPT, *ob. cit.*, pp. 35, 37, K. SCHMIDT, *ob. cit.*, pp. 104, ss.; contra, v., p. ex., BROX, *ob. cit.*, p. 16.

6. Estatuto dos comerciantes

Referimos no n.º 1 deste capítulo os principais pontos em que se traduz o "estatuto" dos comerciantes (direitos e deveres, vantagens e desvantagens jurídicas dos comerciantes). Importa tratar agora de alguns desses pontos.

6. 1. Firmas e denominações

6. 1. 1. Noção

Diz-se habitualmente que a firma é o nome comercial dos comerciantes, o sinal que os individualiza ou identifica. É uma noção insuficiente. Com efeito, além de identificar comerciantes, a firma individualiza alguns não-comerciantes: as sociedades civis de tipo comercial (art. 37.º do RRNPC, arts. 1.º, 4, e 9.º, 1, c), do CSC) e os ACE com objecto civil (têm firma quer os ACE comerciantes quer os ACE não comerciantes — base III, 1, da L 4/73, de 4 de Junho, art. 3.º do DL 430/73, de 25 de Agosto); e pode agora individualizar empresários individuais não comerciantes (art. 39.º do RRNPC, com a redacção introduzida pelo DL 247-B/2008, de 30 de Dezembro). Por outro lado, alguns comerciantes são identificados, não por uma firma, mas por uma "denominação".

O art. 19.º do CCom., na redacção originária, contrapunha a firma à denominação — aquela era constituída por nome(s) de pessoa(s), esta designava as sociedades anónimas, sendo composta por expressões indicando essencialmente o respectivo objecto social. O art. 3.º da lei das sociedades por quotas (Lei de 11 de Abril de 1901) mantinha semelhante contraposição. Entretanto, o Decreto 19638, de 21 de Abril de 1931, alterou os arts. 19.º e 23.º do CCom., fazendo equivaler firma e denominação (o art. 3.º da LSQ manteve-se inalterado). O RRNPC, diploma que contém o actual regime geral das firmas e denominações, retoma a distinção mas em moldes diversos [143]. "Firma" é o vocábulo preferido para designar o signo individualizador de comerciantes (v. arts. 37.°, 38.°, 40.°; mas o art. 37.° refere-se também, dissemo-lo já, às sociedades civis sob forma comercial; e vimos igualmente que o art. 39.° permite agora que empresários individuais não comerciantes adoptem "firma"); "denominação" designa preferencialmente o sinal identificador de não comerciantes, e pode nalguns casos ser composta por nomes de pessoas (v. arts. 36.°, 42.°, 43.°). Não obstante, e retomando o final do parágrafo anterior, existem diplomas que utilizam invariavelmente "denominação" com respeito a entidades colectivas que podem ser comerciantes. É o caso do RSEE (art. 24.°, 2), do RSEL (art. 36.°), do Regulamento (CEE) 2137/85, de 25 de Julho (art. 5.°, a); v. também DL 148/90, de 9 de Maio, art. 4.°), do CCoop. (arts. 12.°, 1, c), 13.°, a), 14.°).

Todos os comerciantes devem adoptar firma ou denominação (v. art. 18.°, n.° 1.°, do CCom., e os citados arts. dos diplomas reguladores dos ACE, EPE, EEL, AEIE e cooperativas). É das firmas e denominações dos comerciantes, dos sinais distintivos dos comerciantes que trataremos.

6. 1. 2. Composição

6. 1. 2. 1. *Firmas dos comerciantes individuais.* A firma de comerciante individual (pessoa singular) *tem de* ser composta pelo seu nome — "completo ou abreviado, conforme seja necessário para identificação da pessoa", não podendo, em regra, a abreviação reduzir-se a um só vocábulo (RRNPC,

(143) Este diploma sucedeu (com idêntica fisionomia) ao DL 42/89, de 3 de Fevereiro.

art. 38.º, 1, 3).[144] O nome, completo ou abreviado, *pode* ser antecedido de expressões ou siglas "correspondentes a títulos académicos, profissionais ou nobiliárquicos" a que o comerciante tenha direito (art. 38.º, 3). E *pode* ainda o comerciante aditar ao seu nome (completo ou abreviado) "alcunha ou expressão alusiva à actividade exercida" (art. 38.º, 1).[145]

Tratando-se de titular de um estabelecimento individual de responsabilidade limitada, a firma adoptada pelo comerciante na exploração do mesmo será igualmente constituída pelo seu nome, completo ou abreviado, "acrescido ou não de referência ao objecto do comércio nele exercido, e pelo aditamento 'Estabelecimento Individual de Responsabilidade Limitada' ou 'E. I. R. L.'" (art. 40.º, 1, 2, do RRNPC; cfr. também o art. 2.º, 3, do DL 248/86, de 25 de Agosto)[146].

6. 1. 2. 2. *Firmas das sociedades comerciais.* De acordo com o art. 177.º, 1, do CSC, a firma das *sociedades em nome colectivo* deve ser composta, ou pelo nome (completo ou abreviado[147]) ou firma de todos os sócios, ou pelo nome (completo ou abreviado) ou firma de um deles, com o aditamento, abreviado ou por extenso, "e Companhia" ou qualquer outro que indique a existência de outros sócios (*v. g.*, "e Irmão", "e Filhos"). Além destes elementos, a firma destas "sociedades de pessoas" pode ainda conter (apesar de o art. o não dizer)

---

(144) Parece que, em vez do nome civil, a firma pode ser composta pelo pseudónimo — "quando tenha notoriedade" (cfr. art. 74.º do CCiv.). Neste sentido, M. JANUÁRIO GOMES, *A projecção da actividade económica da empresa na composição da firma,* SI, 1981, p. 366, PINTO FURTADO, *Disposições gerais...*, p. 90; diferentemente, FERRER CORREIA, *ob. cit.*, p. 264, n. (1).

(145) Do aditamento a que se refere o n.º 2 do art. 38.º falaremos *infra,* no n.º 6. 1. 5.

(146) Estes artigos falam da firma do próprio e.i.r.l.. Incorrectamente, dado o e.i.r.l. não ser sujeito...

(147) Vale aqui, por analogia, a solução dos arts. 38.º, 1, e 42.º, 1, do RRNPC.

expressão alusiva ao objecto social — por analogia com o art. 38.º, 1, do RRNPC [148] —, bem como siglas, iniciais, expressões de fantasia ou composições — por analogia com o art. 42.º, 1, do RRNPC (relativo às denominações das sociedades civis simples) [149]. [150]

Segundo o art. 200.º, 1, do CSC, a firma das *sociedades por quotas* deve ser formada, com ou sem sigla (vocábulo constituído pelas iniciais ou outras letras de um nome ou expressão), ou pelo nome (completo ou abreviado) ou firma de todos, algum ou alguns dos sócios (firma-nome), ou por uma denominação particular (firma-denominação), ou pela reunião de ambos esses elementos (firma mista); em qualquer caso, a firma conterá o aditamento "Limitada" ou "L.da".

O que dissemos acerca da firma das sociedades por quotas vale quase integralmente para a firma das *sociedades anónimas*. São na verdade muito semelhantes os dizeres dos arts. 200.º, 1, e 275.º, 1, do CSC. Diz o segundo: "A firma destas sociedades será formada, com ou sem sigla, pelo nome ou firma de um ou alguns dos sócios ou por uma denominação particular, ou pela reunião de ambos esses elementos, mas em qualquer caso concluirá [e aqui está a grande diferença] pela expressão 'Sociedade Anónima' ou pela abreviatura 'S. A.'".

A firma das *sociedades em comandita* deve ser composta pelo nome (completo ou abreviado) ou firma de um, alguns ou todos os sócios comanditados (sócios de responsabilidade

---

(148) Convergentemente, v. FERRER CORREIA, *ob. cit.*, p. 266, n. (2).

(149) No mesmo sentido, RAÚL VENTURA, *Novos estudos sobre sociedades anónimas e sociedades em nome colectivo,* Almedina, Coimbra, 1994, p. 229.

(150) Se alguém que não for sócio de uma sociedade em nome colectivo permitir a inclusão do seu nome ou firma na firma social, responderá pelas obrigações sociais subsidiariamente em relação à sociedade e solidariamente com os sócios — art. 177.º, 2, do CSC.

ilimitada) e o aditamento "em Comandita" ou "& Comandita" (nas sociedades em comandita simples), "em Comandita por Acções" ou "& Comandita por Acções" (nas sociedades em comandita por acções) — art. 467.º, 1. Além do nome ou firma de sócios comanditados, pode (mas não deve) figurar na firma destas sociedades o nome ou firma de sócios comanditários e de não-sócios que em tal consintam expressamente (art. 467.º, 2 e 3); concretizando-se esta possibilidade, tais sócios comanditários e não-sócios ficam sujeitos às (gravosas) consequências estabelecidas nos n.os 3 e 4 do citado artigo. Juntamente com os nomes e/ou firmas referidos, a firma das sociedades em comandita pode ainda integrar expressões alusivas ao objecto social, bem como siglas, expressões de fantasia, etc. — nos termos vistos a propósito das firmas das sociedades em nome colectivo.

Durante longo tempo, a denominação particular integrante de firma (firma-denominação ou firma mista) de sociedade por quotas ou anónima tinha de aludir ao objecto social. Dizia, *v. g.*, o CSC no art. 10.º, 3, que "a firma da sociedade constituída por denominação particular ou por denominação e nome ou firma de sócio (...) deve dar a conhecer quanto possível o objecto da sociedade."

Deixou de ser assim depois da entrada em vigor do DL 111/2005, de 8 de Julho ("empresa na hora") (151). O seu art. 17.º alterou o art. 10.º do CSC, tendo sido eliminada a

(151) Já não era assim em outros países. Na França, as "denominações sociais" das sociedades em geral podem ser constituídas exclusivamente por expressões de fantasia (v., p. ex., A. CHAVANNE/J.-J. BURST, *Droit de la propriété industrielle,* 4e éd., Dalloz, Paris, 1993, p. 774). Vale o mesmo para as "denominações sociais" das sociedades italianas correspondentes às nossas sociedades por quotas e anónimas (v., p. ex., V. DI CATALDO, *I segni distintivi,* 2.ª ed., Giuffrè, Milano, 1993, p. 189). Na Alemanha, depois de lei de 22/6/98 (reforma do direito comercial), o núcleo das firmas societárias pode também ser constituído exclusivamente por elementos de fantasia (v., p. ex., KARSTEN SCHMIDT, *Das Handelsrechtsreform,* NJW, 1998, p. 2167, e *Handelsrecht* cit., pp. 361, ss.).

parte final no n.º 3 (há pouco transcrita). Agora, a denominação integrante de firma pode fazer menção ao objecto social, mas não tem de fazê-lo — pode ser inteiramente fantasiosa.

Esta possibilidade está expressamente prevista no citado DL (aplicável a sociedades por quotas e anónimas). O(s) fundador(es) de sociedade pode(m) optar "por firma constituída por expressão de fantasia previamente criada e reservada a favor do Estado" (art. 3.º, a)) (152); a essa expressão seguir-se-á o aditamento obrigatório (*v. g.*, L.da ou S. A.), podendo no entanto o(s) interessado(s) fazer inserir, entre aquela e este, expressão alusiva ao objecto social (art. 10.º, 1) (153). Possibilidades idênticas estão igualmente previstas no DL 125/2006 (art. 6.º, 1, a), 2).

6. 1. 2. 3. *Firmas dos agrupamentos complementares de empresas.* A firma dos ACE "poderá consistir numa denominação particular ou ser formada pelos nomes [completos ou abreviados] ou firmas de todos os seus membros ou de, pelo menos, um deles" (art. 3.º, 1, do DL 430/73), ou ainda (por analogia com as firmas das sociedades por quotas e anónimas) pela reunião de ambos esses elementos; em qualquer caso, a firma deve conter o aditamento "Agrupamento Complementar de Empresas" ou as iniciais "A.C.E." (base III, 2, da L 4/73).

6. 1. 2. 4. *Denominações de outras entidades colectivas.* "A denominação das *entidades públicas empresariais* deve

---

(152) As expressões de fantasia constam de uma "bolsa de firmas" criada pelo RNPC (art. 15.º, 1), ou de uma "bolsa de firmas e de marcas" criada pelo RNPC e pelo INPI (art. 15.º, 2, na redacção introduzida pelo art. 20.º do DL 125/2006, de 29 de Junho — constituição *on-line* de sociedades).

(153) Cfr. A. SOVERAL MARTINS, *"Empresas na hora"*, em IDET, Colóquios n.º 2, *Temas societários*, Almedina, Coimbra, 2006, pp. 88, 93, 96, ss..

integrar a expressão 'Entidade Pública Empresarial' ou as iniciais 'E.P.E.' " (art. 24.º, 2, do RSEE). E a denominação das *entidades empresariais locais* "deve integrar a indicação da sua natureza municipal, intermunicipal ou metropolitana (EEM, EEIM, EEMT)" – art. 36.º do RSEL.

A denominação das *cooperativas* deverá ser sempre seguida das expressões "Cooperativa", "União de Cooperativas", "Federação de Cooperativas", "Confederação de Cooperativas" e ainda de "Responsabilidade Limitada" ou "Responsabilidade Ilimitada", ou das respectivas abreviaturas (art. 14.º, 1, do CCoop.).

A denominação dos *agrupamentos europeus de interesse económico* deve incluir como aditamento "Agrupamento Europeu de Interesse Económico" ou a abreviatura "AEIE" (art. 5.º, a), do Regulamento 2137/85, e art. 4.º do DL 148/90).

A firma-denominação e a firma mista dos ACE, bem como a denominação das EPE, das EEL, das cooperativas e dos AEIE, não têm hoje (depois do DL 111/2005 — cfr. *supra*, n.º 6. 1. 2. 2.) de dar a conhecer o objecto das respectivas entidades. Estas firmas e denominações podem ser "de objecto", de objecto e de fantasia, ou tão-somente de fantasia (cfr. as normas de remissão dos arts. 20.º do DL 430/73, 7.º, 1, do RSEE, 34.º do RSEL, 9.º do CCoop., 12.º do DL 148/90).

6. 1. 3. Princípios informadores da composição das firmas e denominações

6. 1. 3. 1. *Princípio da verdade.* "Os elementos componentes das firmas e denominações devem ser verdadeiros e não induzir em erro sobre a identificação, natureza ou actividade do seu titular" (art. 32.º, 1, do RRNPC).

Assim, por exemplo: a) A firma dos comerciantes individuais deve conter o nome deles e não de outrem, a firma-nome e a firma mista das sociedades e dos ACE devem conter o nome ou firma de sócios (ou associados) e não de estranhos [(154)]; b) As firmas e denominações não podem conter palavras, expressões, abreviaturas, etc. que induzam em erro quanto à caracterização jurídica dos respectivos titulares (*v. g.*, "*Associação* de Importadores de Automóveis, L.da", para uma sociedade por quotas — cfr. art. 32.°, 4, a), do RRNPC, art. 10.°, 5, a), do CSC); c) As firmas-denominações, as firmas mistas e as denominações não podem incluir elementos que sugiram actividades diversas das que os respectivos titulares exercem ou se propõem exercer (RRNPC, art. 32.°, 2, CSC, arts. 10.°, 1, 200.°, 2 e 3, 275.°, 2 e 3 [(155)]); d) Quando, "por qualquer causa [*v.g.*, transmissão de participação social, voluntária ou em processo executivo, exoneração, exclusão, morte], deixe de ser associado ou sócio pessoa singular cujo nome figure na firma ou denominação de pessoa colectiva, deve tal firma ou denominação ser alterada no prazo de um ano, a não ser que o associado ou sócio que se retire ou os herdeiros do que falecer consintam por escrito na continuação da mesma firma ou denominação" (art. 32.°, 5, do RRNPC). A alteração da firma nestes casos é requerida pelo princípio da verdade, bem como pela tutela do direito ao nome

---

(154) Como vimos, a firma das sociedades em comandita deve ser formada pelo nome ou firma de sócios comanditados. Se da firma constar também ("irregularmente") o nome ou firma de sócios comanditários ou de estranhos à sociedade que tal autorizem, sujeitam-se os mesmos, em princípio, à responsabilidade própria dos sócios comanditados (art. 467.°, 3 e 4, do CSC).

(155) V. tb., entre diplomas mais específicos, o RGIC, art. 11.°, 1: "Só as entidades habilitadas como instituição de crédito ou como sociedade financeira poderão incluir na sua firma ou denominação (...) expressões que sugiram actividade própria das instituições de crédito ou das sociedades financeiras, designadamente 'banco', 'banqueiro', 'de crédito', 'de depósitos', 'locação financeira', '*leasing*' e '*factoring*'".

das pessoas humanas; e a possibilidade (havendo consentimento) de a firma continuar inalterada constitui restrição ao mesmo princípio [(156)].

6. 1. 3. 2. *Princípio da novidade ou exclusividade.* "As firmas e denominações devem ser distintas e não susceptíveis de confusão ou erro com as registadas ou licenciadas no mesmo âmbito de exclusividade, mesmo quando a lei permita a inclusão de elementos utilizados por outras já registadas, ou com designações de instituições notoriamente conhecidas" (art. 33.º, 1, do RRNPC). [(157)]

Os titulares de firmas ou denominações validamente constituídas e registadas definitivamente (cfr. art. 35.º, 1 e 4) têm um direito exclusivo sobre elas em determinado âmbito geográfico, direito esse que exclui a licitude de firmas e denominações idênticas ou confundíveis com aquelas nesse

---

(156) Todavia, com respeito às sociedades, os terceiros têm a possibilidade de saber que uma pessoa com nome na firma deixou de ser sócio — v. CRCom., art. 3.º, 1, c), e), g), i), j).

Entende-se dominantemente na França (com relação a todos os tipos sociais), na Itália e na Alemanha (em relação a sociedades de capitais) que, em regra, a saída de um sócio com nome na firma social não implica alteração da mesma — v. por todos, respectivamente, CHAVANNE / BURST, *ob. cit.*, p. 774, M. CASANOVA, *Impresa e azienda (Le imprese commerciali),* UTET, Torino, 1974, pp. 385-386, K. -H. CAPELLE / CL.-W. CANARIS, *Handelsrecht,* 21. Aufl., Beck, München, 1989, pp. 141-142 (ao invés, o § 24 (2) do HGB alemão — seguramente aplicável às sociedades de pessoas — prescreve: "Saindo um sócio cujo nome esteja contido na firma, é necessário, para que ela continue [inalterada], o consentimento expresso dele ou dos seus herdeiros"). Entre nós, discordando da solução legal, M. NOGUEIRA SERENS, *O direito da firma das sociedades comerciais,* em *Colóquio "Os quinze anos de vigência do Código das Sociedades Comerciais",* Fundação Bissaya Barreto, Coimbra, 2003, pp. 202, ss..

(157) É nova a parte final do n.º 1 do art. 33.º (relativa às designações de instituições notoriamente conhecidas) — não constava do n.º 1 do art. 2.º do DL 42/89. Parece referir-se a organizações nacionais e internacionais que, sendo de índole diversa da das previstas nos arts. 36.º, ss. (não tendo "firmas" nem "denominações" propriamente ditas), são notoriamente conhecidas em Portugal. As firmas e denominações têm pois de ser "novas" relativamente às "designações" dessas entidades e organismos.

mesmo espaço; aí, as diversas firmas e denominações devem ser novas, isto é, distintas e inconfundíveis.

As sociedades comerciais têm direito ao uso exclusivo das suas firmas em todo o território nacional (art. 37.º, 2). Os ACE, as EPE, as cooperativas e os AEIE têm em princípio direito ao uso exclusivo das firmas ou denominações em todo o território nacional, quando o respectivo objecto estatutário "não indicie a prática de actividades de carácter essencialmente local ou regional", ou "no âmbito geográfico do exercício das suas actividades estatutárias, nos restantes casos" (art. 43.º, 2, remetendo para o art. 36.º, 3)[(158)]. Por sua vez, "os comerciantes individuais que *não usem como firma apenas o seu nome* completo ou abreviado têm direito ao uso exclusivo da sua firma desde a data do registo definitivo e no âmbito do concelho onde se encontra o seu estabelecimento principal" (arts. 38.º, 4, 40.º, 3). Sendo assim, os comerciantes individuais cuja firma seja composta tão-só pelo nome civil (completo ou abreviado) ou pelo pseudónimo (notório) não têm direito ao uso exclusivo dela; os comerciantes homónimos podem ter firmas iguais, não "novas". É uma solução contestável[(159)]. Não obstante, o comerciante individual com firma composta somente pelo seu nome, apesar de não poder valer-se da tutela própria do direito à firma, pode reagir judicialmente contra outro ou outros comerciantes e não-comerciantes que, tendo o mesmo

---

(158) Estes "restantes casos" abrangem também as empresas municipais, intermunicipais e metropolitanas.

Percebe-se mal esta diferenciação entre as sociedades comerciais (e civis de tipo comercial) e as outras entidades referidas. Por outro lado, será exagerada a extensão do âmbito de exclusividade para muitas sociedades.

(159) É preferível, por exemplo, a solução do § 30 (2) do HGB alemão: "Um comerciante que tem os nomes próprios e apelidos iguais aos de um comerciante já inscrito e quer servir-se também desses nomes para a sua firma tem de incluir nela um aditamento através do qual ela se distinga claramente da firma já registada" — assim ficando ambas as firmas com âmbito de exclusividade.

nome, o usem no exercício de actividade profissional; pode na verdade socorrer-se do normativo respeitante ao direito ao nome (art. 72.º, 2, CCiv.) ou, eventualmente, à proibição da concorrência desleal (art. 317.º do CPI).

Aparentemente, o significado do princípio da novidade ou exclusividade em relação às sociedades comerciais (e civis de tipo comercial) é algo diverso do enunciado no citado art. 33.º, 1, do RRNPC. Com efeito, o art. 10.º do CSC refere-se ao princípio em dois n.ᵒˢ. Diz o n.º 2: "Quando a firma da sociedade for constituída exclusivamente por nomes ou firmas de todos, algum ou alguns sócios [firma-nome], deve ser *completamente distinta* das que já se acharem registadas". E o n.º 3: "A firma da sociedade constituída por denominação particular [firma-denominação] ou por denominação e nome ou firma de sócio [firma mista] não pode ser idêntica à firma registada de outra sociedade, ou por tal forma semelhante que possa induzir em erro". Contudo, a divergência é só aparente, e dever-se-á à inércia legislativa. Porquanto estas formulações se filiam nos velhos (e revogados) arts. 27.º e 162.º, condição 4.ª, do CCom., respectivamente. E já na vigência dessas normas se entendia pacificamente significarem ambas substancialmente a mesma coisa: no respectivo âmbito de exclusividade, as firmas (compostas só com nomes, ou só com denominações, ou com uns e outras) deviam ser novas, inconfundíveis, não podiam ser idênticas ou de tal modo semelhantes que induzissem o público em erro ou confusão; firmas "completamente distintas" podiam conter *elementos comuns,* contanto que o conteúdo global de cada uma fosse diferenciado e inconfundível (implicando isto o carácter não preponderante, prevalecente ou impressivo desses elementos comuns) (160). Pois bem, este modo de ver continua apto para desfazer a aparente contradição entre o

(160) Cfr. MÁRIO DE FIGUEIREDO, *ob. cit.*, pp. 207-208, FERNANDO OLAVO, *ob. cit.*, pp. 295, ss., FERRER CORREIA, *ob. cit.*, pp. 279-280.

n.º 2 do art. 10.º do CSC, por um lado, o n.º 3 deste art. e o art. 33.º, 1,do RRNPC, por outro lado [161]. Pode mesmo afirmar-se que o art. 10.º, 2 e 3, do CSC deve ser interpretado de acordo com a norma geral do art. 33.º, 1, do RRNPC (cfr. art. 9.º do CCiv.).

Mas quando pode dizer-se que as firmas ou denominações não são "novas"? Quais os critérios para aquilatar da confundibilidade ou do induzimento em erro? Diremos que uma firma (ou denominação) não é nova relativamente a outra firma ou denominação quando, *atendendo à grafia das palavras, ao efeito fonético das expressões, ao núcleo caracterizante* (ou "coração" da firma ou denominação [162]), *à forma "oficiosa" dos signos (e não apenas à forma "oficial")* [163], *o público "médio"* (ou considerável parte dele) — o público de normal capacidade, diligência e atenção [164] — *as não consegue distinguir, as confunde, tomando uma por outra e um*

---

(161) P. ex., "José da Silva, L.da" e "Anastácio Silva, L.da" são firmas "novas".

Cfr., convergentemente, CARLOS OLAVO, *Propriedade industrial,* vol. I, 2.ª ed., Almedina, Coimbra, 2005, pp. 201, ss..

(162) Muitas vezes, e cada vez mais, o núcleo impressivo é uma sigla encabeçando uma mais ou menos extensa expressão. Nestes casos, mais que de coração, poderá falar-se de "cabeça" da firma ou denominação...

Em regra, os aditamentos obrigatórios (p. ex., L.da, S. A., A.C.E.) são elementos com fraca eficácia distintiva, não nucleares. O mesmo se diga quanto a elementos "genéricos" (p. ex., Comércio, Indústria, Perfumes, Seguros), vocábulos de uso corrente e topónimos (v. a propósito o n.º 3 do art. 33.º do RRNPC: "Não são admitidas denominações constituídas exclusivamente por vocábulos de uso corrente que permitam identificar ou se relacionem com actividade, técnica ou produto, bem como topónimos e qualquer indicação de proveniência geográfica").

(163) É visível que, muitas vezes, os comerciantes e as pessoas em geral utilizam no dia-a-dia formas abreviadas das firmas ou denominações, privilegiando siglas, iniciais, os elementos de fantasia, etc.

(164) Mas deve às vezes atender-se também à natureza ou qualificação de certas clientelas ou grupos de pessoas relacionadas ou relacionáveis com determinados titulares de firmas ou denominações. P. ex., a clientela de editores notará mais facilmente do que o público em geral as (pequenas) diferenças das respectivas firmas.

comerciante por outro ou, não as confundindo embora, crê erroneamente referirem-se a comerciantes distintos mas especialmente relacionados (crê, *v.g.*, que duas sociedades com firmas semelhantes se encontram em relação de grupo) (165) (166).

Valerá o princípio da novidade ou exclusividade para comerciantes não concorrentes, que exercem actividades diversas, não idênticas nem similares, ou vale tão-só para comerciantes concorrentes? Têm alguns autores defendido não valer o princípio em relação a comerciantes não concorrentes (167). Na verdade, dizem, o risco de confusão entre fir-

---

(165) Sobre a questão, v., entre outros, CASANOVA, *ob. cit.*, pp. 396, ss., G. COTTINO, *Diritto commerciale,* vol. I, 2.ª ed., Cedam, Padova, 1986, pp. 280-281, V. EMMERICH, *Das Recht des unlauteren Wettbewerbs,* Beck, München, 1995, pp. 334-335, CARLOS OLAVO, *ob. cit.*, pp. 205, ss..

(166) Alguns exemplos jurisprudenciais de firmas consideradas confundíveis — e reveladores do rigorismo dos nossos tribunais na matéria: "ENI — Electricidade Naval e Industrial (S.A.R.L.)" e "I.A.N.I. — Instrumentação, Automação Naval e Industrial Lda" (Ac. do STJ de 19/6/84, BMJ n.º 338, p. 436); "S. P. S. — Sistemas de Protecção e Segurança, Lda" e "SVS — Serviços de Vigilância e Segurança" (Ac. da RL de 10/3/87 — com um voto de vencido —, BMJ n.º 366, p. 545); "Sociedade Portuguesa de Autores, Cooperativa de Responsabilidade Limitada" e "Auctores — Representação e Gestão de Direitos Intelectuais, S. A." (Ac. do STJ de 28/5/91 — com dois votos de vencido —, BMJ n.º 417, p. 652. O Ac. chega a afirmar que à referida sociedade anónima estaria vedada a utilização da palavra latina "Auctores" (vocábulo genérico contido, em português, na firma da SPA) por força da al. b) do n.º 2 do art. 1.º do DL 42/89 (a que corresponde a al. a) do n.º 4 do art. 32.º do RRNPC)! Quando, ainda por cima, é a SPA — *cooperativa* — que inclui na sua denominação a palavra "Sociedade"...). Um outro exemplo, agora de inconfundibilidade: "Ticket Restaurante de Portugal — Sociedade Emissora de Títulos-Refeição, SARL" e "Joviticket — Sociedade Emissora de Senhas de Refeição, Lda" (Ac. do STJ de 18/6/85, BMJ n.º 348, p. 436).

(167) V. PINTO COELHO, *ob. cit.*, pp. 234-235, M. NOGUEIRA SERENS, *Firma e língua portuguesa (Parecer),* RN, 1994, pp. 142, ss. (o A. entende assim apenas com respeito às firmas-denominações das sociedades, não quanto às firmas-nomes — e apoia-se, também, nos diferentes n.os do art. 10.º do CSC sobre umas e outras firmas; mas recorde-se o que há pouco escrevemos a propósito dos n.os 2 e 3 desse art.), PUPO CORREIA, *ob. cit.*, p. 90; v. tb. o Ac. do STJ de 26/9/96, BMJ n.º 459 (1996), p. 562. Em Itália, a doutrina e a jurisprudência dominantes entendem semelhan-

mas (e denominações, acrescentemos) em casos tais é inexistente ou quase (*v. g.*, apesar de um banqueiro ter firma idêntica à do dono de um supermercado, isso não induz uma pessoa a dirigir-se ao proprietário do supermercado quando pretende contrair um empréstimo bancário). Confortando este entendimento estaria também o art. 33.º, 2, do RRNPC (correspondente ao art. 2.º, 2, do DL 42/89): "Os juízos sobre a distinção e a não susceptibilidade de confusão ou erro devem ter em conta o tipo de pessoa, o seu domicílio ou sede, *a afinidade ou proximidade das suas actividades* e o âmbito territorial destas".

Para outros autores, o princípio vale também para comerciantes não concorrentes (168). Com razão, penso. Suponha-se duas sociedades por quotas com sede em Coimbra, na mesma rua, uma com a firma "SVP — Sociedade de Viaturas e Peças, Comércio, L.da", outra com a firma "SVP — Sociedade de Vinhos do Porto, Comércio, L.da", sendo "SVP" a firma "oficiosa" de ambas. Segundo os critérios atrás enunciados, estamos perante firmas confundíveis e/ou que induzem em erro. O público em geral pode tomar uma firma por outra, uma sociedade por outra, ou supor entre elas relações inexistentes, agravando-se o risco com relação a fornecedores e financiadores; os descaminhos postais, telegráficos, etc. são mais prováveis; a reputação de uma das sociedades pode ser posta em causa pela publicitação do facto de a outra ser

---

temente — v. por todos CASANOVA, *ob. cit.*, pp. 407, ss. (mas o A. defende posição contrária).

(168) *V.* FERRER CORREIA, *ob. cit.*, p. 281, CARLOS OLAVO, *ob. cit.*, pp. 203, ss., OLIVEIRA ASCENSÃO, *ob. cit.*, p. 309; v. tb. Acs. da RL de 9/2/88 e de 26/2/91, sumariados no BMJ n.os 374, p. 528, e 404, p. 500, respectivamente, e o Ac. do STJ de 29/10/98, BMJ n.º 480, p. 498 ("Brisa Hotel — Sociedade de Exploração Turística e Hoteleira, Lda" é confundível com "Brisa — Auto-Estradas de Portugal, S. A."). É igualmente o entendimento da doutrina e jurisprudência da Alemanha (v. A. BAUMBACH /W. HEFERMEHL, *Wettbewerbsrecht,* 17. Aufl., Beck, München, 1993, pp. 1227-1228, EMMERICH, *últ. ob. cit.*, p. 335, K. SCHMIDT, *Handelsrecht* cit., pp. 370, ss.) e da França (v. CHAVANNE/BURST, *ob. cit.*, p. 773).

objecto de um processo de insolvência, etc., etc. [169]. Por sua vez, o n.º 2 do art. 33.º do RRNPC não diz que a não identidade ou afinidade das actividades exercidas ou a exercer pelos comerciantes exclui a susceptibilidade de confusão ou erro. Diz antes que no juízo sobre isto se deve atender àquilo, e ao "tipo de pessoa" e ao seu "domicílio ou sede" — tudo critérios auxiliares na apreciação sobre a confundibilidade [170].

Ainda a (des)propósito do n.º 2 do art. 33.º do RRNPC. Reza assim o n.º 5 desse mesmo artigo: "Nos juízos a que se refere o n.º 2 deve ainda ser considerada a existência de marcas e logótipos já concedidos que sejam de tal forma semelhantes que possam induzir em erro sobre a titularidade desses sinais distintivos" [171]. O preceito parece querer complementar o do n.º 2. Mas este trata da diferenciação entre firmas (e denominações), aquele da diferenciação entre firmas (e denominações), por um lado, e outros sinais distintivos (de espécie diversa), por outro... [172]

6. 1. 3. 3. *Princípio da capacidade distintiva.* As firmas e as denominações, enquanto sinais *distintivos* de comerciantes, hão-de ser constituídas por forma a poderem desempenhar a função diferenciadora.

Parece não haver problema quanto às firmas dos comerciantes individuais e às firmas-nomes e firmas mistas das sociedades e dos ACE. Tais sinais, compostos (só ou tam-

---

(169) Cfr. Casanova, *últ. loc. cit.*.

(170) Cfr. tb. Carlos Olavo, *últ. loc. cit.*. Assim, p. ex., quanto maior for a similitude entre as actividades (num mesmo âmbito territorial) maior deverá ser a dissemelhança entre as firmas; quanto mais se distinguirem as actividades (e o respectivo âmbito territorial de irradiação) mais semelhantes podem ser as firmas.

(171) Redacção introduzida pelo DL 247-B/2008 (v. tb. o art. 42.º, 1, deste DL).

(172) V. tb. art. 4.º, 4, do CPI. Para um caso de inclusão ilícita de marca em firma, v. o Ac. da RL de 4 / 11 / 98, CJ, 1998, t. V, p. 75.

bém) por nomes de pessoas ou por nomes e/ou firmas de sócios ou associados, têm capacidade distintiva (tal como a têm os nomes das pessoas humanas e a devem ter as firmas de sócios ou associados).

Já as firmas-denominação das sociedades por quotas, das sociedades anónimas e dos ACE, bem como as denominações das EPE e das EEL, quando não sejam (ou não tenham elementos) de fantasia, suscitam mais cuidados. Com efeito, sob pena de incapacidade distintiva, as denominações não podem bastar-se com designações genéricas (*v. g.*, "Sociedade Bancária, S. A.", "Sociedade de Seguros, S. A.")[(173)], vocábulos de uso comum para designar actividades ou produtos (*v. g.*, "Sociedade Ideal, L.da"), topónimos ou indicações de proveniência (*v. g.*, "Sociedade Conimbricense, S. A."). Tais elementos, de per si não distintivos, hão-de ser associados a outros, de modo a que o conjunto seja capaz de distinguir (*v. g.*, "Sociedade Conimbricense Editora, S. A." ou "Sociedade Conimbricense Minerva, S. A."). Tudo isto está hoje (depois do DL 111/2005, arts. 17.º e 18.º) consagrado formalmente na lei. Diz assim, recorde-se, o n.º 3 do art. 33.º do RRNPC (v. também o n.º 4 do art. 10.º do CSC): "Não são admitidas denominações constituídas *exclusivamente* por vocábulos de uso corrente que permitam identificar ou se relacionem com actividade, técnica ou produto, bem como topónimos e qualquer indicação de proveniência geográfica".

6. 1. 3. 4. *Princípio da unidade.* A doutrina dominante na Alemanha defende a possibilidade de os comerciantes individuais (não as sociedades) adoptarem várias firmas quando

(173) Cfr. E. Ferreira de Almeida, *As denominações particulares das sociedades comerciais e a Repartição do Comércio,* RDES, 1977, pp. 270, ss..

tenham várias empresas [174]. Ferrer Correia defendeu entre nós posição idêntica [175].

Entretanto, o art. 12.°, 5, do DL 425/83, de 6 de Dezembro (diploma revogado pelo DL 42/89), consagrou a regra da unidade da firma para os empresários individuais. O art. 9.°, 1, do DL 42/89 manteve a regra, e mantém-na igualmente o art. 38.°, 1, do RRNPC ("O comerciante individual deve adoptar *uma só firma* (...)"). E vigora o mesmo princípio para as sociedades (CSC, arts. 9.°, 1, c), 171.°, 1) e para as restantes entidades colectivas que podem ser comerciantes (cfr.os arts. citados *supra,* nos n.os 6. 1. 2. 3. e 6. 1. 2. 4.). [176]

Todavia, o princípio admite uma excepção: um comerciante (individual) que exerça actividades mercantis no quadro de um e. i. r. l. e fora dele terá duas firmas — cfr. art. 40.°, 1, do RRNPC. Já o comerciante que adquira a firma de outro, mesmo que passe a explorar duas ou mais (autónomas) empresas, não poderá manter mais de uma

---

(174) V. por todos K. SCHMIDT, *últ. ob. cit.*, pp. 354, ss..

(175) V. *Lições...*, pp. 282, ss..

(176) MENEZES CORDEIRO, *Manual...*, pp. 292-293, verbera este princípio. Não se teria tido em conta que um comerciante pode ter mais de um estabelecimento ou mais de uma empresa; ter-se-ia acolhido "o conceptualismo sem peias". Um comerciante deveria poder adoptar uma firma por cada estabelecimento que explorasse; dever-se-ia até admitir que "um único estabelecimento poderia, com vantagens, girar sob duas firmas diversas" (uma firma por secção). Este discurso (melhor, parte dele) é apropriado para a Alemanha — onde a firma funciona sobretudo como nome da empresa, podendo por isso expressar-se o princípio da unidade com a formulação "uma empresa, uma firma" (v. K. SCHMIDT, *últ. loc. cit.*). Não assim entre nós. A firma é sinal nominativo basicamente identificador do comerciante; sinais individualizadores do estabelecimento são (ou eram) o nome e a insígnia de estabelecimento e podem ser os logótipos (v. *infra,* n.° 2. do cap. IV). Um comerciante com vários estabelecimentos não está impedido de, querendo, assinalar essa pluralidade. Podia adoptar um nome (e/ou insígnia) diferente por cada estabelecimento e pode agora adoptar um logótipo por cada estabelecimento. E/ou pode integrar na própria firma menções às diversas actividades que prossegue. Um mesmo sujeito poder apresentar-se no comércio jurídico com vários nomes causaria confusões várias...

firma (ou denominação): a originária (alterada) com aditamento [177]; é o que deflui do citado RRNPC, arts. 38.º, 1 e 2 ("... pode *ainda aditar à sua firma* (...)"), 44.º, 1 e 3.

6. 1. 3. 5. *Princípio da licitude (residual)* [178]. Significa um conjunto de variados requisitos. Assim, as firmas e denominações não podem conter "expressões proibidas por lei ou ofensivas da moral ou dos bons costumes"; "expressões incompatíveis com o respeito pela liberdade de opção política, religiosa ou ideológica"; "expressões que desrespeitem ou se apropriem ilegitimamente de símbolos nacionais, personalidades, épocas ou instituições cujo nome ou significado seja de salvaguardar por razões históricas, patrióticas, científicas, institucionais, culturais ou outras atendíveis" (art. 32.º, 4, b), c) e d), do RRNPC). [179]

6. 1. 4. Alteração de firmas e denominações

Respeitados que sejam os princípios há pouco assinalados, os comerciantes podem livremente alterar as firmas ou denominações (cfr. RRNPC, art. 56.º, 1, a) a f)).

E casos há em que os comerciantes as têm de alterar. Assim, por exemplo, se um comerciante individual muda de nome [180], essa mudança pode implicar alteração da firma

---

(177) V. *infra*, n.º 6. 1. 5.

(178) Falo de licitude *residual* também para marcar que os outros princípios manifestam igualmente requisitos de validade-licitude. E falo ainda aqui de *princípio* — apesar de ele poder traduzir vários "princípios em sentido estrito" — por comodidade sistematizadora... É um "princípio", enfim, "didáctico".

(179) Estas disposições inscrevem-se num art. (32.º) epigrafado "princípio da verdade". Mas pouco têm a ver com tal princípio...

(180) Para a análise das excepções ao princípio da imutabilidade do nome, v. M. VILHENA DE CARVALHO, *O nome das pessoas e o direito,* Almedina, Coimbra, 1989, pp. 119, ss..

(recorde-se o disposto no art. 38.º, 1, do RRNPC)[181]; se deixa de ser associado ou sócio pessoa cujo nome figure na firma ou denominação de uma pessoa colectiva e não há o exigido consentimento, deve tal firma ou denominação ser alterada (art. 32.º, 5, do RRNPC); a aquisição de firma implica alteração da firma originária (art. 44.º, 1 e 4); alterando-se o objecto estatutário de uma sociedade ou outra entidade colectiva, pode ter de alterar-se a respectiva firma ou denominação (cfr. arts. 54.º, 2, do RRNPC, 200.º, 3, 275.º, 3, do CSC); a transformação de sociedades (arts. 130.º, ss. do CSC), de EPEs em sociedades anónimas (art. 4.º da L 11/90, de 5 de Abril), de EEL em empresa societária (art. 44.º, 3, do RSEL), de ACE em AEIE ou vice-versa (art. 11.º do DL 148/90) exige alteração (ao menos) dos aditamentos obrigatórios nas firmas ou denominações; à firma de sociedade em liquidação deve ser aditada a menção "sociedade em liquidação" ou "em liquidação" (art. 146.º, 3, do CSC); a proibição do uso ilegal de uma firma ou denominação (art. 62.º do RRNPC) importa também alteração.

6. 1. 5. Transmissão

Sendo as firmas sinais distintivos de sujeitos, poderia pensar-se serem intransmissíveis. Não é, todavia, assim (tanto aqui como em outros países). Normalmente, a firma distingue não apenas o comerciante mas também a(s) respectiva(s) empresa(s), liga aquele a esta(s)[182]. Enquanto

---

(181) Será interessante anotar esta hipótese: um comerciante adopta como firma os apelidos do cônjuge (apelidos acrescentados aos seus próprios por virtude do casamento — art. 1677.º, 1, do CCiv.); verificando-se o divórcio, e não havendo consentimento do ex-cônjuge para o comerciante manter aqueles apelidos, deve o pedido de autorização judicial de uso de tais apelidos ser deferido — é relevante o interesse do comerciante em manter uma firma já afirmada no mercado (cfr. art. 1677.º-B).

(182) Sobre a "despersonalização" das firmas, v. F. FERRARA JR., *La teoria giuridica dell'azienda,* "Il Castellaccio", Firenze, 1945, pp. 163-164.

"colector de clientela" (expressão recorrente na doutrina italiana), a firma pode ter considerável valor económico. Interessa, pois, ao titular da firma poder realizar esse valor. E interessa a outros sujeitos poder adquirir tal colector de clientela. Contudo, a livre transmissibilidade das firmas — sem a transmissão das respectivas empresas, etc. — daria azo a enganos no público (a clientela liga a firma a certo sujeito e empresa). Ora, atendendo a estes diversos interesses (sobretudo aos primeiros) e ao facto de a firma se ligar também à empresa, tem sido permitida a transmissão daquela juntamente com esta.

Diz o n.º 1 do art. 44.º do RRNPC: "O adquirente, por qualquer título entre vivos, de um estabelecimento comercial pode aditar à sua própria firma a menção de haver sucedido na firma do anterior titular do estabelecimento, se esse titular o autorizar, por escrito". E o n.º 4: "É proibida a aquisição de uma firma sem a do estabelecimento a que se achar ligada". A transmissão entre vivos de firma obedece, portanto, a três requisitos.

Em primeiro lugar, a transmissão de uma firma tem de fazer-se *com a de um estabelecimento comercial* a que esteja ligada. Devendo entender-se que a transmissão do estabelecimento (e da firma) tanto pode ser feita a título definitivo (trespasse) como a título temporário (*v. g.*, locação, usufruto) [183].

Depois, é necessário *o acordo das partes* — devendo o consentimento do transmitente da firma ser dado *por escrito* (normalmente no documento que enforma a transmissão do estabelecimento). Quando o transmitente seja uma sociedade (ou, por interpretação extensiva, um ACE) cuja firma contenha nome de sócio (ou associado), além da autorização

---

(183) A própria lei (n.º 1 do art. 44.º) refere "por qualquer título".

daquele, é ainda indispensável a do titular do nome — n.º 2 do art. 44.º. (184)

Por último, o adquirente deve *aditar à sua própria firma menção de sucessão e a firma adquirida* (cfr. também o n.º 2 do art. 38.º) (185).

Mergulhemos um pouco na história. Por cem anos vigorou o art. 24.º do CCom., que dizia: "O novo adquirente de um estabelecimento comercial pode continuar a geri-lo sob a

(184) Transmitindo-se um estabelecimento comercial em processo de insolvência, é necessária, para que se transmita a firma, a autorização do titular da firma e (tratando-se de sociedade) do sócio cujo nome nela figure, ou basta a autorização do administrador da insolvência? Na Alemanha, onde a questão tem sido discutida, a doutrina e jurisprudência maioritárias entendiam ser necessária a autorização do titular do nome nos casos em que a firma tivesse de conter nomes de pessoas singulares (firmas dos comerciantes individuais e das sociedades de pessoas) e desde que se tratasse da transmissão de firmas originárias (não de firmas derivadas, resultantes já de autorização sem limitações dos titulares dos nomes) — v., entre outros, CAPELLE/CANARIS, *ob. cit.*, pp. 144, ss., BAUMBACH / HEFERMEHL, *ob. cit.*, pp. 1265-1266. Com a reforma de 1998, deixou de ser obrigatória a inclusão do nome do comerciante individual na firma, bem como a inclusão do nome de sócio(s) na firma de sociedade de pessoas. Por isso se defende agora a desnecessidade da autorização do titular do nome (menos consensualmente, porém, no caso das sociedades) — v. K. SCHMIDT, *ob. cit.*, pp. 349, ss., *maxime* 351; v. tb., porém, BROX, *ob. cit.*, pp. 52-53. Entre nós, deve valer a solução seguinte: sendo a firma um bem patrimonial (v. *infra*, n.º 6. 1. 8.) e o administrador da insolvência o representante do insolvente "para todos os efeitos de carácter patrimonial que interessem à insolvência" (art. 81.º, 4, do CIRE), a autorização do administrador substitui a do titular da firma (comerciante individual, sociedade, etc.); no entanto, quando a firma originária de sociedade inclua nome de sócio, é necessária também a autorização deste (sobrelevará aqui a tutela do direito ao nome).

(185) P. ex., sendo "Rolando Fúrias" a firma do adquirente e "José Fernandes, Papelaria" a firma do transmitente, a nova firma será "Rolando Fúrias, Sucessor de José Fernandes, Papelaria". OLIVEIRA ASCENSÃO, *ob. cit.*, pp. 318-319 (seguido por MENEZES CORDEIRO, *ob. cit.*, p. 289), entende que o adquirente poderá usar somente a firma adquirida, aditada com indicativo de sucessão (no exemplo há pouco dado, José Fernandes, Papelaria Sucessor). É posição que seria admissível no direito antigo (v. a seguir em texto), mas hoje contrariada pelo prescrito nos citados arts. 38.º, 2, e 44.º, 1 (v. tb. o n.º 3 deste art.).

mesma firma, se os interessados nisso concordarem, aditando-lhe a declaração de haver nele sucedido, e salvas as disposições dos artigos precedentes". Perante esta norma (sobretudo a sua parte final), defenderam alguns autores que a firma do adquirente devia aparecer ao lado da adquirida — aditando-se aquela a esta [(186)], esta àquela ou aquela a esta (consoante a vontade do adquirente) [(187)]. Parece, porém, que a citada norma não exigia que à firma adquirida fosse junta a firma do adquirente [(188)].

Ora, em termos substanciais, a solução legal hoje vigente acolheu a interpretação do velho art. 24.º em segundo lugar referida. Sai reforçado o princípio da verdade, mas fica enfraquecida na prática a transmissibilidade de firmas (juntando-se as adquiridas às originárias, as "firmas-comboios" podem ficar com demasiadas carruagens...). [(189)] [(190)]

A transmissão da firma de comerciante individual pode dar-se também *mortis causa*. Tal possibilidade é hoje explicitada no n.º 3 do art. 44.º do RRNPC: "No caso de aquisição, por herança ou legado, de um estabelecimento comercial, o adquirente pode aditar à sua própria a firma do anterior

---

(186) E. A. S. PIRES DE LIMA, *A firma no direito commercial portuguez*, Imprensa Portugueza, Porto, 1897, pp. 71, ss., A. ANTHERO, *ob. cit.*, pp. 76-77.

(187) CUNHA GONÇALVES, *ob. cit.*, vol. I, p. 92, BARBOSA DE MAGALHÃES, *Direito comercial* cit., p. 236 (quando o adquirente fosse comerciante individual).

(188) V. MÁRIO DE FIGUEIREDO, *ob. cit.*, pp. 212, ss., PINTO COELHO, *ob. cit.*, pp. 293, ss., FERNANDO OLAVO, *ob. cit.*, pp. 314-315, FERRER CORREIA, *ob. cit.*, pp. 275, ss., PINTO FURTADO, *Disposições...*, pp. 93-94.

(189) É diversa a solução noutros países — v., p. ex., § 22 do HGB (idêntico preceito continha o § 2.º do art. 3.º da nossa LSQ), e art. 2565 do *C. Civile*. Mas é o mesmo o regime estabelecido no art. 1164 do Código Civil brasileiro (de 2002).

(190) Sendo o adquirente de firma um locatário ou um usufrutuário do correspondente estabelecimento, deverá "Sucessor(a)" ser substituído (ou complementado) por "Locatário(a)" ou "Usufrutuário(a)".

titular do estabelecimento, com a menção de nela haver sucedido" (191).

O art. 44.º refere-se tão-somente à transmissão de *firma*. Mas não há razões para que semelhante regime se não aplique à transmissão de denominações de entes colectivos comerciantes (e não-comerciantes). Também neste sentido aponta o n.º 1 do art. 43.º. (192)

6. 1. 6. Tutela do direito à firma ou denominação

Como dissemos já, o direito à exclusividade de firma ou denominação constitui-se com o registo definitivo delas (RRNPC, arts. 3.º, 35.º, 1) (193). Para o correspondente âmbito de exclusividade, a protecção das firmas e denominações faz-se por meios preventivos e repressivos.

Entre os primeiros contam-se os *certificados de admissibilidade* de firmas e denominações, emitidos pelo Registo Nacional das Pessoas Colectivas, serviço a quem compete velar pelo respeito dos requisitos de validade desses sinais (RRNPC, arts. 1.º, 45.º, ss., 78.º, 1). Sem tais certificados, diversos actos relativos (também) à constituição ou alteração das firmas e denominações não podem ser formalizados e/ou registados (arts. 54.º-56.º, 58.º) (194). E, está bem de ver, esses

(191) Entre a firma do adquirente e a transmitida aparecerá então "Herdeiro de", em vez de "Sucessor de" (cfr. tb. art. 38.º, 2).

(192) E o art. 44.º deve aplicar-se analogicamente à transmissão de firmas de empresários individuais não comerciantes.

(193) Para os comerciantes (e alguns não comerciantes), os serviços competentes para o registo são as conservatórias do registo de comércio — cfr. RRNPC, arts. 38.º, 4, 40.º, 3, CRCom., arts. 3.º, 1, a), 4.º, a), 5.º, 1, a), 6.º, a), 7.º, a). Note-se, porém, que as firmas e denominações devem ainda ser inscritas no "ficheiro central de pessoas colectivas" — cfr. RRNPC, arts. 6.º, 9.º, 10.º, 11.º, 12.º.

(194) Todavia, os certificados de admissibilidade de firmas ou denominações constituem "mera presunção de exclusividade" (art. 35.º, 2).

certificados não devem ser emitidos quando as denominações ou firmas escolhidas sejam idênticas ou susceptíveis de confusão ou erro com as registadas no mesmo âmbito de exclusividade.

Por sua vez (falamos agora dos meios repressivos), as firmas e denominações que, apesar de definitivamente registadas, violem o princípio da novidade ou exclusividade (bem como outros princípios) podem ser objecto de acções judiciais de *declaração de nulidade, anulação* ou *revogação,* e estão sujeitas à declaração (pelo RNPC) de *perda do direito ao respectivo uso* (arts. 35.º, 4, 60.º). Por outro lado, o uso ilegal de uma firma ou denominação (registada ou não) "confere aos interessados o direito de exigir a sua *proibição,* bem como a *indemnização* pelos danos daí emergentes, sem prejuízo da correspondente *acção criminal,* se a ela houver lugar" (art. 62.º).

Os titulares de firmas ou denominações *não registadas* não têm o direito à exclusividade delas. Porém, se algum concorrente de um daqueles titulares usar firma ou denominação confundível (não registada e posterior, entenda-se), podendo com isso prejudicá-lo ou obter para si ou para terceiro um benefício ilegítimo, o referido titular do sinal não registado pode reagir com base no art. 317.º do CPI (concorrência desleal).

Há, no entanto, titulares de firmas e denominações não registadas em Portugal que gozam dos diversos meios preventivos e repressivos há pouco enunciados. São os nacionais (e equiparados) dos países da União Internacional para a Protecção da Propriedade Industrial [195] que constituam validamente no estrangeiro firmas ou deno-

---

(195) Comummente designada União de Paris, esta organização, de que Portugal é membro, foi criada pela Convenção de Paris para a Protecção da Propriedade Industrial de 20 de Março de 1883, entretanto várias vezes revista.

minações (também) usadas (por eles, directa ou indirectamente) em Portugal ou que aqui sejam notoriamente conhecidas. É o que resulta dos arts. 2.º, 3.º e 8.º da CUP (Convenção da União de Paris). Diz o último: "O nome comercial será protegido em todos os países da União *sem obrigação de registo,* quer faça ou não parte de uma marca de fábrica ou de comércio". (196) Assim, *v. g.*, se uma sociedade comercial espanhola, por causa dos negócios que realiza regularmente com portugueses, usa a sua firma em Portugal — mas aqui não registada — pode, por exemplo, pedir judicialmente a proibição do uso de firma idêntica (registada ou não) adoptada posteriormente (àquele uso) por uma sociedade comercial portuguesa.

6. 1. 7. Extinção do direito à firma ou denominação

Sendo as firmas e denominações dos comerciantes sinais distintivos dos mesmos para o exercício do comércio, poderia pensar-se que a cessação das respectivas actividades

(196) O "nome comercial" compreende também, em Portugal, a firma (e a denominação) — v. Ac. do STJ de 11/7/61, BMJ n.º 109, pp. 676, ss., FERRER CORREIA, *ob. cit.*, p. 290, Ac. do STJ de 11/12/79, BMJ n.º 292, pp. 391, ss., M. OEHEN MENDES, *Da protecção do nome comercial estrangeiro em Portugal,* Almedina, Coimbra, 1982, pp. 40, ss., FERNANDO OLAVO, *O nome comercial e o artigo 8.º da Convenção da União de Paris,* CJ, 1984, pp. 21-22, JUSTINO CRUZ, *Código da Propriedade Industrial,* 2.ª ed. (c/ colab. de Jorge Cruz), Livraria Arnado, Coimbra, 1985, pp. 311, ss., J. OLIVEIRA ASCENSÃO, *A aplicação do art. 8.º da Convenção da União de Paris nos países que sujeitam a registo o nome comercial,* ROA, 1996, pp. 443, ss.; contra, v. J. G. PINTO COELHO, *O "nome comercial" na Convenção da União de Paris (1883) e no Código da Propriedade Industrial,* RLJ, ano 95.º (1962-1963), pp. 82, ss., *A protecção do "nome do estabelecimento" estrangeiro,* RLJ, ano 97.º (1964-1965), pp. 65, ss.. Diga-se ainda haver jurisprudência e doutrina que não fazem depender a protecção do nome comercial estrangeiro em Portugal do seu uso ou notoriedade no país — citado Ac. do STJ de 11/7/61, PINTO COELHO, *últ. ob. cit.*, p. 131; diversamente, v. OEHEN MENDES, *ob. cit.*, pp. 12, ss., *maxime* 34, ss., OLIVEIRA ASCENSÃO, *últ. ob. cit.*, pp. 456, ss..

mercantis implica a extinção dos correspondentes sinais. Mas não é necessariamente assim.

Se a actividade comercial cessa porque o comerciante falece, extingue-se logo a firma no caso de ele não ter deixado estabelecimento comercial (por nunca o ter tido ou porque o liquidou entretanto). Caso tenha deixado empresa mercantil, três hipóteses há a considerar: o estabelecimento comercial é transmitido, mas sem a firma do autor da sucessão — ela extingue-se; o estabelecimento é transmitido com a firma — ela extingue-se na medida em que se integra na firma do adquirente (há uma nova firma, constituída pela combinação de duas — cfr. art. 44.º, 3); não é transmitido o estabelecimento, que é liquidado — a firma extingue-se.

Se a actividade mercantil cessa porque o comerciante individual assim o decide, várias hipóteses se podem considerar também: a pessoa tinha estabelecimento mercantil e, de imediato ou não, transmite-o com a firma — esta extingue-se porque incorporada na nova firma do adquirente; a pessoa não tinha estabelecimento, ou tinha mas liquida-o ou transmite-o sem firma — o direito à firma perdura, a menos que o RNPC (ou outro serviço de registo) declare a sua perda, oficiosamente ou a requerimento de qualquer interessado e mediante prova de que o titular da firma não exerce actividade mercantil *há pelo menos dois anos consecutivos* (art. 61.º, 1, b)), ou que a firma não foi inscrita no "ficheiro central de pessoas colectivas" nos prazos indicados no art. 61.º, 1, a), 2 (197).

Cessando a actividade de sociedades comerciais ou de outras entidades colectivas-comerciantes sem que as mesmas se extingam, as respectivas firmas ou denominações extinguem-se quando se transmitam com os respectivos

(197) Este art. 61.º é, apesar de tudo, bem mais razoável do que o art. 80.º do revogado DL 42/89 (a cuja irrazoabilidade tive oportunidade de aludir em *Da empresarialidade* cit., p. 59, n. (148)).

estabelecimentos; caso a transmissão se não dê, por qualquer motivo, aqueles sinais podem perdurar (recorde-se ainda o citado art. 61.º). Se os sujeitos se extinguem, extinguem-se também as firmas ou denominações — quer se transmitam na fase da liquidação com os respectivos estabelecimentos, quer não (a extinção destes sujeitos está em regra sujeita a registo obrigatório — v. CRCom., arts. 3.º, 1, t), 2, h), 4.º, d), e), 5.º, 1, e), f), 6.º, f), 7.º, j), 15.º, 1, 2; sobre o cancelamento do registo dos sinais, v. o art. 20.º).

Como dissemos no n.º anterior, as firmas e denominações ilegalmente constituídas, apesar de registadas a título definitivo, podem ser declaradas nulas, anuladas ou revogadas por sentença judicial; independentemente da via judicial, deve o RNPC declarar a perda do direito ao uso dessas firmas e denominações (arts. 35.º, 4, 60.º, 1, do RRNPC).

6. 1. 8. Natureza jurídica do direito à firma ou denominação

Em doutrina europeia antiga parece ter dominado a concepção do direito à firma (ou denominação), enquanto modalidade ou espécie do direito ao nome, como *direito de personalidade* (198).

É uma visão no essencial infundada (199). O direito ao nome (das pessoas singulares), enquanto direito de personalidade (cfr. art. 72.º do CCiv.), apresenta as características próprias desta categoria de direitos: é intransmissível, vitalício e vocacionalmente perpétuo, não se extingue pelo não

(198) V. indicações, p. ex., em FERRARA, *ob. cit.*, pp. 164, ss..

(199) No mesmo sentido, v., entre outros, OLIVEIRA ASCENSÃO, *Direito comercial* cit., vol. I, pp. 321-322. No entanto, MENEZES CORDEIRO, *ob. cit.*, p. 296, entende que a firma, perante o direito português, assume a natureza de direito de personalidade.

uso, é essencialmente extrapatrimonial [200]. Ora, o direito à firma (ou à denominação) é transmissível (n.º 6. 1. 5.), não é vitalício nem vocacionalmente perpétuo, extinguindo-se em circunstâncias várias, inclusive durante a vida do titular e por não uso (n.º 6. 1. 7) [201], e é essencialmente patrimonial (n.º 6. 1. 5.). [202]

Na Alemanha, a doutrina hoje dominante considera o direito à firma como direito de natureza *mista:* não puro direito de personalidade nem puro direito patrimonial, mas sim direito conjugando ambas as feições [203].

Por cá, penso que o mais razoável é ver as firmas e denominações como bens imateriais (coisas incorpóreas) passíveis de ser objecto de direitos reais, designadamente do *direito de propriedade* [204]. É igualmente a concepção dominante em Itália [205] e na França [206].

---

(200) V. por todos R. CAPELO DE SOUSA, *O direito geral de personalidade,* Coimbra Editora, Coimbra, 1995, pp. 401, ss..

(201) E é alterável em situações sem paralelo nas alterações do direito ao nome (n.º 6. 1. 4.).

(202) Assim sendo, o direito à firma ou à denominação — das pessoas singulares e das entidades colectivas comerciantes (e outras de natureza económica) — também não deve ser considerado *direito* (constitucionalmente) *fundamental.* É direito fundamental o direito ao nome das pessoas humanas (art. 26.º, 1, da CRP) e, porventura, o direito à denominação (extrapatrimonial, intransmissível, etc.) de certas entidades colectivas (cfr. art. 12.º, 2, da CRP), não o direito à firma ou denominação de sujeitos daquele tipo. Com uma concepção demasiado abrangente, v. *últ. A. e ob. cits.*, pp. 586, ss..

(203) V., p. ex., CAPELLE/CANARIS, *ob. cit.*, p. 134, BAUMBACH / /HEFERMEHL, *ob. cit.*, pp. 1233, 1264, K. SCHMIDT, *ob. cit.*, p. 347. Acrescente-se ainda o seguinte: é verdade que na tutela do direito à firma se recorre também (não sem a oposição de alguns autores) ao § 12 do BGB (direito ao nome) — mas sobretudo porque a tutela decorrente do § 37 do HGB se revela insuficiente (coisa que entre nós se não verifica); cfr., p. ex., BAUMBACH /HEFERMEHL, *ob. cit.*, pp. 1228, 1230, SCHMIDT, *ob. cit.*, p. 373.

(204) Já no princípio do século XX, CUNHA GONÇALVES, *ob. cit.*, p. 91, falava de direito de propriedade sobre a firma. FERRER CORREIA, *ob. cit.*, p. 295, parece aderir à concepção alemã há pouco referida; OLIVEIRA

6. 2. Escrituração e prestação de contas

6. 2. 1. Noção de escrituração mercantil

Consiste a escrituração comercial no *registo ordenado e sistemático em livros e documentos de factos* (normalmente mas não necessariamente jurídicos) *relativos à actividade mercantil dos comerciantes, tendo em vista a informação deles e de outros sujeitos.*

Sendo embora muito importante, a contabilidade — o registo em unidades monetárias de factos, operações e situações patrimonial-contabilizáveis — não esgota a escrituração; esta compreende ainda, designadamente, a documentação de correspondência expedida pelo comerciante e as actas de reuniões de órgãos (plurais, em regra) de sociedades e outras entidades colectivas.

Devem os livros e documentos de contabilidade dos comerciantes individuais registar somente as operações comerciais, ou também as operações civis de natureza patrimonial?

Umas e outras — defenderam alguns (207). É o que resulta, diziam, quer da consideração das fontes estrangeiras (códigos francês e italiano) inspiradoras do título IV do livro I do CCom. e da discussão na Câmara dos Pares, quer da letra dos pertinentes arts. do CCom. então vigentes — arts. 29.º (os livros devem dar a conhecer a "fortuna" dos comerciantes), 33.º (o livro de inventários e balanços começa por arrolar "todo o activo e passivo do comerciante", sem

ASCENSÃO, *últ. ob. cit.*, pp. 324-325, não se afasta muito dela (mas sublinha o aspecto patrimonial da firma e fala de faculdades pessoais em vez de faculdades do direito da personalidade).

(205) V., p. ex., FERRARA, *ob. cit.*, p. 167, CASANOVA, *ob. cit.*, pp. 440, ss. (mas o A. discorda da posição maioritária), COTTINO, *ob. cit.*, pp. 267, 273.

(206) V. por todos CHAVANNE / BURST, *ob. cit.*, p. 773.

(207) CAEIRO DA MATTA, *ob. cit.*, pp. 580-581, PINTO COELHO, *Lições...*, p. 495, FERNANDO OLAVO, *Direito comercial* cit., pp. 321, ss..

distinguir entre activo e passivo comercial e civil), 34.º (o diário regista os "actos que modifiquem ou possam vir a modificar a sua [dos comerciantes] fortuna").

Mesmo antes das mudanças trazidas pelo DL 76-A/2006, de 29 de Março, não parece que aquela fosse a melhor doutrina [(208)]. É certo que o art. 8 do *Code de Commerce* e o art. 21 do *Codice di Commercio* impunham o registo no diário ("livre journal", "libro giornale") de operações civis — mas em termos categóricos sem paralelo na nossa legislação ("et généralement tout ce qu'il reçoit et paie", "e generalmente tutto quanto riceve e paga per qualsivoglia titolo, civile o commerciale") [(209)]. Por outro lado, os mencionados arts. do CCom. podiam (e deviam) ser interpretados no sentido da exclusão do registo obrigatório das operações não comerciais de natureza patrimonial. O art. 29.º ligava a "fortuna" às "operações comerciais"; o art. 33.º referia-se a todo o activo e passivo do comerciante para determinar o "capital" com que ele "entra em comércio": "a diferença entre aquele [activo] e este [passivo]"; os "actos" previstos no art. 34.º seriam apenas os respeitantes ao comércio — assim se compreendendo também as "vendas" dos comerciantes de retalho a que se referia o § 2.º do mesmo art.. Por outro lado, era esta a interpretação mais concorde com o disposto no art. 44.º (força probatória dos livros de escrituração "entre comerciantes, em factos do seu comércio") [(210)].

O citado DL de 2006, pelos arts. 8.º e 61.º, d), alterou o art. 29.º do CCom. e revogou (entre outros) os arts. 33.º e 34.º do mesmo Código. Agora, o art. 29.º diz simplesmente que "todo o comerciante é obrigado a ter escrituração mercantil efectuada de acordo com a lei". Já não se faz referência à

---

(208) Com idêntico parecer, v. RLJ, ano 65.º (1932-1933), pp. 364-365, MÁRIO DE FIGUEIREDO, *ob. cit.*, pp. 223, ss., PEREIRA DE ALMEIDA, *ob. cit.*, pp. 415, ss., PINTO FURTADO, *Disposições...*, pp. 105-106, OLIVEIRA ASCENSÃO, *últ. ob. cit.*, p. 332.

(209) Em França, aquela obrigação desapareceu com um decreto de 22 de Setembro de 1953 — cfr. HAMEL/LAGARDE/JAUFFRET, *ob. cit.*, p. 404; em Itália sucedeu o mesmo com o *Codice Civile* — art. 2216 (no entanto, o "inventario" deve conter também o activo e passivo do empresário estranhos à empresa — art. 2217).

(210) Mas v. FERNANDO OLAVO, *ob. cit.*, p. 324.

"fortuna" do comerciante, e ressalta o carácter "mercantil" da escrituração. Depois, em abono da melhor doutrina, continuamos a contar com o disposto em diversos diplomas — *v. g.*, no CIRS (arts. 28.º, ss., 116.º, 1).

6. 2. 2. Organização da escrituração

Por mais de um século, prescreveu o CCom. (arts. 31.º, ss.) a obrigatoriedade de quatro livros de escrituração para "qualquer comerciante": livro do inventário e balanços, diário, razão, copiador. (211)

Todos esses livros deixaram de ser obrigatórios com o DL 76-A/2006, que alterou quase todo o título IV do livro I do CCom.. Agora, nos termos do art. 30.º do CCom., "o comerciante pode escolher o modo de organização da escrituração mercantil, bem como o seu suporte físico, sem prejuízo do disposto no artigo seguinte" (este art., o 31.º, obriga as sociedades comerciais a possuir livros para actas (212) e prevê algumas formalidades extrínsecas (213)). O facto é salientado no preâmbulo do DL: "Em 2.º lugar, o presente decreto-lei elimina a obrigatoriedade de existência dos livros da escrituração mercantil nas empresas e, correspondentemente, a imposição da sua legalização nas conservatórias do registo comercial. Logo, os livros de inventário, balanço, diário, razão e copiador deixam de ser obrigatórios, apenas se mantendo os livros de actas. Consequentemente, elimina-se a obrigatoriedade de legalização dos livros, incluindo dos

---

(211) V. tb. os arts. 218, ss. do CCom. de 1833.

(212) As outras entidades colectivas que podem (ou não) ser comerciantes devem ter também livros para actas (v. as normas sobre direito subsidiário citadas *supra,* no final do n.º 6. 1. 2. 4; para as cooperativas, v. ainda o art. 43.º, 5, do CCoop.).

(213) V. tb. o art. 39.º, que estabelece formalidades intrínsecas das actas. (Curiosamente, o art. tem por epígrafe "requisitos *externos* dos livros de actas"... A talho de foice: o legislador de 2006 não reparou que o texto oficial do CCom. não contém epígrafes nos artigos?!).

livros de actas. Estima-se que, por esta via, deixem de ser obrigatórios centenas de milhares de actos por ano nas conservatórias, que oneravam as empresas." (214)

Notas breves suscitadas por esta reforma legislativa: 1) Não seria preferível eliminar a obrigatoriedade dos livros de escrituração apenas para os pequenos comerciantes? (215) 2) Não seria preferível manter a obrigatoriedade de alguns desses livros (para os comerciantes não pequenos), embora com disciplina modernizada? (216) 3) A eliminação da necessidade de legalizar os livros nas conservatórias de registo comercial (móbil principal, parece, da reforma) não implica a eliminação da obrigatoriedade de livros de escrituração — o próprio legislador o confirma a propósito dos obrigatórios livros de actas...

Recordemos o (novo) art. 30.º do CCom.: "o comerciante pode escolher o modo de organização da escrituração mercantil (...)". Significará isto, designadamente, que o comerciante determinará o número e a sistematização dos livros (217) e / ou pastas documentais para a escrituração, bem como o modo mais analítico ou mais sintético e espaçado dos registos dos movimentos patrimoniais.

---

(214) A legalização, obrigatória para os livros do inventário e balanços, do diário e das actas da assembleia geral das sociedades, consistia na indicação do número de matrícula e na assinatura dos termos de abertura e de encerramento, bem como na rubrica das folhas numeradas (arts. 32.º do CCom. e 112.º-A do CRCom., revogados pelo DL 76-A/2006, art. 61.º, c) e d)).

(215) V. o n.º 6. 2. 7. do cap. II deste *Curso* nas cinco primeiras edições.

(216) A modernidade técnica e informática dificilmente deixaria subsistir o "copiador".

Alguns velhos códigos estrangeiros, apesar de alterações relativamente recentes, continuam a prever alguns livros obrigatórios (v., p. ex., o *Code de Commerce,* arts. L. 123-12, ss., o *Código de Comercio* espanhol, arts. 25, ss., o *HGB,* §§ 238, ss., o *Codice Civile,* arts. 2214, ss.).

(217) Exceptuados os obrigatórios — cfr. logo o art. 31.º.

Não pode significar o puro arbítrio do comerciante quanto ao quê e quanto ao como dos assentos escriturais. Impõe-se verdade e clareza nos registos do que entra (e deve entrar), do que sai e do que permanece no património mercantil. O princípio estava bem inscrito no velho art. 29.º: cumpria à escrituração dar a "conhecer, fácil, clara e precisamente" as operações e património comerciais. Ainda assim, o novo art. 29.º declara que a escrituração será "efectuada de acordo com a lei". (218) E o (novo) art. 41.º ("As autoridades administrativas ou judiciárias, ao analisarem se o comerciante organiza ou não devidamente a sua escrituração mercantil (...)") confirma que há organização "devida" e indevida (219).

Fora do CCom., há lei regulando a escrituração (não só, mas também e sobretudo) mercantil.

Lei fiscal, por exemplo (220). Basta respigar no CIRC o art. 123.º (para que remete também o art. 117.º do CIRS): diversos comerciantes (mas não só) devem dispor de contabilidade organizada de acordo com a normalização contabilística (n.º 1); "todos os lançamentos devem estar apoiados em documentos justificativos, datados e susceptíveis de serem apresentados sempre que necessário" (n.º 3, a)); "as operações devem ser registadas cronologicamente, sem emendas ou rasuras, devendo quaisquer erros ser objecto de regularização contabilística logo que descobertos" (n.º 3, b)).

Subido relevo para a organização da escrituração mercantil têm os planos oficiais de contabilidade: o (mais) geral e os sectoriais (para a banca, para os seguros, etc.). Inscrevem-se no movimento da "normalização contabilística" (méto-

---

(218) Mas o Código, agora, quase nada diz a respeito...

(219) Mas a análise referida no preceito não é tarefa autónoma das autoridades. Elas procederão a tal análise se (e na medida) necessária ao exercício de outras competências (v. exemplos *infra,* n.os 6. 2. 3. e 6. 2. 4.).

(220) Notando a importância do direito fiscal para a evolução do direito contabilístico, J. CASALTA NABAIS, *Direito fiscal,* 5.ª ed., Almedina, Coimbra, 2009, pp. 94, ss..

dos harmonizados de recolha, tratamento e apresentação dos dados relevantes são reclamados, nacional e internacionalmente, para a legibilidade e a comparabilidade das contas). Iniciado nos EUA nos anos 30 do século passado, depressa chegou à Europa [(221)]; nas Comunidades Europeias, são marcos importantes a 4.ª e a 7.ª Directivas em matéria de sociedades (de 1978 e 1983, respectivamente, alteradas entretanto). Por cá, relativamente a planos (mais) gerais, ao POC de 1977 (aprovado pelo DL 47/77, de 7 de Fevereiro) sucedeu o POC de 1989 (aprovado pelo DL 410/89, de 21 de Novembro, também várias vezes alterado, transpondo as directivas comunitárias); e temos agora o Sistema de Normalização Contabilística (SNC), aprovado pelo DL 158/2009, de 13 de Julho [222]. O SNC é aplicável a boa parte dos comerciantes (e a não comerciantes também) — v. os arts. 3.º e 10.º do DL 158/2009 —, que devem elaborar e apresentar demonstrações financeiras respeitadoras de vários princípios e regras [(223)].

6. 2. 3. O carácter (não) secreto da escrituração mercantil

"Nenhuma autoridade, juízo ou tribunal pode fazer ou ordenar varejo ou diligência alguma para examinar se o comerciante arruma ou não devidamente os seus livros de escrituração mercantil" — assim rezava o art. 41.º do CCom.. Dizia-se usualmente que esta norma consagrava o carácter secreto da escrituração comercial (dito acompanhado por um outro bem conhecido: "o segredo é a alma do negócio") — embora se acrescentasse habitualmente também que o

---

(221) V., p. ex., B. RAYBAUD-TURRILLO, *Pour un droit comptable substantiel: perspectives et enjeux,* RIDE, 1994, pp. 185, ss..

(222) O DL entrou em vigor no primeiro exercício que se iniciou em ou após 1 de Janeiro de 2010 — art. 16.º.

(223) V. o Anexo ao citado DL.

"princípio do segredo" sofre diversas restrições [(224)]. Mas, como sublinhámos antes da reforma de 2006, a norma apenas proibia o exame dos livros destinado a verificar se eles estavam ou não devidamente "arrumados"; em circunstâncias variadas, dados os interesses em jogo, elementos da escrita podiam ou deviam ser revelados ou divulgados.

A afirmação crescente das necessidades de informação (mormente no universo societário) de sujeitos diversos, privados e públicos (investidores, fornecedores, financiadores, clientes, trabalhadores, governos, administrações públicas várias), tem vindo a acentuar o carácter não secreto da escrituração mercantil.

O art. 41.º do CCom. afirma agora, notámo-lo já, a possibilidade de autoridades "analisarem se o comerciante organiza ou não devidamente a sua escrituração mercantil". Os dois arts. seguintes, pouco alterados, prevêem a exibição judicial da escrituração e dos documentos a ela relativos.

O art. 42.º permite a *exibição judicial por inteiro* em questões de "sucessão universal" (morrendo um comerciante, pode a exibição ser ordenada a favor dos herdeiros, legatários e credores da herança), "comunhão" (o cônjuge casado em regime de comunhão geral ou de adquiridos com comerciante pode exigir a exibição em caso de divórcio ou separação judicial de pessoas e bens), "sociedade" (em caso de dissolução de sociedade ou de saída de sócio, quando haja que fixar o valor de liquidação da participação social, o(s) sócio(s) ou os seus herdeiros podem exigir a exibição) e "insolvência" (v. o CIRE, arts. 36.º, f), 24.º, 1, f), g), h), 149.º, 1) [(225)].

Por força do art. 43.º, 1, do CCom., pode proceder-se a *exame judicial limitado* (parcial ou por apresentação) nos livros e documentos dos comerciantes, a requerimento das

---

(224) V. por todos FERNANDO OLAVO, *ob. cit.*, pp. 345, ss..

(225) Sobre a exibição judicial por inteiro, v. ainda o art. 534.º do CPC.

partes ou oficiosamente, "quando a pessoa a quem pertençam tenha interesse ou responsabilidade na questão em que tal apresentação for exigida". (226)

Fora do CCom., normas várias prevêem a hipótese de a escrita de comerciantes (e não-comerciantes) ser examinada ou publicitada. Eis alguns exemplos.

Os funcionários encarregados da *fiscalização dos impostos* podem examinar os livros e documentos (sobretudo contabilísticos) dos comerciantes para o apuramento dos respectivos impostos — CIVA, arts. 77.º, ss., CIRC, art. 125.º.

No domínio do *direito de defesa da concorrência,* comunitário e nacional, têm também as autoridades competentes o poder de examinar a escrita e documentos profissionais — Regulamentos n.º 1/2003, de 16 de Dezembro de 2002, arts. 20.º-22.º, e n.º 139/2004, de 20 de Janeiro de 2004, art. 13.º, L 18/2003, de 11 de Junho, arts. 17.º-18.º.

No âmbito do *direito de informação dos sócios,* estes têm a possibilidade de consultar a respectiva escrita — CSC, arts. 181.º, 214.º, 288.º, 289.º, 1, e), 474.º, 478.º, 480.º; se lhes for recusado o exercício de tal direito, podem requerer inquérito judicial à sociedade — arts. 181.º, 6, 216.º, 292.º.

Os documentos de prestação de contas da maioria das sociedades devem ser *depositados* nas conservatórias de registo comercial (CSC, arts. 70.º, 70.º-A, CRCom., arts. 3.º, 1, n), 2, b), 15.º, 1, 42.º) e *publicados* (CRCom., arts. 70.º, 1, a),

---

(226) Como se vê, o exame pode recair na escrita de terceiros, não partes no processo. "Assim, no caso em que entre credor e devedor se tivesse acordado em que o pagamento de certa dívida fôsse feita por uma terceira pessoa (...), se o credor reclamar o pagamento do devedor, pode êste pedir exame na escrita do terceiro para mostrar que êste já pagou" (PINTO COELHO, *ob. cit.*, p. 540). Também "nos casos de solidariedade activa e passiva, se só um credor exigir a prestação ou se esta apenas for exigida a um devedor, nos termos do artigo 27.º, n.º 2 [do CPC], os demais credores e devedores, não sendo partes, têm, contudo, respectivamente, interesse e responsabilidade na causa" (FERNANDO OLAVO, *ob. cit.*, pp. 354-355, n. (1)).

72.º, 3, 4); vale (quase) o mesmo para os e.i.r.l. (DL 248/86, art. 12.º, 5 e 6, CRCom., arts. 8.º, e), 70.º, 1, b)), as EPE e EEL (CRCom., art. 5.º, 1, d)). [227]

As *comissões de trabalhadores* têm o direito de ser informadas sobre a "situação contabilística" das empresas ("balanço, conta de resultados e balancetes") — CT, art. 424.º, 1, f).

6. 2. 4. Força probatória da escrituração comercial

O art. 44.º do CCom. estabelece um regime especial quanto à força probatória dos "livros" de escrituração mercantil [228], quando invocados nos processos judiciais entre comerciantes e por factos do seu comércio.

Os livros irregularmente arrumados ou escriturados fazem prova contra o comerciante a quem pertençam; mas a outra parte que deles queira beneficiar deve igualmente aceitar os assentos que lhe forem prejudiciais, salvo se tiver livros arrumados ou outras provas em contrário (n.os 1.º e 4.º). Os livros regularmente arrumados fazem prova não só contra o respectivo comerciante (n.º 1.º) mas também a seu favor — salvo se o outro litigante apresentar assentos opostos em livros igualmente arrumados (n.º 2.º), situação em que o tribunal decidirá pelo merecimento de quaisquer provas do processo (n.º 3.º), ou se fizer prova em contrário (n.º 2.º). "Se entre os assentos dos livros de um e de outro comerciante houver discrepância, achando-se os de um regularmente arrumados e os do outro não, aqueles farão fé contra estes, salva a demonstração do contrário por meio de outras provas em direito admissíveis" (n.º 4.º).

---

(227) A propósito destas obrigações, v. tb. o DL 8/2007, de 17 de Janeiro (IES — Informação Empresarial Simplificada).

(228) O art., não alterado, faz menção somente a "livros". Que hão-de ser entendidos, porém (ainda mais agora), em sentido amplo, compreendendo os documentos relativos à escrituração.

6. 2. 5. Prestação de contas

O n.º 4.º do art. 18.º do CCom. continua a dizer que os comerciantes são obrigados "a dar balanço, e a prestar contas".

A estes deveres dedicava o Código o título VI do livro I ("Do balanço e da prestação de contas"), com dois arts.: 62.º (balanço) e 63.º (prestação de contas). O art. 61.º, d), do DL 76-A/2006 revogou aquele art. 63.º (anacrónico, com efeito); o art. 9.º do mesmo DL alterou a epígrafe do título VI para "Do balanço"; o art. 8.º do DL alterou o art. 62.º do Código, que ficou assim: "Todo o comerciante é obrigado a dar balanço anual ao seu activo e passivo nos três primeiros meses do ano imediato". Teria sido preferível revogar todo o pequenino título VI...

O balanço é documento onde se compara o activo com o passivo para revelar o valor do capital próprio ou situação líquida (o valor do activo aparece igual ao valor do passivo somado com o do capital próprio). É geralmente um dos principais documentos de prestação (anual) de contas [(229)] — emparceirando com a "demonstração dos resultados por naturezas", a "demonstração das alterações no capital próprio", a "demonstração dos fluxos de caixa pelo método directo" e o "anexo" (v. o art. 11.º do DL 158/2009). E todos estes documentos são de *escrituração* (mercantil, as mais das vezes)...

Ao invés do dito nos arts. 18.º e 62.º do CCom. (todo o comerciante é obrigado...), nem todos os comerciantes têm o dever de prestar anualmente contas, nomeadamente através de balanço: alguns (pequenos) comerciantes

(229) Mas, apesar da parte final do art. 62.º do CCom., nem sempre tem de ser elaborado no período aí previsto — cfr., p. ex., os arts. 65.º, 5, e 65.º-A do CSC.

individuais não têm de cumprir o SNC (v. o art. 10.º do DL 158/2009).

A prestação de contas é relevante sobretudo no domínio das sociedades comerciais (e civis de tipo comercial) (230). Os membros do órgão de administração devem elaborar e submeter anualmente aos órgãos competentes da sociedade (a colectividade dos sócios, normalmente) o relatório de gestão, as contas do exercício e demais documentos de prestação de contas previstos na lei — CSC, arts. 65.º, ss., 189.º, 3, 246.º, 1, e), 263.º, 2, 376.º, 1, a), 454.º, 474.º, 478.º, 508.º-A, ss.. (231) Se os documentos de prestação de contas não forem apresentados atempadamente, pode qualquer sócio requerer ao tribunal que se proceda a inquérito (art. 67.º, 1, do CSC); os termos a seguir no processo de inquérito judicial são os previstos no citado art. 67.º — é o que resulta também do art. 1479.º, 3, do CPC.

6.2.6. Conservação dos documentos de escrituração

Os comerciantes são obrigados a arquivar, com ou sem recurso a meios electrónicos, os documentos respeitantes à escrituração mercantil, bem como a correspondência emitida e recebida, devendo conservar tudo pelo período de dez anos (art. 40.º do CCom.) (232). Relativamente aos livros de escrituração, o prazo conta-se a partir da data do último assento ou lançamento — data a partir da qual os livros devem ser encerrados e arquivados (233). Todavia, liquidando-se uma

---

(230) A matéria será desenvolvida no vol. II do *Curso*.

(231) Aos ACE, AEIE e cooperativas aplicam-se subsidiariamente as normas correspondentes do CSC. Para a prestação de contas pelas EPE e EEL, v., respectivamente, o art. 32.º do RSEE e o art. 42.º do RSEL.

(232) Cfr. tb. CIRS, art. 118.º, 2, CIRC, art. 115.º, 5.

(233) É entendimento pacífico — v. ADRIANO ANTHERO, *ob. cit.*, p. 93, CUNHA GONÇALVES, *ob. cit.*, p. 109, PINTO COELHO, *ob. cit.*, p. 510, FERNANDO OLAVO, *ob. cit.*, p. 342.

sociedade, o prazo de conservação é de cinco anos e deve contar-se a partir da data da deliberação que aprova o relatório e as contas finais dos liquidatários e designa o depositário dos livros e demais documentos de escrituração (cfr. art. 157.º, 4, do CSC) [(234)].

Falecendo um comerciante individual, transmitir-se-á a obrigação de conservar os documentos para os herdeiros? Porque a obrigação não é de natureza estritamente pessoal, e porque os documentos mantêm utilidade para a reconstituição e prova de factos anteriores à morte, respondemos afirmativamente [(235)].

6. 3. Inscrições no registo comercial

6. 3. 1. Considerações gerais

O registo comercial *publicita certos factos respeitantes a determinados sujeitos, tendo em vista a segurança do tráfico ou comércio jurídico* (cfr. art. 1.º do CRCom.).

Os factos e entidades sujeitos a registo são os previstos na lei (*princípio da tipicidade*; v. arts. 1.º, 10.º, f)) — destacando-se os previstos nos arts. 1.º a 10.º. Nos termos do n.º 3.º do art. 18.º do CCom., devem os comerciantes fazer inscrever no registo comercial os actos a ele sujeitos. Mas vê-se por aquelas normas do CRCom. que tal dever incumbe também a sujeitos que não são ou podem não ser comerciantes — designadamente as sociedades civis sob forma

---

(234) Regime similar vale para as cooperativas — CCoop., art. 78.º, 6. E o regime societário vale também (subsidiariamente) para os ACE e AEIE.

(235) No mesmo sentido, v. CAEIRO DA MATTA, *ob. cit.*, pp. 599-600, BARBOSA DE MAGALHÃES, *Direito comercial* cit., p. 275, PINTO COELHO, *ob. cit.*, pp. 511, ss., FERNANDO OLAVO, *ob. cit.*, pp. 343-344, PINTO FURTADO, *ob. cit.*, pp. 109-110; contra, v. CUNHA GONÇALVES, *ob. cit.*, p. 110.

comercial, cooperativas, EPEs, EELs, ACEs e AEIE sem objecto comercial.

No entanto, nem todos os factos previstos naquelas normas do CRCom. têm de ser registados. Sujeitos a registo obrigatório são os mencionados no art. 15.º (e, eventualmente, noutros preceitos fora do CRCom.) [(236)]. Resulta desse art. 15.º que os factos relativos a comerciantes individuais (art. 2.º) estão sujeitos a registo facultativo. Contudo, certos factos dos processos de insolvência relacionados com comerciantes individuais (e outros sujeitos) devem (obrigatoriamente) ser registados (competindo a promoção de tais registos às secretarias judiciais) — CRCom., art. 9.º, als. i) e ss., CIRE, art. 38.º, 2, b) [(237)].

Depois da reforma de 2006 (DL 76-A/2006, de 29 de Março), há duas marcadas "formas de registo": o registo *por transcrição* (ou por extracto) e o registo *por depósito* (art. 53.º-A do CRCom.) [(238)]. O primeiro "consiste na extractação dos elementos que definem a situação jurídica das entidades sujeitas a registo constantes dos documentos apresentados" (art. 53.º-A, 2). O segundo "consiste no mero arquivamento dos documentos que titulam factos sujeitos a registo" (art. 53.º-A, 3).

O registo efectua-se, em regra, a pedido dos interessados (*princípio da instância*); só assim não é nos casos de oficiosi-

---

(236) V. tb. o CRCom., arts. 16.º (remessa das relações mensais dos actos notariais e decisões judiciais, para prova dos factos sujeitos a registo comercial obrigatório) e 17.º (sanções para o incumprimento da obrigação de registar).

(237) E de um destes registos decorrerá a matrícula — CRCom., arts. 61.º, 62.º.

(238) Já antes a prestação de contas era registada por depósito. Mas numerosos factos passaram então a ser "registados" deste modo (v. o n.º 5 do art. 53.º-A).

dade previstos na lei (art. 28.°, 1, do CRCom.) [(239)]. De alguns interessados, e seus representantes, com legitimidade para pedir actos de registo dão-nos conta os arts. 29.°, ss..

"A viabilidade do pedido de registo a efectuar por transcrição deve ser apreciada em face das disposições legais aplicáveis, dos documentos apresentados e dos registos anteriores, verificando-se especialmente a legitimidade dos interessados, a regularidade formal dos títulos e a validade dos actos neles contidos" (art. 47.°) — *princípio da legalidade.* [(240)] As decisões dos funcionários competentes recusando a prática do acto de registo nos termos requeridos podem ser impugnadas hierárquica e contenciosamente, nos termos dos arts. 101.°, ss..

O *carácter público* do registo revela-se no facto de "qualquer pessoa" poder "pedir certidões dos actos de registo e dos documentos arquivados, bem como obter informações verbais ou escritas sobre o conteúdo de uns e outros" (art. 73.°, 1). Por outro lado, alguns actos de registo são obrigatoriamente publicados (arts. 70.°, ss.). Tradicionalmente, a publicação era feita em jornais oficiais e, em menor número, noutros jornais. O art. 19.° do DL 111/2005, de 8 de Julho, modificou significativamente a situação, alterando o n.° 2 do art. 70.° do CRCom.: "As publicações referidas no número anterior devem ser feitas em sítio na Internet de acesso público, regulado por portaria do Ministro da Justiça [Portaria 590-A/2005, de 14 de Julho], no qual a infomação objecto de publicidade possa ser acedida, designadamente por ordem cronológica". Depois, o art. 61.°, c), do DL 76-A/2006 revogou o n.° 5 do art. 70.° do

---

(239) Para exemplos de realização oficiosa do registo, v. arts. 65.°, 4, 67.°, 69.°, 4, 111.°, 4, 112.°, 1.

(240) Como se vê, o registo por depósito não está sujeito a controlo de legalidade pelo conservador. E porque o registo de quotas e de outras participações sociais se faz agora por depósito, desapareceu o princípio do trato sucessivo (art. 31.°)...

CRCom., deixando de ser exigidas as publicações em jornais não oficiais.

6. 3. 2. Efeitos do registo

"O registo por transcrição definitivo constitui *presunção* de que existe a situação jurídica, nos precisos termos em que é definida" (art. 11.° do CRCom.).[241] As presunções de exactidão derivadas do registo são em regra ilidíveis (cfr. art. 350.° do CCiv.)[242].

Efeito central do registo é ser ele *requisito de eficácia dos factos em relação a terceiros.* Em regra, os factos sujeitos a registo mas não registados são eficazes entre as partes ou seus herdeiros (art. 13.°, 1, do CRCom.). Não o são, porém, relativamente a terceiros. Quer isto dizer que os factos sujeitos a registo registados e os factos sujeitos a registo e publicação obrigatória registados e publicados são oponíveis a (produzem efeitos contra) terceiros depois da data do registo ou da publicação, respectivamente (art. 14.°, 1 e 2)[243]; por outro lado, os factos sujeitos a registo não registados e os factos sujeitos a registo e publicação registados (ou não) e não publicados são inoponíveis a (não produzem efeitos contra) terceiros (art. 14.°, 1 e 2)[244].

---

(241) Compreensivelmente (dada a ausência de controlo da legalidade), o registo por depósito não sustenta idêntica presunção (mas só pelo DL 8/2007, de 17 de Janeiro, caiu o n.° 2 do art. 11.° do CRCom.).

(242) V. J. A. MOUTEIRA GUERREIRO, *Noções de direito registral (predial e comercial)*, 2.ª ed., Coimbra Editora, Coimbra, 1994, pp. 390, ss..

(243) Mas v. a disposição do n.° 3 do art. 168.° do CSC, ressalvada no n.° 4 do art. 14.° do CRCom..

(244) Mas v. a 2.ª parte do n.° 2 do art. 168.° do CSC, ressalvada no art. 14.°, 4, do CRCom. (o facto não publicado é oponível se a sociedade provar que ele está registado e que o terceiro teve dele conhecimento), e a 2.ª parte do art. 6.° do DL 248/86 (a falta de publicação do acto constitutivo de e.i.r.l. não impede a oponibilidade a terceiros que dele tivessem

Quais os terceiros para efeitos do registo comercial? De modo geral, podemos dizer que é terceiro quem não seja parte no facto sujeito a registo, seu herdeiro ou representante (cfr. CRCom., arts. 13.º, 1, 14.º, 3) (245). Suponhamos então que numa sociedade por quotas foi o sócio-gerente *A* destituído, e que o sócio *B* vendeu a sua quota a *C* e, posteriormente, a *D*; nem a destituição nem a venda a *C* foram registadas (e a destituição também não foi, é claro, publicada) — cfr. art. 3.º, m), c). Assim sendo, a sociedade fica vinculada perante *E*, que compra mercadorias àquela, representada por *A* enquanto gerente (a destituição deste, enquanto não for registada, é inoponível a *E*, terceiro) (246); a titularidade de *D* sobre a quota prevalece em relação à de *C* (a transmissão da quota a este é inoponível a *D*, terceiro).

Contudo, casos há em que o registo é *constitutivo* (não meramente declarativo), é requisito de eficácia absoluta, não produzindo o facto não registado efeitos quer em relação a terceiros quer em relação às próprias partes (e seus herdeiros ou representantes) — v. CRCom., art. 13.º, 2, CSC, arts. 5.º, 112.º, 120.º, 160.º, 2, L 4/73, base IV, e DL 430/73, art. 4.º (ACEs), DL 148/90, art. 1.º (AEIE), CCoop., art. 16.º (247).

---

conhecimento). Acrescente-se ainda que a inoponibilidade é *contra* terceiros — pelo que estes, em princípio, podem prevalecer-se dos factos cujo registo e publicação não tenham sido efectuados (cfr. art. 168.º, 1, do CSC); v. Ac. do STJ de 18/5/99, BMJ n.º 487, 1999, p. 324, com anotação concordante de M. Henrique Mesquita na RLJ, ano 133.º (2000-2001), pp. 312, ss..

(245) Cfr. C. Ferreira de Almeida, *Publicidade e teoria dos registos*, Almedina, Coimbra, 1966, pp. 260, ss..

(246) Para outros casos, v. os Acs. do STJ de 25/6/96, BMJ n.º 458, 1996, p. 354, de 17/12/97, BMJ n.º 472, 1998, p. 251, e de 18/5/99, BMJ n.º 487, 1999, p. 324.

(247) V. o n.º 3. 2. do cap. III do vol. II do *Curso*.

6. 4. Responsabilidade por dívidas comerciais contraídas por cônjuge comerciante

São da responsabilidade de ambos os cônjuges — quando casados sob o regime da comunhão de adquiridos ou da comunhão geral de bens — as dívidas contraídas por qualquer deles no exercício do comércio, salvo se se provar que não foram contraídas em proveito comum do casal (art. 1691.°, 1, d), do CCiv.). Por tais dívidas "respondem os bens comuns do casal, e, na falta ou insuficiência deles, solidariamente, os bens próprios de qualquer dos cônjuges" (art. 1695.°, 1).

É um regime primordialmente tutelador do comércio. Na verdade, os credores (comerciantes, normalmente) dos que exercem o comércio não têm de provar (ao contrário do que sucede nos casos previstos na al. c) do n.° 1 do art. 1691.°) que as dívidas contraídas nesse exercício o foram em proveito comum do casal [(248)]; por outro lado, respondendo por tais dívidas o património de ambos e de cada um dos cônjuges, facilitada fica a obtenção de crédito pelos que exercem o comércio, facilitado fica o exercício das actividades mercantis. Contudo, não descura a lei os interesses do cônjuge de quem contrai as dívidas e da comunidade familiar. Porquanto pode um ou outro cônjuge (ou ambos) provar que elas não foram contraídas em proveito comum do casal [(249)].

---

(248) Nem têm de provar o consentimento do outro cônjuge, ou que as dívidas foram contraídas para ocorrer aos encargos normais da vida familiar — como terá de fazer quem recorra às als. a) ou b) do n.° 1 do art. 1691.°.

(249) Prova que raramente será produzida, porém. Com efeito, o normal é que com o exercício do comércio (incluindo a contracção de dívidas) se vise o proveito da família. Não obstante, poder-se-á fazer tal prova, por exemplo, quando um comerciante compre (para revenda) uma mercadoria por preço manifestamente exagerado, a fim de beneficiar especialmente o vendedor-amante; ou quando um comerciante esteja separado de facto e, sem o dever de assistência (v. art. 1675.°), não contribua para a sustentação do cônjuge (cfr. tb. LOBO XAVIER, *Direito comercial* cit., pp. 92-93,

Decorre da al. d) do n.º 1 do art. 1691.º (e do art. 342.º, 1) que os credores que pretendam valer-se do regime nela previsto têm de provar terem as dívidas sido contraídas "no exercício do comércio". Mas não tem de ser assim quando seja um comerciante a contraí-las [(250)]. Reforçando a tutela dos credores dos comerciantes (e do comércio), diz o art. 15.º do CCom.: "As dívidas comerciais do cônjuge comerciante *presumem-se contraídas no exercício do seu comércio*". Para beneficiarem desta presunção, os credores têm apenas de provar, portanto, que o sujeito contraente das dívidas é *comerciante* e que as dívidas são *comerciais* — resultantes de actos de comércio, objectivos ou subjectivos[(251)], ou de obrigações comerciais não derivadas de actos mercantis [(252)].

---

n. (3); diversamente, v. J. A. DOMINGUES DAMAS, *Dívidas comerciais dos cônjuges (reflexos familiares)*, in FDL, *As operações comerciais*, Almedina, Coimbra, 1988, pp. 205-206).

"A propósito do que seja 'proveito comum', deverão recordar-se aqui alguns ensinamentos da doutrina sobre este ponto: (1) o proveito tido em conta pelo legislador não é unicamente económico, mas sim o proveito de qualquer outra ordem atendível (moral, intelectual, etc.), e (2) a ocorrência de tal proveito deve apreciar-se tendo em conta, não o resultado efectivo da operação que origina a dívida, mas o fim que a ela presidiu, (3) apreciada a conexão entre a operação e esse fim segundo o critério de uma pessoa normal e razoável" (LOBO XAVIER, *ob. cit.*, p. 91, n. (2)). V. tb., p. ex., Acs. do STJ de 5/1/37, RLJ, ano 70.º, p. 60, e de 13/5/80, BMJ n.º 297, p. 310.

(250) Entende a doutrina dominante que o "exercício do comércio" naquela alínea referido se liga necessariamente a comerciantes (v. LOBO XAVIER, *ob. cit.*, p. 97, PINTO FURTADO, *Disposições...*, p. 79, A. LOPES CARDOSO, *Da responsabilidade dos cônjuges por dívidas comerciais*, in CCCDPOA, *Temas de direito da família*, Almedina, Coimbra, 1986, p. 173). Parece, no entanto, poder tal exercício ligar-se a não comerciantes — por exemplo, a mandatários comerciais com representação (profissionais); em boa medida convergentemente, v. DOMINGUES DAMAS, *ob. cit.*, pp. 198, ss..

(251) Actos cuja comercialidade se verifique, ao menos, em relação ao comerciante devedor; só as dívidas comerciais em relação a ele se podem presumir contraídas no exercício do *seu* comércio.

(252) Recorde-se o que dissemos *supra*, no quinto parágrafo do n.º 3. 2. do cap. I.

Ora, é em geral mais fácil provar que um acto é comercial do que provar que esse acto foi praticado no exercício do comércio do seu autor. Por exemplo, o art. 15.º é aplicável às dívidas cambiárias, dívidas tituladas por letras, livranças, cheques — não sendo necessário provar a comercialidade substancial das mesmas (são dívidas comerciais porque resultam de actos de comércio, apesar de só formalmente mercantis) (253); é igualmente aplicável a dívidas resultantes de actos subjectivamente comerciais, ainda que não efectivamente conexionados com o comércio dos seus autores (254). Em qualquer caso, compete ao cônjuge do comerciante, a este ou a ambos ilidir (ou tentar ilidir) a presunção do art. 15.º (provando que a dívida, apesar de comercial, não foi contraída no exercício do comércio do comerciante devedor); afastada ela, afastada ficará a aplicação do art. 1691.º, 1, d), do CCiv..

---

(253) Neste sentido, v. LOBO XAVIER, *ob. cit.*, pp. 100-101, LOPES CARDOSO, *ob. cit.*, p. 176; contra, v. PINTO FURTADO, *ob. cit.*, pp. 80, ss., DOMINGUES DAMAS, *ob. cit.*, pp. 210, ss.. Na jurisprudência, v., no primeiro sentido, cit. Ac. de 5/1/37; no segundo, Acs. do STJ de 8/1/65, BMJ n.º 143, p. 245, 2/12/66, BMJ n.º 162, p. 299, e 4/5/73, BMJ n.º 227, p. 169.

(254) Recorde-se o escrito *supra,* no n.º 3. 2. do cap. I, a propósito da interpretação da parte final do art. 2.º do CCom..

Capítulo III

DAS EMPRESAS

1. Para uma abordagem despreconceituosa ou não conceptualista das empresas no direito

1. 1. As concepções metajurídicas de empresa perante as concepções jurídicas [1]

Para resolver o problema da determinação da empresa em sentido jurídico (saber em que consiste ela, o que a caracteriza e distingue de outros fenómenos jurídicos), começam muitos autores por definições da empresa em sentido meta ou pré-jurídico (a empresa enquanto "produto da vida", revelado pela análise económica, ou pela sociologia, ou pela semântica, etc.).

Alguns desses autores, porém, fazem de tal começo pouco mais que mero "exercício de estilo" — as análises metajurídicas de empresa não se traduzem em algo de significativo no posterior tratamento jurídico do problema. Mas outros partem do pré-jurídico para, já a esse nível, e mais explícita ou implicitamente e de forma mais ou menos directa, colherem o fenómeno jurídico-empresarial. Descoberta a pré-jurídica "natureza da coisa"-empresa, há que transpô-la para o direito... Pode pois dizer-se que é aqui aceite o "método onto-

---

[1] Mais desenvolvidamente, v. J. M. COUTINHO DE ABREU, *Da empresarialidade (As empresas no direito)*, Almedina, Coimbra, 1996 (reimpr. 1999), pp. 10, ss..

lógico" de definir ou de formar conceitos: a empresa seria dado ôntico, dar-se-ia na realidade do ser, nesta havendo que captá-la; depois, cumpriria ao direito acolher no seu regaço o descoberto... (2)

Deve rejeitar-se este método. Primeiro: não está provado que a empresa apresente inequívoca identidade no mundo do ser e permita, portanto, uma inequívoca captação (3). Pelo contrário — investigações de diferentes quadrantes (económicos, sociológicos, etc.) têm-nos proporcionado imagens variadas dela (a empresa revela-se em diferenciados "produtos da vida"); e as divergências reiteram-se no próprio seio de cada ramo do saber (4). Segundo: mesmo que, por hipótese, se alcançasse *a* (uma única) definição pré-jurídica de empresa — ou, noutra perspectiva (não ontológica), o signo "empresa" estivesse solidamente codificado (5) ao nível metajurídico —,

---

(2) Sobre a *ontologische Methode,* e sua crítica, v. R. WANK, *Die juristische Begriffsbildung,* Beck, München, 1985, pp. 143, ss., D. JOOST, *Betrieb und Unternehmen als Grundbegriffe im Arbeitsrecht,* Beck, München, 1989, pp. 3, ss..

Mesmo hoje, o método ontológico continua a seduzir, entre nós, alguns autores. É o caso de F. CASSIANO DOS SANTOS, *Direito comercial português,* vol. I, Coimbra Editora, Coimbra, 2007, pp. 34, ss.: "deve reter-se que a empresa é, antes de tudo, uma realidade da vida"; "empresa é o que é, não o que a lei identifica como tal — do mesmo modo que um automóvel ou uma casa são o que são e não aquilo que é definido na lei"; "aquilo que é a empresa para o direito não pode ser mais do que aquilo que é a empresa na realidade social". [Aprecio especialmente a segunda frase transcrita: é o que é — quase nada. Já agora: o automóvel (que é o que é) é o das quatro rodas?; o automóvel (que é o que é) é também o VFV (veículo em fim de vida)-resíduo (cfr. o art. 2.º, t), do DL 196/2003, de 23 de Agosto, republicado em anexo ao DL 64/2008, de 8 de Abril)?; quanto à casa que é o que é, deixo aqui umas palavras mais para colorir uma monótona "realidade da vida": casa e botão, casão, casarão, casaréu, casebre, caserna (sem as piadas respectivas), casinha, casinhola, casitéu, casota.]. Contudo, Cassiano dos Santos, *ibid.,* pp. 35, ss., acaba afinal por apreender em uma realidade da vida... legal (limitadíssima, aliás: o art. 230.º do CCom.) uma (única) "noção de empresa" (prolixa, no mínimo — v. *ibid.*, pp. 41-42).

(3) Cfr. JOOST, *ob. cit.*, p. 4.

(4) V. n.º seguinte.

(5) Cfr. P. GUIRAUD, *A semiologia,* trad., Presença, Lisboa, 1978, pp. 37, ss..

era mister provar que o direito recebia cabalmente, ou (mais precisamente) tinha de receber, essa definição (ou a significação do signo codificado). Ora, resultará das páginas seguintes que o direito não recebe inteiramente essa hipotética definição ou os significados mais correntes do signo "empresa" (ou equivalente) nos domínios extra-jurídicos. Por outro lado, pode já dizer-se não ter o direito de receber cabalmente os conceitos forjados nos domínios extra-jurídicos que vimos referindo. É reconhecida a interdependência da economia e do direito, do social e do jurídico, etc. Mas reconhecida é também a correspondente autonomia relativa desses estratos; o direito não é mero reflexo especular das realidades extra-jurídicas. E esta autonomia manifesta-se também, normalmente, ao próprio nível dos conceitos. Um vocábulo ou locução típicos da linguagem corrente, económica, sociológica — mesmo que monossémicos — não têm de ser acolhidos na linguagem do direito com o mesmo sentido (à homonímia não corresponderá, por norma, perfeita sinonímia). Inseridas no direito, as expressões correntes, económicas, sociológicas transmudam-se em expressões jurídicas, *cujo sentido há-de ser apreendido de acordo com o respectivo contexto problemático e sistemático-funcional.*

Se não devemos partir do fenómeno pré-jurídico da empresa, apreensível através das vias aludidas, e que o direito haveria fundamentalmente de reconhecer e assumir, quais os caminhos a percorrer?

É preferível partir dos dados jurídicos, percorrer os terrenos do direito. Captar a empresa como "categoria" jurídica (a empresa para o direito) aconselha a arrancar desses dados[6] (sendo certo que *o direito não é constituído tão-só pela legislação,* mas também pela jurisprudência, doutrina,

---

[6] Neste sentido, V. PANUCCIO, *Impresa (diritto privato),* ED, XX, 1970, p. 546.

costumes, etc. [(7)]). E é o calcorrear despreconceituoso pelos terrenos do direito que nos possibilitará delimitar as empresas comerciais das não comerciais (espécies empresariais quanto ao objecto); distinguir as empresas consoante os respectivos sujeitos (empresas públicas, privadas, cooperativas, empresas de pessoas singulares, sociedades, associações, etc.); averiguar o que há de comum a diversas espécies empresariais; descobrir se pode ou não falar-se de conceito unitário de empresa; construir eventuais conceitos gerais de empresa (olhada em determinadas perspectivas e em certos sectores normativos); etc., etc.

Isto não significa, porém, que se deva atender exclusivamente às informações e indícios jurídicos. O direito refere sempre a empresa a algo que — menos ou mais conformado por ele, de acordo com as necessidades de regulação da vida económico-social (é visível, por exemplo, que a empresa comercial como objecto de negócios é menos moldável pelo direito do que a "empresa pública", onde entram notas caracterizadoras puramente jurídicas, ou a "empresa" para efeitos do direito de defesa da concorrência) — existe na realidade empírica. É preciso atender, portanto, também às informações que se colhem nos já assinalados terrenos extra-jurídicos. E o recurso aos dados metajurídicos mais se imporá quando no direito (*maxime,* na lei) não houver definições formalizadas de empresa [(8)]. [(9)]

---

(7) Sobre os diversos modos constituintes do direito, v. A. CASTANHEIRA NEVES, *Fontes do direito,* Coimbra, 1985 (sep. do BFD – Estudos em homenagem aos Profs. M. Paulo Merêa e G. Braga da Cruz, 1983), *passim*.

(8) E, na verdade, as definições legais de empresa são poucas, imperfeitas e divergentes (basta ver as expostas em COUTINHO DE ABREU, *ob. cit.*, pp. 23-24).

(9) Escrevi há tempos (para um concurso académico) *Direito comercial – Relatório sobre o programa, os conteúdos e os métodos de ensino,* Coimbra, 1999. É um texto singelo, aparecendo o "programa e conteúdos" em "sumários" pouco desenvolvidos. Sumário ainda menos desenvolvido quanto à Parte I, pois, como aí refiro (p. 84, n. (30)), podia remeter, bem ou mal, para a 1.ª ed. do vol. I deste *Curso*. A propósito do escrito aqui nas

1. 2. Noções metajurídicas de empresa (referência breve)

1. 2. 1. Comecemos pelas *noções económicas* (10). Não sem antes assinalar, porém, que, contra o que seria de esperar (dada a relevância da empresa no mundo económico), não são muitos os economistas a afadigar-se com a definição de empresa. Como diz Coase, a *firm* e o mercado são tomados

---

páginas anteriores (n.º 1. 1.) escrevi no *Relatório* (p. 36) quatro linhas. A última diz: "optando-se por arrancar de dados jurídicos" (para a determinação das empresas no direito). O *Relatório* foi objecto de *Parecer* oferecido pelo Prof. OLIVEIRA ASCENSÃO, publicado na RFDUL, 2000, pp. 1141, ss.. Lê-se *ibid.*, p. 1143: "E prossegue na delimitação da empresa, em que recusa concepções ontológicas e se remete ao que diz a lei. Porém, a análise tem sempre de pressupor a realidade que valora e a torna compreensível". Pois bem, ainda sumariamente, direi o seguinte: a) Não remeto para o "que diz a lei" (que diz muito pouco, repito, sobre estas coisas). Mas sim para "dados jurídicos". E estes, repise-se, não são apenas legais. E, quanto à maioria das realidades jurídico-empresariais, são sobretudo extra-legais. Por exemplo, na determinação das empresas para efeitos do direito de defesa da concorrência tomo principalmente em conta doutrina e jurisprudência (v. *infra,* n.º 2. 2.); na determinação das empresas comerciais em sentido objectivo, o ponto de partida é a *praxis* jurídico-negocial, decisivamente avaliada, reelaborada e complementada por jurisprudência e doutrina (v. *infra,* n.º 3. 1. 1. 2.). b) Tenho sublinhado que o direito (não a lei, apenas...) refere sempre a empresa a algo que existe na realidade empírica. Sendo por isso necessário analisar esta realidade (melhor, realidades) — e com óculos vários (do economista, do sociólogo, etc., incluindo os do jurista — não há realidade "pura"...). E é por sentir vivamente tal necessidade que venho solicitando (em medida nada despicienda, há-de reconhecer-se) opiniões de não juristas (v. aqui, *infra,* n.º 1. 2. Também por isto, talvez, sustento várias posições bem menos "juridicistas" do que as habituais — p. ex., em matéria de elementos ou meios das empresas: v. *infra,* excurso do n.º 3. 1. 1. 2.). c) "Partir dos dados jurídicos", atendendo embora também aos dados "extra-jurídicos", não é o mesmo que "olhar primeiro o direito e depois o pré-, meta ou extrajurídico". A análise (e reanálise) incidirá, *por uma ou outra ordem, por uma e outra ordem,* sobre as diversas dimensões dos fenómenos empresariais. *"Partir dos dados jurídicos" deve ser entendido metodologicamente — em contraposição com o "ponto de partida" ontológico* atrás referido (ao nosso ponto de partida metodológico são relativamente indiferentes o "método de investigação" e o "método de exposição").

(10) Mais desenvolvidamente, v. J. M. COUTINHO DE ABREU, *Definição de empresa pública,* Coimbra, 1990, pp. 25, ss..

como pressupostos pela maioria dos autores, não sendo objecto de investigação [(11)].

Foi bastante tardia a tentativa de definição de empresa por parte dos economistas (os autores da "escola clássica" não buscaram essa definição; o mesmo sucedeu com os marxistas "clássicos"). Um dos primeiros a fazê-la terá sido Marshall, em finais do século XIX: "'Empresa' é aqui entendida em sentido lato a fim de incluir a provisão para satisfazer necessidades de outros, que é feita na expectativa de um pagamento directo ou indirecto daqueles que dela beneficiem". Contrasta, portanto, com as provisões que cada um faça para satisfazer as suas próprias necessidades, bem como com os serviços benévolos a que por amizade ou afecto familiar se é impelido. Tal largueza nocional permite abranger as profissões liberais, os artistas... [(12)]

Por essa mesma época, entre os proponentes de noções da empresa em geral, merece também destaque Schmoller: "A empresa, como categoria, compreende todas as formas de organização social e económica que visam prover as pessoas com bens e serviços na base de negócios livres ou contratos". O Autor acrescenta resultar ela da divisão do trabalho numa economia caracterizada por mercados, dinheiro e comunicações, e constituir uma unidade, externa e internamente, quer inclua uma só quer várias pessoas. E acentua depois que a actividade empresarial visa o lucro [(13)].

[(11)] R. H. COASE, *The Firm, the Market and the Law,* The University of Chicago Press, Chicago, London, 1988, p. 5. (V., a talho de foice, M. A. CREW, *Teoria da empresa,* trad., Edições 70, Lisboa, 1983, p. 13: "Qualquer dos nossos leitores sabe o que é uma empresa. Encontra empresas no seu dia-a-dia. Aparecem empresas de quase todas as maneiras e feitios. Há empresas gigantes internacionais como ICI, General Motors, Ford, Dupont, Shell, Esso e Unilever. (...) No outro extremo está a loja da esquina vendendo mercearias, jornais ou doces".).

[(12)] V. ALFRED MARSHALL, *Principles of Economics,* 9th ed., I, Macmillan, London, 1961, pp. 291-293.

[(13)] V. GUSTAV SCHMOLLER, *The historical Development of the Enterprise,* trad., in F. C. LANE (ed.), *Enterprise and Secular Change,* G. Allen and Unwin, London, 1952, pp. 4-5.

Como se vê, uma noção ainda ampla, mas bem mais precisa que a de Marshall [(14)].

Definição bastas vezes citada é a de James: "organismo propondo-se essencialmente produzir para os mercados certos bens ou serviços, e independente financeiramente de qualquer outro organismo" [(15)].

Para terminar a amostra de noções de empresa em geral, recolhamos as opiniões de dois autores portugueses. Fernandes Ferreira define assim empresa: "unidade de meios humanos, materiais e financeiros que, actuando segundo imperativos decorrentes das leis do mercado (economia de mercado) ou do Plano (economia planificada), tem como objectivo, através da produção de bens ou serviços,

---

(14) Igualmente amplo (se não mais) — além de inusitado — é o entendimento de J. SCHUMPETER, *Teoria del desenvolvimiento economico,* trad., 3.ª ed., Fondo de Cultura Económica, México, Buenos Aires, 1963 (a 1.ª ed. em alemão é de 1911), p. 84, segundo o qual é empresa a "realização de novas combinações" de meios de produção (sendo "empresário" — sobre o qual incide aí a especial atenção do A. — o indivíduo encarregado de dirigir a referida realização; acerca das "novas combinações" — *v. g.*, produção de novos bens, conquista de novas fontes de meios de produção e de novos mercados, introdução de novos métodos de produção e de organização —, v. pp. 140, ss.). A grande latitude da noção é evidente — "o empresário [e a empresa, acrescentemos] seria fenómeno de todas as organizações sociais, da socialista à tribal" (CELSO FURTADO, *Teoria e política do desenvolvimento económico,* 2.ª ed., Dom Quixote, Lisboa, 1976, p. 83).

Note-se que SCHMOLLER, embora admita a possibilidade da troca ou venda de bens ocasionalmente excedentes e de serviços nos "estádios mais primitivos da existência humana", não deixa de ajuntar que só é legítimo falar de empresa quando tais práticas ocorram com certa regularidade. Isto é, a empresa ter-se-á revelado apenas nos casos em que "propriedade, divisão do trabalho e comunicações eram suficientemente desenvolvidos para fazer da troca e fornecimento de bens excedentes e de serviços uma parte indispensável da vida dos indivíduos e grupos" (*ob. cit.*, pp. 8, ss.) — o que contrasta bem com a "intemporalidade" à Schumpeter. [Sobre a origem e desenvolvimento da troca ("operação pela qual se cedem coisas para se obterem outras coisas" — J. J. TEIXEIRA RIBEIRO, *Economia política*, Coimbra, 1959, p. 7 — e mediante a qual os produtos viram mercadorias), v. K. MARX, *O capital – Crítica da economia política,* trad., vol. I, Civilização Brasileira, Rio de Janeiro, p. 98, E. MANDEL, *Tratado de economia marxista,* trad., Ed. Delfos, Lisboa, 1976, pp. 43, ss..]

(15) ÉMILE JAMES, *Les formes d'entreprises,* Sirey, Paris, 1935, pp. 9 ss..

satisfazer necessidades, quer da comunidade em que se encontra inserida, quer dos que nela mesma participam com capital, direcção e trabalho" (16). Mais recentemente, escreveu Alfredo de Sousa: "Por empresa entende-se qualquer organização que utiliza factores produtivos primários, bens e serviços escassos, para os transformar em outros bens e serviços; essa transformação constitui uma produção. Dito de outro modo, a empresa é um agente económico que utiliza factores produtivos e *inputs* e produz um *output*". A esta ideia amplíssima, o Autor sempre acabou por acrescentar mais alguma precisão: "A empresa é, em resumo, um centro de produção de bens e serviços e gerador de valor acrescentado". E pouco depois: "As empresas guiam-se pelo princípio (considerado axioma) da maximização dos lucros" (17).

Economistas há que, explícita ou implicitamente (e de modo deliberado ou não), se limitam a definir a empresa capitalista. E há mesmo quem olhe a empresa como realidade exclusivamente capitalista — a definição de empresa é a definição de empresa capitalista.

Que novo elemento entra na organização da conduta económica quando aparece a empresa capitalista? Sombart responde: "a empresa é agora autónoma". Significa isto a emergência de um organismo económico separado, por cima e para além dos indivíduos participantes na actividade económica. Em vez de olhar as acções económicas como acções pessoais, começou-se então a vê-las como realizações de uma entidade abstracta, com existência independente e actuando segundo as suas próprias leis. A empresa capitalista consubstanciou, pois, uma despersonalização ou objectivação das relações de propriedade (18). Por conseguinte, a empresa

---

(16) R. FERNANDES FERREIRA, *Empresa*, III — *Perspectiva económica*, Polis, vol. 2 (1984), col. 938.

(17) ALFREDO DE SOUSA, *Análise económica*, Universidade Nova de Lisboa, Lisboa, 1987, pp. 93, ss..

(18) V. W. SOMBART, *Medieval and Modern Commercial Enterprise*, in LANE (ed.), *Enterprise...*, pp. 36-37 (sob aquele título estão traduzidas partes dos vols. I e II de *Der moderne Kapitalismus*, 2. Aufl., München, 1916). O A. não nega que em tempos mais recuados tivessem também existido organizações supra-individuais, particularmente na esfera econó-

capitalista é "um mecanismo para fins aquisitivos que opera impessoalmente" [19].

Napoleoni: "A empresa capitalista é portanto o conjunto de todos os meios de produção, trabalho incluído, que fazem parte de um mesmo capital, e que, enquanto tais, são coordenados por um determinado sujeito económico que é o capitalista proprietário daquele capital, para o exercício de um determinado processo produtivo a fim de conseguir a maximização do lucro" [20].

Para Lombardini, nos sistemas económicos de imputação empresarial *(imputazione aziendale)*, particularmente no sistema capitalista, a empresa pode definir-se como *uma organização (um sistema) na qual se empregam bens* ("factores produtivos: *inputs* na terminologia anglo-saxónica"), *se aplicam processos produtivos* ("que consistem em transformações mecânicas, biológicas, em transferências no espaço e em conversão e transferência no tempo, às quais são submetidos alguns factores produtivos numa determinada estrutura organizativa, para o funcionamento da qual se exige o emprego de outros factores produtivos") *e se obtêm bens* ("produtos: *outputs* na terminologia anglo-saxónica") [21].

---

mica — "mas elas eram organismos coligando grupos naturais de seres humanos em todos os aspectos da sua vida" (p. 36). Para a referida autonomização da empresa muito contribuiu, sublinha o A., a contabilidade por partidas dobradas — uma contabilidade (estreitamente ligada à gestão) que figura a empresa (representada pelo seu capital) como entidade independente e separada da pessoa do empresário (pp. 39-40). Sombart chega mesmo a dizer: "A contabilidade por partidas dobradas criou não só o 'capital' como conceito, mas também 'a empresa capitalista' " (p. 39).

(19) *Ibid.*, p. 37. Acentuando a ideia de que o lucro é o fim supremo prosseguido pela empresa capitalista — fim ao qual todos os móbiles do empresário se terão de subordinar ("objectivação do desejo do lucro") —, v. tb. W. SOMBART, *L'apogée du capitalisme,* t. I, trad., Payot, Paris, 1932, pp. 55, ss..

(20) CLAUDIO NAPOLEONI, *Elementi di economia politica,* 4.ª reimpr. da 2.ª ed., La Nuova Italia Editrice, Firenze, 1973, p. 80.

(21) SIRO LOMBARDINI, *Corso di economia politica,* vol. I, Utet, Torino, 1976, p. 133. Para limitar a amplitude desta definição, talvez convenha referir o que o A., mais à frente (p. 166), escreve: "Num sistema capitalista (...) a empresa opera para maximizar o seu lucro. Este postulado — aceite quer na análise clássica quer na análise marginalista — é hoje

Nesta sequência, há que referir a noção de empresa (societária, nomeadamente) apresentada por uma "theory of the firm" em voga nos últimos decénios: a chamada teoria neo-institucional, segundo a qual a *firm* é rede, série ou conjunto de contratos (*nexus* ou *set of contracts* entre empresário e empregados, fornecedores, clientes, credores, etc.) (22).

Definição com bastante sucesso é (também) a de Perroux: "A empresa é uma forma de produção pela qual no seio de um mesmo património se combinam os preços dos diversos factores da produção levados por agentes distintos do proprietário da empresa, tendo em vista vender no mercado um bem ou serviços e obter um rendimento monetário que resulta da diferença entre duas séries de preços (a que compõe o preço de custo e a que forma o preço de venda)" (23).

---

posto em causa. Se consideramos um sistema capitalista de tipo concorrencial, o postulado aparece porém facilmente aceitável (...)".

(22) *V.* A. A. ALCHIAN/H. DEMSETZ, *Production, Information Costs, and Economic Organization,* in R. A. POSNER / K. E. SCOTT, *Economics of Corporation Law and Securities Regulation,* Little, Brown and Comp., Boston, Toronto, 1980, pp. 12, ss. (o estudo foi primeiramente publicado em 1972), M. C. JENSEN/W. H. MECKLING, *Theory of the Firm: Managerial Behavior, Agency Costs and Ownership Structure, ibid.*, pp. 40-41 (o artigo é de 1976), E. F. FAMA, *Agency Problems and the Theory of the Firm, ibid.*, pp. 56-57 (o artigo é de 1980). Para uma exposição sintética desta teoria neo-institucional (representada pelos autores acabados de citar), bem como das "theories of the firm" "managerialist" (desenvolvida por W. Baumol, R. Harris, H. Leibenstein, D. Mueller) e "dos custos de transacção" (desenvolvida por O. Williamson), v. J. C. COFFEE, JR., *Shareholders versus Managers: The Strain in the Corporate Web,* MLR, vol. 85 (1986-1987), pp. 25, ss.. Note-se que a primeira e terceira teorias se ligam de algum modo (por reacção e/ou aceitação-desenvolvimento) ao entendimento de COASE sobre *The Nature of the Firm* (título do estudo que, publicado primeiramente na revista "Economica", Nov. 1937, foi (re)descoberto nos anos 70; está reimpresso in COASE, *The Firm...*, pp. 33, ss.). Segundo este A., a *firm* é uma organização que constitui um método de coordenação da actividade produtiva alternativo do de mercado (a *firm* surge porque os custos de organização suportados pelo empresário são menores que os custos de transacções no mercado que sem aquela teriam de ser pagos) — *ob. cit.*, pp. 35, ss.; "we can best approach the question of what constitutes a firm in practice by considering the legal relationship normally called that of 'master and servant' or 'employer and employee' " (p. 53 — é a ideia da hierarquia, em contraposição à do mercado).

(23) *V.* FRANÇOIS PERROUX, *Cours d'économie politique,* II, 2e éd., Domat-Montchrestien, Paris, 1939, pp. 3-7.

Sendo assim, não deve confundir-se empresa (capitalista) com as "explorações" – a que faltam sempre uma ou mais características da empresa; por isso se devendo falar de *explorações* cooperativas, agrícolas e públicas (e não de *empresas* cooperativas, agrícolas e públicas) [24].

Resulta deste excurso não existir *uma* definição económica de empresa; este vocábulo, portanto, não denota na economia uma unívoca "natureza das coisas"... Contudo, parece legítimo, e útil, acrescentar que a maior parte das definições expostas apresenta, de modo expresso ou não, importantes notas comuns. Poderá assim dizer-se que para grande parte delas a empresa vem a ser 1) *uma organização de factores produtivos* (terra ou natureza, capital e trabalho – na formulação mais tradicional e extensa) 2) *que produz bens* (materiais ou corpóreos e imateriais ou serviços) 3) *destinados à troca,* 4) *com vista à obtenção de um lucro* (excedente do preço de venda sobre o preço de custo).

1. 2. 2. No campo da *sociologia,* as focagens da empresa são variadas também [25], não existindo igualmente uma noção unitária [26]. Não obstante, sendo a empresa vista pela sociologia como um fenómeno eminentemente social, esta disciplina do saber não pode deixar de perspectivá-la sobretudo do ponto de vista dos conjuntos de pessoas e grupos actuando interdependentemente. Daí poder dizer-se que, para a sociologia, a empresa será primariamente uma organização pessoal para a consecução de um fim económico [27].

---

(24) V. *ibid.*, pp. 7-9. Inspirando-se em boa medida em Perroux, v., entre nós, TEIXEIRA RIBEIRO, *ob. cit.*, pp. 123, ss. (mas o A., note-se, não reduz a categoria "empresa" ao conceito de "empresa capitalista").

(25) V. RENÉ KÖNIG (coord. de), *Sociologia,* trad., Ed. Meridiano, Lisboa, 1971, pp. 226, ss., PHILIPPE BERNOUX, *A sociologia das empresas,* trad., Rés, Porto.

(26) Cfr., *v. g.*, F. SÁNCHEZ LÓPEZ, *La empresa como unidad de analisis sociologico,* REP n.º 161 (1968), p. 118, e TH. RAISER, *Das Unternehmen als Organisation,* de Gruyter, Berlin, 1969, pp. 111-112.

(27) Não há, porém, consenso quanto a uma maior precisão deste fim – cfr. *últ. A., ob. e loc. cits.*.

1. 2. 3. *Semanticamente*, "empresa" revela-se igualmente polissémico (ou não fosse a linguagem corrente uma "língua natural", caracterizada, também, pela "vaporosidade" e "contextualidade do sentido" [(28)]).

De uma olhadela pelos dicionários [(29)] e do que vamos ouvindo e lendo, podemos concluir ao menos isto: 1) Empreendimento (ou cometimento — ousado, em princípio) é o significado mais tradicional de "empresa". 2) Desde há mais de um século que "empresa" se deixa substituir por "estabelecimento". 3) "Empresa" tem vindo a ganhar conotações subjectivas (empresa como sujeito; "a empresa *x* despediu *y* trabalhadores", "a empresa *z* requereu um subsídio estatal", etc., etc. — já todos ouvimos e lemos coisas do género). 4) Hodiernamente, "estabelecimento" indica sobretudo o estabelecimento comercial, mais concretamente a casa ou loja comercial.

2. Concepções jurídicas de empresa

2. 1. Terminologia

Para designar o fenómeno jurídico-empresarial (melhor, os fenómenos jurídico-empresariais) tem-se recorrido preferencialmente às palavras "empresa" e "estabelecimento". Será legítimo o emprego sinonímico destes vocábulos?

A questão tem sido posta entre nós quase só no quadro do direito comercial. E a resposta costumava ser afirmativa [(30)]. Nos tempos mais recentes, porém, parece dominar a posição contrária [(31)].

---

(28) Cfr. J. Wroblewski, *Les langages juridiques: une typologie,* DS n.º 8, 1988, p. 16.

(29) Cfr. a minha *Da empresarialidade* cit., pp. 11-12.

(30) V. J. G. Pinto Coelho, *Lições de direito comercial,* 1.º vol., C. E. Martins Souto Ed., Lisboa, 1942, pp. 82, 86, Orlando de Carvalho, *Critério e estrutura do estabelecimento comercial,* I, Atlântida, Coimbra, 1967, pp. 7, ss., n. (3), A. Ferrer Correia, *Reivindicação do estabelecimento*

Em tese geral, penso ser legítima a utilização sinonímica dos dois vocábulos — e tomando em conta quer o espaço jurídico-mercantil quer outros domínios.

Com efeito, mesmo as leis não se opõem a tal equipolência. Ilustremo-lo.

"Estabelecimento" denota dominantemente algo objectivo (um instrumento ou estrutura produtiva de um sujeito, e objecto de relações jurídicas). Alguns (poucos) exemplos. Só devidamente autorizado "pode o curador alienar ou onerar (...) estabelecimentos comerciais (...)" — CCiv., art. 94.º, 3. "Locação de estabelecimento" (epígrafe do art. 1109.º do CCiv.). "Trespasse de estabelecimento comercial ou industrial" (art. 1112.º, 1, a), do CCiv.). "Os proprietários e os donos de estabelecimentos industriais (...)" — CCiv., art. 1559.º (v. ainda, deste Código, os arts. 1560.º, 1, a), 1682.º-A, 1, b), 1889.º, 1, c), 1938.º, 1, f), 1940.º, 4). Os sócios deliberam sobre "a alienação, a oneração e a locação de estabelecimento" (CSC, art. 246.º, 2, c); v. tb. os arts. 19.º, 1, b), e 152.º, 2, d)). "O endereço geográfico do estabelecimento do fornecedor (...) — DL 143 / 2001, de 26 de Abril (contratos celebrados a distância, etc.), art. 5.º, 3, b) (v. tb. os arts. 3.º, 1, c), 13.º, 2, c), 24.º, 1).

Mas também "empresa" pode significar o mesmo. "Tomada, total ou parcial, de empresas agrícolas mediante contratos de arrendamento ou de quaisquer acordos que

---

comercial como unidade jurídica, in *Estudos jurídicos,* II, Atlântida, Coimbra, 1969, p. 255.

(31) *V.g.*, A. PEREIRA DE ALMEIDA, *Direito comercial,* I, AAFDL, Lisboa, 1976/77, p. 116, J. OLIVEIRA ASCENSÃO, *Estabelecimento comercial e estabelecimento individual de responsabilidade limitada,* ROA, 1987, I, p. 13, FERNANDO CARDOSO, *Reflexões sobre o estabelecimento comercial ou industrial e respectivo contrato de aluguer,* Portugalmundo Ed., Lisboa, 1991, pp. 26 ss., J. PINTO FURTADO, *Manual de arrendamento urbano,* 4.ª ed., Almedina, Coimbra, 2008, pp. 667, ss., NUNO AURELIANO, *A obrigação de não concorrência do trespassante de estabelecimento comercial no direito português,* em *Estudos em homenagem ao Prof. Doutor Inocêncio Galvão Telles,* vol. IV, Almedina, Coimbra, 2003, pp. 726, ss.. Em 1983, FERRER CORREIA, *Sobre a projectada reforma da legislação comercial portuguesa,* ROA, 1984, p. 21, parecia preferir a não sinonímia.

impliquem o exercício da posse e o início da exploração por parte do investidor" — DL 197-D / 86, de 18 de Julho (investimentos estrangeiros), art. 3.º, 1, e) (v. tb. a al. a)). "Para efeitos deste Código, considera-se empresa toda a organização de capital e de trabalho destinada ao exercício de qualquer actividade económica" (art. 5.º do CIRE; v. *infra*, n.º 4.).

"Empresa" vem sendo empregue em grande escala para significar sujeito. Alguns (poucos) exemplos. O Estado impõe "o princípio da especialidade das empresas titulares de órgãos de informação geral (...)" — CRP, art. 38.º, 4. Portaria fixa os juros moratórios legais e os estabelecidos sem determinação de taxa ou quantitativo relativamente aos "créditos de que sejam titulares empresas comerciais, singulares ou colectivas" (CCom., art. 102.º, § 3.º — v. *supra*, n.º 1 do cap. I). "Salvo autorização da empresa proprietária do jornal ou publicação congénere (...)" — CDA, art. 174.º, 2 (v. tb. o n.º 4, e o art. 19.º, 3). A elaboração de contas consolidadas pode ser regulada também pelos "contratos entre empresas a consolidar" (CSC, art. 508.º-B, 1; v. tb. os restantes arts. do cap. onde aquele se inclui). "São instituições de crédito as empresas cuja actividade consiste em receber do público (...)" — RGIC, art. 2.º. "... o direito à patente pertence à respectiva empresa" — CPI, art. 59.º, 1 (v. tb. os restantes n.ºs e o art. 354.º). "Entende-se por empresa qualquer entidade que, independentemente da sua forma jurídica, exerce uma actividade económica" (art. 1.º do Anexo ao DL 372/2007, de 6 de Novembro). O SNC (Sistema de Normalização Contabilística) é "aplicável às seguintes entidades: (...) Empresas individuais reguladas pelo Código Comercial" (art. 3.º do DL 158/2009, de 13 de Julho).

Mas também "estabelecimento" pode (em menor escala) significar o mesmo. "A criação, organização e funcionamento de estabelecimentos bancários com a faculdade de emitir títulos fiduciários (...)" — CCom., art. 364.º. "... o portador do respectivo conhecimento de depósito separado da cautela de penhor pode, sob responsabilidade do competente estabelecimento (...)" — CCom., art. 416.º. "Prescrevem no prazo de seis meses os créditos de estabelecimentos de alojamento, comidas ou bebidas, pelo alojamento, comidas ou bebidas que forneçam (...)" — CCiv., art. 316.º (v. tb. os arts. 317.º, a), 495.º, 2).

Além disso, há leis que acolhem em algumas das suas normas os dois signos emparceirados (às vezes ligados por "ou") — e com sentido equipolente. Exemplos. "A transmissão, entre vivos ou por morte, da parte de cada agrupado só pode verificar-se juntamente com a transmissão do respectivo estabelecimento ou empresa" — DL 430 / 73, de 25 de Agosto (ACE), art. 11.º, 2. "As licenças obrigatórias [de patente] serão não exclusivas e só podem ser transmitidas com a parte da empresa ou do estabelecimento que as explore" (CPI, art. 107.º, 2). "A transmissão da empresa ou do estabelecimento determina a transferência para o adquirente dos seguros associados a essa unidade económica (...)" — art. 95.º, 5, do RJCS [(32)].

O recente Código do Trabalho (CT), de 2009 — tal como o anterior, de 2003 —, contém largas dezenas de referências a "empresa" e (em menor número) a "estabelecimento". Com significados idênticos aos mencionados atrás. Eis uma pequena amostra.

"Estabelecimento" como algo objectivo: possibilidade de transferência de trabalhador "em caso de mudança ou extinção, total ou parcial, do estabelecimento onde aquele presta serviço" (art. 194.º, 1, a)); isenção de horário de trabalho para trabalhador em situação de teletrabalho ou "exercício regular de actividade fora do estabelecimento" (art. 218.º, 1, c)). "Empresa" com significado idêntico: considera-se "teletrabalho a prestação laboral realizada com subordinação jurídica, habitualmente fora da empresa (...)" — art. 165.º; "o encerramento total e definitivo de empresa determina a caducidade do contrato de trabalho (...)" — art. 346.º, 3.

(32) V. tb. a Directiva 77/780/CEE, de 12 / 12 / 77 (sobre direito bancário), art. 1.º: "Para efeitos da presente directiva, entende-se por: / — estabelecimento de crédito: uma empresa cuja actividade consiste em receber do público (...)".

"Empresa" como sujeito: "o trabalhador contratado por uma empresa estabelecida em Portugal (...)" — art. 8.º, 1; "o Estado deve estimular e apoiar, pelos meios convenientes, a acção das empresas (...)" — art. 84.º, 2. "Estabelecimento" com o mesmo sentido: punição de empresa de trabalho temporário "com ordem de encerramento do estabelecimento onde a actividade é exercida (...)" — art. 192.º, 3; "quando várias empresas, estabelecimentos ou serviços desenvolvam, simultaneamente, actividades no mesmo local de trabalho (...)"— art. 216.º, 2.

Os dois signos emparceirados e com sentido basicamente equipolente: "o empregador deve afixar informação relativa à existência de postos de trabalho permanentes que estejam disponíveis na empresa ou estabelecimento" (art. 144.º, 4); o mapa do horário de trabalho deve conter "início e termo do período de funcionamento e, se houver, dia de encerramento ou suspensão de funcionamento da empresa ou estabelecimento" (art. 215.º, 1, d)) [(33)].

Por outra banda, a linguagem corrente também não se opõe à equivalência "empresa"-"estabelecimento". Considero,

(33) Contudo, quando aparecem num mesmo preceito do Código, os dois signos denotam na maioria das vezes significados não equivalentes (ainda que o cunho — objectivista, dominantemente — seja o mesmo); "estabelecimento" mostra-se como parte de "empresa". Exemplos: trabalho prestado "noutro estabelecimento da mesma empresa com idêntica actividade" (art. 150.º, 4); transferência de trabalhador "para outro estabelecimento da empresa" (art. 195.º, 1); "podem ser criadas subcomissões de trabalhadores em estebelecimentos da empresa geograficamente dispersos" (art. 415.º, 2).

Diga-se ainda, por outro lado, que para certos efeitos (distantes da problemática jurídico-empresarial), "estabelecimento" aparece com significado dificilmente traduzível por "empresa". É o caso do art. 3.º, 1, do DL 462 / 99, de 5 de Novembro (cadastro dos estabelecimentos comerciais): "Para efeitos do disposto no presente diploma, entende-se por estabelecimento comercial toda a instalação, de carácter fixo e permanente, onde seja exercida (...) uma ou mais actividades de comércio (...)". (Mas já não é este o sentido da al. e) do art. 4.º: "mudança de nome ou de insígnia do estabelecimento comercial"...).

Também por isto, venho escrevendo que penso ser legítima a referida sinonímia "em tese geral".

portanto, que a clareza ou o rigor do discurso jurídico não sofrem, em regra, com o emprego sinonímico dos dois vocábulos. Menos ainda quando no discurso é afirmada, explícita ou contextualmente, a sinonímia.

De todo o modo, usarei preferencialmente "empresa", por ser vocábulo de maior espectro, com significação mais ampla. (34)

Entretanto, deve ser dito já aqui que a questão terminológica está longe, muito longe da questão ou questões essenciais suscitadas pelas realidades jurídico-empresariais — a determinação das empresas e do regime respectivo. Por exemplo, dizer que se perfilha a sinonímia de "empresa" e "estabelecimento" é (quase) nada dizer ainda sobre o que caracteriza ou distingue a empresa ou estabelecimento; optar pela sinonímia não é comprometer-se com um único significado (seja ele qual for) para empresa ou estabelecimento; reconhecer que tanto "empresa" como "estabelecimento" se mostram quer como sujeitos quer como objectos — e legitimar assim a adopção do uso equipolente — é quase nada ainda para a caracterização de tais sujeitos e objectos.

É por isso assinalável a equivocidade que às vezes ressuma das críticas a posições pró-sinonímia. A sinonímia implicaria que "empresa" e "estabelecimento" designam uma mesma e única realidade — empresa = estabelecimento = *x* (a não sinonímia implicaria que empresa é *a* — ou, e isto é já um progresso, *a* ou *b* — e estabelecimento é *c*) (35).

---

(34) Sobre a questão terminológica noutros países, e a distinção-contraposição que nalguns deles muitas vezes se faz entre expressões correspondentes às nossas "empresa" e "estabelecimento" (p. ex., *impresa-azienda, entreprise-fonds de commerce, empresa-establecimiento)*, v. COUTINHO DE ABREU, *Da empresarialidade....*, pp. 6-10.

(35) V., designadamente, PINTO FURTADO, *loc. cit.*, e A. MENEZES CORDEIRO, *Manual de direito comercial,* I vol., Almedina, Coimbra, 2001, pp. 225, 239 e n. (818).

Ora, no que respeita à posição por mim defendida, a implicação referida é falsa. Empresa ou (em sinonímia) estabelecimento designam — já se vislumbrou no último excurso, ver-se-á nas páginas seguintes — *realidades várias, de harmonia com os diversos contextos problemáticos, sistemático-funcionais e local-temporais* (empresa ∨ estabelecimento $= x \vee y \vee z ...$).

2. 2. Principais acepções de empresa

No direito, as empresas revelam-se hoje em duas acepções principais: *em sentido subjectivo* (empresas como sujeitos jurídicos que exercem uma actividade económica) e *em sentido objectivo* (empresas como instrumentos ou estruturas produtivo-económicos objectos de direitos e de negócios) (36). *Tais acepções não se equivalem ou correspondem de modo a poder formar-se um conceito unitário de empresa,* um conceito geral que valha para todas as espécies empresariais e em todos os ramos do direito (e pese embora o facto de na grande maioria dos casos a empresa-sujeito implicar a empresa-objecto) (37).

---

(36) Estes sentidos *serão precisados depois* — o primeiro já no excurso que daqui a pouco se fará, o segundo (o mais significativo para a nossa disciplina) no n.º seguinte.

Para outras acepções de empresa, v. COUTINHO DE ABREU, *Da empresarialidade* cit., nomeadamente pp. 214-225, 299-303. Recorde-se, entretanto, que no campo jurídico-mercantil assinalámos já uma outra acepção de empresa (embora associada à de empresa em sentido objectivo): no art. 230.º do CCom., as empresas são séries de actos (actividades) objectivamente comerciais enquadrados organizatoriamente (v. *supra,* n.º 3. 1. 2. do cap. I).

(37) Sobre a problemática do conceito unitário de empresa, v. COUTINHO DE ABREU, *últ. ob. cit.*, pp. 281-301 [nas pp. 281-285 encontrará o leitor uma análise crítica das concepções de alguns autores — designadamente Orlando de Carvalho, Thomas Raiser, Broseta Pont— que, arrancando de diversas noções pré-jurídicas de empresa, afirmam (diversos) conceitos unitários de empresa em geral]. Na apresentação de conceito jurídico de empresa, avança-se ainda hoje, aqui e ali (num curioso *revivalism*), com os chamados "perfis" da empresa (perfis subjectivo, objectivo, institucio-

As *empresas em sentido subjectivo* evidenciam-se principalmente no direito (de defesa) da concorrência [38].

No âmbito do direito comunitário-europeu da concorrência (que vigora, como é sabido, na ordem interna dos Estados-membros) são empresas, primordialmente, os sujeitos jurídicos que exercem uma actividade económica (ou que estão em condições de exercê-la [39]), e têm a possibilidade de, em cooperação, restringir a concorrência e afectar as trocas comerciais entre os Estados-membros, ou a possibilidade de, individual ou colectivamente, explorar de forma abusiva uma posição dominante, com afectação do comércio intracomunitário [40].

---

nal...). Subjaz a essa exposição um conceito unitário de empresa: esta é fenómeno unívoco, não obstante revelar mais uma ou mais outra face consoante o plano em que se mostra. Bem diferente é a concepção que temos defendido. Por exemplo, a ideia de que um advogado ou um artesão, não possuindo embora empresas em sentido objectivo, são empresas (em sentido subjectivo) para certos efeitos jurídicos é inconciliável com um conceito unitário de empresa — que não prescinde do "perfil" objectivo ou real. [Para evitar equívocos: utilizei em *Da empresarialidade* cit., p. 5, a nomenclatura dos "perfis" (indo às fontes, claro — a começar pelo Asquini dos anos 40 do século passado) — mas em perspectiva introdutória e para efeitos de terminologia, sem vinculação a qualquer pré-compreensão unitária dos fenómenos empresariais.].

(38) Para outras manifestações desta acepção, v. COUTINHO DE ABREU, *ob. cit.*, sobretudo pp. 117, ss. (a propósito das empresas públicas) e 214, ss. (relativas às criticáveis "teorias da identidade" empresa-sociedade). V. também *infra,* n.º 3. 2. 1. — empresas públicas estaduais (agora em moldes em parte diferentes), empresas municipais, intermunicipais e metropolitanas.

Para apontamentos sumários sobre o direito comunitário de defesa da concorrência, v. J. M. COUTINHO DE ABREU, *Aspectos do direito económico da União Europeia,* BFD, 1998, pp. 711, ss.. Recorde-se ainda que o direito comunitário vem promovendo em outros domínios (diferentes do da defesa da concorrência) a utilização de "empresa" para designar sujeitos muito diversos — incluindo sujeitos sem empresa em sentido objectivo.

(39) Referimo-nos às chamadas "empresas potenciais" — v. *Da empresarialidade* cit., pp. 286-287, n. (743).

(40) Cfr. arts. 101.º e 102.º do TFUE. Diz o n.º 1 do primeiro: "São incompatíveis com o mercado interno e proibidos todos os acordos entre empresas, todas as decisões de associações de empresas e todas as práticas concertadas que sejam susceptíveis de afectar o comércio entre os Estados membros e que tenham por objectivo ou efeito impedir, restringir ou falsear a concorrência no mercado interno (...)". Começa assim o art. 102.º:

As empresas aparecem aqui, com efeito, em sentido subjectivo, como sujeitos de direitos e deveres: só os sujeitos jurídicos se comprometem a "práticas concertadas", celebram "acordos", "contratos" (cfr. arts. 81.º e 82.º do TCE), são passíveis de sanções (cfr. arts. 23.º e 24.º do R(CE) n.º 1/2003, de 16 de Dezembro de 2002), etc. Podem ser *pessoas singulares ou colectivas*, bem como *sociedades, associações ou outras entidades sem personalidade jurídica* (41).

Estes sujeitos jurídicos, para serem considerados empresas, têm de exercer uma *actividade económica* — implicante de troca de bens (incluindo serviços). Todavia, tal actividade *não* tem necessariamente de ser dirigida à obtenção de *lucros* (42). *Nem* tem — sublinhe-se — de ser suportada por uma *organização de trabalho dependente e/ou de outros factores produtivos* (*não se exige uma organização de meios autonomizável em face do sujeito,* a actividade pode depender tão-só da pessoa do sujeito): é possível serem considerados empresas inventores que comercializem as respectivas invenções (43), artistas que explorem comercialmente as suas prestações artísticas (44), profissionais liberais (45).

"É incompatível com o mercado interno e proibido, na medida em que tal seja susceptível de afectar o comércio entre os Estados membros, o facto de uma ou mais empresas explorarem de forma abusiva uma posição dominante no mercado interno ou numa parte substancial deste".

(41) V., p. ex., A. FRIGNANI/M. WAELBROECK, *Disciplina della concorrenza nella CEE,* 3.ª ed., Jovene Ed., Napoli, 1983, pp. 18, 21-22, e H. SCHRÖTER, in H. V. D. GROEBEN/J. THIESING/CL.-D. EHLERMANN, *Kommentar zum EWG - Vertrag,* B. 2, 4. Aufl., Nomos, Baden-Baden, 1991, *Vorbemerkungen zu den Artikeln 85-89*, p. 1340.

(42) É entendimento pacífico — v. por todos FRIGNANI/WAELBROECK, *ob. cit.*, p. 21, e SCHRÖTER, *ob. cit.*, p. 1341.

(43) Cfr. Decisão da Comissão de 2/12/1975 (AOIP/Beyrard), JOCE n.º L 6, de 13/1/1976, pp. 8, ss..

(44) Cfr. Decisão da Comissão de 26/5/1978 (RAI/UNITEL), JOCE n.º L157, de 15/6/1978, pp. 39, ss.. (Acrescente-se que tanto esta decisão como a referida na nota anterior costumam ser citadas concordantemente pela doutrina).

(45) V., p. ex., B. GOLDMAN / A. LYON-CAEN, *Droit commercial européen,* 4e éd., Dalloz, Paris, 1983, p. 506, e SCHRÖTER, *ob. cit.*, p. 1340; v. tb. *XX Relatório sobre a política de concorrência,* Bruxelas, Luxemburgo, 1991, pp. 281, 287. Opinando diversamente (embora "com alguma perplexidade"), FRIGNANI/WAELBROECK, *ob. cit.*, pp. 20-21. Recentemente, o TJ

A noção de empresa vigente no direito comunitário da concorrência influenciou manifestamente a correspondente noção portuguesa de empresa (bem como a de outros Estados-membros [(46)]).

Embora anterior à adesão de Portugal à CEE, o DL 422/83, de 3 de Dezembro, espelhava já essa influência [(47)]. Depois, o DL 371 / 93, de 29 de Outubro, que revogou aquele, continuou a espelhar a mesma influência. E o mesmo se verifica na lei que actualmente estabelece o "regime jurídico da concorrência" (L 18 / 2003, de 11 de Junho, que revogou o DL 371 / 93).

Porém, o legislador português fez nesta última lei o que o legislador comunitário não havia feito. Prescreveu no art. 2.º da L 18 / 2003 uma "noção de empresa". Melhor seria que o não tivesse feito.

Diz o n.º 1 do citado art. 2.º: "Considera-se empresa, para efeitos da presente lei, qualquer entidade que exerça uma actividade económica que consista na oferta de bens ou serviços num determinado mercado, independentemente do seu estatuto jurídico e do modo de funcionamento".

É uma noção que pretende (quase) reproduzir a que tem sido dada pelo TJ em vários acórdãos. Mas apresenta um erro e (na esteira de um ou outro acórdão do TJ) pode provocar equívocos.

---

afirmou claramente a qualificação dos médicos (independentes, não assalariados) e dos advogados como empresas — v. os Acs. de 12 / 9 / 2000 (Pavlov e o., C-180 / 98 e C-184 / 98), CJTJ, 2000, pp. I 6520-I 6521, e de 19 / 2 / 02 (Wouters e o., C-309/99), CJTJ, 2002, pp. I 1676-I 1677. V. ainda CAROLINA CUNHA, *Profissões liberais e restrições da concorrência,* em VITAL MOREIRA (organ. de), *Estudos de regulação pública,* I, Coimbra Editora, Coimbra, 2004, pp. 447, ss.. Mais em geral, sobre o conceito de empresa no direito comunitário da concorrância, v. J. MARIANO PEGO, *O controlo dos oligopólios pelo direito comunitário da concorrência — A posição dominante colectiva,* Almedina, Coimbra, 2007, pp. 91, ss..

(46) V. J. M. COUTINHO DE ABREU, *L'européanisation du concept d'entreprise,* RIDE, 1995, pp. 12, ss., e *Da empresarialidade* cit., pp. 290-291.

(47) E já então, note-se, o Conselho da Concorrência considerava poderem ser empresas os profissionais liberais, os inventores ou os artistas — v. *Parecer* 3/85, de 11/12/1985, no *Relatório de actividade (1984-1985),* pp. 69, ss..

O erro está na parte final da noção — "modo de funcionamento". Que significado pode ter isto?... Creio que este segmento da noção teve por fonte uma tradução gralhada. O TJ tem decidido que no âmbito do direito da concorrência é empresa "qualquer entidade que exerça uma actividade económica, independentemente do seu estatuto jurídico e modo de financiamento". "Modo de financiamento" e não (o incompreensível) "modo de funcionamento". Aquela noção formulou-a o TJ em primeiro lugar em Ac. de 23 / 4 / 1991 (Höfner e Elser, C-41/90). Mas na versão portuguesa do acórdão consta "modo de funcionamento" (CJTJ, 1991, I, p. 2016). E a gralha (não repetida nalgumas traduções portuguesas de acórdãos posteriores, e por mim corrigida há uma dezena de anos [(48)]) passou incólume para a lei (de 2003!).

Por sua vez, dos equívocos causáveis pela noção é bom exemplo o referido Ac. de 23 / 4 / 1991: o TJ entendeu ser empresa um serviço público de emprego que presta gratuitamente os seus serviços [(49)].

O citado art. 2.º (epigrafado "noção de empresa") tem ainda um n.º 2, que reza assim: "Considera-se como uma única empresa o conjunto de empresas que, embora juridicamente distintas, constituem uma unidade económica ou que mantêm entre si laços de interdependência ou subordinação decorrentes dos direitos ou poderes enumerados no n.º 1 do artigo 10.º ".

Preceito semelhante aparecia nas leis de defesa da concorrência de 1983 e de 1993. Embora os campos de aplicação fossem mais restritos nestas leis [(50)]. Agora, a estatuição do "conjunto de empresas" como "única empresa" é aplicável às

---

(48) V. *Da empresarialidade...*, p. 295.

(49) Para uma apreciação crítica, v. COUTINHO DE ABREU, *L'européanisation...*, pp. 16 ss., *Da empresarialidade...*, pp. 296, ss.. Acrescente-se, no entanto, que o TJ não repetiu idênticos equívocos em decisões posteriores — v., designadamente, o Ac. de 17/2/1993 (Poucet e Pistre, C-159 / 91 e C-160 / 91), CJTJ, 1993, I, pp. 669-670.

(50) E se o preceito era razoável na lei de 1983, já não tanto assim na de 1993 — v. a crítica em COUTINHO DE ABREU, *Da empresarialidade...*, pp. 265, ss.; convergentemente, v. J. P. MARIANO PEGO, *A posição dominante relativa no direito da concorrência,* Almedina, Coimbra, 2001, pp. 74-75, em nota.

concertações restritivas da concorrência (art. 4.º), aos abusos de posição dominante (art. 6.º), às concentrações (arts. 8.º, ss.) e aos auxílios de Estado (art. 13.º). Mas qual a relevância prática da estatuição para os casos de abuso, quando é certo ser "proibida a exploração abusiva, por uma *ou mais* empresas, de uma posição dominante"? Para que serve a estatuição no domínio das concentrações, onde relevam a "fusão de duas ou mais empresas *anteriormente independentes*" e a aquisição de controlo por "uma *ou mais* empresas"? Qual a utilidade do preceito no campo dos auxílios concedidos por entidades públicas "a empresas"?

Por conseguinte, a norma em análise releva praticamente tão-só a propósito das concertações restritivas da concorrência. Todavia, a não aplicação do art. 4.º a acordos e práticas concertadas entre empresas do referido "conjunto de empresas" não exige que se veja em tal conjunto uma "única empresa" (51). Por outro lado, se não custa admitir a inaplicabilidade do art. 4.º a concertações entre empresas em "relação de grupo" (cfr. os arts. 488.º, ss. do CSC) ou integrantes de um conjunto-"unidade económica", já será excessivo não aplicar essa norma a concertações entre empresas "que mantêm entre si laços de interdependência [quais?] ou subordinação decorrentes dos direitos ou poderes enumerados no n.º 1 do artigo 10.º " (52). Por exemplo, as empresas *A* e *B*, a fim de eliminarem do mercado a empresa *C*, acordam recusar vender a esta os bens que produzem, ou vendê-los somente se ela aceitar inusitadas obrigações suplementares (cfr. o art. 4.º, 1, f) e g)); *A* possui uma participação em *B* correspondente a 51% do capital desta (cfr. o art. 10.º, 1, b)); considera-se por isso como única empresa o conjunto das empresas *A* e *B* (art. 2.º, 2); logo, aquele "acordo" não é verdadeiro acordo restritivo de concorrência (para o efeito há apenas uma parte, uma empresa, não duas), sendo inaplicável o art. 4.º. Será isto razoável?...

Anote-se ainda uma consequência retirável — mas que não deve ser retirada — do n.º 2 do art. 2.º. O facto de uma

(51) Cfr. COUTINHO DE ABREU, *L'européanisation...*, p. 25, *Da empresarialidade...*, pp. 263-264, e *Aspectos do direito económico...*, pp. 725, ss..

(52) Cfr. *últ. A. e obs. cits.*, pp. 28, 278-279, 727-728, respectivamente.

empresa do "conjunto" ser parte em acordo (ou prática concertada) anticoncorrencial com empresa exterior (fora do conjunto) gera responsabilidades (v. arts. 42.°, ss.). Ora, em face dos dizeres do preceito, é fácil responsabilizar não só a empresa parte no acordo e (eventualmente) a empresa (dominante) do conjunto que tenha determinado ou codeterminado o comportamento ilícito, mas também todas as restantes empresas do conjunto-única empresa — ainda que alheias àquele comportamento...

3. As empresas em sentido objectivo

3. 1. Espécies empresariais quanto ao objecto

3. 1. 1. Empresas comerciais

3. 1. 1. 1. Depois de sabermos o significado do comércio em sentido jurídico não é difícil concluir que são *comerciais* as empresas através das quais são exercidas actividades de interposição nas trocas — *maxime,* compras de coisas para revenda e vendas de coisas adquiridas para revender (art. 463.° do CCom.) —, actividades industrial-transformadoras (art. 230.°, 1.°), de serviços — agenciamento de negócios, exploração de espectáculos públicos (art. 230.°, n.os 3.° e 4.°), operações de banco (arts. 362.°, ss.) —, etc. Em suma, *são comerciais as empresas cujo objecto se traduza na realização de actos (ou actividades) objectivamente mercantis.*

3. 1. 1. 2. E em que consiste a *empresa* mercantil?

Diversos negócios (compra e venda, locação, troca, doação, comodato, constituição de usufruto, etc.) incidindo sobre o estabelecimento comercial são reconhecidos pelas ordens jurídicas hodiernas (e desde há bem mais de um século) [(53)].

---

(53) Cfr. ORLANDO DE CARVALHO, *Critério...*, pp. 183, ss..

Pois bem, da diversificada e quotidiana *praxis* jurídico-negocial colhe-se um conjunto de indicações que constitui autêntica pré-definição do estabelecimento. Assim, além de negociável, o estabelecimento é um valor ou bem económico ou patrimonial, transpessoal (cindível ou isolável da pessoa que o criou, ou da pessoa a quem pertença em dado momento — como se demonstra pelos casos de transmissão definitiva, *inter vivos* ou *mortis causa*), duradouro ("não só transferível e assumível, mas retrotransferível e reassumível" — facto evidenciado nas transmissões temporárias), reconhecível e irredutível (algo que contradistingue os negócios como negócios sobre o estabelecimento, e que se não confunde com outros bens — a ele ou não ligados) [(54)].

Como *distinguível bem jurídico* nos aparece o estabelecimento, portanto. Mas *bem complexo,* feito de vários bens ou *elementos*. Quais eles sejam, não é possível dizê-lo com precisão. Variam consoante os tipos ou formas de estabelecimento [(55)], variam de empresa para empresa, dentro dum mesmo grupo tipológico, variam num e mesmo estabelecimento, consoante as fases por que passe... Em termos gerais, podemos no entanto apontar alguns desses elementos: *coisas corpóreas* (*v.g.*, prédios, máquinas, ferramentas, mobiliário, matérias-primas, mercadorias), *coisas incorpóreas* (*v.g.*, invenções patenteadas, modelos de utilidade, desenhos ou modelos, marcas, logótipos), *bens não coisificáveis* (jurídico-

[(54)] Colhendo todas estas indicações (e algumas contra-indicações — mas que não anulam aquelas), v. *últ. A. e ob. cits.*, pp. 679, ss..

[(55)] Sobre os tipos ou formas de estabelecimento, do ponto de vista da função (estabelecimentos fabris e mercantis, de produção de bens e de produção de serviços, etc.), da localização (locais, regionais, nacionais e internacionais, e sedentários ou ambulantes), da duração (ocasionais, sazonais e permanentes), da irradiação (de contacto com o público ou com o comércio, de clientela fixa ou "de passagem", etc.), da composição (reais ou pessoais, materiais ou imateriais, etc.), da vinculação (vinculados ou não a certo bem), v. *últ. A. e ob. cits.*, pp. 297, ss..

-realmente), como as prestações de trabalho e de serviços e certas situações de facto com valor económico — o saber--fazer (ou tecnologia, no sentido de conhecimentos não patenteados e/ou não patenteáveis de carácter científico, técnico ou empírico aplicados na prática empresarial, incluindo os "segredos de negócios"— art. 318.º do CPI) (56).

Deflui desta enumeração exemplificativa que *limitamos os elementos ou meios das empresas aos "factores produtivos"* — os objectos e instrumentos de trabalho ou capital, e o trabalho —, *e a outros bens que primordialmente* (ou também) *individualizam ou identificam as empresas* — *v. g.*, logótipos, recompensas, marcas. Mas nem todos assim pensam.

Com efeito, considerável número de juristas entende que as empresas são compostas pelas *situações e relações de facto com valor económico* há pouco referidas (posições advenientes da organização interna das empresas, das experiências negociais acumuladas, do *know-how*; relações com fornecedores, financiadores, clientes), por *coisas* (corpóreas e incorpóreas), *direitos* (de crédito, reais e outros de carácter absoluto) e *obrigações* (ligadas à exploração das empresas) (57).

---

(56) Às situações ou "relações de facto de valor patrimonial" ligadas à empresa — compreendendo não só o saber-fazer ou "experiências do negócio" mas também as relações de facto com clientes, fornecedores e financiadores, bem como a organização interna da empresa — costumam os autores germânicos chamar *Chancen* (é nelas que assentam de modo típico as "perspectivas" da empresa): v., p. ex., R. ISAY, *Das Recht am Unternehmen,* F. Vahlen, Berlin, 1910, pp. 30, ss., K. WIELAND, *Handelsrecht,* B. I, Duncker & Humblot, München, Leipzig, 1921, pp. 246-247, J. V. GIERKE, *Das Handelsunternehmen,* ZHR,1948, p. 9, GIERKE/SANDROCK, *Handels-und Wirtschaftsrecht,* 9. Aufl., 1, de Gruyter, Berlin, New York, 1975, p. 182. Noutras latitudes, chama-se muitas vezes a estas situações "aviamento" (v., p. ex., FERRER CORREIA, *Sobre a projectada...*, p. 23).

(57) Como representantes desta concepção (especialmente visível na Alemanha e em Portugal), basta citar aqui GIERKE, *ob. cit.*, pp. 7, ss., GIERKE/SANDROCK, *ob. cit.*, pp. 181, ss., FERRER CORREIA, *últ. ob. cit.*, pp. 21, ss. (muito próximo de Gierke) e (não tão próximo) ORLANDO DE CARVALHO, *Critério...*, p. 700, *Direito das coisas*, Centelha, Coimbra, 1977, p. 196, em nota, *Alguns aspectos da negociação do estabelecimento,* RLJ, ano 115.º (1982/83), p. 167.

1) Ora, afora o saber-fazer, não parece que as citadas *situações e relações de facto* com valor económico devam ser qualificadas de elementos ou meios empresariais.

A empresa, é certo, exige *organização* (ainda que rudimentar). Mas a organização, sendo de meios, não se confunde com eles nem ela própria é elemento componente da empresa; é sim um modo de ser ou de estar dos meios empresariais (inter-relacionados) (58).

Os financiadores, fornecedores, clientes, etc. (ou *as respectivas relações de facto*) também não merecem aquela qualificação. Eles estão de algum modo ligados à empresa. Todavia, tais ligações ou relações não são internas mas externas à mesma; não são dela componentes; o "campo de forças" onde se situam está fora do (embora ligado ao) "núcleo"-empresa (atractivo).

A este propósito, a discussão tem versado principalmente a *clientela*. A clientela de uma empresa pode ser definida como o círculo ou quota de pessoas (consumidores, em sentido amplo) que com essa empresa contactam (59). Tal círculo pode ser constituído por consumidores relativamente habituais ou fixos (clientela "fiel", e clientela "orgânica" — se os consumidores habituais estiverem ligados à empresa por contratos duradouros) e /ou por consumidores ocasionais, variáveis (clientela "ocasional" ou "de passagem") (60). Quanto a saber se a clientela é ou não elemento da empresa, as opiniões dividem-se. Em França, a opinião dominante (com arrimo em lei de 17 de Março de 1909, relativa à venda e ao *nantissement* dos *fonds de commerce*) vê-a como elemento (61). Em Itália, a controvérsia centrou-se em saber se

(58) V. *infra,* logo depois do presente excurso.

(59) Para outra noção, v. GIERKE/SANDROCK, *ob. cit.*, p. 182.

(60) A distinção entre clientela orgânica, fiel e de passagem é corrente em França — v., p. ex., P. DIDIER, *Droit commercial,* 1, PUF, Paris, 1970, pp. 650-651. Para mais indicações sobre a clientela, v. COUTINHO DE ABREU, *Da empresarialidade* cit., pp. 50-51, CAROLINA CUNHA, *A indemnização de clientela do agente comercial,* Coimbra Editora, Coimbra, 2003, pp. 53, ss..

(61) Cfr. DIDIER, *ob. cit.*, 3e éd., 1999, pp. 362-363. Mas tem havido vozes discordantes — sobretudo depois do 60.° congresso dos notários franceses (1962), onde a clientela foi considerada, não um elemento, mas

a clientela é um bem verdadeiro e próprio (autónomo objecto jurídico), ou simples qualidade da *azienda* — tese dominante (62). Na Alemanha, apesar de alguns "clássicos" verem a *Kundschaft* como qualidade da empresa (63), a concepção que a vê como elemento dela parece dominar (64). Entre nós, uns dizem-na elemento, outros não (65). Entendo que a clientela não é, em rigor, elemento (algo constituinte ou componente) da empresa. Não tanto por ela não ser objecto de um direito real ou absoluto, nem objecto autónomo de tutela jurídica (66), mas por não ser um meio ou instrumento estrutural-funcionalmente inserido na organização produtiva que a empresa é — sendo antes algo de consequente ao funcionamento da "máquina" produtiva. Mas também não me parece que seja mera qualidade da empresa: não é atri-

---

uma qualidade do *fonds* (v. *ibid.*, p. 363); v. tb. P. COLLOMB, *La cientèle du fonds de commerce,* RTDC, 1979, p. 29, M. PÉDAMON, *Droit commercial,* 2e éd., Dalloz, Paris, 2000, p. 191.

(62) Cfr. G. COTTINO, *Diritto commerciale,* vol. I, t. II, 3.ª ed., Cedam, Padova, 1994, p. 221.

(63) H. OPPIKOFER, *Das Unternehmensrecht in geschichtlicher, vergleichender und rechtspolitischer Betrachtung,* Mohr, Tübingen, 1927, p. 7. Antes, R. ISAY, *ob. cit.*, pp. 32-33, afirmara também ser a clientela uma qualidade (em sentido amplo) da empresa. Porém, tal não o impedia de considerar a *Kundschaft* bem imaterial (objecto jurídico, embora não autónomo), fazendo parte (juntamente com outros bens imateriais: a organização e a experiência do negócio — *Geschäftserfahrung)* da empresa enquanto bem jurídico unitário — *ibid.*, p. 34.

(64) É essa a posição de GIERKE, *Das Handelsunternehmen* cit., p. 13; v. tb. GIERKE/SANDROCK, *ob. cit.*, p. 182.

(65) Para a afirmativa, v. BARBOSA DE MAGALHÃES, *Do estabelecimento comercial*, Ática, Lisboa, 1951, p. 38, FERRER CORREIA, *Reivindicação...*, p. 256, *Sobre a projectada...*, p. 22, A. MENEZES CORDEIRO, *Anotação ao Ac. do Tribunal Arbitral de 31/3/93,* ROA, 1995, p. 176, e *Manual...*, pp. 234, 240-241, 243, M. PUPO CORREIA, *Direito comercial — Direito da empresa,* 9.ª ed. (c/colab, de António J. Tomás / O. Castelo Paulo), Ediforum, Lisboa, 2005, pp. 53, ss., PINTO FURTADO, *ob. cit.*, pp. 671-672. Para a negativa, v. FERNANDO OLAVO, *A empresa e o estabelecimento comercial,* CTF, 2.º sem., 1963, p. 24 ("... já que em geral não existe um direito sobre a clientela"), NUNO AURELIANO, *ob. cit.*, pp. 766-767.

(66) V. COLLOMB, *ob. cit.*, pp. 27, ss., FERNANDO OLAVO, *ob. cit.*, p. 24, ORLANDO DE CARVALHO, *Direito das coisas* cit., p. 189, n. (1), J. OLIVEIRA ASCENSÃO, *Direito comercial,* vol. I — *Institutos gerais,* F.D.L., Lisboa, 1998/99, pp. 108-109.

buto ou propriedade interno-caracterizadora, algo que exale da organização dos elementos dela. Existe sim uma íntima ligação entre empresa e clientela. Aquela é instrumento produtor de bens para a troca — implicando isso a conquista e o assegurar de cliente(s), a permanente atracção de um fluxo de procuras. A empresa pode existir por algum tempo sem clientela, mas não é capaz de subsistir duradouramente sem ela.

2) Os meios empresariais (tal como os temos vindo a considerar) são objectos de relações jurídicas, logo de direitos subjectivos (de natureza vária) dos sujeitos das empresas, a que correspondem deveres ou obrigações (devendo ainda acrescentar-se que, como é óbvio, tais relações se fundam em factos jurídicos). Daí uma incongruência do discurso referido *supra:* fala-se nuns casos em coisas e bens para noutros se falar de direitos e obrigações (e contratos) relativos a essas coisas e bens (porquê, por exemplo, falar umas vezes no prédio-elemento e noutras do direito-ao-prédio ou do direito-ao-local-elemento?). Mas isto seria de somenos importância se não se desse o facto de a referência aos direitos, obrigações, etc. ser feita em termos mais ou menos indiscriminados. Na verdade, é praticamente indiferente dizer elementos empresariais uma máquina ou o direito de propriedade sobre ela, as prestações laborais (o trabalho) ou o direito de crédito a elas relativas (em ambos os casos são meios de empresa os objectos dos citados direitos). Já não é indiferente dizer elementos empresariais a generalidade dos contratos, créditos e débitos (ainda que de algum modo ligados às empresas).

Com efeito, os *créditos* de um empresário ou sujeito de empresa ligados à exploração empresarial *mas cujos objectos não sejam meios do estabelecimento* (*v. g.*, um crédito de 50 000 euros sobre um cliente por venda de mercadorias) não devem considerar-se elementos empresariais — não são nem factores produtivos nem meios primordialmente identificadores da empresa.

O mesmo se diga dos *contratos* conexionados com a exploração do estabelecimento *mas cujos objectos (imediatos) não sejam elementos empresariais* (*v. g.*, um contrato de fornecimento de fios celebrado entre um empresário de confecções e um produtor desses fios; meios do estabelecimento serão estas matérias primas quando adquiridas pelo sujeito da empresa de confecções) (67).

Depois de tudo quanto ficou dito, ainda menos razões vislumbramos para qualificar de meios empresariais os *débitos* resultantes da exploração dos estabelecimentos (*v. g.*, uma dívida de 200 000 euros derivada da compra de uma máquina já entregue — esta sim elemento da empresa). Argumentar em contrário com base na inclusão das dívidas em negócios sobre estabelecimentos (dizendo as partes às vezes que os negoceiam com "todo o seu activo e *passivo*") (68) é insuficiente. Porquanto, por um lado, a citada cláusula é no mínimo equívoca (69); por outro lado, nem tudo o que se transfere negocialmente com o estabelecimento terá de ser considerado elemento empresarial; por outro lado ainda, o património dos empresários (mesmo que pessoas colectivas) não se confunde com as empresas dos mesmos (70). (71)

(67) A importância prática (para já não falar da "teórica") desta perspectivação dos aludidos créditos e contratos revela-se, p. ex., no regime da sua transferência nos casos de trespasse — v. *infra*, n.º 3. 4. 1. 2.

(68) Assim discorre, no entanto, ORLANDO DE CARVALHO, *Critério...*, p. 700, n. (11).

(69) Sobre a transmissão singular de dívidas em caso de trespasse, v. *infra*, n.º 3. 4. 1. 2.

(70) V. COUTINHO DE ABREU, *últ. ob. cit.*, pp. 216, 352-353 (especialmente este último argumento — não coincidência entre património do empresário e património da empresa — vale igualmente para os créditos e contratos antes referidos).

(71) Mais autores portugueses incluem os créditos e os débitos entre os elementos do estabelecimento (comercial) — v. BARBOSA DE MAGALHÃES, *ob. cit.*, pp. 37, ss., 73, ss., FERRER CORREIA, *Sobre a projectada...*, pp. 21-22, OLIVEIRA ASCENSÃO, *Estabelecimento comercial...*, pp. 14, ss., PUPO CORREIA, *ob. cit.*, pp. 248-249, MENEZES CORDEIRO, *Manual...*, pp. 239, ss.. Procede semelhantemente a doutrina alemã — v. por todos GIERKE/SANDROCK, *ob. cit.*, pp. 181-184. Mas não a francesa nem a belga — v. por todos A. JAUFFRET/J. MESTRE, *Droit commercial,* 23e éd., L.G.D.J, Paris, 1997, p. 390, Y. GUYON, *Droit des affaires,* t. 1, 10e éd., Economica, Paris, 1998, pp. 678, ss., *maxime* 722-723, e J. VAN RYN / J. HEENEN, *Principes de droit commercial,* t. I, 2e éd., Ém. Bruylant, Bruxelles, 1976, pp. 401-402. Na Itália as opiniões dividem-se. Tendo em conta os arts. 2555 (noção de *azienda* — "complesso dei *beni*"...), 2558

3) Como elemento empresarial é às vezes referido o *dinheiro* (72). Também em regra, entendo que o dinheiro não é elemento empresarial — não porque seja "um bem de todo neutro, incapaz de caracterizar o que quer que seja" (73), mas por ser um bem exterior ao processo produtivo e à respectiva estrutura empresarial sustentadora: está antes (na aquisição dos meios da empresa) e depois (resultado da realização ou comercialização dos produtos) (74).

Para se entender melhor esta posição, convém recordar singelamente os três estádios ou fases do "processo cíclico do capital" expostos por Marx (75): D — M ... P ... M' — D'. Na primeira fase (D — M), o dinheiro (o capital-dinheiro) converte-se em mercadorias (em capital produtivo) — aquisição de meios de produção e força de trabalho; na segunda (P), temos o processo de produção (combinação e actuação dos factores produtivos); na terceira (M' — D'), as mercadorias ou produtos (capital-mercadoria) são transformadas em

---

(sucessão nos contratos), 2559 (créditos relativos à *azienda* cedida), 2560 (débitos relativos à *azienda* cedida) do *C. Civile*, alguns autores (*v. g.*, Casanova, Ferrara Jr., Graziani/Minervini/Belviso, Rivolta), bem como a jurisprudência dominante, sustentam a tese "omnicompreensiva" — não fazem parte da *azienda* somente os "bens" em sentido estrito ("le cose che possono formare oggetto di diritti" — art. 810), mas outrossim os contratos, os créditos e os débitos; outros (*v. g.*, Colombo, Ferri, Spada, Campobasso, Ferrari, Cottino, Galgano) propugnam a tese "restritiva" ("hoje prevalecente" na doutrina) — os (ou alguns) contratos, os créditos e os débitos não fazem parte da *azienda*, transferindo-se por efeito da transferência desta, não por serem seus elementos. V. por todos M. S. SPOLIDORO, *Conferimento di ramo d'azienda (considerazioni su fattispecie e disciplina applicabile)*, GC, 1992, pp. 695, ss.. (O A. é defensor da primeira tese — mas exclui os débitos: v. *ibid.*, pp. 705, ss., 712).

(72) V., p. ex., F. FERRARA JR., *La teoria giuridica dell'azienda,* "Il Castellaccio", Firenze, 1945, p. 67, BARBOSA DE MAGALHÃES, *ob. cit.*, p. 38, GIERKE/SANDROCK, *ob. cit.*, p. 183, FERRER CORREIA, *últ. ob. cit.*, p. 21.

(73) T. RAVÀ, *Diritto industriale,* vol. I, 2.ª ed., reimpr., Utet, Torino, 1986, p. 272.

(74) E quando se trespassa um estabelecimento não se transmite por isso o dinheiro (depositado em bancos ou guardado no cofre da empresa) que tenha resultado da actividade empresarial...

(75) KARL MARX, *O capital (Crítica da economia política)*, Livro II — *O processo de circulação do capital,* vol. III, trad., Civilização Brasileira, Rio de Janeiro, pp. 27, ss..

dinheiro (parte do qual será normalmente utilizada para a reprodução do processo cíclico). Ora, relativamente aos elementos ou meios das empresas (enquanto estruturas produtivas), interessa considerar aquele segundo estádio (P), os factores produtivos nele utilizados (M) e os respectivos produtos (M') enquanto se mantiverem vinculados à estrutura produtiva... Portanto: M ... P ... M'.

Contudo, poderá dizer-se que o dinheiro — bem como os créditos e os débitos — podem ser elementos (porque verdadeiros "meios de produção" — objectos e meios de trabalho) de certas empresas: das empresas bancárias (e outras "de crédito" e "financeiras") e de seguros.

Os bens de que o estabelecimento é feito ou, mais restritamente, os seus "factores produtivos" não são meramente agregados ou somados, não se encontram numa simples relação de intermutabilidade ou comutatividade. Estão articulados, inter-relacionados, estruturados estavelmente, com vista à consecução (eficiente ou "racional") de um fim (económico-produtivo). Quer dizer, o estabelecimento é uma *organização*[(76)]. Dizendo de outra maneira (praticamente equivalente), o estabelecimento é um *sistema*[(77)]: "um complexo de elementos em interacção"[(78)], uma unidade complexa *(unitas complex)*, isto é, global, não elementar (constituída por partes diversas inter-relacionadas), e

(76) Entendida no sentido mais vasto, que é o do "conceito universal de organização" — v. F. HOFFMANN, *Organisation, Begriff der,* in *Enzyklopädie der Betriebswirtschaftslehre,* 2 — *Handwörterbuch der Organisation,* 2. Aufl., 1980, cols. 1425-1426.

(77) O conceito de organização que utilizámos concorda largamente com o de sistema da "teoria geral dos sistemas" — cfr. HOFFMANN, *ob. cit.*, col. 1426 (essa teoria foi lançada no final dos anos 30 por LUDWIG VON BERTALANFFY — cfr., deste A., *Théorie générale des systèmes,* trad., Dunod, Paris, 1973, pp. V, 9, 94). E. MORIN, *O método,* 1. *A natureza da natureza,* trad., Europa-América, Mem Martins, pp. 101-102, considera "relativamente distintos" os termos inter-relação, organização e sistema, "embora inseparáveis" — traduzindo "as três faces dum único fenómeno".

(78) BERTALANFFY, *ob. cit.*, p. 53.

original (com qualidades próprias) [79], um "todo [que] é mais que a soma das suas partes", com propriedades "novas" ou "emergentes" [80].

Além disso, o estabelecimento descobre-se-nos como *sistema "aberto"*, em intercâmbio com o exterior, com o "mercado"; nele se cruzam fluxos entrando (objectos e instrumentos de trabalho) e saindo (produtos); é um centro de trocas sistemáticas [81]. Desse intercâmbio resultam as já referidas relações de facto de valor económico com clientes, fornecedores, financiadores. Relações de facto que constituem como que um "campo de forças" ligado à empresa, "sistema de referência inercial".

O estabelecimento manifesta-se ainda como *sistema auto-suficiente* (capaz de se bastar com os resultados das suas trocas) e *autónomo* — um ente com identidade própria, como tal reconhecido no mundo macro-económico.

3. 1. 1. 3. Percorramos agora algumas zonas da fronteira do estabelecimento com o não-estabelecimento.

Para começar: é estabelecimento *a organização produtiva apta a funcionar, mas que ainda não entrou em funciona-*

---

(79) V. E. MORIN, *ob. cit.*, p.. 102-103.

(80) BERTALANFFY, *últ. loc. cit.*. V. tb. MORIN, *ob. cit.*, pp. 103, ss. (o todo é superior à soma das partes), 108, ss. (o todo é também inferior à soma das partes: "qualidades ou propriedades ligadas às partes consideradas isoladamente desaparecem no seio do sistema"), 111 (o sistema é ainda *diferente* da soma das partes; e "as próprias partes são inferiores, eventualmente superiores, e de qualquer modo diferentes daquilo que eram ou seriam fora do sistema").

(81) Sobre sistemas abertos e fechados, v. BERTALANFFY, *ob. cit.*, pp. 37, ss., 143, ss.. Mas parece que não há sistemas totalmente fechados (v. MORIN, *ob. cit.*, pp. 129-130, e S. JENSEN, *System, geschlossenes,* in W. FUCHS e outros (Hrsg.), *Lexicon der Soziologie,* 2. Aufl., Westdeutscher, Opladen, 1978, p. 765); e os sistemas abertos também têm um fecho (organizacional) — v. MORIN, *loc. cit.*.

mento — não possuindo ainda, portanto, "valores de exploração" ou, ao menos, clientela efectiva?

Se o estabelecimento comercial é identificado com a clientela, ou com o "direito à clientela", a resposta mais natural será a de que ele não existe antes de a organização ter funcionado, antes da abertura ao "público" (82). Resposta idêntica será dada por quem veja na clientela o elemento fundamental do estabelecimento (83), ou um elemento imprescindível dele. E à mesma conclusão se tem chegado por outras vias. A razão determinante da protecção jurídica do estabelecimento está, diz-se, na tutela do seu aviamento — e este só surge com a exploração, com o exercício do estabelecimento (84). Afirma-se, por outro lado (no quadro do direito italiano), que, sendo a *azienda* um "complexo de bens organizado pelo empresário para o exercício da empresa", esta destinação só pode ser rigorosamente determinada com o início de uma "autêntica" actividade de *impresa* (85).

---

(82) Neste sentido, v. VAN RYN / HEENEN, *ob. cit.*, pp. 395-397. A tese da identificação do estabelecimento com o "direito à clientela" parece ter partido de GEORGES RIPERT — cfr. R. SAVATIER, *L'introduction et l'évolution du bien - clientèle dans la construction du droit positif français*, in *Mélanges offerts à J. Maury*, t. II, Dalloz & Sirey, Paris, 1960, p. 564. Como diz este A., trata-se de "uma tese que parece essencialmente franco-belga" (e aí não dominante, parece).

(83) É a posição tradicional da jurisprudência francesa: a clientela — o elemento "mais essencial" do *fonds de commerce* — tem de ser "real e certa" (não meramente potencial); isto implica a exploração prévia do *fonds*. Sobre ela, e sobre a brecha constituída por duas sentenças da *Cour de cassation* de 27 de Fevereiro de 1973, v., p. ex., P. COLLOMB, *ob. cit.*, pp. 8, ss..

(84) Di-lo O. BARRETO FILHO, *Teoria do estabelecimento comercial*, Max Limonada, São Paulo, 1969, pp. 197-198.

(85) Assim P. FORCHIELLI, *Il* minimum *del concetto di azienda e la distinzione tra affitto d'azienda (libero) e locazione d'immobile non abitativo (vincolata)*, RDCiv., 1980, P. I, pp. 520, ss. — contra uma jurisprudência que parece constante (v. *ibid.*, p. 522, n. (28)) e sem (aparente) apoio da doutrina. FORCHIELLI, *ibid.*, p. 521, dá o exemplo de uma sala cinematográfica — que pode ser destinada a fins não lucrativos (de associações, etc.); só com o início da actividade desse "complexo" se poderia determinar a sua natureza *aziendale* (a sua destinação "ad impresa").

Resposta diversa é há muito tempo dada pela doutrina portuguesa (e não só, evidentemente) (86). E com razão, penso. Embora não funcionando ainda, um complexo de bens de produção organizados pode ser considerado estabelecimento comercial. Sê-lo-á se, à partida (em abstracto), já se revelar (minimamente) apto para realizar um fim económico-produtivo jurídico-comercialmente qualificado — apto para garantir clientela que lhe permita "viver", reproduzir (ao menos em termos de "reprodução simples") os respectivos processos produtivos — e se esse fim não for infirmado pela natureza do sujeito que porá o complexo em funcionamento, nem por outras circunstâncias objectivamente reconhecíveis (87). Se assim for, existe já um bem jurídico novo, uma organiza-

---

(86) V. J. F. AZEVEDO E SILVA, *Estudos de direito comercial,* Bibl. da Revista de Direito, Lisboa, 1906, pp. 33, 35, BARBOSA DE MAGALHÃES, *ob. cit.*, p. 233, ORLANDO DE CARVALHO, *Critério...*, pp. 306, 712, FERRER CORREIA, *Reivindicação...,* p. 255. V. tb. FERRER CORREIA/M. ÂNGELA COELHO, *Anotação ao Ac. do STJ de 18 de Julho de 1985,* RDE, 1984-85, pp. 282, ss., com indicação de outros autores portugueses e estrangeiros (o cit. Ac. do STJ aderiu a esta corrente). V. ainda WIELAND, *ob. cit.*, p. 260, ss., OPPIKOFER, *ob. cit.*, p. 20 (acentuando embora a dificuldade de se verificar a existência da organização empresarial quando ela ainda não tenha funcionado), F. VICENT CHULIÁ, *Compendio crítico de derecho mercantil,* t. I, vol. 1.º, 3.ª ed., Bosch, Barcelona, 1991, pp. 212 ss. (donde se retira também estar a doutrina espanhola dividida).

(87) Alguns pontos desta formulação serão mais tarde melhor compreendidos, sobretudo quando discutirmos a questão do lucro como elemento (ou não) do conceito de empresa. Não obstante, pode já adiantar-se que, ao contrário do sugerido (parece) por FORCHIELLI (v. *supra,* n. (85)), as associações e outras pessoas colectivas sem fins lucrativos podem explorar empresas. Não se entenda, pois, a "natureza do sujeito" a que no texto se faz referência no sentido de, *in limine,* se eliminar aquele tipo de pessoas do quadro da empresarialidade. Mas se, p. ex., uma associação se constitui para apoiar crianças e jovens pobres de certa região e organiza um espaço denominado "Cantina", tal espaço, em abstracto com aptidão para ser um normal restaurante (empresa), não pode ser considerado estabelecimento comercial (nem antes de funcionar — embora para isso já pronto — nem depois): a isso se opõe a "natureza da pessoa" em causa e "outras circunstâncias objectivamente reconhecíveis" (o nome do complexo produtivo, o conhecimento generalizado de que tal cantina irá beneficiar somente certo tipo de jovens, etc.).

ção produtiva não redutível a bens meramente agregados, um (micro-) sistema identificável, autonomizado no interior do (macro-) sistema da produção económica. O direito não pode, portanto, deixar de vê-lo como verdadeiro estabelecimento. Se, por exemplo, um desses complexos, com abertura ao público anunciada para a próxima semana, e instalado num prédio tomado em arrendamento, é hoje alienado, não se vê como não deva aplicar-se ao negócio o regime próprio do trespasse de estabelecimento comercial: não necessidade de autorização do senhorio para a transmissão da posição de arrendatário (art. 1112.º, 1, a), do CCiv.), transmissão natural do logótipo (art. 304.º-P, 3, do CPI), etc.

Havendo já estabelecimento — apesar de ainda não funcionar — há já também aviamento [(88)]. O estabelecimento já está aviado — preparado ou disposto para o caminho (é este o significado etimológico da palavra) —, possui capacidade produtiva (e lucrativa, em regra), aptidão (maior ou menor) para realizar o fim para que foi criado. A força ou qualidade em que o aviamento objectivo ou real se traduz deriva logo da organização dos elementos do estabelecimento [(89)]. A exis-

---

(88) Contra, v. BARRETO FILHO (cfr. *supra,* n. (84)), ANTUNES VARELA, *Cessão de exploração do estabelecimento comercial em formação (Parecer),* ROA, 1987, III, p. 843 (mas não negando, apesar disso, a existência de estabelecimento comercial — objecto de contrato de locação), J. OLIVEIRA ASCENSÃO/A. MENEZES CORDEIRO, *Cessão de exploração de estabelecimento comercial, arrendamento e nulidade formal (Parecer), ibid.*, pp. 883-884 (o sobrevalor existente nos estabelecimentos, que pode ser expresso pelo aviamento e clientela, só existe quando "um acervo complexo se encontre a funcionar"; antes do funcionamento não há estabelecimento. Mas v. em sentido diverso, quanto a este último ponto, OLIVEIRA ASCENSÃO, *Direito comercial...,* p. 108).

(89) Para a noção genérica de aviamento, v., entre outros, M. ROTONDI, *Diritto industriale,* 5.ª ed., Cedam, Padova, 1965, pp. 75, 81 (a doutrina deste A. parece ser a que maior influência teve — v. tb. *ibid.*, p. 73), G. AULETTA/N. SALANITRO, *Diritto commerciale,* 5.ª ed., Giuffrè, Milano, 1987, p. 47 [define-se aí também o "valor de aviamento": "diferença entre o valor do estabelecimento calculado na base do aviamento imputável ao estabelecimento e o valor de investimento" (: soma dos preços de custo dos vários elementos do estabelecimento)], COTTINO, *ob. cit.*, p. 220, BARBOSA

tência de clientela efectiva não é, pois, necessária. E quando exista (depois de a empresa entrar em funcionamento), a clientela é apenas uma das manifestações (ou índices) do aviamento do estabelecimento — ao lado de outras, como as relações com os trabalhadores, os fornecedores, os financiadores (enquanto a clientela concorre sobretudo para o volume das receitas, estas relações influenciam principalmente o nível dos custos) (90).

Outra questão: é possível considerar estabelecimento comercial, como tal negociável, *um complexo de bens produtivos que ainda não entrou em funcionamento e que carece para isso de um ou mais elementos?*

Antes de funcionar, um complexo daquele tipo não possui ainda (normalmente) "valores de exploração": não foi tecida rede de clientes, fornecedores e financiadores. Por outro lado, faltam-lhe bens sem os quais não funcionará. Assim sendo, dir-se-á: não existe ainda estabelecimento, ele está "em formação", não está formado.

DE MAGALHÃES, *ob. cit.*, p. 64, FERNANDO OLAVO, *ob. cit.*, p. 23, FERRER CORREIA, *Reivindicação...*, pp. 256, 258, ORLANDO DE CARVALHO, *Alguns aspectos...*, p. 10. Sobre o aviamento objectivo ou real, e o subjectivo ou pessoal (derivado da capacidade e relações do empresário), v. ROTONDI, *ob. cit.*, p. 80, AULETTA/SALANITRO, *ob. cit.*, p. 48.

Ao contrário do defendido por alguns (B. DE MAGALHÃES, *ob. cit.*, pp. 38, 58, 65-66, Ac. da RL de 12/4/84, CJ, 1984, t. II, pp. 130, ss., MENEZES CORDEIRO, *Anotação* cit. p. 176, *Manual...*, pp. 234, 240-241, 243; para a Itália, v. indicações em ROTONDI, *ob. cit.*, p. 77, e em A. VANZETTI, *Trent'anni di studi sull'azienda,* RDC, 1958, p. 55), o aviamento não deve ser considerado elemento do estabelecimento, mas sim qualidade deste: v. ROTONDI, *ob. cit.*, pp. 75, 77-79, F. OLAVO, *últ. loc. cit.*, F. CORREIA, *últ. loc. cit.*, p. 258, O. DE CARVALHO, *últ. loc. cit.*. (O facto de o aviamento ser valorado jurídico-economicamente para diversos efeitos não faz dele elemento empresarial. O facto de a localização de um prédio ser valorada para diversos efeitos não faz dela elemento componente do prédio...).

(90) Neste sentido, v. M. CASANOVA, *Impresa e azienda,* Utet, Torino, 1974, p. 329. V. tb., p. ex., FERRER CORREIA, *últ. ob. cit.*, p. 257.

Vejamos, no entanto, com mais detença. Olhe-se, por exemplo, para este complexo: há um pavilhão industrial (em cuja fachada se lê "Alcafina — Alcatifas"), devidamente dividido (com espaços para os serviços de escritório, para a produção transformadora, etc.), com posto de transformação eléctrica, quadro eléctrico geral e respectivas derivações, e com instalações de água; vêem-se máquinas já instaladas — extrosora de multifilamentos, teares mecânicos (próprios para o fabrico de alcatifas), máquinas de látex e de debroar, empilhadoras, etc. Sabe-se ainda que o dono do complexo (já com firma registada) contratou alguns empregados, e estabeleceu contactos com eventuais fornecedores e clientes (tendo enviado a estes últimos catálogos contendo a descrição técnica das alcatifas a produzir). Pergunta-se: não estamos perante um estabelecimento comercial — apesar de algumas matérias-primas ainda não estarem disponíveis, ou faltar uma (necessária) máquina de cortar alcatifas, ou não estarem contratados todos os indispensáveis trabalhadores?

Muitos continuarão a dizer que não há estabelecimento: além de ainda não ter entrado em funcionamento, não está sequer pronto para fazê-lo. Nós dizemos que já existe. Por razões semelhantes às aduzidas *supra,* quando respondemos à questão da existência de estabelecimento sem valores de exploração. É certo, tratava-se aí de organização produtiva já pronta para entrar em funcionamento. E aqui não se verifica tal completude (embora se possa afirmar que muito pouco falta...). Contudo, já estamos perante um conjunto de bens heterogéneos e complementares devidamente organizados com vista à consecução de determinado fim. Esses elementos organizados já conseguem projectar no público a imagem de um bem novo, de algo que não se reduz a um mero somatório de bens singulares e/ou de grupos diversos de bens (conjunto do prédio com as suas instalações, mais conjunto dos maquinismos, etc.). Bem novo a qualificar como estabelecimento comercial [91]. Como tal, poderá o nosso complexo ser objecto, por exemplo, de locação (cfr. art. 1109.º do CCiv.) — não tendo, portanto, de se negociar separadamente o prédio, o mobiliário, as máquinas, o nome, etc.

Mas, perguntar-se-á, em casos destes, qual o mínimo de bens e valores necessário para identificar a empresa? Qual o critério para se reconhecer o "salto qualitativo" do conjunto--agregado de bens não individualizável (sem identidade jurídico-mercantil) para o estabelecimento? Não é possível enumerar em abstracto os elementos do "âmbito mínimo" do estabelecimento enquanto objecto negociável. Pode é dizer-se, em termos gerais, que esse âmbito há-de envolver os bens que, combinados, projectem no público a imagem de uma nova organização-unidade com potencial para actuar autonomamente no mundo da produção para a troca [92].

Analisemos agora duas questões relativas a *estabelecimentos que tenham já entrado em funcionamento*. Empresas, portanto, com "valores de exploração", relacionadas com clientes, fornecedores e financiadores, e com projecção e reputação (maior ou menor, melhor ou pior) entre o público em geral.

Pois bem, frequentíssimos casos há de negociação de bens qualificados como estabelecimentos pelas partes — apesar de convencionada a *exclusão de elementos* que dos estabelecimentos dos transmitentes faziam parte. Vendem-se restaurantes sem mesas, cadeiras, máquinas de café e de sumos, vendem-se empresas fabris sem algumas das máqui-

---

(91) Podendo também dizer-se que já possui aviamento (objectivo ou real, aviamento-organização).

(92) Cfr. ORLANDO DE CARVALHO, *últ. ob. cit.*, p. 167, OLIVEIRA ASCENSÃO, *últ. ob. cit.*, pp. 116, ss.

nas, etc., etc. Significa isto não serem verdadeiras empresas os objectos de tais negócios?

Não é possível responder *a priori*. A própria lei admite expressamente a transmissão de estabelecimentos desfalcados de um ou outro elemento (93). Apesar de desfalcado, ainda que impossibilitado de reentrar em funcionamento logo após o negócio, o conjunto dos bens transmitidos pode ser suficiente para inculcar continuar-se em presença da organização produtiva publicamente identificada como sendo a empresa *x*. Mais: porque já funcionou, porque possui já valores de exploração, a empresa depende agora menos dos seus elementos, dos "valores ostensivos" ("quanto mais um estabelecimento comercial funciona, de menor número de valores ostensivos necessita para se afirmar como valor de posição no mercado" (94)). Para ser transmitida, a empresa que já funcionou depende menos dos seus elementos, portanto. Mas continua a depender deles; o "âmbito mínimo de entrega" não pode ser postergado, não podem ser excluídos os bens necessários para exprimir a permanência do sistema-todo diferente da soma das partes (95).

---

(93) Para os logótipos, v. o art. 304.°-P, 3, do CPI; para o prédio (detido a título de arrendamento), v. o art. 1112.°, 1, a), do CCiv. (a transmissão da posição de arrendatário é "permitida", não imposta).

(94) É a formulação da "lei tendencial" oferecida por ORLANDO DE CARVALHO, *Sumários de direito comercial do ano lectivo de 1996/1997*, FDUC, § 4, n.° 4. 4.

(95) A jurisprudência italiana tem afirmado residir no carácter "acessório" dos elementos em falta o critério para se avaliar da permanência da *azienda* objecto de contratos — v. FORCHIELLI, *ob. cit.*, p. 523. Mas sem que se diga qual o tipo de acessoriedade em causa. Acessoriedade de ordem funcional? Não parece. A falta de uma pequena roda implica o não funcionamento de um complexo mecanismo — revelando-se então a peça parte funcionalmente essencial, não acessória (cfr. *ibid.*, pp. 524-525). Acessoriedade de tipo quantitativo (em termos de maior ou menor valor económico)? FORCHIELLI vai por aí (pp. 525-526): só poderá afirmar-se que o estabelecimento existe ainda quando o valor do que falta resulte acessório, isto é, nitidamente inferior ao valor do complexo subsistente. É este um critério a não desprezar, mas não decisivo. Serão concebíveis, por exemplo, trespasses de estabelecimentos sem qualquer direito aos respec-

Vamos à outra questão. Um incêndio, por exemplo, provoca a destruição total dos elementos materiais de um estabelecimento. Este subsiste? Apesar de a actividade empresarial ter ficado temporariamente suspensa, os bens que restam servirão para exprimir a permanência (em estado mais ou menos latente) de uma concreta organização produtiva qualificável como estabelecimento. Os elementos restantes continuam (ou podem continuar) na esfera patrimonial do sujeito — e o direito tutela essa continuação (enquanto elementos componentes de um estabelecimento). Podem restar, por exemplo, patentes, marcas, a firma, contratos de trabalho (com alguns suspensos, eventualmente — v. arts. 294.º, ss., do CT) (96), o saber-fazer... Por outro lado, ligadas ao estabelecimento (com a actividade de produção paralisada), mantêm-se (em repouso) relações de facto com clientes, fornecedores e financiadores (tal como poderão manter-se, com mais ou menos perturbações, muitas das relações jurídicas com essas e outras pessoas estabelecidas) (97).

---

tivos prédios (estabelecimentos não absolutamente vinculados aos mesmos) — apesar de o valor dos complexos trespassados ser inferior ao dos imóveis (ou ao dos direitos a eles relativos)... Entre nós, propondo também um "critério económico" para determinar o *"estabelecimento incompleto* [*sic*] ou [?] *âmbito mínimo*" para efeitos de trespasse, v. PINTO FURTADO, *ob. cit.*, pp. 711, ss.. V. tb. o Ac. do STJ de 30/10/03, CJ (ASTJ), 2003, III, p. 121.

(96) V. tb. o DL 230/79, de 23 de Julho, sobre os apoios financeiros a "empresas que, por virtude de catástrofes ou outras ocorrências graves, nomeadamente incêndios, inundações, explosões e sismos, vejam, *total* ou parcialmente, paralisada a sua actividade, com desocupação temporária de trabalhadores" (art. 1.º, 1). Em princípio, portanto, os contratos de trabalho não caducam, dado não verificar-se impossibilidade "absoluta e definitiva" de o empregador receber o trabalho dos empregados — v. art. 343.º, b), do CT. Verificando-se essa impossibilidade, não só os contratos caducam, como também se extinguirá a empresa.

(97) Analisando um caso semelhante, e chegando a idênticas conclusões (embora com argumentação em boa medida não coincidente), v. CASANOVA, *ob. cit.*, pp. 708-710.

Para terminar esta caminhada ao longo da fronteira do estabelecimento com o não-estabelecimento, refiramos as *secções* e *sucursais* de empresa [(98)].

Um estabelecimento comercial pode integrar várias secções, mais ou menos individualizadas. O armazém onde é guardada a farinha da padaria, o local de venda ao público integrado na empresa têxtil, etc. são secções componentes de empresas. São divisões ou repartições necessárias ou úteis para a realização da actividade empresarial. Típico delas é o facto de *em geral* não poderem sobreviver ao ocaso da empresa [(99)].

Entre a simples secção e o estabelecimento está a sucursal (ou agência ou delegação) [(100)]. Caracterizada, por um lado, pela dependência em relação à empresa (de que é parte) e, por outro lado, por uma certa independência [(101)]. É dependente, porque nela se efectuam apenas negócios integrantes do objecto da empresa (mas não são meros "negócios auxiliares" — preparatórios ou de execução —, que podem, também, ser realizados no quadro de simples secções), e está sujeita à direcção geral da empresa (quem está à frente da sucursal tem de cumprir os regulamentos e directivas estabelecidos por quem dirige superiormente toda a empresa).

---

(98) Para mais casos de fronteira, v. COUTINHO DE ABREU, *Da empresarialidade* cit., pp. 56-59 [subsistência de estabelecimento sem (praticamente) qualquer elemento empresarial?], 62-68 (contrato de franquia e empresas), 320-322, 323-324, n. (844) (centros comerciais e empresas).

(99) GIERKE/SANDROCK, *ob. cit.*, p. 191.

(100) No art. 7.º do CPC aparecem como sinónimos os termos sucursal, agência, filial e delegação. Sucede o mesmo "na prática da nossa vida comercial" (BARBOSA DE MAGALHÃES, *ob. cit.*, p. 25, n. (15)). No entanto, "filial" vem sendo empregue (e bem) com o significado de pessoa colectiva ou sociedade — v., p. ex., arts. 508.º-A, 3, do CSC, e 13.º, 1.º, do RGIC (dos n. 5.º e 6.º deste art. retira-se também a sinonímia entre "sucursal" e "agência").

(101) Cfr. GIERKE/SANDROCK, *ob. cit.*, p. 192, e KARSTEN SCHMIDT, *Handelsrecht*, 5. Aufl., Heymanns, Köln, Berlin, Bonn, München, 1999, pp. 75-76.

Goza de certa independência, porque, além de separada espacialmente do estabelecimento principal (em localidade diferente, geralmente), possui contabilidade relativamente separada [102] e (quando integrada em sociedade ou pessoa colectiva) personalidade judiciária (art. 7.º do CPC); além disso (já foi aludido), quem está à frente da sucursal tem certa liberdade de gestão, e competência para celebrar os negócios em que o objecto da empresa se traduz [103] [104].

Porque a sucursal goza da apontada relativa autonomia, não é difícil conceber a possibilidade de ela deixar de se identificar com o todo empresarial de que faz parte, de se transformar em autónomo estabelecimento comercial — sobretudo quando seja alienada separadamente [105].

---

(102) Em regra, os dados contabilísticos das sucursais são integrados na contabilidade geral das empresas respectivas. Todavia, afora isso não infirmar o dito em texto, a relativa autonomia contabilística atinge grau elevado em certos casos: v., para efeitos fiscais, *v. g.*, os arts. 4.º, 3, ss., e 123.º, ss. do CIRC.

(103) Não há separação patrimonial entre as sucursais e os estabelecimentos principais. Em regra, pelas dívidas dos respectivos empresários responde todo o seu património (incluindo o das sucursais e estabelecimentos principais), e quer elas tenham sido contraídas no exercício da actividade daquelas ou destes, quer não. Nalguns casos, porém, pode verificar-se uma relativa separação patrimonial — v. o art. 54.º do RGIC ("1 — Por obrigações assumidas em outros países pela instituição de crédito [com sede no estrangeiro e sucursal em Portugal] poderá responder o activo da sucursal, mas apenas depois de satisfeitas todas as obrigações contraídas em Portugal. / 2 — A decisão de autoridade estrangeira que decretar a falência ou liquidação da instituição de crédito só se aplicará às sucursais que ela tenha em Portugal (...) depois de cumprido o disposto no número anterior".).

(104) A caracterização que fizemos da sucursal está próxima também da efectuada pela doutrina francesa: certa liberdade de gestão do director da sucursal; instalação material distinta da sede central; clientela particular ou própria (cfr., *v. g.*, J. HAMEL/G. LAGARDE/A. JAUFFRET, *Droit commercial,* t. I, 2e éd., 1er vol., Dalloz, Paris, 1980, pp. 352-353, e PÉDAMON, *ob. cit.*, p. 193).

(105) Cfr. K. SCHMIDT, *ob. cit.*, pp. 76-77, PÉDAMON, *ob. e loc. cits.*. Assim, p. ex., cairá no campo de aplicação do art. 1112.º, 1, a), do CCiv. a alienação de sucursal funcionando em prédio arrendado. O mesmo já não vale, em regra, para simples secções ou "locais acessórios" de estabele-

3. 1. 1. 4. É ou não o estabelecimento comercial uma *unidade jurídica,* um bem jurídico *a se stante* ? É ele um objecto jurídico unitário, com tutela autónoma? Há uma disciplina do todo, para além da disciplina visando cada um dos seus elementos, e diversa da que resultaria se se tomasse em conta tão-só a mera soma destes?

Os autores portugueses têm sustentado ser o estabelecimento mercantil uma unidade jurídica (106). E têm sido indicadas em apoio da tese várias normas legais. Na verdade, o actual art. 1112.º do CCiv. (reposto pelo NRAU, aprovado pela L 6/2006, de 27 de Fevereiro), na linha do que dispunham os revogados arts. 1118.º do CCiv. e 115.º do RAU, permite, no n.º 1, a), a transmissão da posição de arrendatário sem dependência de autorização do senhorio em caso de trespasse de estabelecimento, e diz, no n.º 2, a), não haver trespasse "quando a transmissão não seja acompanhada de transferência, *em conjunto,* das instalações", etc. Dir-se-á: o estabelecimento é transferido global e unitariamente, visando a disposição do n.º 1, a) (que derroga o disposto no art. 1059.º, 2, do CCiv.; v. também o art. 1038.º, f)) possibilitar ou, ao menos, facilitar essa mesma transferência. Retira-se dos arts. 31.º, 5, 304.º-P, 3, do CPI e do art. 12.º do DL 143/2008, de 25 de Julho, que alterou o CPI (cfr. os

---

cimentos. (Julgou bem, portanto, o Ac. da RC de 17/11/81. Um empreiteiro de obras públicas, que usava um prédio tomado de arrendamento para recolha de máquinas, camiões e madeiramentos, e ainda para reparação dos referidos veículos, havia vendido tal "conjunto" como se de estabelecimento comercial se tratasse; defendia, consequentemente, a possibilidade de transmitir a sua posição de arrendatário sem necessidade de autorização dos donos do prédio. Mas foi a estes que o tribunal deu razão). O que ficou escrito parece suficiente para se concluir não ser de aceitar integralmente a ideia (perfilhada por BARBOSA DE MAGALHÃES, *ob. cit.*, p. 24, ss.) de que as secções da empresa ("armazém de vendas, ou de retém, depósito, oficina, escritório ou qualquer outra instalação em um imóvel") e as sucursais, ainda que "partes do estabelecimento", "como *estabelecimento* podem e devem ser consideradas".

(106) V., p. ex., J. G. PINTO COELHO, *O trespasse do estabelecimento e a transmissão das letras,* Coimbra, 1946, pp. 11-12, n. (1), 19-23, BARBOSA DE MAGALHÃES, *ob. cit.*, p. 89, e (sobretudo) FERRER CORREIA, *Reivindicação...*, pp. 206, ss., *Lições...*, pp. 229, ss..

arts. 118.°, § 3.°, e 157.°, § 1.°, do CPI de 1940), que a transmissão do estabelecimento envolve naturalmente a transmissão dos respectivos nome e insígnia (enquanto estes sinais perdurarem), marca e logótipo. Dir-se-á: o facto de o estabelecimento ser objecto unitário é que explica e justifica que a sua transferência importe a dos citados bens. A reforçar a ideia da unidade estaria também o art. 89.°, k), do CNot. anterior, prescrevendo a celebração por escritura pública para "os negócios de transmissão da propriedade de estabelecimentos comerciais ou industriais [e] os que tenham por objecto o gozo destes" — a um regime formal unitário ficando sujeita, portanto, a circulação negocial do estabelecimento (107). Por outro lado, os arts. 118.°, § 4.°, do CPI de 1940, e 603.°, i) (hoje revogado) do CPC, ao considerarem o estabelecimento "universalidade", consagrariam expressamente a tese da unidade jurídica (108).

Estes diversos apoios normativos serão de facto bastantes para que possamos considerar o estabelecimento mercantil uma unidade jurídica. E concordam, não apenas com a imagem que logo dele se capta no mundo da economia (a empresa como unidade funcional), mas também com a que se obtém da observação da *praxis* jurídico-negocial envolvendo as empresas. Não sobrevalorizemos, todavia, tais apoios. A transferência dos elementos "em conjunto" referida no art. 1112.°, 2, a), do CCiv. não significa necessariamente

(107) Continuava na mesma linha o actual CNot. (aprovado pelo DL 207/95, de 14 de Agosto) quando estabelecia, no art. 80.°, 2, m), deverem celebrar-se por escritura pública "o trespasse e a locação de estabelecimento comercial e industrial". Entretanto, esta al. m) (que havia sido introduzida no CNot. pelo DL 40/96, de 7 de Maio) foi revogada pelo DL 64-A/2000, de 22 de Abril; segundo o n.° 3 dos arts. 111.° e 115.° do RAU (na redacção introduzida pelo DL 64-A/2000), a locação e o trespasse de estabelecimento deviam ser celebrados por (simples) escrito. Hoje deve continuar a entender-se que o trespasse e a locação exigem documento escrito — v. *infra*, n.os 3. 4. 1. 1. e 3. 4. 2. 1.

(108) Fora do domínio da circulação negocial do estabelecimento, a ideia da unidade ancoraria ainda no art. 212.° do CPI (v. agora o art. 317.° do actual Código) — concorrência desleal —, na medida em que o estabelecimento é tutelado autonomamente, com independência da tutela de que cada um dos seus bens constitutivos possa beneficiar. V., desenvolvidamente, FERRER CORREIA, *Reivindicação...*, pp. 270, ss., *Lições...*, pp. 245, ss..

a transferência de um conjunto (de elementos) unificado, em lugar de uma transferência de vários bens [(109)] que, embora coligados, podem exigir uma ou outra especial regra de circulação. E o n.º 3 do art. 1112.º (devidamente interpretado) também não está livre de idêntica dúvida. Concretizemos um pouco: *A* trespassa a *B* o estabelecimento *x*. Nada se tendo disposto quanto à transmissão da propriedade das individualizadas coisas que o integram, transmitem-se elas ou não naturalmente? A questão, que parece dividir os "unitaristas", não obtém resposta inequívoca daquelas normas [(110)]. Nem, por certo, a obtém dos citados arts. do CPI, prevendo somente a transferência natural das marcas, nomes, insígnias e logótipos. Por sua vez, não é decisivo qualificarem algumas normas o estabelecimento como "universalidade" (sem mais). De facto, essas normas não a definem, e a doutrina está longe do consenso (as classificações são muitas, sendo mais ainda as divergências relativamente à noção do género e/ou das diversas espécies de "universalidade" [(111)]). Mas, dir-se-á, temos o art. 206.º, 1, do CCiv.: "é havida como coisa composta, ou universalidade de facto, a pluralidade de coisas móveis que, pertencendo à mesma pessoa, têm um destino unitário". Uma universalidade de facto será assim um objecto unitário [(112)]. Só que,

---

(109) Em sentido próximo, v. ORLANDO DE CARVALHO, *Critério...*, p. 734, n. (55).

(110) Voltaremos ao assunto *infra,* no n.º 3. 4. 1.

(111) Para uma panorâmica geral, v., p. ex., D. BARBERO, *Le universalità patrimoniali — Universalità di fatto e di diritto,* Giuffrè, Milano, 1936, e I. GALVÃO TELLES, *Das universalidades,* Lisboa, 1940.

(112) Parece ser esta a melhor interpretação (e a dominante). Além de a norma empregar sinonimamente "universalidade de facto" e "*coisa composta*" — a esta, pelo menos, se reconhecendo desde sempre um carácter unitário —, o próprio n.º 2 do art. 206.º ("As coisas singulares que constituem a universalidade podem ser objecto de relações jurídicas próprias") conduz à mesma conclusão: prevê a *possibilidade* de as coisas singulares serem objecto autónomo de relações jurídicas, porque o princípio será o de a própria universalidade — definida no n.º 1 — constituir objecto único de relações de direito [v., para idêntica interpretação, F. A. PIRES DE LIMA, *Das coisas,* BMJ n.º 91, 1959, p. 215 (trabalho preparatório do actual livro I, tít. II, subtít. II, do CCiv.), M. HENRIQUE MESQUITA, *Direitos reais (Sumários das lições ao Curso de 1966-1967),* ed. copiogr., Coimbra, 1967,

em rigor, o estabelecimento comercial não é universalidade de facto (no sentido que lhe é atribuído, não só pelo art. 206.º, como também pela generalidade da doutrina, que invoca, a propósito, os imortais exemplos do rebanho e da biblioteca). Ele não compreende, em regra, apenas "coisas móveis" — e homogéneas — "pertencendo à mesma pessoa". Compreende bens heterogéneos, tanto do ponto de vista naturalístico, como jurídico: coisas— móveis e imóveis — e não-coisas (prestações de trabalho ou de serviços, *v. g.*), não tendo aquelas (no todo ou em parte) de pertencer (a título de propriedade) ao dono do estabelecimento, nem sendo estas susceptíveis de ser objecto de propriedade (ou outros direitos reais) [(113)]. Se não é universalidade de facto, será "universalidade de direito"? Em caso afirmativo, o apoio à tese do

---

pp. 37-38, CASTRO MENDES, *Direito civil — Teoria geral,* I, Lisboa, 1978, p. 403, PIRES DE LIMA/ANTUNES VARELA, *Código Civil anotado,* I, 4.ª ed. (c/ colab. de M. HENRIQUE MESQUITA), Coimbra, 1987, p. 200]. Dubitativo mostra-se ORLANDO DE CARVALHO, *Direito das coisas* cit., pp. 222-223, n. (7): a norma do art. 206.º, "além de partir de uma inexactidão científica básica (a confusão entre coisas compostas e universalidades), com a disjuntiva que estabelece entre as duas figuras tanto insinua uma visão unitária das universalidades como uma visão atomística das coisas compostas, quer dizer, não adianta só por si nada de inequívoco sobre o problema da unificação do objecto". [Quanto à "inexactidão científica básica": É certo que já no direito romano se distinguiam as coisas compostas das universalidades (v. B. BIONDI, *Cosa semplice e composta — Diritto romano,* NNDI, IV, Torino, 1959, pp. 1039-1040). Mas também é verdade que se entende tradicionalmente resultarem as coisas compostas da união *natural ou física* de várias coisas (v. *últ. A. e loc. cits.*, I. LA LUMIA, *Teoria giuridica della "azienda commerciale",* RDC, 1940, P. I, p. 413). E, no entanto, isso não impediu BARBERO, *ob. cit.*, pp. 360-361, de considerar a *azienda* "coisa composta funcional" (sendo por isso criticado — v., p. ex., LA LUMIA, *ob. cit.*, p. 435), tal como não impede ORLANDO DE CARVALHO, *últ. ob. cit.*, p. 202, no final da n. (3), de fazer exactamente o mesmo (e ambos os AA., evidentemente, empregam a expressão com significado diverso do tradicionalmente atribuído a "coisa composta"; BARBERO, *ob. cit.*, p. 361, explica mesmo que o "funcional" se contrapõe a "física"). Quer dizer, o legislador português (tal como fez o italiano, no art. 816 do *C. Civile* — de que o nosso 206.º é cópia quase integral) poderia ter evitado, em harmonia com a tradição e a doutrina maioritária, a referida confusão. Contudo, a inexactidão "científica" não será tão "básica" assim — neste domínio das universalidades, etc., as múltiplas discrepâncias doutrinais não parecem permitir graves censuras ao legislador...].

(113) V., na mesma linha, CASANOVA, *ob. cit.*, pp. 340, 350.

estabelecimento como unidade jurídica poderia manter-se. Na verdade, apesar da subsistência das discordâncias quanto ao recorte da figura, e da inexistência de definição legal, alguma doutrina concorda em vê-la como conjunto de bens unificado para certos efeitos jurídicos — a herança é o eterno exemplo a propósito evocado (cfr. CCiv., arts. 2030.°, 4, 2075.°, ss., 2124.°, ss.). Mas não parece que o estabelecimento tenha lugar entre as chamadas universalidades de direito. Pois, de acordo com doutrina autorizada, elas serão "conjuntos de bens que não desempenham qualquer função económica própria, mas que a lei unifica para certos efeitos jurídicos. A unificação não visa acolher na ordem jurídica uma realidade unitária pré-existente (...)" (114). Ora, se o estabelecimento não parece ser universalidade de facto nem de direito, que adianta referirem-se-lhe algumas normas com a "universalidade"? Talvez seja legítimo pensar que este vocábulo, tendo em conta certa significação geral atribuível às diversas espécies de universalidades, sempre contribuirá para acalentar a tese da unidade jurídica do estabelecimento mercantil... (115)

---

(114) PIRES DE LIMA/ANTUNES VARELA, *ob. cit.*, p. 201. V. tb., *v. g.*, CASANOVA, *ob. cit.*, pp. 339-340.

(115) A propósito do estabelecimento comercial entre as universalidades, encontra-se na nossa doutrina (mas não só, é claro) de tudo um pouco. *V. g.*, MÁRIO DE FIGUEIREDO, *Natureza jurídica do estabelecimento comercial,* BFD, 1923-25, embora entenda não ter grande vantagem distinguir entre universalidades de direito e de facto para efeitos da qualificação e regime do estabelecimento comercial (que é "uma figura de transição, diria mesmo *sui generis* se o — *sui generis* — não estivesse tão desacreditado") — p. 56 [o *sui generis* mantém-se acreditado: continua a pulular por aí...] —, sempre acaba por concluir ser o estabelecimento das sociedades uma universalidade de direito, sendo de facto o dos comerciantes em nome individual (pp. 58-61); GALVÃO TELLES, *ob. cit.*, pp. 216, ss., vê-o como universalidade de facto; PINTO COELHO, *últ. ob. cit.*, p. 11, n. (1), também; BARBOSA DE MAGALHÃES, *ob. cit.*, pp. 117, ss., diz que, geralmente, é universalidade de facto e, em certos casos, universalidade de direito; ANTUNES VARELA, *Anotação ao Ac. do STJ de 1/3/68,* RLJ, ano 102.°, 1969-70, p. 75, di-lo universalidade de direito *(universitas iuris);* OLIVEIRA ASCENSÃO, *ob cit.*., pp. 109, ss., 130, ss., qualifica-o de universalidade de facto (o art. 206.° não previu todas as universalidades deste tipo) e, simultaneamente (embora em plano distinto), de universalidade de direito; PUPO CORREIA, *ob. cit.*, p. 60 di-lo universalidade de direito; PINTO FURTADO, *ob. cit.*, pp. 678, ss., diz a concluir que o "estabelecimento é pois,

Entretanto, um claro apoio normativo da tese da unidade jurídica do estabelecimento mercantil chegou em 1995 ao CPC: art. 862.º-A, sobre a "penhora de estabelecimento comercial" (116).

Intimamente ligado à questão da unidade jurídica está o problema de saber se o estabelecimento comercial é *uma coisa* e, nomeadamente, uma coisa que possa ser objecto do direito de propriedade (e de outros direitos reais).

Em coerência com o concluído há pouco — o estabelecimento é unidade jurídica objectiva —, e dado ser "coisa tudo aquilo que pode ser objecto de relações jurídicas" (art. 202.º, 1, do CCiv.), o estabelecimento é uma coisa (e coisa móvel — cfr. art. 205.º, 1).

No entanto, nos termos do art. 1302.º do CCiv., "só as coisas corpóreas, móveis ou imóveis, podem ser objecto do direito de propriedade regulado neste código". Para quem considere o estabelecimento coisa corpórea, o problema fica logo resolvido (117). Parece, todavia, mais correcto considerá-lo coisa imaterial (não pura). À primeira vista, muito estranho se afigura conceber o estabelecimento — que, normalmente, não dispensa meios corpóreos — como coisa incor-

---

definitivamente [!], apenas um conjunto de coisas móveis [só móveis], teleologicamente unificadas numa coisa só — e sempre, já que pode ser constituído também por direitos, uma *universalidade de direito*" (omiti outros itálicos do A.).

Como nós (mas com fundamentos diferentes), MENEZES CORDEIRO, *Manual...*, p. 257, entende que o estabelecimento não é universalidade (de direito ou de facto).

(116) V. por todos J. P. REMÉDIO MARQUES, *A penhora e a reforma do processo civil — Em especial a penhora de depósitos bancários e do estabelecimento*, Lex, Lisboa, 2000, pp. 91, ss. (especialmente pp. 97, 98, 104), R. PINTO DUARTE, *A penhora e a venda executiva do estabelecimento comercial,* Themis, vol. 9 (2004), pp. 123, ss., e F. GRAVATO MORAIS *Alienação e oneração de estabelecimento comercial,* Almedina, Coimbra, 2005, pp. 165, ss..

(117) Assim, OLIVEIRA ASCENSÃO, *ob. cit.*, p. 111: "O estabelecimento é uma coisa só, corpórea como todas as universalidades de facto, e portanto sujeita ao regime comum das coisas corpóreas".

pórea. Contudo, além de em certas situações não ser irrealista sustentar a existência de estabelecimentos desprovidos de elementos materiais (118), há que reflectir no seguinte: o estabelecimento, integre ou não bens materiais, não é igual à mera soma dos seus elementos — é antes uma organização ou um sistema, algo de diferente dessa soma, possui individualidade e qualidades próprias. Por conseguinte, não constituirá maquinação especialmente engenhosa conceber — juridicamente — esse distinto ente como *coisa incorpórea (complexa)* (119). Tal como, ainda com base nessa ideia, se não antolha como atentado à lógica afirmar a possibilidade da coexistência entre um direito de propriedade sobre o todo (o estabelecimento) e os direitos (de propriedade ou não) sobre as suas partes (120).

Ora bem, além de não estar vedada a hipótese de, no próprio contexto do CCiv., certas coisas incorpóreas serem objecto de propriedade (121), o certo é que diversas normas

(118) Recorde-se o exemplo dado *supra* do estabelecimento que fica transitoriamente sem elementos materiais por mor de um incêndio. E certos "estabelecimentos imateriais" (algumas empresas de comissões, de agenciamento de negócios, de espectáculos — dança, teatro... —, etc.) podem dispensar os bens corpóreos (nomeadamente aquando da sua negociação).

(119) Construção próxima, parece, é a de A. BAUMBACH / W. HEFERMEHL, *Wettbewerbsrecht,* 17. Aufl., Beck, München, 1993, p. 73: contradiz a natureza da empresa identificá-la com a soma dos valores singulares; a sua particularidade reside no facto de, embora ligue valores imateriais e materiais [nem sempre...], representar uma "superior unidade de valor incorpórea" ("seine Eingenart besteht darin, daß es immaterielle und materielle Werte bindet, selbst aber eine *unkörperliche höhere Werteinheit darstellt*").

(120) Aliás, note-se, a referida coexistência de direitos tem sido afirmada para as universalidades de facto (cfr. *supra,* n. (112)) — que não são "sistemas". Inclusive, tem sido afirmada (embora menos, e muitas vezes em termos dubitativos) para as universalidades de direito: v. MANUEL DE ANDRADE, *Teoria geral da relação jurídica,* vol. I, 3.ª reimpr., Coimbra, 1972, pp. 215-216, PIRES DE LIMA/ANTUNES VARELA, *ob. cit.*, pp. 193 e 201; em sentido negatório, v. ORLANDO DE CARVALHO, *Direitos das coisas* cit., pp. 218-219, em nota.

(121) V. *últ. A. e ob. cits.*, pp. 192, ss..

supõem, ou afirmam mesmo, poder o estabelecimento ser objecto do direito de propriedade (e de outros direitos reais): é ver, por exemplo, o CCiv., arts. 94.º, 3, 1112.º, 1, a), 1682.º-A, 1, b), 1889.º, 1, c), 1938.º, 1, a), 1559.º e 1560.º, 1, a) (estes dois últimos falam mesmo de "proprietários" e/ou "donos" de "estabelecimentos industriais"; percebe-se mal é o proprietário ao lado do dono...), o CSC, arts. 152.º, 2, d), 246.º, 2, c), o RRNPC, art. 44.º (e o anterior CNot., no art. 89.º, k), referia-se à "propriedade de estabelecimentos comerciais ou industriais") (122) (123).

---

(122) O facto de se reconhecer a propriedade sobre os estabelecimentos implica (ou facilita) vários corolários. Aludamos agora, tão-só, a estes três: admissibilidade da *reivindicação* de estabelecimento (arts. 1311.º, ss., do CCiv.) — v. FERRER CORREIA, *Reivindicação...*, pp. 260, ss. e *Lições...*, pp. 241, ss., GRAVATO MORAIS, *ob. cit.*, pp. 66, ss.; o estabelecimento é passível de *posse* (arts. 1251.º, ss., do CCiv.) — v. BARBOSA DE MAGALHÃES, *ob. cit.*, pp. 158-159, ORLANDO DE CARVALHO, *últ. ob. cit.*, pp. 202, ss., n. (4), e *Introdução à posse,* RLJ, ano 122.º, p. 107, J. A. ARAGÃO SEIA, *Arrendamento urbano anotado e comentado,* 6.ª ed., Almedina, Coimbra, 2002, pp. 663-664, GRAVATO MORAIS, *ob. cit.*, pp. 68, ss.; fora do campo da concorrência desleal, a violação do direito de propriedade sobre estabelecimento é, nos termos do art. 483.º, 1, do CCiv., fundamento *de responsabilidade civil* — v. FERRER CORREIA, *Sobre a projectada...*, pp. 29-31.

(123) A questão da admissibilidade do direito de propriedade e da posse sobre o estabelecimento mercantil tem dividido a nossa jurisprudência. Assim, com respeito à posse, em sentido negatório: Acs. do STJ de 15/2/77, BMJ n.º 264, pp. 194, ss., da RC de 7/7/78, CJ, 1978, t. 1, pp. 126, ss. (com um voto de vencido), da RE de 5/7/79, CJ, 1979, t. 3, pp. 1318, ss., da RL de 12/4/84, CJ, 1984, II, pp. 130, ss.; em sentido afirmativo: Acs. da RL de 16/2/82, CJ, 1982, I, pp. 191, ss., da RP de 1/2/90, CJ, 1990, I, pp. 238-239 (com um voto de vencido), da RL de 30/10/90, CJ, 1990, IV, pp. 162, ss., de 8/3/94, CJ, 1994, II, pp. 73-74, de 9/6/94, CJ, 1994, III, pp. 115, ss., de 3/10/96, CJ, 1996, t. I, pp. 122, ss., da RE de 12/6/97, CJ, 1997, t. II, pp. 272 ss., do STJ de 15/6/2000. O Ac. da RL de 19/10/79, CJ, 1979, t. 3, pp. 1214, ss., entendeu que, não sendo o estabelecimento comercial uma coisa corpórea (mas sim "uma universalidade constituída por elementos corpóreos e incorpóreos"), não é objecto de propriedade...

Ser ou não o estabelecimento novo bem jurídico, objecto (unitário) de direitos reais (e outros), é questão que tem dividido também a doutrina estrangeira — v. COUTINHO DE ABREU, *Da empresarialidade* cit., pp. 78-82.

3. 1. 1. 5. Apesar do que ficou dito não ser ainda bastante para uma cabal compreensão da *empresa* comercial, convém deixar já aqui (atendendo também a quanto depois se dirá) uma definição da mesma. Diremos então que a empresa ou estabelecimento comercial (em sentido objectivo) é *uma unidade jurídica fundada em organização de meios que constitui um instrumento de exercício relativamente estável e autónomo de uma actividade comercial* (124).

3. 1. 2. O e. i. r. l., estabelecimento comercial especial

Os bens de um "normal" estabelecimento comercial pertencente a (e explorado por) uma pessoa singular (125) respondem quer pelas dívidas contraídas na exploração desse estabelecimento quer por quaisquer outras do respectivo titular; por sua vez, pelas dívidas resultantes da exploração dessa empresa tanto respondem os bens a ela afectados como outros bens do empresário.

Pois bem, para possibilitar que as coisas não tenham de ser assim — possibilitando a limitação da responsabilidade empresarial-mercantil das pessoas singulares —, criou o legislador, através do DL 248/86, de 25 de Agosto, um novo instituto: o estabelecimento individual de responsabilidade limitada (e.i.r.l.) (126).

---

(124) Algumas notas constituintes deste conceito serão precisadas mais tarde, sobretudo no n.º 3. 3. Diga-se já agora, porém, ser preferível dizer "organização de meios" (ou elementos, ou bens), em vez de "organização de factores produtivos" (formulação habitual entre os economistas a que aderem muitos juristas), principalmente porque o direito costuma ver certos bens (*v. g.*, logótipos, marcas) como elementos das empresas, mas que, em bom rigor (etimológico, também), não são "factores" da produção (embora normalmente a potenciem).

(125) Ou uma pessoa colectiva — as consequências a referir são idênticas, mas não interessa tratar agora do caso.

(126) Com intuito similar ao do legislador português, diversos legisladores europeus haviam já permitido a constituição de sociedades *ab initio* unipessoais; e na mesma linha se veio a situar a 12.ª Directiva em maté-

Na verdade, o e.i.r.l. é um *património autónomo ou separado* (do restante património do comerciante individual)(127): em regra, os bens afectados ao estabelecimento respondem apenas pelas dívidas contraídas no desenvolvimento das actividades de que ele é instrumento (art. 10.°, 1)(128); por outro lado, por estas dívidas respondem somente aqueles bens (art. 11.°, 1)(129).

O facto de o e.i.r.l. ser um património autónomo ou separado implica que ele não deva ser considerado verdadeiro estabelecimento comercial? Parece que não. É certo que o "conjunto de bens"-património autónomo pode não identificar-se — mormente à data do acto constitutivo do e. i. r. l. (v. arts. 1.°, 2, 2.°, 3.°) — com um estabelecimento comercial em sentido próprio. Não obstante, um e. i. r. l. é constituído para o exercício de uma "actividade comercial" (arts. 1.°, 1, 10.°, 1) — que exige, normalmente, o instrumento-estabelecimento mercantil. Quer isto dizer que, em regra, o (conjunto de bens-) património separado tende a consubstanciar-se no estabelecimento — este será simultaneamente aquele, e vice-versa; o e. i. r. l. será um estabelecimento

ria de direito das sociedades, de 1989 (Dir. 89/667/CEE) — cfr. COUTINHO DE ABREU, *Da empresarialidade* cit., pp. 137-138. Sobre os problemas de concordância do DL 248/86 com a citada directiva, v. *ibid.*, pp. 142-143 (todavia, tais problemas foram superados pelos arts. 270.°-A, ss. do CSC, introduzidos pelo DL 257/96, de 31 de Dezembro).

(127) Recorde-se que o património autónomo ou separado é definível como "conjunto de bens (elementos patrimoniais activos) que [em regra] só respondem por certas dívidas, pelas quais, a seu turno, só respondem estes bens" (MANUEL DE ANDRADE, *ob. cit.*, vol. I, p. 219, n. (1)).

(128) Contudo, além da ressalva prevista no n.° 2 deste artigo, há que ter em conta a possibilidade de penhora do e.i.r.l. (*qua tale,* como um todo — não sendo lícita a penhora de individualizados bens do mesmo) por dívidas alheias à respectiva exploração em caso de insuficiência dos restantes bens do devedor (v. arts. 22.° — ressalvado também no n.° 1 do artigo 10.° — e 24.°, d)).

(129) Excepcionalmente — nos casos previstos no n.° 2 do artigo 11.° —, responde todo o património do titular do e.i.r.l. pelas referidas dívidas.

comercial propriamente dito, com a especificidade de estar "separado" do restante património do "titular". Esta ideia parece subjacente à norma que regula os "negócios jurídicos e direitos sobre o estabelecimento" (art. 21.º). O e. i. r. l. vai aí genericamente subentendido como um normal estabelecimento comercial, como bem jurídico unitário — feito embora de bens heterogéneos —, como "coisa" (complexa) objecto de direitos reais e obrigacionais e de actos jurídico-negociais unitários (venda, doação, locação, etc.). Por exemplo, o art. 21.º, 1, refere a possibilidade de o e. i. r. l. ser "dado em locação", ou de sobre ele ser constituído um penhor, "produzindo este os seus efeitos independentemente da *entrega do estabelecimento* ao credor". Seria incompreensível falar da locação ou do penhor de um e. i. r. l. enquanto mero património autónomo reduzido, por hipótese, a 5 000 euros em numerário (cfr. art. 3.º). (130) (131)

3. 1. 3. Empresas não comerciais

3. 1. 3. 1. Tem-se questionado serem ou não comerciais as empresas da indústria (tão-só) *extractiva,* designadamente as de exploração dos "recursos geológicos" (depósitos e massas minerais, hidrocarbonetos, recursos hidrominerais e geotérmicos, águas de nascente). (132)

---

(130) Para outras considerações — provocadas por discurso algo diverso de OLIVEIRA ASCENSÃO, *Estabelecimento comercial...*, pp. 11-12 —, v. a minha *últ. ob. cit.*, pp. 139-141.

(131) Para uma análise global e sintética do DL 248/86, v. M. ÂNGELA COELHO BENTO SOARES, *Estabelecimento individual de responsabilidade limitada (e.i.r.l.),* in D. LEITE DE CAMPOS (coord. de), *Direito das empresas,* INA, 1990, pp. 601, ss..

(132) Pelo art. 1.º do Decreto 20677, de 28 de Dezembro de 1931, foram consideradas comerciais as empresas de pesca ("já constituídas ou que de futuro se constituam"), com algumas excepções, porém (v. § único, relativo ao que poderemos designar empresas artesanais de pesca: "Não se haverá como compreendido neste artigo o indivíduo que exerça a pesca directa e pessoalmente, como pescador de profissão, ainda que seja auxiliado por

Pelo menos aparentemente, nem o art. 230.º nem qualquer outra norma do CCom. fazem menção a estas empresas (para as incluir ou excluir do domínio mercantil). Vale o mesmo para a legislação posterior, com destaque para sete DLs (84/90 a 90/90, todos de 16 de Março; entretanto, o DL 89/90 foi revogado pelo DL 270 / 2001, de 6 de Outubro) que se ocupam do regime jurídico da revelação e aproveitamento dos ditos "recursos geológicos" (com excepção das "ocorrências de hidrocarbonetos"). E as vozes da doutrina (e jurisprudência), tão poucas e tão breves, pouco têm perturbado o centenário recolhimento da lei. Uns dizem que tais empresas não são comerciais, pois não estão previstas na lei mercantil (133). Outros afirmam o contrário — mas sem convencerem (134).

Não estando previstas como comerciais em qualquer norma legal, poderão as empresas da indústria extractiva ser qualificadas desse modo por analogia com empresas que precisas disposições legais consideram mercantis? (135) Não vejo como. A menos que se invoque o caso das empresas de pesca mencionadas no art. 1.º do D 20 677 (norma "excepcional", parece...). Também não parece legítimo recorrer aqui à *analogia juris,* à teleologia imanente ao sistema legal mercantil: não se vêem as disposições legais admitindo no domínio comercial manifestações diversas de actividades industrial-extractivas, de modo a possibilitar um "princípio geral" que tornasse claro estar a comercialidade das nossas empresas de exploração de recursos geológicos de acordo com o

---

outros pescadores, em número não superior a vinte, e empregue barcos de tonelagem inferior a 15 toneladas".).

(133) GUILHERME MOREIRA, *Actos de commercio — Estudo exegético e crítico das disposições do novo código commercial,* Imprensa da Universidade, Coimbra, 1889, p. 209, FERNANDO OLAVO, *A empresa...*, pp. 14, e 14-15, n. (13), FERRER CORREIA, *Lições...*, pp. 4-5.

(134) JOSÉ TAVARES, *Sociedades e empresas comerciais,* 2.ª ed., Coimbra Ed., Coimbra, 1924, pp. 784-785, L. CUNHA GONÇALVES, *Comentário ao código comercial português,* vol. I, Empreza Ed. J. B., Lisboa, 1914, p. 622. Para uma crítica da posição destes autores, v. COUTINHO DE ABREU, *últ. ob. cit.*, pp. 37-38, n. (96).

(135) Embora em termos dubitativos, parece aceitar esta via OLIVEIRA ASCENSÃO, *Direito comercial...*, p. 163.

"plano legal". No caso em apreço, portanto, tudo parece indicar não existir uma verdadeira lacuna. As citadas empresas não entram no plano da legislação mercantil. Esta não as regula, não as quis sujeitar à respectiva disciplina. São, pois, empresas "civis". Andou mal a lei, planeou inconvenientemente? Também penso que sim. Todavia — diga-se ainda —, isto não justifica que se recorra ao "desenvolvimento do direito superador da lei", a fim de (em última instância) se atribuir a qualidade de comerciais às empresas da indústria extractiva: não há qualquer "necessidade irrecusável do comércio jurídico" (nem qualquer "natureza das coisas" ou "princípio ético-jurídico") que tal imponha; aliás, recorde-se, a sociedade (de tipo) comercial é posta à disposição também das indústrias extractivas (e, já se vê, é aqui usual a utilização do instrumentário societário-mercantil). (136) (137).

Aproveite-se a ocasião para, mais uma vez, aludir à "ilógica" de várias soluções jurídicas (ditada por móbiles político-económicos e culturais de tempos vários): a legislação comercial francesa de oitocentos (seguida por diversas outras legislações) não aceitou a comercialização das indústrias extractivas "pelo cuidado de Napoleão em atrair para as empresas extractivas a nobreza e a burguesia proprietárias do solo e do subsolo"... (138)

---

(136) Sobre o "desenvolvimento do direito superador da lei" (ou "para além do plano da lei"), v. K. LARENZ, *Metodologia da ciência do direito,* trad., 2.ª ed., Fundação C. Gulbenkian, Lisboa, 1989, pp. 502-520.

Convém notar que também o *Code de Commerce* de 1807 não previa como "actos de comércio" as empresas da indústria extractiva (tal como as não previa o código italiano de 1882). E essa solução vigorou até à lei de 9 de Setembro de 1919, que comercializou a exploração das minas (apenas parte, portanto, das indústrias extractivas) — v., p. ex., HAMEL / /LAGARDE/JAUFFRET, *ob. cit.*, pp. 232-233 e 267-268. Para a evolução (até certo ponto paralela) da questão na Bélgica, v. VAN RYN/HEENEN, *ob. cit.*, pp. 351-352 e 363-364.

(137) Parece claro merecerem a qualificação de comerciais as empresas que, não sendo exclusivamente extractivas, caibam também, p. ex., nos n.os 1.º e 2.º do art. 230.º do CCom.

(138) PAUL DIDIER, *Droit commercial* cit., p. 125.

3. 1. 3. 2. Aludamos agora às empresas *agrícolas*(139). Diz o § 1.º do art. 230.º do CCom. que "não se haverá como compreendido no n.º 1.º [empresas comerciais transformadoras] o proprietário ou o explorador rural que apenas fabrica ou manufactura os produtos do terreno que agriculta acessoriamente à sua exploração agrícola (...)". Quer dizer, uma organização industrial-transformadora (fábrica ou manufactura) de um produtor agrícola não é empresa comercial quando, possuindo embora relativa autonomia (técnico-produtiva), se destina exclusivamente à transformação de produtos de terras por aquele agricultadas, e essa transformação é "acessória" da (subordinada à) respectiva produção agrícola (parte "principal"). Nestes casos, empresa é a empresa agrícola — nela se integrando (como "secção") a organização industrial-transformadora.

E estas empresas agrícolas não são comerciais. Resulta isso, em geral, do facto de na legislação mercantil elas não "se acharem especialmente reguladas", e, em especial, não apenas do § 1.º do art. 230.º (a "comercialidade" da transformação não contagia o agrícola, pelo contrário...), mas também do § 2.º do mesmo art. ("Não se haverá como compreendido no n.º 2.º o proprietário ou explorador rural que fizer fornecimento de produtos da respectiva propriedade"), do art. 464.º, n.º 2.º, do CCom. (não são consideradas comerciais "as vendas que o proprietário ou explorador rural faça dos produtos de propriedade sua ou por ele explorada (...)"), de normas do DL 336/89, de 4 de Outubro (complementado pelo DL 339/90, de 30 de Outubro) — as "sociedades de agricultura de grupo", os "agrupamentos de produção agrícola", as "empresas familiares agrícolas reconhecidas" são sociedades *civis* sob a forma de sociedade por quotas.

Mas quais as empresas agrícolas? Tão-só as que têm por objecto uma actividade agrícola em sentido estrito, tradicional (cultivo da terra para a obtenção de colheitas)?

Tendo em conta alguns dados legislativos (DL 294/2009, de 13 de Outubro — arrendamento rural —, L 86/95, de 1 de

(139) Para um tratamento mais desenvolvido, v. COUTINHO DE ABREU, *últ. ob. cit.*, pp. 82-91.

Setembro — lei de bases do desenvolvimento agrário), é legítimo concluir que as empresas agrícolas (em sentido amplo) abrangem não só as agrícolas em sentido estrito mas também as silvícolas (ou florestais) e as pecuárias. E as empresas das duas últimas espécies, tal como as da primeira (vimo-lo há pouco), não são comerciais: além de a legislação lhes não atribuir esse qualificativo, apontam nessa direcção os citados diplomas relativos ao arrendamento rural e florestal; na mesma direcção aponta também — no respeitante a parte (pelo menos) das empresas pecuárias — o n.º 4.º do art. 464.º do CCom. (não são consideradas comerciais "as compras e vendas de animais feitas pelos criadores ou engordadores").

Vale este discurso para a cultura de plantas e a criação de animais sem terra, ou em que esta tem carácter acessório? São agrícolas (em sentido amplo) e civis (não comerciais) as empresas que tenham essas actividades por objecto? Tendo igualmente em conta alguns dados legislativos, bem como modernas noções europeias (extra-jurídicas e jurídicas) de agricultura, deve concluir-se serem agrícolas as empresas em questão. Por outro lado, estas empresas devem ser consideradas civis: a legislação mercantil não qualifica de comerciais aquelas actividades; o art. 1.º, 2, do DL 336/89 aceita-as como civis; o n.º 4 do art. 464.º do CCom. (com respeito à pecuária) não faz excepções...

A caracterização que atrás fizemos da *empresa* comercial vale quase integralmente para a *empresa* agrícola (bem como para todas as outras espécies empresariais não mercantis de que neste n.º 3. 1. 3. curamos). Deve no entanto assinalar-se que, por norma, nas empresas agrícolas em sentido estrito um dos meios de produção — a terra — ocupa um lugar central, tem um peso determinante; os restantes bens são "acessórios". Poderá mesmo dizer-se que em muitos casos os prédios rústicos (ou partes deles) pertencem ao "âmbito mínimo de entrega" — não possuindo os outros bens capacidade para operar a trasladação das respectivas empresas, para irradiar a ideia da possibilidade de as organizações produtivas se manterem as mesmas em prédios diversos.

3. 1. 3. 3. Diz ainda o § 1.º do art. 230.º do CCom. que "não se haverá como compreendido no n.º 1 (...) o artista, industrial, mestre ou oficial de ofício mecânico que exerce directamente a sua arte, indústria ou ofício, embora empregue para isso, ou só operários, ou operários e máquinas". (140)

Com a excepção de "industrial", a terminologia empregada para designar as personagens é de sabor medievo. "Artista", "mestre", "oficial" e "industrial" devem ser considerados sinonimamente (aponta para aí, também, a análise gramatical do texto), significando o mesmo que artífice ou artesão por conta própria; como equivalentes devem também ser tidos "arte", "ofício" e "indústria".

A noção de *artesão* apresenta fronteiras imprecisas. De modo genérico, diremos que ele é um produtor qualificado que, podendo embora servir-se de máquinas, utiliza prevalecentemente o seu trabalho manual e, como instrumentos, ferramentas.

Pode a actividade artesanal ser organizada empresarialmente, é legítimo falar de *empresas* artesanais? Autores há que, a propósito do § 1.º do art. 230.º, respondem negativamente (141). Todavia, a norma não diz que não é "empresa" o artista, industrial, etc.; diz é que não é "empresa *comercial*" (embora também não diga ser "empresa"). Há que distinguir. Pense-se num artesão isolado (sem empregados), um sapateiro, por exemplo, trabalhando (faz e repara calçado) no pequeno rés-do-chão de sua casa, onde se vê uma máquina

---

(140) Cfr. também o n.º 3.º do art. 464.º, segundo o qual não são consideradas comerciais "as compras que os artistas, industriais, mestres e oficiais de ofícios mecânicos que exercerem directamente a sua arte, indústria ou ofício, fizerem de objectos para transformarem ou aperfeiçoarem nos seus estabelecimentos, e as vendas de tais objectos que fizerem depois de assim transformados ou aperfeiçoados".

(141) CUNHA GONÇALVES, *ob. cit.*, p. 593 (as pessoas mencionadas no citado § "não podem ser havidas como *empresários,* porque não possuem uma *emprêsa,* ou seja, uma organização capitalista, regular e permanente, em que êles só exercem a função de direcção ou de méra propriedade (...)"), PEREIRA DE ALMEIDA, *ob. cit.*, pp. 178, 181-182.

de coser cabedais, uma banca, uma cadeira, sovelas, facas, martelos, formas... Para uma situação destas é espúrio falar de "organização" ou "sistema" de factores produtivos, não avulta no contexto macro-económico uma nova e autónoma unidade complexa de produção (requerendo específica tutela jurídica). O que ressalta é o sujeito e o seu trabalho, é o "trabalhador por conta própria" (ou "autónomo"). Mas nem só deste tipo de artesão — sem empresa — se povoa o mundo do artesanato. Tenha-se em vista, por exemplo, um serralheiro com sua oficina, onde trabalham ainda dois "oficiais" e um "aprendiz", e se fazem portas, janelas, grades, etc. por encomenda com o auxílio de diversas ferramentas simples (martelos, limas, chaves de fendas, chaves inglesas, serrotes, etc.) e de algumas máquinas (de furar, de cortar ferro, de soldar, de rebarbar...). Agora já é legítimo falar de empresa (a reger pela disciplina jurídica correspondente) — já emerge no mercado uma distinta organização produtiva (feita de meios pessoais e reais). Não se trata, porém, de empresa "comercial" — a incluir no n.º 1.º do art. 230.º ("transformar, por meio de fábricas ou manufacturas...") —, mas sim de empresa artesanal, inserível no § 1.º do art. — apesar de nela se exercer actividade industrial-transformadora. Não temos aqui, propriamente, uma "fábrica" ou uma "manufactura": não há produção em série de bens (estandardizados), não há predomínio das máquinas ("fábrica"); os trabalhadores (exceptuados os aprendizes) são qualificados e dominam, em regra, as diversas fases do processo produtivo — não existe, pois, a divisão técnica do trabalho típica da "fábrica" e da "manufactura" (possibilitadora, também, dos trabalhadores "não qualificados").

Mas, nos termos do § 1.º do art. 230.º, as empresas só não são comerciais quando os artífices seus proprietários ou exploradores exerçam "directamente" a respectiva actividade. Se tal não suceder, resulta da conjugação deste § com o n.º 1.º (interpretado extensivamente) deverem elas ser consideradas comerciais (e comerciantes os seus proprietários ou exploradores). No entanto, para que se cumpra o requisito do §, não parece de exigir uma participação de carácter executivo, manual, daqueles artífices no processo de trabalho. Bastará que eles participem, *in loco,* dirigindo tecnicamente o processo (não se limitando, portanto, à direcção administrativa, comercial, financeira das empresas)[142].[143]

O artesanato não é exclusivamente actividade industrial-transformadora — a única que cai directamente no campo de aplicação do § 1.º do art. 230.º. Os artesãos, e as empresas artesanais, podem ainda actuar, nomeadamente, no domínio dos serviços (electromecânicos, estucadores, cabeleireiros, esteticistas, etc.). As empresas de serviços, vimos já, são geralmente mercantis. Não o serão, porém, as empresas artesanais de serviços (exploradas "directamente" pelos respectivos artesãos) — por analogia com o disposto naquela norma.

3. 1. 3. 4. Pode dizer-se que as *profissões liberais* se traduzem no exercício habitual e autónomo (juridicamente não subordinado) de actividades primordialmente intelectuais, susceptíveis de regulamentação e controlo próprios (que incumbem, em boa medida, a associações públicas — "ordens","câmaras", etc.). São, pois, profissionais liberais os advogados, médicos, engenheiros, arquitectos, economistas, revisores oficiais de contas, etc.

São os profissionais liberais, nessa qualidade, empresários, possuem eles *empresas* (não comerciais, civis)?

Entendemos que, em regra, os escritórios, consultórios, estúdios dos profissionais liberais não constituem empresas[144]. O que aí avulta é a pessoa dos profissionais (com

---

(142) Neste sentido, para a Alemanha, v. D. BRÜGGEMANN, in STAUB, *HGB — Grosskommentar*, 3. Aufl., 1. Band, de Gruyter, Berlin, 1967, p. 129; entre nós, v. PEREIRA DE ALMEIDA, *ob. cit.*, p. 177 (a participação "pode realizar-se através de uma actuação ao nível de direcção técnica ou supervisão directa"). Interpretando diversamente, mas com frágil argumentação, v. JOSÉ TAVARES, *Sociedades...*, pp. 746, ss. (criticado por CUNHA GONÇALVES, *ob. cit.*, p. 593).

(143) Sobre o "ruído" provocado pelo art. 12.º do DL 41 / 2001, de 9 de Fevereiro, alterado pelo DL 110 / 2001, de 16 de Abril, v. *supra* a n. (47) do cap. II.

(144) Afirmando princípio oposto (baseado exclusivamente em jurisprudência e doutrina alemãs), v. MENEZES CORDEIRO, *Anotação* cit., pp. 176-177 ("Uma especial categoria de empresa, cuja alienabilidade

específica capacidade técnico-científica para a prestação de serviços), não um complexo produtivo objectivo; o conjunto dos instrumentos de trabalho não tem autonomia funcional nem identidade própria, não mantém idêntica "eficiência" ou "produtividade" na titularidade de terceiro (profissional da mesma especialidade) (145); a actividade do sujeito exaure praticamente o processo produtivo (de prestação de serviços). Aliás, há dados normativos indiciando que a lei não considera empresários os profissionais liberais. Veja-se, por exemplo, o art. 17.º do DL 446/85, de 25 de Outubro: "Nas relações entre empresários ou os que exerçam profissões liberais, singulares ou colectivos, ou entre uns e outros (...)".

Em regra, portanto, não há aqui empresas. Mas pode haver. Pense-se, por exemplo (para já não falar de profissionais liberais menos "clássicos", como os despachantes oficiais), nos médicos radiologistas que executam nos seus consultórios um ou mais tipos de radiografias. Nestes casos é notória a "despersonalização" da actividade liberal — o que ressalta é o imprescindível equipamento tecnológico (por vezes muito sofisticado e caro) dos consultórios, sendo praticamente indiferente a pessoa dos médicos titulares dos mesmos. (146)

---

levantou dúvidas, é a dos consultórios médicos e a dos escritórios de advogados" — assim começa o n.º incluído nas citadas págs.); v. tb. *Manual...*, p. 205. (Mesmo para a Alemanha, tal princípio é tudo menos pacífico — v., p. ex., GIERKE/SANDROCK, *ob. cit.*, pp. 115-116, K. SCHMIDT, *ob. cit.*, p. 69, H. HOLZHAUER, in *Handkommentar zum Bürgerlichen Gesetzbuch*, 8. Aufl., 2. Band, p. 1752. O mesmo se diga em relação a outros países — v. a minha *últ. ob. cit.*, pp. 103-104, ns. (243), (244), e a bibliografia aí citada.).

(145) Cfr. FERRARA, *ob. cit.*, p. 85 ("e neppure si può pensare a mantenere l'efficienza dell'organizzazione nei passaggi (...)").

(146) Empresas há também, por certo, nos casos em que não está propriamente em causa a actividade do profissional liberal e o consultório, etc. onde ela é exercida, mas antes uma organização produtiva (de serviços) mais ampla em que, a par de outros diversificados meios de produção, se integram as prestações profissional-liberais. Exemplo típico é o do médico que explora uma casa de saúde (nela exercendo também actividade médica; se a casa de saúde é explorada por um não médico, não deixa obviamente de ser empresa...). Uma tal organização é empresa, e empresa comercial (cfr. *supra*, n.º 3. 1. 3. do cap. I, a propósito das empresas de serviços).

Verifica-se uma relativa despersonalização das actividades liberais quando elas são exercidas no quadro de sociedades de profissionais liberais. Não obstante, os respectivos escritórios, consultórios, estúdios não devem, também em regra (embora com mais excepções — tenha-se em vista, *v. g.*, o fenómeno relativamente recente das grandes sociedades de advogados), ser considerados empresas. O que atrás dissemos a propósito dos profissionais singulares vale, basicamente, aqui.

3. 2. As empresas e os seus sujeitos jurídicos

Atendendo ao quadro constitucional dos "sectores de propriedade dos meios de produção" (art. 82.º da CRP), olhemos agora, muito brevemente, para as espécies empresariais segundo os respectivos sujeitos. [(147)]

3. 2. 1. Empresas do sector público

Integram-se neste sector principalmente as "empresas públicas do Estado", as empresas públicas das regiões autónomas [(148)], as "empresas municipais, intermunicipais e metropolitanas" e os "serviços municipalizados".

3. 2. 1. 1. Durante os quase vinte e quatro anos de vigência do DL 260/76, de 8 de Abril (várias vezes alterado), o conceito de *empresa pública estadual* no direito português (de origem interna) abrangia somente entidades de natureza

---

Sobre a qualificação dos escritórios, consultórios, etc. dos profissionais liberais como empresas para efeitos do art. 37.º da LCT (v. agora o art. 285.º do CT), v. COUTINHO DE ABREU, *Da empresarialidade* cit., p. 106.

(147) Utilizo em grande medida como sinónimos "sujeito da empresa" — titular da propriedade e/ou gestão da empresa — e "empresário" (vocábulo de múltiplos significados no direito e fora dele): v. *últ. ob. cit.*, pp. 111-117, 210-214.

(148) A Região Autónoma dos Açores possui regime próprio para o respectivo sector público empresarial — aprovado pelo DLR 7/2008/A, de 24 de Março (segue muito de perto o RSEE, pelo que não será aqui objecto de análise). Não a Região Autónoma da Madeira (mas às respectivas empresas públicas regionais é supletivamente aplicável o RSEE: art. 5.º).

institucional (não abrangia entes de natureza societária)[149]. Deixou de ser assim a partir de 1 de Janeiro de 2000, dia em que entrou em vigor o DL 558 / 99, de 17 de Dezembro, que estabelece "o regime do sector empresarial do Estado, incluindo as bases gerais do estatuto das empresas públicas do Estado" (art. 1.º, 1) — RSEE —, alterado entretanto, sobretudo pelo DL 300/2007, de 23 de Agosto.

Confessadamente inspirado no direito comunitário-europeu, o conceito de empresa pública compreende agora duas espécies empresariais: certas *sociedades*, por um lado, e as *"entidades públicas empresariais"*, por outro (art. 3.º do RSEE).[150]

Nos termos do n.º 1 do art. 3.º do RSEE "consideram-se empresas públicas as *sociedades* constituídas nos termos da lei comercial, nas quais o *Estado ou outras entidades públicas estaduais*[151] possam exercer, isolada ou conjuntamente, de forma directa ou indirecta, uma *influência dominante* em virtude de alguma das seguintes circunstâncias: a) Detenção da maioria do capital ou dos direitos de voto[152]; b) Direito de designar ou de destituir a maioria dos membros dos órgãos de administração ou de fiscalização".

Esta definição de empresa pública societária apresenta pelo menos duas falhas. 1) As sociedades-empresas públicas não têm de ser "constituídas nos termos da lei comercial";

---

(149) V. COUTINHO DE ABREU, *Definição...*, pp. 95, ss., *Da empresarialidade...*, pp. 117, ss..

(150) Sobre a noção comunitária de empresa pública (ainda assim mais ampla que a portuguesa-interna), v. COUTINHO DE ABREU, *Da empresarialidade...* pp. 292, ss..

(151) Nestas entidades públicas estaduais devem ver-se não apenas pessoas colectivas de direito público (institutos públicos: serviços públicos personalizados, estabelecimentos públicos, fundações públicas, entidades públicas empresariais) mas também pessoas colectivas de direito privado (sociedades de capitais públicos ou de economia mista-empresas públicas estaduais).

(152) À "maioria do capital" corresponderá, na hipótese, a maioria dos votos; a "maioria dos direitos de voto" é aqui autonomizada por ela ser possível sem correspondente participação social maioritária com relação ao capital (direitos especiais de voto, limitações de voto, acções sem voto...).

por exemplo, não podem deixar de ser consideradas empresas públicas as sociedades de capitais públicos estaduais constituídas por decreto-lei ou lei (153). Há, pois, que interpretar extensivamente o trecho. 2) Com o costumeiro mimetismo em relação ao legislador comunitário, prevê o legislador português a possibilidade do exercício de "influência dominante" em virtude do direito de designar ou de destituir a maioria dos membros dos órgãos "de fiscalização" (154). Ora, se a previsão legal pode ser razoável com respeito ao conselho geral e de supervisão (órgão não só mas também de fiscalização) das sociedades anónimas com estrutura organizatória de tipo germânico (CSC, arts. 278.º, 1, c), 434.º, ss.), já não é razoável relativamente ao conselho fiscal, fiscal único ou revisor oficial de contas das sociedades por quotas, anónimas ou em comandita por acções (CSC, arts. 262.º, 413.º, ss., 446.º, 478.º). Há, pois, que interpretar restritivamente o enunciado normativo nessa parte.

Sendo sociedades estas empresas públicas e, portanto, pessoas colectivas privadas (155), natural é que a sua organização e funcionamento sejam regidos basicamente pelo *direito privado* (RSEE, arts. 7.º, 1, 16.º).

No entanto, porque são empresas *públicas,* dominadas por entidades públicas e visando (só ou também) finalidades públicas (cfr. art. 4.º), naturais são também algumas *especialidades e excepções.*

Assim, estabelece o RSEE alguma disciplina que se afasta do regime geral das sociedades: o Conselho de Ministros definirá "orientações estratégicas" de gestão para todo o SEE e podem ministros emitir orientações "gerais" (para conjuntos de empresas do mesmo sector de actividade) e "específicas", devendo todas elas reflectir-se nas deliberações das assembleias gerais das sociedades e, quando for o caso, nos contratos de gestão a celebrar com os respectivos

(153) Sobre os diversos processos de constituição das sociedades comerciais (e civis de tipo comercial), v. o n.º 1. do cap. III do vol. II deste *Curso.*

(154) Cfr. a al. c) do art. 2.º da Directiva 80/723/CEE, de 25 de Junho de 1980 (relativa à transparência das relações financeiras entre os Estados-membros e as empresas públicas).

(155) Mesmo quando sejam sociedades de capitais inteiramente públicos — cfr. COUTINHO DE ABREU, *Da empresarialidade...*, p. 134, n. (345).

administradores (art. 11.º; v. também o art. 18.º do DL 71/2007, de 27 de Março, diploma relativo ao estatuto dos gestores públicos: EGP) (156); as sociedades de que tratamos estão sujeitas a "deveres especiais de informação" (a prestar ao ministro das finanças e aos ministros responsáveis pelos respectivos sectores) visando o seu acompanhamento e controlo (art. 13.º); os relatórios anuais das sociedades devem conter informação variada (para lá da respeitante às respectivas situações económicas e financeiras) e alguma dessa informação será publicada no DR (arts. 13.º-A e 13.º-B); os administradores ficam sujeitos ao estatuto do gestor público (art. 15.º). (157)

Por outra banda, estas sociedades estão sujeitas a "controlo financeiro" do Tribunal de Contas e da Inspecção-Geral de Finanças (art. 12.º) (158). E podem, em certos casos, exercer poderes e prerrogativas de autoridade de que goza o Estado (art. 14.º).

Além das sociedades comerciais (ou civis de tipo comercial) dominadas pelo Estado e / ou outras entidades públicas estaduais, são empresas públicas as "entidades públicas empresariais" (EPE) — RSEE, arts. 3.º, 2, 23.º, ss. —, sucessoras e continuadoras das EP reguladas pelo agora revogado DL 260 / 76 (v. RSEE, arts. 23.º, 2, 40.º). (159)

Tendo em conta os dados normativos do RSEE, diremos que *as EPE são pessoas colectivas de direito público criadas*

(156) V., em contraposição, os arts. 373.º, 3, e 405.º, 1, do CSC (recorde-se que o tipo sociedade anónima é o preferido para o sector empresarial do Estado).

(157) V. tb., a propósito de outras disposições (fora do RSEE), embora de mais largo espectro, *últ. ob. cit.*, pp. 152-153.

(158) V. tb. as L 14/96, de 20 de Abril, arts. 1.º, 1, b), c), d), 2.º, e 98/97, de 26 de Agosto, arts. 2.º, 2, c), d), e), 4, 5.º, 1, f), g), 50.º, 1, 51.º, 1, o), etc. (respeitantes ao Tribunal de Contas), e o DL 248/98, de 11 de Agosto (sobre a IGF).

(159) A expressão "entidades públicas empresariais" parece ter sido importada de Espanha [sobre as "entidades públicas empresariales", v., p. ex., A. PÉREZ MORENO / E. MONTOYA MARTÍN, *Formas organizativas del sector empresarial del Estado,* in AA.VV., *Os caminhos da privatização da administração pública* (IV Colóquio luso-espanhol de direito administrativo), U. C./Coimbra Editora, Coimbra, 2001, pp. 81, ss.].

pelo Estado com capitais públicos destinados à formação (quando não já formadas *ab initio*) *de organizações de meios produtoras de bens para a troca* (empresas em sentido objectivo), *com denominação parcialmente taxativo-exclusiva e que, sob a superintendência e tutela estaduais, visam prosseguir* (indirecta ou directamente) *finalidades públicas*.

As EPE são, pois, pessoas jurídicas com as correspondentes "capacidade" de gozo de direitos e "autonomia" ["administrativa" — entendível em sentido amplo, como capacidade para gerir patrimonialmente e praticar actos jurídicos —, "financeira" — com receitas próprias e direito de delas dispor segundo próprio orçamento —, e "patrimonial" — com património privativo, mobilizável (e só ele) para o cumprimento das obrigações das EPE]: art. 25.º. E pessoas jurídicas "de direito público" (o que antes era controvertido fica agora claro pelos dizeres do art. 23.º, 1) (160).

A criação de EPE é feita por "decreto-lei" (art. 24.º, 1) (161). O capital inicial — dinheiro e / ou outros bens patrimoniais, inclusive empresas (em sentido objectivo) — é atribuído pelo Estado para responder às necessidades permanentes da empresa e pode ser aumentado ou reduzido nos termos previstos nos estatutos (art. 26.º, 1 e 2).

A denominação destas pessoas colectivas deve integrar a expressão "Entidade Pública Empresarial" ou as iniciais "E.P.E." (art. 24.º, 2) (162).

Dada a "forma" pública das EPE, a intervenção do Estado na vida delas é mais intensa do que na das sociedades-empresas públicas. Afora o previsto nos arts. 11.º-14.º (apli-

---

(160) Sobre a questão na vigência do DL 260 / 76, v. COUTINHO DE ABREU, *Definição...*, pp. 183, ss..

(161) Apesar de o n.º 2 do art. 4.º do (revogado) DL 260/76 exigir simplesmente um "decreto", propugnei a solução do "decreto-lei" (v. *últ. ob. cit.*, pp. 98, ss.).

(162) Sobre a pertinência desta referência na noção de EPE, v. COUTINHO DE ABREU, *Da empresarialidade...*, p. 120.

A talho de foice, dê-se conta de mais um desleixo do legislador. No 24.º parágrafo do preâmbulo do RSEE, a propósito do regime das EPE em contraponto com o das EP regidas pelo DL 260 / 76, diz-se às tantas : "sendo, aliás, mantida na denominação social [*sic*] a expressão ou sigla própria (EP)". Mas no art. 24.º, 2, como vimos, aparece-nos outra expressão ("Entidade Pública Empresarial") e outra sigla ("E.P.E.")...

cáveis às empresas públicas em geral), deve destacar-se que o Estado, através do Governo, nomeia os membros dos órgãos de administração das EPE (cfr. arts. 15.º e 27.º, 4, do RSEE, e arts. 13.º e 14.º do EGP), exerce sobre elas "tutela económica e financeira" (tutela administrativa de carácter inspectivo e integrativo) — arts. 29.º, 31.º, 32.º —, superintende nelas (art. 29.º, 1, *in fine*), isto é, define os objectivos e traça o quadro geral (as "directrizes" — art. 31.º, 1) de actuação das mesmas [(163)]; além disso, é através de decreto-lei que é operada a transformação, fusão ou cisão das EPE (art. 33.º), bem como a sua extinção, não lhes sendo em princípio aplicáveis as regras gerais sobre dissolução e liquidação de sociedades, nem as do processo de insolvência (art. 34.ºdo RSEE, art. 2.º, 2, a), do CIRE e art. 11.º, 1, do DL que aprovou este Código). [(164)]

No entanto, porque têm natureza empresarial, as EPE são regidas em boa medida (sobretudo na sua actividade "externa") pelo *direito privado* e por *direito aplicável (também) às entidades privadas empresariais.*

O princípio continua a ser o estabelecido no n.º 1 do art. 7.º (para todas as empresas públicas): "regem-se pelo direito privado, salvo no que estiver disposto no presente diploma e nos diplomas que tenham aprovado os respectivos estatutos". A estruturação e competência dos órgãos de administração e fiscalização são idênticas às das sociedades anónimas (art. 27.º, 1, 2) — v. o CSC, arts. 278.º, 390.º, ss.. O estatuto do pessoal é de direito do trabalho geral (art. 16.º). As normas contabilísticas a observar são as privadas, não as públicas (art. 25.º, 1).

Por sua vez, as EPE "estão sujeitas a tributação directa e indirecta, nos termos gerais" (art. 7.º, 2). E estão também sujeitas "ao registo comercial nos termos gerais, com as adaptações que se revelem necessárias" (art. 28.º) [(165)].

---

(163) Sobre a tutela administrativa e a superintendência, v. por todos FREITAS DO AMARAL, *Curso de direito administrativo,* vol. I, 2.ª ed., Almedina, Coimbra, 1994, pp. 699, ss., 716, ss..

(164) Sobre a prossecução de finalidades públicas pelas EPE, v., além do art. 4.º, COUTINHO DE ABREU, *Da empresarialidade...*, pp. 127-128.

(165) V. tb. o CRCom., arts. 1.º, 2, 5.º, etc. (e lembre-se o disposto no n.º 2 do art. 40.º do RSEE).

As sociedades (sujeitos ou pessoas jurídicas) dominadas pelo Estado e / ou outras entidades públicas estaduais e as EPE (pessoas jurídicas) são "*empresas* públicas". Por conseguinte, estas empresas aparecem primariamente em *sentido subjectivo,* como sujeitos jurídicos. Mas estes fenómenos empresariais não se reduzem à dimensão subjectiva. *Por norma, eles são simultaneamente* instrumentos objectivos de sujeitos, são organizações de meios produtivos, *empresas em sentido objectivo.*

Porém, as duas apontadas dimensões das empresas públicas *não têm de coexistir sempre, nem implicam necessariamente a mesma área patrimonial, nem são incindíveis.* Com efeito, pode suceder (e sucede frequentemente) que seja constituída uma sociedade ou uma EPE (sujeitos) sem que exista ainda o respectivo substrato empresarial, sem empresas em sentido objectivo. Por outro lado, o património das empresas públicas-sujeitos não tem de esgotar-se no património ligado às respectivas empresas-objectos: pode haver bens fazendo parte do acervo patrimonial dos sujeitos mas não afectados às empresas-objecto (destas não sendo elementos, portanto). Por sua vez, pode a empresa-objecto ser separada da empresa-sujeito, porque, *v. g.*, aquela é vendida, locada ou a sua exploração é concedida a terceiro, e pode a empresa-sujeito sobreviver à sua empresa-objecto ou, ao invés, extinguir-se antes dela [(166)].

Têm necessariamente as empresas públicas fins lucrativos? Têm de ser constituídas para o exercício de uma actividade económica em termos tais que dela devam resultar receitas que excedam os custos de produção? É o intuito lucrativo essencial para o(s) conceito(s) de empresa(s) pública(s)?

Não deve partir-se de apriorístico-conceitualísticas e genéricas ideias de empresa (possibilitadoras de raciocínios deste tipo, bastante divulgados entre nós: todas as empresas têm fins lucrativos; as empresas públicas, como o próprio nome diz, são empresas; logo, as empresas públicas têm fins lucrativos). A resposta à questão passa necessariamente

---

(166) Cfr. *últ. ob. cit.*, pp. 118-119, 216-217.

pela análise dos dados positivo-normativos atinentes às empresas públicas.

O quadro (muito) geral (e pouco preciso) parece estar traçado no art. 4.º do RSEE: "A actividade do sector empresarial do Estado deve orientar-se no sentido da obtenção de níveis adequados de satisfação das necessidades da colectividade, bem como desenvolver-se segundo parâmetros exigentes de qualidade, economia, eficiência e eficácia, contribuindo igualmente para o equilíbrio económico e financeiro do conjunto do sector público". A contribuição para o "equilíbrio económico e financeiro do conjunto do sector público" que inclui o sector público administrativo, naturalmente deficitário, exigirá, como regra, que as empresas públicas devam tentar obter lucros. Já a parte inicial do preceito permite que elas, nalguns casos, visem alcançar tão-só o equilíbrio entre custos e receitas da produção ou funcionem mesmo em défice. Há que distinguir.

As *sociedades* regidas basicamente pelo CCiv. ou pelo CSC têm, "por definição", finalidades lucrativas (v., em primeira linha, o art. 980.º do CCiv.) (167). Nada impõe que o escopo lucrativo seja ou possa ser postergado pelas empresas públicas-*sociedades de economia mista* (os sócios não-públicos não são, enquanto tais, mecenas...) (168). Nem mesmo quando tais empresas tenham de exercer actividades necessariamente deficitárias (cfr. o RSEE, arts. 19.º, ss.); nestes casos, as "indemnizações compensatórias" (art. 21.º) não devem repor simplesmente o equilíbrio custos-receitas, havendo que não impedir a retribuição do capital privado investido. Não tem de ser idêntico o panorama quanto às empresas públicas societárias com *capitais inteiramente públicos*. Quando constituídas nos termos do CSC (ou do CCiv.), elas têm ("por definição") fim lucrativo; contudo, quando sejam encarregadas da gestão de serviços de interesse económico geral, os interesses públicos podem determinar uma sistemática actuação sem finalidades lucrativas (v. as als. a), b) e, sobretudo, d) do art. 20.º do

(167) V. o n.º 2. 4. do cap. I do vol. II do *Curso*.

(168) Recorde-se também o art. 7.º, 1, do RSEE.

RSEE) (169). Por sua vez, quando as empresas públicas societárias de capitais exclusivamente públicos sejam constituídas por decreto-lei, pode o acto constituinte, derrogando a genérica noção legal de sociedade (v. também a 2.ª parte do n.º 1 do art. 7.º do RSEE), estabelecer logo de modo explícito ou implícito a exclusão do intuito lucrativo (170).

Também as *EPE* em geral devem tentar alcançar lucros (relembre-se o art. 4.º). Todavia, dizer isto não é o mesmo que admitir o intuito lucrativo como nota essencial da definição delas. Só poderia aceitar-se tal escopo como elemento essencial se todas as EPE tivessem de actuar (por imposição legal) com aquele intento. Ora, alguns dos preceitos do RSEE há pouco referidos demonstram que assim não é. Nomeadamente as EPE encarregadas de actividades económicas de interesse geral "comprovadamente deficitárias" não podem ter fim lucrativo (e, dado que estas entidades devem prosseguir exclusivamente finalidades públicas, mais se impõe aqui a ideia de as indemnizações compensatórias não terem de corresponder a quaisquer lucros não realizados).

Em suma, *nem todas as empresas públicas, societárias ou não, têm (ou têm de ter) escopo lucrativo; este escopo não é elemento essencial do conceito ou (melhor) dos conceitos de empresas públicas* (171). (172)

---

(169) É certo dever haver nestes casos indemnizações compensatórias (art. 21.º). Mas os montantes compensatórios não têm de corresponder aos lucros que as empresas deixam de obter por se ter impedido o funcionamento normal do mercado; bastará que seja reposto o equilíbrio custos--receitas (v. art. 21.º, 1, *in fine*).

(170) E, mais ou menos contestavelmente, o legislador tem feito uso desta possibilidade — v., p. ex., os DL 65 / 89, de 1 de Março ("Centro Cultural de Belém, Sociedade de Gestão e Investimento Imobiliário — S. G. I. I., S. A."), 145 / 92, de 21 de Julho ("Lisboa 94 — Sociedade Promotora de Lisboa Capital Europeia da Cultura, S. A."), 418-B / 98, de 31 de Dezembro ("Porto 2001, S. A."), 98-A / 99, de 26 de Março ("Portugal 2000, S. A."), 65/2004, de 23 de Março ("TNDM — Teatro Nacional D. Maria II, S. A."), 109/2007, de 13 de Abril ("EMA — Empresa de Meios Aéreos, S. A.").

(171) Defendi conclusão idêntica antes da vigência do RSEE (mais claro, aliás, quanto a este problema) — cfr., quanto às EP antecessoras das EPE, *Definição...*, pp. 138, ss., e *Da empresarialidade...*, pp. 121, ss., e, em relação às sociedades de capitais públicos e de economia mista, pp. 153, ss. desta segunda obra.

3. 2. 1. 2. *As empresas municipais, intermunicipais e metropolitanas* (chamemos-lhes aqui, por economia, empresas locais) são hoje disciplinadas, basicamente, pelo RSEL (Regime jurídico do sector empresarial local) – L 53-F/2006, de 29 de Dezembro (173).

---

(172) Talvez tenha interesse registar aqui três conjuntos recentes de DL constituintes de empresas públicas estaduais-sociedades de capitais inteiramente públicos, e alguns dados mais sobre EPEs.

Um desses conjuntos enquadra-se no "Programa de Requalificação Urbana e Valorização Ambiental das Cidades, Programa POLIS". Várias sociedades foram criadas com o capital subscrito na proporção de 60% pelo Estado e de 40% pelos municípios respectivos (v. exemplos na 6.ª ed. deste vol., p. 261, n. (170)).

Outro conjunto respeita a sociedades concessionárias da exploração e gestão de sistemas multimunicipais de captação, tratamento e distribuição de água para consumo público e / ou de recolha, tratamento e rejeição de efluentes e / ou de recolha e tratamento de resíduos sólidos (cfr. o DL 379 / 93, de 5 de Novembro – alterado várias vezes e republicado em anexo do DL 195/2009, de 20 de Agosto – e a L 88-A / 97, de 25 de Julho, art. 1,º, 1, a), 2 e 3) – v. exemplos no local há pouco indicado. Na generalidade dessas sociedades, a maioria das acções foi subscrita por entes público-estaduais empresariais. Mas podem os municípios servidos por sistemas multimunicipais deter participação social maioritária (v. o art. 3.º-A do DL 379 / 93).

O terceiro conjunto integra trinta e um DL de Dezembro de 2002 transformando hospitais-estabelecimentos públicos em S. A.. Sobre ele, criticamente, v. J. M. COUTINHO DE ABREU, *Sociedade anónima, a sedutora (Hospitais, S. A., Portugal, S. A.),* em IDET, Miscelâneas n.º 1, Almedina, Coimbra, 2003, pp. 11, ss..

Entretanto, todas estas S. A., bem como outros hospitais-estabelecimentos públicos, foram transformados em EPEs, por força dos DL 93/2005, de 7 de Junho, 233/2005, de 29 de Dezembro, e outros mais. Foi assim a lista das EPE, que era bem exígua (além das seis EPE que referi em *Privatização de empresas públicas e empresarialização pública,* IDET, Miscelâneas n.º 3, Almedina, Coimbra, 2004, pp. 60-61 e 63, n. (9) – CP, ML, REFER, NAV, EGREP, API –, haveria tão-só a registar a EP – Estradas de Portugal, constituída pelo DL 239/2004, de 21 de Dezembro; porém, esta EPE foi transformada em S. A. de capitais públicos pelo DL 374/2007, de 7 de Novembro), notavelmente engrossada. E, já fora dos hospitais, engrossou em 2007 com a constituição de mais cinco EPE (GeRAP, ANCP, Parque Escolar, Teatro Nacional de São João, OPART) e em 2010 com outra (SPMS)...

(173) Esta lei revogou a LEMI – L 58/98, de 18 de Agosto. Se a LEMI se havia inspirado no velho estatuto das empresas públicas estaduais (DL 260/76), o RSEL é manifestamente influenciado pelo RSEE.

Também as empresas (públicas) locais compreendem, de um lado, *sociedades* e, do outro, entidades não societárias (*entidades empresariais locais:* EEL) — art. 3.º do RSEL.

Nos termos do n.º 1 deste art. 3.º, "são empresas municipais, intermunicipais e metropolitanas as *sociedades* constituídas nos termos da lei comercial, nas quais os *municípios, associações de municípios e áreas metropolitanas de Lisboa e do Porto,* respectivamente, possam exercer, de forma directa ou indirecta, uma *influência dominante* em virtude de alguma das seguintes circunstâncias: a) Detenção da maioria do capital ou dos direitos de voto; b) Direito de designar ou destituir a maioria dos membros do órgão de administração ou de fiscalização" (174). Estas sociedades podem ser *unipessoais* (por quotas ou anónimas) — art. 4.º (175) — ou *pluripessoais*. Neste último caso, além das referidas entidades públicas locais, podem ser sócios (não dominantes) outros sujeitos públicos (o Estado, nomeadamente) e/ou privados (176).

Por sua vez, o n.º 2 do art. 3.º refere as EEL como empresas locais, mas não as define. Tendo presentes vários preceitos do RSEL, diremos que a *EEL é pessoa colectiva de direito público constituída por entidade pública local* (art. 33.º, 1) *com capitais públicos* (atribuídos por esta e/ou por outras entidades públicas — art. 37.º, 1) *destinados à formação de empresa em sentido objectivo* (177), *identificada por denominação em parte pré-definida e exclusiva* (EEM, EEIM

(174) É, como se vê, uma noção muito próxima da prevista no art. 3.º, 1, do RSEE. As considerações feitas atrás acerca desta valem também aqui (nomeadamente a propósito das als. a) e b) transcritas).

(175) No CSC, a possibilidade de constituir sociedades unipessoais por quotas está aberta à generalidade dos sujeitos (singulares ou colectivos) — art. 270.º-A. Não assim quanto às sociedades anónimas unipessoais (sujeitos constituintes têm de ser sociedades): art. 488.º. É pois especial a disposição do art. 4.º, 2, do RSEL (tal como é especial, ainda no campo das empresas públicas, o disposto no art. 4.º, 1, do DLR 7/2008/A).

(176) No entanto, se o domínio pertencer, em conjunto, a entidades públicas locais e não locais e a participação social de maior valor pertencer a entidade pública não local, a sociedade será considerada empresa pública estadual ou regional (cfr. o art. 2.º, 2, do RSEL).

(177) Mas pode a dotação de capitais consistir em empresa-objecto já formada.

ou EEMT — art. 36.º) e que, *sob tutela e superintendência da entidade constituinte* (art. 39.º), *prossegue finalidades público-locais* (art. 5.º, 1, 2). A EEL tem, tal como a EPE, natureza *institucional, não associativa;* é pessoa jurídica com substrato patrimonial-empresarial, não pessoal e/ou corporativo (não há sócios ou associados) (178). Porquanto: a EEL pertence à linhagem em que se integravam as velhas empresas públicas estaduais (também o DL 260/76 admitia contribuições de capital não só do Estado mas também de outras entidades públicas), municipais, intermunicipais e regionais e em que se integram as EPE — tudo entidades de tipo institucional; a EEL aparece no RSEL claramente contraposta ao tipo de empresa local de carácter pessoal ou corporativo: sociedade; a EEL tem "capital estatutário"— não "capital social" — ainda quando várias entidades públicas para ele contribuam (art. 37.º, 1); órgãos obrigatórios da EEL são os de administração e de fiscalização, não a assembleia geral (art. 38.º, 1, 2 e 3); mesmo que os estatutos de EEL prevejam, mormente quando várias entidades públicas contribuam para o capital, "assembleia geral" ou coisa parecida (cfr. o art. 38.º, 4), tal órgão não é equivalente a uma assembleia propriamente dita — basta ver as competências (tradicionalmente pertencentes às assembleias das entidades de tipo associativo) atribuídas pelos arts. 39.º, 2, a), e 44.º, 1, à entidade constituinte de EEL; tudo isto não é contraditado pelo facto de se falar no n.º 2 do art. 33.º de "*contrato* de constituição" das EEL: além de esta disposição repetir escusadamente o n.º 3 do art. 8.º, tal referência é incorrecta (as empresas locais societárias são constituídas por acto unilateral ou por contrato e as EEL são constituídas por acto unilateral).

De acordo com o art. 5.º, 1 e 2, o objecto das empresas locais (societárias ou não) só pode consistir na "exploração de actividades de interesse geral" (v. arts. 18.º-20.º), ou/e na

(178) Diferentemente, PEDRO GONÇALVES, *Regime jurídico das empresas municipais,* Almedina, Coimbra, 2007, pp. 25, 82 [com base no art. 37.º, 1: quando o capital da empresa seja "detido" (assim se expressa, incorrectamente, a lei) por várias entidades públicas, a EEL será associativa, pluripessoal].

"promoção do desenvolvimento local e regional" (v. arts. 21.º-23.º) (179), ou na "gestão de concessões" (v. arts. 24.º-25.º); e estas actividades-objecto têm de estar inseridas "no âmbito das atribuições da autarquia ou associação de municípios respectiva" e não podem ser exercidas com "intuito predominantemente mercantil" ou lucrativo. (180)

Apesar dos dizeres do art. 8.º, 1, do RSEL (na linha do que dizia o art. 4.º, 1, da LEMI), as assembleias municipais, intermunicipais ou metropolitanas não "criam" as empresas locais, não lhes dão existência jurídica. Esses órgãos deliberam ou decidem sobre a criação; mais precisamente, deliberam autorizar os municípios, associações de municípios ou áreas metropolitanas (representados pelos respectivos órgãos "executivos") a criar ou constituir (unilateralmente) empresas societárias unipessoais e EELs ou a participar na constituição (plurilateral) de empresas societárias pluripessoais (181). Acto constituinte é, pois, *acto jurídico unilateral* de entidade pública local, ou *contrato* de que são partes, de um lado, entidade pública local e, do outro lado, entidade(s) pública(s) e/ou privada(s) — em sentido amplo. (182)

---

(179) Dada a largueza e indeterminação do previsto no art. 21.º — e pese embora o exigido no art. 9.º, 1 — não se estranhará que continue a verificar-se a prática molesta de empresarializar simples serviços municipais, com duplicação de atribuições e competências e o grosso dos custos empresariais a ser imputável às remunerações dos titulares dos órgãos...

(180) V., desenvolvidamente, PEDRO GONÇALVES, *ob. cit.*, pp. 131, ss..

(181) Confortando esta interpretação, v. o art. 53.º, 2, l), da L 169/99, de 18 de Setembro (sobre o funcionamento e competências dos órgãos dos municípios e das freguesias).

(182) O acto constituinte de EEL parece ser de natureza jurídico-administrativa (acto administrativo). Quanto aos actos constituintes de empresas societárias, tendo a vê-los como negócios jurídicos (negócio jurídico unilateral para as empresas unipessoais, contrato para as pluripessoais) de direito privado (contra, v. PEDRO GONÇALVES, *ob. cit.*, pp. 124-125). Estas empresas societárias são constituídas, recorde-se, "nos termos da lei comercial" (arts. 3.º, 1, 4.º); apesar das especialidades de regime estabelecidas no RSEL para tais empresas, aplicar-se-á aos respectivos actos constituintes, fundamentalmente, o direito privado das sociedades comerciais (p. ex., quanto à forma — v. tb. o art. 8.º, 3, do RSEL —, às invalidades — embora com possíveis interferências do procedimento administrativo prévio —, às alterações estatutárias, fusões, cisões, transformações,

Quando a empresa local seja societária pluripessoal e aberta à participação de privados (sujeitos dos sectores privado ou cooperativo e social), as respectivas entidades públicas locais não são inteiramente livres na selecção dos mesmos: em regra, aplicar-se-ão procedimentos (público-) concursais (art. 12.º, 2 e 3, do RSEL) (183).

Segundo o art. 6.º, as empresas locais são regidas pelo RSEL, pelos respectivos estatutos e, subsidiariamente, pelo RSEE e pelas normas aplicáveis às sociedades comerciais (184). Vejamos melhor, sumariamente, atendendo a vários lanços.

No plano das relações negociais externas, a disciplina é dominantemente de *direito privado* (comercial, civil). Todavia, as empresas locais, além de deverem cumprir em certos casos, por força de normas comunitárias (e normas nacionais de transposição), procedimentos pré-contratuais próprios da contratação pública, devem ainda (como alguma doutrina já sublinhava) "adoptar mecanismos de contratação transparentes e não discriminatórios, assegurando igualdade de oportunidades aos interessados" (art. 12.º, 1) (185).

Ainda em campos de projecção externa, as empresas locais estão sujeitas a *regras igualmente aplicáveis à generalidade das empresas dos sectores privado e cooperativo e social*. Por exemplo, aplicam-se-lhes regras de defesa da concorrência (art. 10.º do RSEL); o regime da tributação directa e indirecta é o geral (art. 7.º, 2, do RSEE); os litígios em que sejam parte são em regra julgados pelos tribunais judiciais (art. 18.º do RSEE; por referência ao n.º 1 desse

---

dissolução); não me parece, por isso, aplicável ao contrato de sociedade o "regime substantivo dos contratos administrativos" (arts. 278.º, ss., do CCP — Código dos Contratos Públicos, aprovado pelo DL 18/2008, de 29 de Janeiro); aliás, também não é administrativo o contrato pelo qual uma entidade pública local adquire acções (em mercado regulamentado ou não) ou quotas maioritárias de sociedades privadas que, por isso, adquirem a qualidade de empresas locais.

(183) V. tb. arts. 16.º, 1, 2, f), 31.º, 1 e 3, do CCP.

(184) V. tb. o art. 34.º, 1.

(185) V., desenvolvidamente, PEDRO GONÇALVES, *ob. cit.*, pp. 212, 220, ss..

art., cfr. o art. 17.º do RSEL); as relações individuais e colectivas de trabalho regem-se pelo direito laboral geral (art. 45.º do RSEL).

O *direito (privado) das sociedades comerciais* é genericamente aplicável à organização e funcionamento das empresas locais *societárias*. Mas há que ter em conta *especialidades e excepções:* mesmo fora dos órgãos sociais, as entidades públicas locais sócias emitem, pelos respectivos órgãos executivos, "orientações estratégicas" que hão-de reflectir-se em certos contratos e em deliberações das assembleias gerais (art. 16.º do RSEL); os órgãos de administração das empresas (compostos por gestores públicos locais, cujo estatuto apresenta algumas particularidades — art. 47.º) devem prestar aos órgãos executivos das entidades públicas locais sócias informações que excedem as exigidas pela lei societária comum (art. 27.º); em casos de o resultado operacional anual das empresas (acrescido dos encargos financeiros) ser negativo, devem os "sócios" realizar transferências financeiras para elas, de modo a anular o défice (art. 31.º, 2) (186); para lá da fiscalização interna (v. especialmente o art. 28.º), as empresas estão sujeitas ao controlo financeiro da Inspecção-Geral de Finanças e do Tribunal de Contas (art. 26.º, 1 e 2).

Por sua vez, *nas EEL*, apesar de não serem sociedades, a organização e poderes dos órgãos de administração e de fiscalização são no essencial disciplinados pelas normas que valem para as (privadas) sociedades anónimas (art. 38.º, 1 e 2). Afora isto, e o facto de boa parte das normas citadas no parágrafo anterior ser aplicável (com uma ou outra adaptação) também às EEL (cfr. o art. 34.º, 1), deve agora relevar-se que a intervenção das entidades públicas locais consti-

---

(186) Atendendo aos n.os 3, 4, 5 e 6 deste art. 31.º (referem expressamente apenas sócios de direito público) e aos arts. 20.º, 4, e 23.º, 2 (transferências financeiras dos sócios de direito público para as empresas quando os preços praticados por estas sejam, não de mercado, mas preços subsidiados), parece-me que a obrigação prevista no art. 31.º, 2, impende somente sobre os sócios de direito público; os sócios privados estão sujeitos a não lucrar ou mesmo a perder os seus investimentos (estão sujeitos aos "riscos de empresa"), mas seria irrazoável impor-lhes o mecenato... Com interpretação diferente, v. PEDRO GONÇALVES, *ob. cit.*, pp. 102-103, 204.

tuintes na vida delas é (ou pode ser) mais intensa e directa do que nas empresas societárias — por mor, designadamente, da *"tutela económica e financeira"* e do *"poder de superintendência"* (art. 39.º).

As empresas locais, tal como as empresas públicas estaduais e regionais, são, por norma, simultaneamente *sujeitos e objectos*, à empresa-pessoa jurídica corresponde a empresa em sentido objectivo. Os diálogos empresa sujeito/empresa objecto de que se fez eco *supra* (n.º 3. 2. 1. 1.) poderiam ser aqui (quase) repetidos.

Tendo também em conta o dito acima a propósito das empresas públicas estaduais, adiante-se já que *o escopo lucrativo não deve ser considerado elemento essencial dos conceitos* de empresas municipais, intermunicipais e metropolitanas.

Importa transcrever o art. 7.º do RSEL: "A gestão das empresas deve articular-se com os objectivos prosseguidos pelas entidades públicas participantes no capital social, visando a satisfação das necessidades de interesse geral, a promoção do desenvolvimento local e regional e a exploração eficiente de concessões, assegurando a sua viabilidade económica e equilíbrio financeiro." [187] Ora, o princípio do equilíbrio económico-financeiro não exige o lucro, basta-se com uma gestão dirigida a alcançar o equilíbrio entre custos e receitas da produção, a cobertura daqueles por estas; isto assegurará a "viabilidade económica" das empresas (isto é, terem elas condições para "viver" autonomamente) e o seu "equilíbrio financeiro".

Porém, este princípio, não impondo embora o lucro, também não o exclui. Empresas locais podem ter finalidades (também) lucrativas (mas não predominantemente lucrativas — art. 5.º, 1); e as empresas societárias com sócios privados devem em regra tê-las.

Mas, em contraposição, algumas empresas locais podem ter de actuar sem a possibilidade de visarem a obtenção de lucros. Assim será quando tenham de prosseguir "políticas

---

(187) V. tb. o art. 31.º, 1.

de preços das quais decorram receitas operacionais anuais inferiores aos custos anuais" (art. 20.º, 3; v. tb. art. 23.º, 2). É certo que, quando assim for, as empresas têm direito a comparticipações financeiras públicas (v., além dos citados, os arts. 9.º, 2, e 31.º, 2). Contudo, sabemos já que estas contrapartidas — excepto, eventualmente, nos casos em que há sócios privados — não têm de ser equivalentes aos lucros que as empresas poderiam conseguir praticando preços de mercado. [188]

Os *"serviços municipalizados"* (cuja criação compete à assembleia municipal, sob proposta da câmara — art. 53.º, 2, l), da L 169/99) devem, em geral, ser qualificados como empresas (em sentido objectivo) — cfr. CA, arts. 164.º, 165.º, 166.º [189]. Mas não são "empresas municipais" propriamente ditas (reguladas pelo RSEL). Embora tenham "organização autónoma", têm-na "adentro da administração municipal" (CA, art. 168.º; v. também, entre outros, os arts. 172.º e 175.º do CA e 64.º, 1, j), n), da L 169 / 99); não têm personalidade jurídica e o seu regime orgânico e de funcionamento é diferente do das "empresas municipais" (basta confrontar os pertinentes preceitos do CA e do RSEL)

Os serviços municipalizados não são "empresas municipais", mas podem vir a sê-lo: se forem "objecto de transformação" em empresas dessas (cfr. o art. 46.º, 3, do RSEL). E a prática parece demonstrar tendência "transformadora". [190]

---

(188) Sobre o tema, na mesma direcção, v. PEDRO GONÇALVES, *ob. cit.*, pp. 165-166.

(189) Estes e outros arts. do CA (de 1940) devem ser lidos tendo em atenção diversa legislação entretanto produzida.

(190) Para mais notas sobre as empresas do sector público, v. J. M. COUTINHO DE ABREU, *Sobre as novas empresas públicas (Notas a propósito do DL 558/99 e da L 58/98)*, Coimbra, 2002 (mas o texto é de 2000) — separata do BFD (volume comemorativo), AA. VV., *Estudos sobre o novo regime do sector empresarial do Estado,* Almedina, Coimbra, 2000, R. GUERRA DA FONSECA, *Autonomia estatutária das empresas públicas e descentralização administrativa,* Almedina, Coimbra, 2005, SOFIA D'ALTE, *A nova configuração do sector empresarial do Estado e a empresarialização dos serviços públicos,* Almedina, Coimbra, 2007, M. ASSIS RAIMUNDO, *As empresas públicas nos tribunais administrativos,* Almedina, Coimbra, 2007, PEDRO GONÇALVES, *ob. cit.*.

3. 2. 2. Empresas do sector privado

"A propriedade (ou a gestão) de uma empresa privada pertence a uma pessoa singular ou a uma pessoa colectiva privada (*maxime,* se não exclusivamente, uma sociedade)" — eis uma ideia bastante divulgada; mas inexacta.

Pertencente a *mais que uma pessoa singular* é a empresa bem comum dos cônjuges casados em regime de comunhão de adquiridos (arts. 1721.°, ss., do CCiv.) ou de comunhão geral (arts. 1732.°, ss.); a empresa-herança indivisa, quando sejam dois ou mais os herdeiros (cfr. arts. 2050.°, ss., do CCiv.); a empresa da sociedade pluripessoal não personalizada (cfr. arts. 980.°, ss., do CCiv., 36.°, 2, ss., do CSC); a empresa de associação sem personalidade jurídica (cfr. arts. 195.°-198.° do CCiv.)... Os cônjuges, os herdeiros, os sócios, os associados são (co-)titulares em "comunhão" ou "mão comum" das respectivas empresas (ou dos "patrimónios colectivos" em que se integram, quando elas os não esgotem).

Entre as pessoas colectivas sujeitos de empresas privadas não se contam apenas sociedades. Também, por exemplo, os "agrupamentos complementares de empresas" *(ACE)* o podem ser. Estas pessoas colectivas (base IV da L 4/73, de 4 de Junho) associam pessoas humanas e/ou jurídicas e/ou sociedades não personalizadas "a fim de melhorar as condições de exercício ou de resultado" das actividades económico-empresariais dos agrupados (base I, 1, da L 4/73, art. 11.°, 2, do DL 430/73, de 25 de Agosto), não podendo ter "por fim principal a realização e partilha de *lucros*" (base II, 1, da L 4/73, arts. 1.°, 15.°, 1, 16.°, 1, b), do DL 430/73) — por isto (sobretudo) se distinguindo das sociedades. Mesmo quando não tenha "por fim acessório a realização e partilha de lucros", é bem possível que um ACE explore uma empresa(-objecto) — por exemplo, uma empresa industrial-extractiva possibilitadora do fornecimento de certa matéria-prima a preços de custo aos empresários agrupados.

A exploração de empresas (a título de propriedade ou outro) também não está, em geral, vedada às *associações* (que não têm "por fim o *lucro* económico dos associados": art. 157.° do CCiv.) — cuja capacidade "abrange todos os direitos e obrigações necessários ou convenientes à prossecução dos seus fins" (art. 160.º) (191) (192). Por norma, a actividade empresarial desenvolvida por associações visará a obtenção de meios patrimoniais necessários à prossecução da actividade directamente dirigida à realização dos fins próprios delas (pense-se numa associação sindical explorando uma escola de formação profissional, ou numa associação religiosa explorando uma empresa agro-pecuária); mas a actividade empresarial pode ser o meio directo para a consecução desses fins (pense-se numa empresa de espectáculos públicos teatrais gerida por uma associação cultural) (193). Por outro lado, é igualmente possível que associações exerçam actividades empresariais de forma indirecta — através de participações (de controlo) em sociedades explorando empresas (194).

Este discurso (respeitante às associações) vale identicamente para as *fundações* (cfr. arts. 157.º, ss., e 185.º, ss., do CCiv.).

3. 2. 3. Empresas do sector cooperativo e social

Neste sector encontramos empresas cooperativas e (em menor número) empresas em autogestão, empresas comunitárias (baldios-empresas) e empresas de entidades colectivas sem carácter lucrativo e com fins de solidariedade

---

(191) Tal admissibilidade é mais concretamente pressuposta no CIRC, art. 3.º, 1, a), b), 4.

(192) Com mais ou menos oposições, vem-se defendendo o mesmo lá fora — v., p. ex., W. BIGIAVI, *La professionalità dell'imprenditore,* Cedam, Padova, 1948, pp. 86, ss., R. SACK, *Der "vollkaufmännische Idealverein",* ZGR, 1974, pp. 179, ss., S. CASTRO/N. ALIX, *L'entreprise associative,* Economica, Paris, 1990.

(193) Cfr. F. GALGANO, *Delle persone giuridiche,* Zanichelli, Bologna, e Soc. Ed. del FI, Roma, 1969, p. 192.

(194) O CAM prevê expressamente a possibilidade de as associações mutualistas serem titulares de "acções" — arts. 55.º, d), 56.º, 2. Mas, note-se, as empresas destas associações pertencem hoje (depois da revisão constitucional de 1997) ao "sector cooperativo e social" (art. 82.º, 4, d), da CRP) — apontei para esta solução em *Da empresarialidade* cit., p. 188, n. (480).

social (designadamente empresas de associações mutualistas). Reparemos agora tão-só nas primeiras. (195)

O art. 2.º, 1, do CCoop. dá-nos a noção de *cooperativa* (sujeito): "As cooperativas são pessoas colectivas autónomas, de livre constituição, de capital e composição variáveis, que, através da cooperação e entreajuda dos seus membros, com obediência aos princípios cooperativos (196), visam, sem fins lucrativos, a satisfação das necessidades e aspirações económicas, sociais ou culturais daqueles". Logo deste final decorrerá a possibilidade de algumas cooperativas actuarem sem empresas; o mesmo decorre de outras disposições legais relativas a certas cooperativas de serviços, designadamente às de solidariedade social (197). Mas à maior parte das cooperativas correspondem empresas.

Estas empresas são instrumento de escopos lucrativos? É correcto dizer (como diz o n.º 1 do art. 2.º do CCoop.) que as cooperativas *não têm fins lucrativos?* Eis uma questão que tem dado azo a muitas e díspares respostas (198).

Para começar, uma breve nota sobre a *noção de lucro*. Em termos muito genéricos (e desconsiderando a polémica que cerca o ponto), pode dizer-se que *para os economistas o lucro é o excedente do preço de venda das mercadorias sobre o preço de custo (o excedente das receitas sobre os custos de produção)*. Por sua vez, *no direito* "lucro" e "fim lucrativo" não são unívocos (embora se ofereçam nalgumas áreas bastante codificados). Limitando-nos aqui ao direito societário (ramo especialmente relevante para os nossos propósitos, dado tratar de entidades que, tal como as cooperativas, são de tipo associativo), tem-se entendido que o lucro é *um*

---

(195) Sobre as empresas do sub-sector social, v. COUTINHO DE ABREU, *Da empresarialidade...*, pp. 187-195.

(196) V. o elenco destes princípios no art. 3.º.

(197) V. DL 323/81, de 4 de Dezembro, arts. 2.º, 2 (a prestação de serviços é feita "com ou sem remuneração"), 3.º, 2, h) (quanto ao objecto, as cooperativas de serviços podem ser de "solidariedade social"); v. tb. CCoop., art. 4.º, 1, m). (As cooperativas de solidariedade social foram regulamentadas pelo DL 7/98, de 15 de Janeiro.).

(198) Acerca desta problemática, v., desenvolvidamente (também com indicações de direito comparado), COUTINHO DE ABREU, *últ. ob. cit.*, pp. 170-183.

ganho traduzível num incremento do património da sociedade (incremento que, normalmente e em certo sentido, é a "frutificação de um capital") — traduzindo-se o *escopo lucrativo no intuito de obter tal ganho a fim de ser repartido pelos sócios*. Contrapõe-se o lucro social às *vantagens económicas produzíveis directamente no património dos agrupados* em entidades associativas (*lato sensu*), e às *economias (eliminação ou redução de despesas)* que os associados visam obter participando em entidades daquele género [199].

Olhemos agora as três espécies em que basicamente se desdobra o género cooperativa.

As cooperativas *de consumo* têm por "objecto principal fornecer aos seus membros e respectivo agregado familiar, nas melhores condições de qualidade e preço, bens ou serviços destinados ao seu consumo ou uso directo" (art. 2.º, 1, do DL 522/99, de 10 de Dezembro). Como se vê, a satisfação, nas melhores condições, das necessidades de consumo dos cooperadores e familiares passa também pelos preços praticados (os consumidores associam-se para obterem certos bens ao menor preço possível). Ora, pelo menos teoricamente, é concebível que uma cooperativa forneça os bens de consumo ao preço do custo (preço de compra mais restantes despesas da organização cooperativa). Porém, razões práticas impõem normalmente outra política de preços de venda. Os cooperadores pagarão então, aquando das compras, um preço superior ao preço de custo — e surgirá (vamos supor) um excedente das receitas sobre as despesas. Mas porque a cooperativa não pode pretender apropriar-se desse excedente para seu próprio benefício (ela é constituída por e para os membros), os "excedentes" tendem a "retornar" aos cooperadores, "na proporção das suas transacções com a cooperativa" (art. 3.º do CCoop.). A final, tudo se passa como se os cooperadores tivessem pago no momento das compras um "preço provisório" que, por mor dos retornos (reembolso ou troco diferido do que haviam pago a mais), se transmuda em "preço definitivo" — idêntico ao preço de custo. *O exce-*

---

(199) Cfr. por todos FERRER CORREIA, *Lições...*, II, p. 9, e V. G. LOBO XAVIER, *Sociedades comerciais*, ed. copiogr., Coimbra, 1987, pp. 23-24.

dente do primeiro preço sobre o segundo não deve qualificar--se nem económica nem juridicamente como lucro: sendo um valor distribuível pelos membros da cooperativa, não corresponde, quando distribuído, a qualquer aumento real do património dos cooperadores, correspondendo antes à reposição nesse património de parte de uma quantia que, "provisoriamente", dele havia sido retirada (o excedente distribuído significa uma economia, uma poupança); se o excedente distribuído pelos membros de uma corporação não é lucro, também o não pode ser o excedente distribuível na titularidade dessa mesma corporação; um lucro não deve ser identificado com a diferença entre o pago pelos cooperadores por certos bens e o que esses mesmos cooperadores receberão por terem pago a mais por esses mesmos bens... Há no entanto que introduzir um dado mais no problema: as *reservas.* As cooperativas devem constituir determinadas reservas (arts. 69.º-70.º do CCoop.). Insusceptíveis de repartição periódica e no termo da actividade cooperativa (arts. 72.º e 79.º, 2, 3, 4). Assim, essas reservas tendem a traduzir-se em incremento "definitivo" do património das cooperativas (desconsideremos a possibilidade de elas desaparecerem, porque utilizadas); os cooperadores pagam afinal os bens a preços superiores aos do custo (no sentido acima referido). Todavia: não é de rejeitar *in limine* a hipótese de as cooperativas prosseguirem uma política de preços que as impeça de obter excedentes (logo, que as impeça de constituir reservas); por outro lado, as reservas podem ver-se como uma das componentes dos custos de produção das cooperativas [(200)]; por outro lado ainda, parece não deverem ser tidos como verdadeiros lucros os incrementos patrimoniais que uma cooperativa consegue à custa de prestações patrimoniais de quem a constitui e em cujo proveito ela é constituída... Já com relação às cooperativas que realizam "operações com terceiros" (consumidores não-cooperadores) se pode abertamente falar de realização (eventual) de *lucros* (e de intento de os obter). Contudo, os excedentes anuais líquidos provenientes

---

(200) Não só por figurarem no "Passivo" dos balanços, mas também por corresponderem a importâncias que os membros-utentes das cooperativas desembolsam sem direito a reembolso.

de operações com terceiros são *insusceptíveis de repartição*, revertendo integralmente para reservas (v. arts. 70.º, 1, 2, d), 72.º, 73.º, 1, do CCoop.).

Nas cooperativas "perfeitas" *de produção* (onde todos os cooperadores são trabalhadores e todos os trabalhadores são cooperadores) os excedentes distribuíveis não devem também qualificar-se como lucros. Eles são o *equivalente do valor do trabalho* prestado pelos cooperadores (e não apenas, portanto, o equivalente do valor da força de trabalho directamente despendida), não resultando basicamente da "frutificação de um capital". E será exagerado dizer-se que a parte das *reservas* (por norma, de diminuta importância) não utilizada em benefício dos cooperadores ou entre eles não repartível constitui trabalho não pago apropriado pela cooperativa "em si" (e, por conseguinte, um lucro desta)... Se uma cooperativa de produção tiver trabalhadores não-membros, os excedentes pelos mesmos gerados designar-se-ão apropriadamente *lucros*. *Não distribuíveis,* porém: "Os excedentes anuais gerados por produtores não membros (terceiros) são insusceptíveis de repartição, revertendo integralmente para reservas obrigatórias" (art. 9.º, 2, do DL 309/81, de 16 de Novembro; cfr. também o art. 71.º, 1, do CCoop.).

Por sua vez, com as cooperativas *de venda* visam os cooperadores substituir os intermediários-comerciantes e evitar que parte do valor dos produtos fique nas mãos destes a título de lucros. Pode por conseguinte dizer-se que os cooperadores não pretendem que a cooperativa obtenha efectivos lucros. Querem é que os seus produtos sejam por ela colocados no mercado, a fim de receberem o montante correspondente aos preços de venda, deduzidos os custos (incluindo as reservas) suportados pela cooperativa. Visam estas cooperativas, portanto, possibilitar *economias* aos seus membros e/ou *vantagens económicas obteníveis directamente no património deles*. Também os *lucros* das cooperativas de venda provenientes de operações com terceiros são *insusceptíveis de repartição* (v. CCoop., arts. 70.º, 1, 2, d), 72.º, 73.º,1; para a noção de operações com terceiros, v. o art. 9.º do DL 523/99, de 10 de Dezembro — "cooperativas de comercialização").

Há entretanto um elemento perturbador deste arrazoado: a possibilidade (limitada) de pagamento de *juros* pelos títulos de capital (art. 73.º, 1, 3, do CCoop.; cfr. tb. os arts. 3.º, 49.º, f)). Esta remuneração é, na verdade, um rendimento do capital, um lucro (ou um juro, como especificarão alguns economistas, e diz hoje a lei); com toda a probabilidade, tal verba beneficiará cooperadores à custa de outros cooperadores (*v. g.*, numa cooperativa de consumo com todos os membros possuindo o mesmo número de títulos de capital, os cooperadores que não realizem quaisquer transacções com a cooperativa são remunerados pelos títulos exactamente como aqueles que realizam as operações de onde derivam os excedentes). Não obstante, há que não exagerar. A remuneração dos títulos de capital não passa de uma "eventualidade"...

Por conseguinte, achamos correcto dizer-se que *as cooperativas não têm escopo lucrativo.*

3. 3. Conceito geral de empresa em sentido objectivo

Se não é possível *um* conceito genérico de empresa (201), já um conceito geral de empresa em sentido objectivo — compreendendo empresas comerciais e não comerciais, de pessoas ou grupos de pessoas singulares e de pessoas colectivas públicas, privadas, etc. — é possível. Um tal conceito é solicitado principalmente pelo facto de em legislação variada aparecerem as diversas espécies empresariais (no apontado sentido) — mais ou menos discriminadas ou tão-só implicitamente referidas pelo significante "empresa" (ou equivalente) — sujeitas a uma mesma disciplina.

Tendo em conta quanto se disse, podemos então dizer que *empresa em sentido objectivo é a unidade jurídica fundada em organização de meios que constitui um instrumento de exercício relativamente estável e autónomo de uma actividade de produção para a troca.*

(201) Ver *supra*, n.º 2. 2.

Sobre a "unidade jurídica" (objectiva), cfr. n.º 3. 1. 1. 4. Sobre a "organização" (cindível do respectivo sujeito) e os "meios" (ou bens ou elementos) componentes, cfr. sobretudo n.º 3. 1. 1. 2. Com "relativamente estável" queremos excluir a actividade produtiva meramente ocasional ou esporádica. Com "relativamente autónomo" (nos planos decisório e financeiro) temos sobretudo em vista acautelar o carácter empresarial de certas sociedades em relação de grupo (202). Acerca da "produção", cfr. 2.ª parte do n.º 1. 2. 1. da Introdução. A "troca" (a que se destinam os bens produzidos — não destinados, portanto, a auto-consumo ou para o dom) é "uma operação com a qual se cedem coisas para se obterem outras coisas"; "é uma cessão mútua e, sendo-o, é uma operação onerosa: tem de se dar para se receber" (203).

O conceito de empresa apresentado *não faz qualquer menção ao lucro ou ao escopo lucrativo*. E de caso pensado o não faz. Porquanto, se é inegável que as empresas são *normalmente* instrumentos para a consecução de lucros (relativamente a muitas delas — designadamente as dos comerciantes privados — pode mesmo dizer-se que o intuito lucrativo é "natural" ou da "natureza das coisas"), ficou já atrás provado (penso) que *o referido escopo não é essencial à definição de diversas espécies empresariais:* as empresas públicas (estaduais, regionais ou locais) não têm necessariamente um fim lucrativo; as empresas cooperativas (bem como as dos ACE e dos AEIE) não são instrumentos talhados para a consecução de lucros — e quando são conseguidos (em "operações com terceiros") não são repartíveis pelos associados; as associações e fundações que explorem empresas não têm propriamente escopo lucrativo (204)... (205)

---

(202) Cfr. COUTINHO DE ABREU, *Da empresarialidade* cit., pp. 245, ss..

(203) TEIXEIRA RIBEIRO, *Economia política* cit., pp. 7, 8.

(204) A talho de foice, tenha-se presente esta passagem de BIGIAVI, *La professionalità...*, p. 54: "... affinchè esista, nell'ambito delle società, il fine di lucro, non basta solo il fine di *conseguire* un lucro, ma ocorre anche quello di *devolverlo* ai soci; non basta il semplice lucro *oggettivo:* ocorre anche il lucro *soggettivo*".

(205) ORLANDO DE CARVALHO, em *Empresa e lógica empresarial,* Coimbra, 1997 (sep. do BFD — Estudos em homenagem ao Prof. Doutor

3. 4. Negócios sobre as empresas

3. 4. 1. Trespasse

3. 4. 1. 1. *Noção; forma.* Com referência a estabelecimentos ("comerciais ou industriais", por via de regra), é muito antigo na legislação portuguesa o emprego da palavra "trespasse" (ou sinónimos, como "traspasso" ou "traspasse" — hoje pouco usados) (206). Esse emprego verifica-se em diversos actos legislativos actuais, cumprindo destacar o CCiv. (art. 1112.º), o CSC (art. 152.º, 2, d)), o CDA (arts. 100.º, 1, 2, e 145.º) e o CRCSPSS aprovado pela L 110/2010, de 16 de

---

A. Ferrer Correia, vol. III), defendeu também que o "lucro" não é essencial à empresa. "Estrutural à empresa" é "o rédito, ou melhor, o ganho", "e já não o lucro" (*ibid.*, p. 23). Mas é uma defesa prolixa e contraditória. Porquanto: (1) Não se fica a saber bem o que é "rédito" e o que é "lucro" — aquele começa por não ser definido positivamente, antes negativamente, contraposto a lucro (: "apropriação indiscriminada [?] do máximo produto [?] possível"), e acaba por ser identificado (como acontece basicamente, aliás, na linguagem corrente) com este ["rédito (lucro)"]; v. *ibid.*, pp. 7, 23, 25. (2) Diz o A. que a empresa não exige o lucro (tão-só o rédito) — mas diz também que ela é destinada à formação de um "excedente financeiro" que garanta a "necessária reprodução ampliada" do processo produtivo e o "estímulo" a essa reprodução, não bastando que se vise "apenas cobrir despesas com receitas" (*ibid.*, pp. 5, 6, 21)... (Afora o que ficou já em texto, apenas duas notas mais: as funções de acumulação-reprodução e de estímulo são tradicionalmente assinaladas pelos economistas ao "lucro" — cfr. a minha *Da empresarialidade...*, p. 170, n. (440); na Itália, o "reddito d'azienda", signo aí frequentemente utilizado, basta-se com a cobertura dos custos pelas receitas — cfr. *últ. ob. cit.*, p. 305, n. (798).). (3) Diz ainda aquele A., *ob. cit.*, p. 28, que o "rédito" permite "contentar outra lógica" ou outras "lógicas intrusas" (diversas da "lógica empresarial") nas EP e nas cooperativas. Mas vimos já que *tal* rédito não é essencial às empresas públicas e cooperativas; por outro lado, vimos também que as finalidades não lucrativas dessas empresas (ou de algumas delas) não são "lógicas intrusas", não se introduzem nelas indevidamente ou sem direito, são antes marca específica das mesmas. (4) Em suma: conseguiu-se já considerável consenso quanto aos conceitos de lucro e de escopo lucrativo para o direito; complicar mais o que já não é simples (em vez de simplificar o complexo) não vale a pena...

(206) V. Barbosa de Magalhães, *Do estabelecimento comercial* cit., pp. 211-212.

Setembro (art. 209.º, 2). Todavia, nenhuma destas leis define o trespasse; nem se colhe nelas (individual ou colectivamente consideradas) um regime global do mesmo. Não admiram, portanto, os desencontros doutrinais e jurisprudenciais no domínio da compreensão e alcance do conceito de trespasse (207).

Contudo, dos preceitos assinalados é possível retirar já algumas conclusões: 1) *Objecto de trespasse é um estabelecimento.* Mas que não tem de ser "comercial" (em sentido jurídico). Comercial, apenas, terá de ser para efeitos dos arts. 100.º e 145.º do CDA (estabelecimento do "editor" ou do "produtor"); o estabelecimento "comercial ou industrial" do art. 1112.º do CCiv. abarca também empresas não jurídico-mercantis (208); e os arts. 152.º, 2, d), do CSC e 209.º, 2, do CRCSPSS (209) são aplicáveis às diversas espécies empresariais. 2) O trespasse traduz uma *transmissão com carácter definitivo, é transmissão da propriedade* de estabelecimento. Resulta isto, nomeadamente, do facto de a divisória entre o trespasse e as disposições temporárias do estabelecimento estar suficientemente marcada no CCiv. (arts. 1112.º. 1109.º), no CSC (arts. 152.º, 2, d), 246.º, 2, c)) e no CRCSPSS (art. 209.º, 2). Tal transmissão pode por conseguinte ser efectuada através de *negócios variados,* tais como a (compra e) venda, amistosa ou executiva (incluindo a realizada em processo de insolvência — cfr. arts. 161.º, 3, a), 162.º do CIRE), a troca, a dação em cumprimento, a reali-

---

(207) V. por todos, com referências bibliográficas, BARBOSA DE MAGALHÃES, *ob. cit.*, pp. 213, ss., e ORLANDO DE CARVALHO, *Critério...*, pp. 590, ss..

(208) Nomeadamente empresas industrial-extractivas, empresas de cultura de plantas e de criação de animais "sem terra", empresas artesanais industrial-transformadoras e de serviços.

(209) Este art. nem sequer menciona o "estabelecimento" — ao invés do que fazia um seu antecessor (art. 19.º, 2, do DL 103/80, de 9 de Maio, quer na versão originária quer na introduzida pelo art. único do DL 118/84, de 9 de Abril: "estabelecimento comercial ou industrial").

zação de entrada social (cfr. arts. 25.°, ss., do CSC) [(210)]. 3) *Para alguns efeitos,* o trespasse traduz-se em negócios necessariamente *onerosos;* é assim para efeitos do direito de preferência do senhorio (art. 1112.°, 4, do CCiv.) e da liquidação de sociedade (art. 152.°, 2, d), do CSC — estão em causa interesses patrimoniais dos sócios e/ou dos credores). *Não assim em outros casos.* As razões da disciplina fixada nas restantes normas citadas valem tanto para os negócios onerosos como para os gratuitos; a *doação* pode, portanto, operar um trespasse [(211)]. 4) O trespasse aparece em todos os preceitos acima assinalados significando negócios *inter vivos.* Com efeito, o n.° 1 do art. 1112.° do CCiv. começa com "é permitida a transmissão *por acto entre vivos* (...)", e o n.° 4 aplica-se apenas à venda e à dação em cumprimento; segundo o art. 152.°, 2, d), do CSC, é o liquidatário quem procede ao trespasse do estabelecimento social — e a sociedade está "moribunda" mas não "morta" (cfr. art. 146.°, 2; só se considera extinta "pelo registo do encerramento da liquidação": art. 160.°, 2); no CDA, a conclusão é confirmada confrontando os arts. 100.°, 1, e 106.°, 1, b), e os arts. 145.° e 147.°, 1; no art. 209.°, 2, do CRCSPSS é estatuída a responsabilidade solidária do "cessionário" e do "cedente".

Em suma, o trespasse é definível como *transmissão da propriedade de um estabelecimento por negócio entre vivos.* Este conceito é suficientemente elástico e preciso para representar o trespasse como conjunto de figuras negociais diversas — conjunto de composição variável, consoante a teleologia das diferentes normas — e, simultaneamente, para

---

(210) Para efeitos do direito de preferência do senhorio, o art. 1112.°, 4, do CCiv. limita o alcance do trespasse à venda e à dação em cumprimento. V. tb. o Ac. da RL de 26/2/2002, CJ, 2002, t. I, p. 116.

(211) A asserção é ainda confortada pelo teor do art. 100.°, 1, do CDA (transmissão dos direitos emergentes do contrato de edição "a título gratuito ou oneroso"). V. tb. o Ac. da RP de 13/1/97, CJ, 1997, t. I, p. 199; contra, PINTO FURTADO, *Manual de arrendamento urbano* cit., p. 687.

exprimir (em face do normativo por ora pertinente) as notas essenciais e comuns que, para lá das diferenças, congregam as diversas figuras negociais sob uma mesma designação (com correspondente sujeição a uma disciplina em parte comum) (212).

Durante muito tempo, a forma exigida para o trespasse foi a escritura pública; depois do ano 2000, passou a exigir-se simples escrito (213). Hoje (depois do NRAU), deve entender-se que o (simples) *escrito* continua como *forma necessária*.

É verdade que o n.º 3 do art. 1112.º do CCiv. ("a transmissão deve ser celebrada por escrito e comunicada ao senhorio") refere-se, literalmente, à transmissão da posição de arrendatário (prevista no n.º 1 do artigo). Mas, porque sucedeu ao homólogo n.º 3 do art. 115.º do RAU ("o trespasse deve ser celebrado por escrito, sob pena de nulidade"), porque o actual art. 1112.º (ao invés de normas antecessoras correspondentes) abrange também a transmissão da posição de arrendatário para continuação do exercício de profissão liberal (justificando isto, em alguma medida, a mudança na

(212) Esta ideia (ou parte dela) tem sido salientada de diversos modos por alguns autores: BARBOSA DE MAGALHÃES, *últ. ob. cit.*, pp. 235-236 ("O trespasse é, pois, um negócio jurídico complexo, constituído por vários negócios jurídicos; tem um regime próprio, mas que não é completamente independente do de cada um, ou de alguns desses negócios, que o compõem"), ORLANDO DE CARVALHO, *últ. ob. cit.*, pp. 602-603 (o termo trespasse "abrange virtualmente figuras muito distintas", devendo ser concebido não como figura rígida ou quase-rígida mas como "súmula, naturalmente variável, de fenómenos diversos"), RUI DE ALARCÃO, *Sobre a transferência da posição do arrendatário no caso de trespasse,* BFD, 1971, p. 25 (a noção de trespasse é variável ou elástica, "cumprindo a quem a manuseia determinar o perímetro exacto que tem em face do problema ou do lote de problemas em que opera — determinar, em suma, o *subconceito* de trespasse que esse ou esses problemas postulam"), FERRER CORREIA, *Sobre a projectada reforma...*, pp. 31-32 (o termo trespasse "não corresponde a uma figura negocial autónoma"; significa "um conjunto de figuras jurídicas diversas, cada uma com sua regulamentação própria").

(213) V. *supra*, n.º 3. 1. 1. 4. e n. (107).

formulação do n.º 3), e porque há que atender a outras normas do sistema, deve o preceito do n.º 3 do art. 1112.º ser interpretado (extensivamente) no sentido da exigência de escrito para o trespasse (214).

A transmissão de firma — que não pode ser feita sem a transmissão do estabelecimento — exige escrito (art. 44.º, 1 e 4 do RRNPC); a transmissão de marca ou de logótipo — envolvida naturalmente na transmissão do estabelecimento — exige escrito (CPI, arts. 31.º, 5, 6, 304.º-P, 3). Seria estranho que a transmissão destes elementos ("acessórios") requeresse escrito e não o requeresse a transmissão do conjunto, o negócio (unitário) de trespasse do (unitário) estabelecimento (com ou sem aqueles elementos) (215).

Por outro lado, a transmissão da posição de arrendatário do trespassante deve ser comunicada ao senhorio (parte final do n.º 3 do art. 1112.º do CCiv.). Esta comunicação precisará normalmente de ser acompanhada de cópia ou exemplar do contrato de trespasse (216). Pressupõe isto, bem se vê, escrito enformando tal contrato.

Aponte-se, por último, no mesmo sentido, o art. 18.º, 4, do DL 307/2007, de 31 de Agosto (regime jurídico das farmácias): "A venda, o trespasse (...) e a cessão de exploração [de farmácia, estabelecimento comercial] devem observar forma escrita".

---

(214) Com interpretação semelhante, v. CAROLINA CUNHA/RICARDO COSTA, *A simplificação formal do trespasse de estabelecimento comercial e o novo regime do arrendamento urbano,* Almedina, Coimbra, 2006, pp. 31, ss., F. GRAVATO MORAIS, *Novo regime do arrendamennto comercial,* 2.ª ed., Almedina, Coimbra, 2007, pp. 282-283, PINTO FURTADO, *ob. cit.*, p. 744. Contra (o trespasse não está, em regra, sujeito a qualquer forma especial), CASSIANO DOS SANTOS, *ob. cit.*, pp. 319, ss..

(215) Seria regressar, consciente ou inconscientemente, a uma anacrónica concepção atomístico-agregacionista do estabelecimento...

(216) V. GRAVATO MORAIS, *últ. ob. cit.*, pp. 287-288, RICARDO COSTA, *O novo regime do arrendamento urbano e os negócios sobre a empresa,* em FDUC, *Nos 20 anos do Código das Sociedades Comerciais,* vol. I, Coimbra Editora, Coimbra, 2007, p. 503.

3. 4. 1. 2. *Âmbitos de entrega* [217]. Num concreto negócio de trespasse, gozam as partes de liberdade para excluírem da transmissão alguns elementos do estabelecimento. Todavia, tal exclusão não pode abranger os bens necessários ou essenciais para identificar ou exprimir a empresa objecto do negócio. Desrespeitando-se o âmbito *mínimo* (necessário ou essencial) de entrega (constituído, portanto, pelos *elementos necessários e suficientes para a transmissão de um concreto estabelecimento),* impossibilitado fica o trespasse; objecto do negócio translativo serão então singulares bens (ou conjuntos de bens) de um estabelecimento, não o próprio estabelecimento.

Dizer *a priori* ou em abstracto quais os elementos integrantes do âmbito mínimo é, dissemo-lo já, inviável. Pode dar-se o caso de um determinado trespasse não poder dispensar a transmissão (juntamente com outros bens mais ou menos prescindíveis) de uma firma, ou uma marca, ou uma patente, ou um prédio, ou certas máquinas, ou certo *know-how,* etc. [218]

Fazem parte do âmbito *natural* de entrega os elementos que se transmitem naturalmente com o estabelecimento trespassado, isto é, os *meios transmitidos* ex silentio, *independentemente de estipulação* ad hoc; tais bens, não havendo cláusulas a excluí-los, entram na esfera jurídica do trespassário. Estaremos perante um problema de determinação do âmbito natural de entrega quando, por exemplo, em um escrito de trespasse o estabelecimento é identificado apenas pelo seu objecto e localização — não se inventariando quaisquer elementos e posições jurídicas a transmitir; ou

(217) Para um enquadramento geral (em direito comparado) da problemática dos âmbitos de entrega — mínimo, natural e máximo —, v. ORLANDO DE CARVALHO, *Critério*..., pp. 476, ss..

(218) Cfr. FERRARA, *La teoria*..., p. 355.

mencionam-se alguns elementos, mas a título exemplificativo.[219]

Com maior ou menor segurança, é possível enumerar diversos elementos que integram normalmente este âmbito de entrega. Vejamos primeiro os *meios empresariais cuja propriedade pertença ao trespassante.*

Por força de lei (supletiva), incluem-se no âmbito natural *os logótipos* e *as marcas.*

O CPI anterior (de 1995) era claro quanto à transmissão (em princípio) natural destes sinais distintivos (bem como das recompensas) — arts. 29.°, 5, 211.°, 1. No CPI actual (de 2003), o art. 304.°-P, 3, continua a ser claro quanto à transmissão natural dos logótipos (com ressalva do previsto no art. 31.°, 5). Mas o art. 211.°, 1, do Código de 1995 (transmissão natural de marca) não tem correspondente no Código vigente. Contudo, pode concluir-se do n.° 5 do art. 31.° a inclusão da marca no âmbito natural de transmissão. Diz ele: "Se no logótipo ou na *marca* figurar o nome individual, a firma ou a denominação social do titular (...), é necessária cláusula para a sua transmissão". Quer dizer, se na marca não constar o nome, etc. do titular, ela é transmitida naturalmente com o respectivo estabelecimento, não precisando de cláusula *ad hoc*[220].

Quanto a outros elementos, o silêncio das partes é acompanhado pelo silêncio da lei. Sabemos no entanto que o

---

[219] Convém reparar na não perfeita equivalência entre âmbito natural de entrega e elementos naturais dos negócios. Em sentido técnico-tradicional, *naturalia negotii* são os efeitos que se produzem independentemente de estipulação correspondente (podendo embora ser excluídos por cláusula em contrário) — porquanto se produzem por força de *disposições legais supletivas* (cfr., *v. g.*, MANUEL DE ANDRADE, *Teoria geral...*, vol. II, p. 35). É visível que com o recurso, tão-só, a normas legais supletivas ficaria o âmbito natural de entrega largamente por preencher...

[220] Ainda que não se entendesse assim, a integração das marcas no âmbito natural far-se-ia nos termos a seguir expostos, em texto.

estabelecimento é organização de meios ou elementos para o exercício de uma actividade de produção destinada à troca. Sejam ou não essenciais para a existência da empresa, todos esses bens contribuem para a organização e são parte do estabelecimento. Sabemos também que ele é bem jurídico complexo-unitário, e coisa. O mais razoável será, portanto, que aqueles elementos sobre que pesa o silêncio se transmitam naturalmente; trespassado o estabelecimento, fica o trespassante obrigado a entregar o complexo de bens que o compõem. Entre esses bens contam-se, por exemplo, *máquinas, utensílios, mobiliário, matérias-primas, mercadorias, inventos patenteados, modelos de utilidade, desenhos ou modelos*. E os *prédios?* Os prédios têm suscitado mais controvérsia. Entendia tradicionalmente a jurisprudência que, na falta de estipulação específica, o trespasse não implica a transmissão do prédio (do trespassante) onde o estabelecimento funciona [(221)]. Na doutrina, a pertinência dos imóveis ao âmbito natural é afirmada por uns [(222)] e negada por

(221) V. sobretudo o Ac. de 22/2/57 do STJ, BMJ n.º 64 (1957), pp. 490, ss., e o Ac. de 2/7/65 da RP, JR, 1965, pp. 671, ss..

(222) Barbosa de Magalhães, *últ. ob. cit.*, p. 250 ("Se no activo existir um imóvel, não há dúvida que, na falta de declaração em contrário no respectivo título, ele se transmite (...)". / "Se o prédio figurar no balanço, deve considerar-se transmitido, salvo declaração em contrário no referido título. Mesmo que nele não figure, se o estabelecimento ocupar todo o prédio, deve presumir-se que o trespasse o abrange".) e (embora menos categórico) Ferrer Correia, *últ. ob. cit.*, pp. 33-36 (resultando da interpretação do respectivo negócio que as partes não excluíram, por modo expresso ou tácito, a transferência do imóvel, pode também resultar que "a cedência do uso do imóvel" deva ser considerada incluída no objecto do contrato; neste caso, porém, surge ainda a questão da "natureza do direito ao imóvel a reconhecer ao adquirente" — três tipos de resposta sendo possíveis, consoante as circunstâncias de cada situação concreta: "*a)* o direito atribuído ao adquirente é a propriedade do imóvel; *b)* trata-se antes do mero usufruto; *c)* o direito em causa não tem natureza real, sendo ou um direito de arrendamento, ou o direito à celebração de um contrato de arrendamento, ou ainda o correspondente à posição de comodatário").

outros [223]. [224] Não descortino razões que validem um tratamento diferenciado do prédio em face de bens que, tal como ele, fazem parte do estabelecimento, são seus elementos [225]. Tanto mais quanto é certo não ser em geral desprezível a importância dos imóveis. Para já não falar dos estabelecimentos absolutamente vinculados, o peso dos imóveis na estrutura organizatório-exploracional das empresas é em muitos casos determinante — pense-se nos hotéis, nos estabelecimentos "de bairro" de venda ao público, nos cinemas, nos parques de estacionamento e guarda de automóveis, nos pavilhões desportivos, etc. Em muitos outros casos (mormente no campo das indústrias transformadoras), os prédios são "feitos à medida" das empresas respectivas, são projectados em função de específicas actividades empresariais. Por conseguinte, *quando num contrato de trespasse se não faça menção à transmissão do prédio e não se conclua, por interpretação do negócio, que ele foi excluído* [226], *deve concluir-se que a propriedade do mesmo foi (naturalmente) transmitida.* [227]

---

(223) ORLANDO DE CARVALHO, *Alguns aspectos...*, RLJ, ano 115.º (1982-83), pp. 168-170.

(224) No direito estrangeiro (excluído o francês), é em geral reconhecida a pertinência natural dos imóveis ao estabelecimento — cfr. por todos ORLANDO DE CARVALHO, *Critério...*, I, p. 481, em nota.

(225) E alguns desses bens são muitas vezes patrimonialmente mais valiosos do que o prédio...

(226) Concluir-se-á que as partes pretenderam excluir a transmissão do prédio quando, p. ex., o preço do estabelecimento foi fixado (sem qualquer simulação ou liberalidade) em 100 000 e o valor do imóvel era de 200 000.

(227) Importa aludir a uma questão conexa. Vimos que o DL 64-A/2000, de 22 de Abril, eliminou a exigência de escritura pública para o trespasse, tendo passado desde então a ser suficiente o escrito simples. Na 5.ª ed. deste vol. (2004), pp. 285-286, n. (230) (v. tb. a 6.ª ed., 2006, p. 287, n. (228)) — quando, portanto, era em geral exigida escritura pública para a transmissão do direito de propriedade sobre imóveis —, perguntei: "Um trespasse que envolva — natural ou convencionalmente — o prédio bastar-se-á com um documento particular ou, sob pena de nulidade (quanto à

Rematando este primeiro ponto, assento este princípio: o trespasse coenvolve naturalmente a transmissão da propriedade de todos os elementos que a esse título pertenciam ao trespassante — podendo todavia nalguns casos um ou mais desses elementos não se transmitir, ou seja, nos casos em que a exclusão resulta de uma disposição legal, ou é conse-

---

transmissão do imóvel), exigirá escritura pública (cfr. tb. os arts. 80.º, 1, do CNot. e 220.º do CCiv.)?" À pergunta (estranha, para muitos), respondi então: "Atendendo às finalidades de cada uma destas formas, ao facto de ser uno o negócio (de trespasse) e uno ser o seu objecto (o estabelecimento, uma coisa, embora complexa constituída pelo prédio e outros bens — que até podem ser mais valiosos), e ao facto de a lei não distinguir trespasse com ou sem transmissão do prédio, propendo para afirmar (com dúvidas, certamente) a suficiência do documento particular. Consequentemente, o escrito simples será documento bastante para o registo do prédio em nome do trespassário (cfr., entre outros, os arts. 2.º, 1, a), 43.º, 1, 68.º e 69.º, 1, d), do CRPred.)". Neste mesmo sentido se pronunciaram depois, em desenvolvido estudo e com razões ponderosas, CAROLINA CUNHA/RICARDO COSTA, *ob. cit.*, *maxime* pp. 24, ss., 38, ss. [contra, v. CASSIANO DOS SANTOS, *ob. cit.*, pp. 322-323, e n. (311) — mas também esta nota peca por inexactidão, quer no que toca à relação entre as duas obras aí citadas (a de C. Cunha/R. Costa e a minha), quer quanto às ideias por mim avançadas]. Pois bem, há agora mais motivos para, com menos dúvidas, manter aquela posição. Com efeito, o DL 116/2008, de 4 de Julho, dispensou a "vaca sagrada" escritura pública para a transmissão da propriedade sobre imóveis — alterou, entre outros, o art. 875.º do CCiv. (art. 4.º), revogou o n.º 1 do art. 80.º do CNot. (arts. 8.º e 34.º, d)) e prescreve no art. 22.º: "Sem prejuízo do disposto em lei especial, só são válidos se forem celebrados por escritura pública ou *documento particular autenticado* os seguintes actos: / *a)* Os actos que importem reconhecimento, constituição, aquisição, modificação, divisão ou extinção dos direitos de propriedade (…) sobre coisas imóveis" (v. tb. al. g) e art. 23.º, 2). Depois, diz o art. 101.º, 1, g), do CRPred. (na redacção introduzida pelo DL 116/2008): "São registados por averbamento às respectivas inscrições os seguintes factos: (…) A transmissão de imóveis *por efeito* (…) *de trespasse* de estabelecimento comercial". Refira-se ainda que na constituição — por documento particular — de sociedade-"empresa na hora" são admitidas, desde 31 de Dezembro de 2008, entradas em espécie (incluindo, pois, os estabelecimentos, com ou sem imóveis) — v. o DL 111/2005, de 8 de Julho, com as alterações introduzidas pelo DL 247-B/2008, de 30 de Dezembro. [Identicamente, aliás, devia e deve entender-se a propósito do procedimento comum de constituição das sociedades: o trespasse-entrada em sociedade, mesmo que envolva prédio, não necessita nem de escritura pública, nem de documento particular autenticado (v. o art. 7.º, 1, do CSC).].

quência mediata de uma cláusula negocial, ou corresponde à vontade real e concordante das partes (apesar de não ter correspondência no texto do respectivo documento) (228) (229).

Vejamos agora os *elementos empresariais na disponibilidade do trespassante a título obrigacional* (o trespassante tem o gozo desses bens por ser titular de direitos de crédito).

Por força de lei, as *prestações laborais* a que os trabalhadores subordinados se haviam obrigado perante o trespassante continuam a contar-se entre os elementos do estabelecimento trespassado. Prescreve com efeito o art. 285.º, 1, do CT: "Em caso de transmissão, por qualquer título, da titularidade de empresa, estabelecimento ou ainda de parte da empresa ou estabelecimento que constitua uma unidade económica, transmitem-se para o adquirente a posição do empregador nos contratos de trabalho dos respectivos

---

(228) Cfr. arts. 236.º e 238.º do CCiv. [dado que o estabelecimento é um bem feito de vários bens, fazendo-se o trespasse sem enumeração dos mesmos, "um declaratário normal" há-de "deduzir" que todos os bens são envolvidos, e o declarante pode "razoavelmente contar" com esse "sentido"; este sentido está perfeitamente expresso (embora elipticamente) "no texto do respectivo documento" quando no escrito a menção ao negócio de trespasse não seja acompanhada por qualquer especificação dos singulares elementos do estabelecimento; se o escrito contém qualquer outra cláusula de que resulte (indirectamente) a exclusão de um ou mais elementos, aquele "sentido" restringe-se correspondentemente; afora esta hipótese, só pode concluir-se pela não transmissão de um ou mais bens se isso, apesar de não ter "um mínimo de correspondência no texto do respectivo documento", "corresponder à vontade real das partes" (determinada em função de sinais exteriores ao escrito) — sendo certo que, quando valha este sentido, a ele se não opõem "as razões determinantes da forma do negócio"].

O princípio enunciado no texto valerá também relativamente aos elementos empresariais na disponibilidade do trespassante a título de outros direitos reais de gozo — nomeadamente a título de usufruto (cfr. art. 1444.º do CCiv.).

(229) No essencial, a doutrina italiana (sem dúvida das mais ricas em matéria de negociação de estabelecimentos) concorda com o princípio enunciado — v. indicações em COUTINHO DE ABREU, *Da empresarialidade* cit., pp. 331-332, n. (861).

trabalhadores (...)". [230] Por sua vez, outro enunciado normativo — o do n.º 1, a), do art. 1112.º do CCiv. — tem o seguinte teor: é permitida a transmissão por acto entre vivos da *posição do arrendatário,* sem dependência da autorização do senhorio, no caso de trespasse de estabelecimento comercial ou industrial. A menos que o prédio (arrendado) pertença ao âmbito mínimo, o trespasse não implica necessariamente a transferência do prédio por via de transmissão da posição do arrendatário ("é permitida" — diz o preceito) ou por outra via de tipo obrigacional. Mas não envolverá naturalmente o trespasse a transmissão da posição do arrendatário? Estou com aqueles que respondem afirmativamente [231]. Devendo ainda acrescentar-se que outros autores, apoiando-se explícita ou implicitamente numa concepção restritiva de "âmbito natural", chegam a resultados praticamente idênticos [232]. Arrazoado semelhante vale

---

[230] V. por todos JOÃO REIS, *O regime da transmissão da empresa no Código do Trabalho,* em FDUC, *Nos 20 anos...,* pp. 305, ss..

[231] C. MOTA PINTO, *Cessão da posição contratual,* Almedina, Coimbra, 1982 (reimpr.), pp. 84-85, 88, n. (2) [diz o A. na n. (2) da p. 85: "A transmissão da posição de arrendatário, envolvida *naturaliter* na eficácia global do trespasse de estabelecimento comercial ou industrial, pode ser, assim, catalogada no esquema da cessão da posição contratual (embora uma cessão forçada, relativamente ao senhorio) (...)".], F. M. PEREIRA COELHO, *Arrendamento (Lições ao curso do 5.º ano de Ciências Jurídicas no ano lectivo de 1986-87),* ed. copiogr., Coimbra, 1987, pp. 205-206 ("... logo que o *bem* transmitido tenha sido, efectivamente, o próprio estabelecimento ou empresa, o qual, como 'concreta organização de factores produtivos', abrange naturalmente, embora não necessariamente, o direito ao arrendamento do local quando o estabelecimento esteja instalado em prédio arrendado".), 205, n. (3) ("Porque se trata justamente de um efeito natural do trespasse, não se tornará necessário, segundo nos quer parecer, que a escritura mencione expressamente a transmissão do direito ao arrendamento: esta transmissão está coenvolvida no trespasse, salvo se, por interpretação do negócio se mostre que as partes a pretenderam excluir".).

[232] ANTUNES VARELA, *Anotação ao Ac. de 1/3/68 do STJ* cit., p. 77 ("É certo que, havendo intenção de transferir para outrem a titularidade do estabelecimento, também haverá em regra a vontade concomitante de transmitir o gozo do respectivo imóvel. (...) Desta sorte, nada repugna

para a transmissão da *posição do locatário financeiro*. Diz com efeito o art. 11.º, 1, do DL 149/95, de 24 de Junho: "Tratando-se de bens de equipamento, é permitida a transmissão entre vivos da posição do locatário, nas condições previstas pelo artigo 115.º do Decreto-Lei n.º 321-B/90, de 15 de Outubro (...)". (233)

Resulta de outras normas a não inclusão no âmbito natural (nem convencional, como se perceberá daqui a pouco) de outros elementos empresariais a que o trespassante tem direito por título obrigacional. É o que sucede, por exemplo, com as patentes, modelos de utilidade, desenhos ou modelos e marcas objecto *de licença de exploração* (cfr. CPI, art. 32.º, 1 e 8 — "Salvo estipulação em contrário, o direito obtido por meio de licença de exploração não pode ser alienado sem consentimento escrito do titular do direito".), e as máquinas, veículos, móveis, etc. *alugados* ou *emprestados* — cfr. CCiv., arts. 1059.º, 2 ("A cessão da posição do locatário está sujeita ao regime geral dos artigos 424.º e seguintes (...)" — é, pois, exigida a autorização do locador), e 1135.º, f) (é obrigação do comodatário "não proporcionar a terceiro o uso da coisa, excepto se o comodante o autorizar"). (234)

---

mesmo aceitar, como presunção de experiência, que as partes queiram incluir no trespasse do estabelecimento a transmissão do gozo do imóvel, sempre que o estabelecimento se encontre em prédio arrendado".), RUI DE ALARCÃO, *ob. cit.*, pp. 49, ss. (n.º 7, epigrafado, precisamente, com "A transmissão do arrendamento no âmbito normal do trespasse, embora não como 'naturale negotii' ". Na p. 51, n. (61), o A. aceita também a ideia da presunção natural ou de facto). Citando concordantemente Rui de Alarcão, v. M. JANUÁRIO GOMES, *Arrendamentos comerciais,* 2.ª ed., Almedina, Coimbra, 1991, pp. 167-168.

(233) No entanto, segundo o n.º 3 do art. 11.º, "o locador pode opor-se à transmissão da posição contratual, provando não oferecer o cessionário garantias bastantes à execução do contrato" (redacção introduzida pelo DL 265/97, de 2 de Outubro).

A remissão para o art. 115.º do RAU (aprovado pelo DL 321-B/90) considera-se hoje feita para o art. 1112.º do CCiv. (v. o art. 60.º, 2, do NRAU).

(234) Apoiando estas conclusões, v. ARAGÃO SEIA, *Arrendamento urbano...*, p. 659.

Dissemos acima (no n.º 3. 1. 1. 2.) que certas situações de facto com valor económico — nomeadamente o "saber-fazer" — podem ser elementos de uma empresa. Pois bem, apesar de o *saber-fazer* (bem de contornos algo difusos) não dever ser considerado coisa objecto do direito de propriedade ou de outros direitos reais [(235)], ele deve ser comunicado-transmitido pelo trespassante ao trespassário — sendo tal dever um efeito "natural" (quando não essencial) do negócio de trespasse [(236)].

No âmbito *convencional* de entrega incluem-se os *elementos empresariais que apenas se transmitem por mor de estipulação ou convenção* (expressa ou tácita) entre trespassante e trespassário [(237)].

Nele se integram a *firma* (art. 44.º, 1, do RRNPC: "O adquirente, por qualquer título entre vivos, de um estabelecimento comercial pode aditar à sua própria firma a menção de haver sucedido na firma do anterior titular do estabele-

(235) Sobre a questão, longe de concitar consenso, v., com indicações bibliográficas, J.- M. DELEUZE, *Le contrat international de licence de know-how (savoir-faire)*, 4e éd., Masson, Paris, Milan, Barcelone, Mexico, 1988, pp. 22-24, A. CHAVANNE / J.- J. BURST, *Droit de la propriété industrielle,* 4e éd., Dalloz, Paris, 1993, pp. 322-323, M. GABRIELA FIGUEIREDO DIAS, *A assistência técnica nos contratos de know-how,* U. C. / Coimbra Editora, Coimbra, 1995, pp. 37 ss., ALEXANDRE DIAS PEREIRA, *Informática, direito de autor e propriedade tecnodigital,* Coimbra Editora, Coimbra, 2001, p. 202, n. (375), C. FERREIRA DE ALMEIDA, *Contratos,* II, Almedina, Coimbra, 2007, pp. 225, ss..

(236) Sendo a empresa uma *organização* de meios para uma actividade de produção destinada à troca, é fácil ver a importância da comunicação do saber-fazer (bem como de outras informações relativas à vida do estabelecimento) para uma efectiva entrega da unidade funcional e jurídica que ela é (como se diz correntemente na doutrina, a comunicação destas diversas informações permite a imissão do adquirente na posse do estabelecimento — v., p. ex., HÜFFER, *ob. cit.*, pp. 93-94, e K. SCHMIDT, *ob. cit.*, p. 141).

(237) Prefiro dizer "âmbito convencional", em vez de "âmbito máximo", pois esta expressão sugere que o estabelecimento é negociado com todos os seus bens.

cimento, se esse titular *o autorizar, por escrito*".), *o logótipo e a marca quando neles figure nome individual, firma ou denominação do titular do estabelecimento* (cfr. o art. 31.º, 5, do CPI).

Os *créditos* do trespassante ligados à exploração da empresa mas cujos objectos não sejam meios do estabelecimento não devem considerar-se, dissemos já (n.º 3. 1. 1. 2.), elementos ou meios empresariais. Todavia, podem ser transmitidos juntamente com o estabelecimento desde que trespassante e trespassário nisso concordem; farão então parte do âmbito convencional de entrega. É o que resulta dos arts. 577.º, ss. do CCiv. — por acordo (expresso ou tácito) entre trespassante-credor e trespassário, pode o primeiro ceder simples créditos ao segundo, "independentemente do consentimento do devedor, contanto que a cessão não seja interdita por determinação da lei ou convenção das partes e o crédito não esteja, pela própria natureza da prestação, ligado à pessoa do credor" (art. 577.º, 1; sobre a eficácia da cessão relativamente ao devedor, v. o art. 583.º). (238)

Os contratos (*rectius,* posições contratuais do trespassante) ligados à exploração da empresa mas cujos objectos (imediatos) não sejam elementos do estabelecimento, bem como os débitos resultantes da exploração do estabelecimento, também não devem ser considerados, recorde-se, elementos ou meios empresariais. Mas podem igualmente ser

(238) A Alemanha (para as empresas comerciais) e a Itália possuem preceitos especiais. Nos termos do 2.º período do 1.º parágrafo do § 25 do HGB, "os créditos fundados na empresa valem em confronto dos devedores como transmitidos ao adquirente no caso de o antigo titular ou os seus herdeiros terem consentido na continuação da firma" (usada pelo adquirente); acrescenta o 2.º parágrafo que "uma convenção derrogatória só é eficaz em face de um terceiro se tiver sido inscrita no registo comercial e publicada, ou tiver sido comunicada ao terceiro pelo herdeiro ou alienante". Diz o art. 2559 do *C. Civile:* "La cessione dei crediti relativi all'azienda ceduta, anche in mancanza di notifica al debitore o di sua accettazione, ha effetto, nei confronti dei terzi, dal momento dell'iscrizione del trasferimento nel registro delle imprese. Tuttavia il debitore ceduto è liberato se paga in buona fede all'alienante".

transmitidos juntamente com o estabelecimento trespassado. Contudo, tais posições contratuais e débitos não fazem parte, em regra, de qualquer dos âmbitos de entrega (caracterizados nos termos vistos); nem sequer do âmbito convencional — pois (ainda em regra), a respectiva transmissão exige a intervenção de terceiros (não bastando a convenção entre trespassante e trespassário). É o que resulta das normas legais gerais.

Assim, para os *contratos,* e ressalvadas hipóteses previstas na lei [(239)], valem as regras dos arts. 424.º, ss. do CCiv. — é necessário não apenas o acordo entre trespassante e trespassário mas também o consentimento do contraente cedido (art. 424.º, 1: "No contrato com prestações recíprocas, qualquer das partes tem a faculdade de transmitir a terceiro a sua posição contratual, desde que o outro contraente, antes ou depois da celebração do contrato, consinta na transmissão".) [(240)].

Mais debatida que a cessão de posições contratuais ou de créditos tem sido a *transmissão singular de dívidas* (ou, mais latamente, a responsabilização ou co-responsabilização do trespassário pelas dívidas relativas ao estabelecimento anteriores ao trespasse). Talvez por neste domínio serem mais vincados os virtuais conflitos de interesses. De um lado, os interesses dos credores do trespassante reclamando a transmissão das dívidas ou, de preferência, a responsabili-

---

(239) V., p. ex., o art. 95.º, 5, do RJCS: "A transmissão da empresa ou do estabelecimento determina a transferência para o adquirente dos seguros associados a essa unidade económica, nos termos previstos nos n.os 2 e 3" — isto é, e no que para aqui interessa, os seguros (p. ex., de danos em máquinas, de incêndio, de crédito, de acidentes de trabalho) transferem-se naturalmente para o trespassário, "salvo disposição legal ou convenção em contrário".

(240) Perspectivando o direito legal a constituir, todos reconhecerão a vantagem de uma norma semelhante à do art. 2558 do *C. Civile* ("Se non è pattuito diversamente, l'acquirente dell'azienda subentra nei contratti stipulati per l'exercizio dell'azienda stessa che non abbiano carattere personale. / Il terzo contraente può tuttavia recedere dal contratto entro tre mesi dalla notizia del trasferimento, se sussiste una giusta causa, salvo in questo caso la responsabilità dell'alienante."). De todo o modo, a julgar pelo panorama jurisprudencial, parece que os interessados têm sabido resolver as questões respeitantes à cessão de contratos...

zação de trespassante e trespassário — uma vez que pode o trespasse envolver diminuição da garantia patrimonial dos créditos (concedidos, as mais das vezes, tendo em vista o estabelecimento) e ser a impugnação pauliana impossível (cfr. os arts. 610.º, ss. do CCiv., *maxime* a al. b) do art. 610.º e a 1.ª parte do n.º 1 do art. 612.º) (241). Do outro lado, os interesses do trespassário (para já não falar dos seus credores) reclamando a não transmissão dos débitos (que ele pode até desconhecer...), pelo menos contra sua vontade.

Os trabalhos preparatórios dos actuais CCom. e CCiv. registam propostas especificamente dirigidas à tutela dos credores do trespassante, mas nenhuma delas obteve consagração legal (242). São pois aplicáveis as regras gerais do

---

(241) Cfr. ORLANDO DE CARVALHO, *últ. ob. cit.*, p. 542.

(242) V. AZEVEDO E SILVA, *Estudos...*, p. 42, a respeito da proposta do par do reino Pereira de Miranda, e A. P. S. VAZ SERRA, *Assunção de dívida,* BMJ n.º 72 (1958), pp. 254-255 (arts. 10.º e 11.º, respeitantes à "assunção de património").

O direito estrangeiro oferece soluções variadas. Nalguns países, o princípio é o da não transmissão automática ou natural das dívidas com o estabelecimento, sendo aplicáveis as normas gerais de direito civil (é assim na Espanha, para não irmos mais longe — cfr. BROSETA PONT, *Manual de derecho mercantil,* 8.ª ed., Tecnos, Madrid, 1990, p. 98). Em outros vale o mesmo princípio, mas existe legislação especial tuteladora dos credores (caso, antes de mais, da França, com um sistema de publicações, oposições e preferências instituído pelos arts. 3.º e ss. da já citada lei de 17 de Março de 1909). As normas especiais existentes noutros países, se não consagram verdadeiras transmissões (naturais) dos débitos para os adquirentes de empresa (ponto quase sempre muito discutível e, sobretudo em Itália, muito discutido), não deixam de responsabilizar em muitos casos os adquirentes (solidariamente com os alienantes, as mais das vezes) pelas dívidas relativas à empresa anteriores à aquisição — assim, *v. g.*, na Alemanha — HGB, §§ 25 ss. — e na Itália — *C. Civile,* art. 2560. (Prescreve o 1.º período do 1.º parágrafo do § 25: "Quem continua uma empresa comercial adquirida entre vivos sob a firma anterior, com ou sem aditamento indicando a relação de sucessão, responde por todas as obrigações do antigo titular fundadas na exploração da empresa". Mas é possível uma convenção derrogatória, nos termos do 2.º parágrafo — v. *supra* n. (238). Acrescenta o 3.º parágrafo: "No caso de a firma não ser conservada, o adquirente de uma empresa comercial apenas responde pelas obrigações empresariais anteriores quando exista um fundamento especial, designadamente quando a assunção das obrigações tenha sido publicitada de modo usual em comércio". Diz por sua vez o art. 2560: "L'alienante non è liberato dai debiti, inerenti all'esercizio dell'azienda

direito civil. Não obstante, na vigência do Código Civil de 1867, alguns espécimes jurisprudenciais afirmaram a transmissão automática das dívidas em caso de trespasse (de estabelecimento comercial) [(243)]. Estes acórdãos, além de não se terem fundado na lei [(244)], argumentaram conceitualisticamente: "Ainda que a lei o não declare expressamente, não pode deixar de considerar-se o estabelecimento comercial como um todo uno e indivisível (...) e assim, realizado o trespasse, a pessoa que o tomou, ficou, *ipso facto,* sujeita ao cumprimento de todos os encargos que o oneravam"; "Sabendo-se que a loja ou estabelecimento é uma universalidade, compreendendo todo o conjunto de relações jurídico-comerciais ligadas à actividade do comerciante, portanto o activo e o passivo (...)". [(245)] Na vigência do actual CCiv., a jurisprudência e a doutrina dominantes negam a referida transmissão automática das dívidas [(246)]. Com razão. De harmonia com o art. 595.°, a transmissão a título singular de dívidas referentes a estabelecimento só pode verificar-se por acordo entre trespassante e trespassário, "ratificado" pelos credores (isto é, com aprovação ou assentimento destes), ou por acordo entre o trespassário e os credores, com ou sem consentimento do trespassante; em qual-

---

ceduta, anteriori al trasferimento, se non risulta che i creditori vi hanno consentito. / Nel trasferimento di un'azienda commerciale risponde dei debiti suddetti anche l'acquirente della azienda, se essi risultano dai libri contabili obbligatori".).

(243) V. Acs. da RL de 7/4/24, GRL, 38.° ano (1924-25), pp. 383-384, e de 18/1/63, JR, ano 9.° (1963), pp. 42-43, Ac. RP de 23/4/30, GJ n.° 13 (1930), pp. 7-8.

(244) Cfr. por todos Barbosa de Magalhães, *Do estabelecimento comercial* cit., pp. 261, ss..

(245) Ac. da RP de 23/4/30, e Ac. RL de 18/1/63, respectivamente.

(246) V. Acs. do STJ de 7/10/76, RLJ, ano 110.° (1977-78), pp. 290, ss., de 15/3/94, CJ (ASTJ), 1994, t. I, pp. 159, ss., de 30/4/96, CJ (ASTJ), 1996, t. II, pp. 42, ss., Ac. de 19/2/82 da RL, CJ, 1982, t. I, pp. 194, ss., Ac. de 14/1/93 da RP, CJ, 1993, t. I, pp. 202-203, A. Vaz Serra, *Anotação ao Ac. de 7/10/76 do STJ,* RLJ, ano 110.° (1977-78), pp. 296, ss., Ferrer Correia, *últ. ob. cit.*, pp. 42-43, J. F. Varela Pinto, *Transmissão do estabelecimento comercial,* ROA, 1985, pp. 562, ss., Pupo Correia, *ob. cit.*, pp. 71-72. Em sentido contrário (quanto às dívidas "exploracionais"), v. Fernando Cardoso, *Reflexões...*, pp. 63, ss., na esteira de Oliveira Ascensão, *Estabelecimento comercial...*, pp. 20, ss..

quer dos casos, a transmissão só exonera o trespassante havendo "declaração expressa" dos credores — respondendo ele solidariamente com o trespassário caso não haja essa declaração. Por conseguinte, ainda que num escrito se diga (como às vezes se diz) que o estabelecimento é trespassado "com todo o seu activo e *passivo*", esse facto, por si só, não significa assunção pelo trespassário das dívidas do trespassante relativas ao estabelecimento; a transmissão dos débitos exige o consentimento dos credores [(247)] [(248)].

Excepcionalmente, porém, o trespassário pode ter de responder por dívidas anteriores ao trespasse. É assim nos casos regulados pelos arts. 285.º, 1 e 2, do CT (as dívidas aos trabalhadores, bem como as resultantes de coimas aplicadas pela prática de contra-ordenações laborais, transmitem-se ao adquirente do estabelecimento; porém, durante o período de um ano subsequente à transmissão do estabelecimento, o trespassante responde solidariamente pelas obrigações vencidas até à data da transmissão) e 209.º, 2, do CRCSPSS ("Em caso de trespasse, cessão de exploração ou de posição contratual o cessionário responde solidariamente com o cedente pelas dívidas à segurança social existentes à data da celebração do negócio, sendo nula qualquer cláusula negocial em contrário".), e nos casos de trespasse de e. i. r. l. [(249)]. [(250)]

---

(247) Faltando a ratificação dos credores (por não ter sido solicitada, ou até por ter sido recusada — cfr. art. 596.º, 2), a interpretação do contrato de trespasse poderá atribuir à citada formulação o sentido de uma co-assunção das dívidas pelo trespassante e trespassário (cfr. MOTA PINTO, *Cessão...*, pp. 149, ss., n. (2), e VAZ SERRA, *últ. ob. cit.*, pp. 304, 306, ss.; diferentemente, defendendo que a assunção cumulativa exige o consentimento dos credores, v. ANTUNES VARELA, *Das obrigações em geral,* vol. II, 7.ª ed., Almedina, Coimbra, 1997, pp. 373-374).

(248) Na linha da doutrina aqui defendida, v. tb. o art. 148.º, 1, do CSC: "O contrato de sociedade ou uma deliberação dos sócios pode determinar que todo o património, activo e *passivo*, da sociedade dissolvida seja transmitido para algum ou alguns sócios, inteirando-se os outros a dinheiro, contanto que a transmissão seja precedida de *acordo escrito de todos os credores da sociedade*". (Cfr. tb. art. 152.º, 2, c) e d)).

(249) Acerca deste últimos, v. OLIVEIRA ASCENSÃO, *últ. ob. cit.*, p. 11. Poderá falar-se a propósito dos assinalados três grupos de casos de "âmbito legal-imperativo de entrega".

3. 4. 1. 3. *Obrigação implícita de não concorrência.* A obrigação de não concorrência decorrendo implicitamente dos negócios de alienação das empresas (sem necessidade, portanto, de qualquer estipulação *ad hoc*) é desde há muito reconhecida pela jurisprudência e doutrina de largo número de países [(251)], tendo sido admitida entre nós pela primeira vez em páginas da RLJ com mais de três quartos de século [(252)]. O trespassante de estabelecimento (e, eventualmente, uma ou outra pessoa mais) fica em princípio obrigado a, num certo espaço e durante certo tempo, não concorrer com o trespassário (e sucessivos adquirentes) — nomeadamente, fica vinculado a não iniciar actividade similar à exercida através do estabelecimento trespassado.

---

(250) ORLANDO DE CARVALHO expôs durante vários anos o conteúdo dos diversos âmbitos de entrega (de modo *unitário* para as negociações definitivas e temporárias do estabelecimento). Era uma exposição em muitos pontos divergente da que acabei de fazer (e da que será feita mais tarde a propósito da locação de estabelecimento). V., do A., em letra de forma, os *Sumários* cit., § 4, n.os 7. 1. 2. — o âmbito natural de entrega compreende os "direitos obrigacionais sobre imóveis, direitos reais e obrigacionais sobre móveis, mercadorias, matérias primas, nome e insígnia do estabelecimento (...), marca (...), créditos, débitos impuros, etc." —, 7. 1. 3. — o âmbito máximo de entrega compreende os "direitos reais sobre imóveis, [os] débitos puros, [e a] firma" —, e 7. 1. 4. — o "âmbito legal ou imperativo" compreende "a posição de empregador nos contratos de trabalho".

(251) Cfr. ORLANDO DE CARVALHO, *Critério*..., pp. 401, ss., n. (35). Na Itália, a obrigação de não concorrência tem assento legal: art. 2557 do *Codice Civile.*

(252) RLJ, ano 52.º (1919-20), pp. 205, ss. (*Resposta a uma consulta).* Trinta anos depois, BARBOSA DE MAGALHÃES, *últ. ob. cit.*, p. 289, secundou a Revista. Contudo, parece que só recentemente chegou o tema aos nossos tribunais superiores — v. Ac. da RP de 14/3/96, CJ, 1996, t. II, pp. 200, ss. (anotado criticamente por ELISABETE RAMOS, *Trespasse de estabelecimento comercial — Obrigação de não concorrência,* RUM, 1998, pp. 331, ss.), confirmado pelo Ac. do STJ de 21/11/96, BMJ n.º 461, 1996, pp. 451, ss. (ambos aparentemente muito longe da problemática), e Acs. da RC de 21/1/97, CJ, 1997, t. I, pp. 25, ss., e do STJ de 17/2/98, BMJ n.º 474, 1998, pp. 502, ss. (informados da problemática e decidindo justamente; sobre o caso julgado pelo STJ, v. tb. M. NOGUEIRA SERENS, *Trespasse de estabelecimento comercial — Dever de não concorrência pelo trespassário,* CJ — ASTJ, 2001, t. II, pp. 5, ss.).

Têm sido avançados variados fundamentos para a obrigação [(253)]: princípio da boa fé na execução dos contratos [(254)], princípio da equidade, usos do comércio, concorrência leal, garantia contra evicção, dever de o alienante entregar a coisa alienada e assegurar o gozo pacífico dela. Este último fundamento, com alguma tradição entre nós [(255)], parece ser o preferível. A empresa que o trespassante tem de entregar é um bem complexo, com certos valores de organização e (em regra) de exploração. Normalmente, o alienante (ou os seus representantes) conhece as características organizativas da empresa e mantinha relações pessoais com financiadores, fornecedores e clientes. Seria pois particularmente perigosa a concorrência por ele exercida; essa concorrência "diferencial" poria em risco a subsistência da empresa alienada, impediria uma efectiva entrega da mesma ao adquirente [(256)]. [(257)]

---

(253) V. CASANOVA, *Impresa e azienda* cit., pp. 762-764.

(254) É a tese predominante na Alemanha (cfr. HÜFFER, *ob. cit.*, p. 98, CAPELLE/CANARIS, *ob. cit.*, p. 112) e na Espanha (cfr. FONT GALÁN, *La empresa como objeto de negocios jurídicos,* in G. J. JIMÉNEZ SÁNCHEZ (dir. y coord.), *Derecho mercantil,* 2.ª ed., 1.ª reimpr., Ariel, Barcelona, 1994, p. 75, BROSETA PONT, *ob. cit.*, p. 100).

(255) V. RLJ cit., p. 206 ["E isto resulta não sómente do princípio de que os contratos se devem entender de harmonia com a boa fé e equidade (...), mas do preceito legal que estabelece como obrigação do vendedor assegurar a propriedade e a posse pacífica da coisa comprada (Código civil, art. 1581.º)".], FERRER CORREIA, *Sobre a projectada...*, p. 37 ("... princípio geral de direito civil que impõe ao vendedor o dever de entregar ao comprador a coisa vendida".). O citado princípio não valerá somente para as alienações onerosas, valerá igualmente para as alienações gratuitas (cfr. al. b) do art. 954.º do CCiv.). Em Itália, a doutrina dominante (parece) afirma a aplicabilidade do art. 2557 do *C. Civile* às doações — v., p. ex., FERRARA, *La teoria...*, p. 381, e G. E. COLOMBO, *L'azienda e il divieto di concorrenza dell'alienante,* in F. GALGANO (dir. de), *Trattato di diritto commerciale e di diritto pubblico dell'economia,* vol. 3.º, Cedam, Padova, 1979, pp. 182-183.

(256) Cfr. H. HUBMANN, *Das Recht am Unternehmen,* ZHR, 1955, p. 61, COLOMBO, *ob. cit.*, p. 175.

Assim fundamentada, a obrigação implícita de não concorrência não se imporá ao trespassante que desconheça as especificidades organizati-

A obrigação implícita de não concorrência pode intervir na generalidade dos *negócios* incluíveis no conceito de trespasse: na venda (voluntária, executiva e falencial [(258)]), na troca, realização de entrada social, dação em cumprimento, doação.

A alienação de participações (ou partes ou quotas) sociais — mesmo tratando-se da totalidade das participações numa sociedade — não se identifica com a alienação da empresa social. Objecto da primeira são as quotas — permanecendo a empresa na esfera jurídica da sociedade; objecto da segunda é a própria empresa, transferida da sociedade para outro

vas da empresa e/ou (quando a organização empresarial é rudimentar e o estabelecimento tenha já valores de exploração) desconheça os clientes, fornecedores, etc. (assim sucederá, p. ex., nos casos em que alguém recebe um estabelecimento por sucessão *mortis causa* e o vende logo de seguida); cfr. CASANOVA, *ob. cit.*, pp. 767-768, COLOMBO, *ob. cit.*, pp. 188, ss..

(257) O único autor, parece, que entre nós nega a obrigação implícita de não concorrência é NUNO AURELIANO, *ob. cit.* (estudo interessante, aliás), pp. 766, ss.. Recorre para isso à "analogia" com o art. 9.º do DL 178/86, de 3 de Julho (após a cessação do contrato de agência, o agente somente ficará obrigado a não concorrer se tal for acordado por escrito), ao "paralelo" que deve ser feito com a situação do trabalhador subordinado (art. 36.º da LCT — v. agora o art. 136.º do CT) — após a cessação do contrato de trabalho, a actividade do (ex-)trabalhador somente poderá ser limitada havendo acordo escrito — e à liberdade de iniciativa económica privada constitucionalmente consagrada (art. 61.º, 1, da CRP). Ora, quanto ao agente e ao trabalhador, a questão coloca-se a propósito da cessação dos contratos respectivos; relativamente ao trespassante, o problema surge (normalmente) por causa da celebração de um contrato. Depois, o agente e o trabalhador, deixando de o ser, não ficam obrigados a entregar qualquer estabelecimento; por efeito do negócio de trespasse, é obrigação do trespassante entregar efectivamente o estabelecimento. Por sua vez, o direito de iniciativa económica privada não é constitucionalmente ilimitado (não é direito absoluto) — v. o art. 61.º, 1, da CRP. O trespassário tem direito a receber devidamente o estabelecimento que adquiriu e a usá-lo e fruí-lo nos termos permitidos pelo direito de propriedade (constitucionalmente consagrado também: art. 62.º, 1, da CRP). E o trespassante fica longe da situação da impossibilidade de actuar economicamente (v. *infra,* acerca dos limites da obrigação implícita de não concorrência).

(258) Em relação à venda em processo de insolvência tem havido vozes negando a sujeição do insolvente à obrigação — *v. g.*, FERRARA, *ob. cit.*, pp. 380, ss., ROTONDI, *ob. cit.*, p. 405; em sentido afirmativo, v., p. ex., BARBOSA DE MAGALHÃES, *ob. cit.*, p. 294, CASANOVA, *ob. cit.*, pp. 769, ss., COLOMBO, *ob. cit.*, pp. 185, ss..

sujeito. Não obstante, nalgumas hipóteses e para certos efeitos, a alienação da totalidade ou da maioria das quotas sociais é equiparável ao trespasse da empresa social [259]. Sê-lo-á para efeitos da obrigação implícita de não concorrência?

Não, dirão os "formalistas" — o objecto de uma e outra alienação é diverso: além as partes sociais, aqui o estabelecimento [260]. Mas é legítimo afirmar que aquela alienação opera uma transmissão indirecta da empresa, é instrumento de uma transferência "substancial" do estabelecimento. Destarte, se o alienante (ou alienantes) das partes sociais, dada a posição de controlo que tinha na sociedade, for capaz de exercer uma concorrência particularmente qualificada ou diferencial, fica obrigado a não concorrer perante o ou os adquirentes ("coligados") das quotas [261].

Além do trespassante, outras pessoas podem ficar vinculadas pela obrigação implícita de não concorrência. É o caso do cônjuge do trespassante (sendo relativamente indife-

---

(259) V. COUTINHO DE ABREU, *Da empresarialidade* cit., pp. 342, ss..

(260) Assim, *v. g.*, a jurisprudência prevalecente em Itália (cfr. COLOMBO, *últ. ob. cit.*, p. 191), A. BRACCIODIETA, *Alienazione di quota sociale e divieto di concorrenza,* RS, 1964, pp. 995, ss. (mesmo considerando hipóteses como as de uma sociedade em nome colectivo com dois sócios ou uma sociedade anónima unipessoal), e Y. SERRA, *La non-concurrence en matière commerciale, sociale et civile (Droit interne et communautaire),* Dalloz, Paris, 1991, p. 111 (criticando posições contrárias na jurisprudência e doutrina francesas).

(261) Neste sentido, v. COLOMBO, *ob. cit.,* pp. 193-194 (citando ainda outros autores italianos). KONDER COMPARATO, *O poder de controle na sociedade anônima,* 3.ª ed., Forense, Rio de Janeiro, 1983, p. 230, afirma ser "irrecusável a admissão, nos negócios de cessão de controle, da cláusula implícita de não-concorrência por parte do cedente". Tem também interesse registar duas decisões de autoridades comunitárias (apesar de dizerem respeito a cláusulas *expressas* de não concorrência). Segundo a Decisão da Comissão de 26/7/1976 (JOCE n.º L 254, de 17/9/76, pp. 40, ss.) e o Ac. do TJ de 11/7/1985 (Remia/Comissão, 42/84), RJC, 1985, pp. 2567, ss., a obrigação de não concorrência prevista num contrato de cessão da totalidade das partes sociais não viola o art. 101.º, 1, do TFUE quando tal dever (do cedente) seja necessário à cedência efectiva da empresa (dos seus elementos incorpóreos, nomeadamente) e o prazo e campo de aplicação fixados se limitem ao exigido por esse objectivo (transferência da empresa).

rente para a questão o regime de bens do casamento e a qualidade de bem comum ou próprio do estabelecimento eventualmente a adquirir pelo cônjuge)[262]. Afora o facto de o trespassante poder intervir na administração de empresa adquirida pelo cônjuge (cfr. CCiv., arts. 1678.º, 2, f), g), 3[263], 1679.º) e de as dívidas provenientes da exploração de tal empresa poderem responsabilizar ambos os cônjuges (cfr. arts. 1691.º, 1, 1695.º), o cônjuge do trespassante beneficiaria normalmente dos conhecimentos deste relativos à organização, clientes, fornecedores, etc. do estabelecimento trespassado (a sua concorrência seria, por isso, diferencial ou particularmente perigosa para o trespassário). É o caso, também, dos filhos do trespassante, quando com ele tenham colaborado na exploração da empresa transmitida (para lá de poderem ter retirado proveito financeiro, directo e/ou indirecto, dessa exploração e do trespasse, eles possuem aptidão para uma concorrência diferencial). E nos casos em que trespassante é uma sociedade, ficam vinculados pela obrigação, além dela, também os sócios? Alguns podem ficar. Nomeadamente aqueles que possuem os conhecimentos relativos à empresa trespassada indispensáveis a uma concorrência qualificada — ou porque exerciam activamente funções de administração, ou porque detinham participação social dominante e exerciam efectivo controlo sobre a sociedade.[264]

---

(262) Mas não deixe de notar-se que ambos os cônjuges são trespassantes quando o estabelecimento trespassado seja bem comum do casal...

(263) Mas v. a interpretação dada a este n.º 3 por V. G. LOBO XAVIER, *Se pode o cônjuge do empresário, ao abrigo do art. 1678.º, n.º 3, do Código Civil, intervir na gestão do estabelecimento mercantil, quando este seja um bem comum do casal,* RDES, 1979, pp. 75, ss..

(264) Todo este discurso é, evidentemente, não formalista. Para perspectiva diferente, v. NUNO AURELIANO, *ob. cit.*, pp. 783, ss., CASSIANO DOS SANTOS, *ob. cit.*, p. 332. Aliás, acrescente-se, o referido discurso é confortado (embora não directamente) por manifestações do próprio direito legislado. Haja em vista normas que, para efeitos vários, consideram

Entre os *sujeitos activos* ou credores da obrigação implícita de não concorrência conta-se não apenas o primeiro trespassário mas também (enquanto a obrigação dever durar) os eventuais sucessivos trespassários (cada um deles será credor do primeiro sujeito passivo da obrigação, bem como de outros trespassários-trespassantes, enquanto for proprietário do estabelecimento transmitido) (265).

Esta obrigação de não concorrência tem, é claro, *limites.* Ela justifica-se apenas na medida em que seja necessária para uma entrega efectiva do estabelecimento trespassado. Tem de ter, por conseguinte, limites *objectivos, espaciais e temporais.* De contrário, haveria violação do princípio da liberdade de iniciativa económica (cfr. art. 61.° da CRP) e das regras de defesa da concorrência (cfr. *supra,* n. (261)).

Os sujeitos passivos da obrigação não ficam evidentemente proibidos de exercer qualquer actividade económica. Não podem é (re)iniciar o exercício (de modo sistemático ou profissional) de uma actividade concorrente com a exercida através da empresa trespassada, de uma actividade económica no todo ou em parte igual ou sucedânea (266). Todavia, estes sujeitos não ficam impedidos tão-somente de adquirir (para exploração) estabelecimento com objecto similar ao do alienado. Outros comportamentos lhes são interditos: *v. g.*, passarem a desempenhar funções de direcção/administração em empresa alheia e concorrente da trespassada (267); entrarem em sociedade com objecto idêntico ao do estabeleci-

---

certos familiares "interpostas pessoas", ou pessoas a quem se comunicam impedimentos afectando outros familiares: CCiv., art. 579.°, 2, CSC, arts. 254.°, 3, 414.°-A, 1, g) (e 423.°-B, 3), 425.°, 6, c)...

(265) É doutrina quase pacífica — cfr. por todos ORLANDO DE CARVALHO, *últ. ob. cit.*, p. 499, em nota, e COLOMBO, *ob. cit.*, pp. 197-198.

(266) Se o trespassante já exercia actividade similar noutra ou noutras empresas, não fica impedido de a continuar.

(267) V. por todos COLOMBO, *ob. cit.*, pp. 207-208, e Y. SERRA, *ob. cit.*, p. 27.

mento alienado, nela passando a exercer funções de administração ou ficando a deter posição controladora [(268)].

Depois, a obrigação implícita de não concorrência tem limites espaciais e temporais: vale apenas nos lugares delimitados pelo raio de acção do estabelecimento trespassado, e durante o tempo suficiente para se consolidarem os valores de organização e/ou de exploração da empresa transmitida na esfera de um adquirente-empresário razoavelmente diligente [(269)].

Se os obrigados a não concorrer *violarem a obrigação,* pode o trespassário exercer os direitos previstos nas normas respeitantes ao não cumprimento das obrigações. Assim, pode designadamente exigir indemnização por perdas e danos (CCiv., art. 798.º), ou resolver o contrato de trespasse (art. 801.º, 2), ou intentar acção de cumprimento (art. 817.º) e requerer sanção pecuniária compulsória (art. 829.º-A), ou exigir que o novo estabelecimento do obrigado seja encerrado (art. 829.º, 1) [(270)].

---

(268) V. por todos RLJ cit., pp. 207-208, e *AA. e obs. cits.* na nota anterior, pp. 209 e 28-29, respectivamente. Para apoio normativo-positivo (indirecto) da interdição dos comportamentos referidos, v. arts. 254.º, 3, 398.º, 3, 414.º-A, 1, f) (e 423.º-B, 3), 434.º, 5, do CSC.

(269) V. por todos, dando notícia da questão em França e Itália, ORLANDO DE CARVALHO, *ob. cit.*, pp. 499, ss., n. (158). Com interesse, v. tb. a Comunicação da Comissão relativa às restrições acessórias às operações de concentração (90/C203/05), JOCE n.º C 203, de 14 / 8 / 90, p. 5 (em regra, a obrigação de não concorrência poderá durar até cinco anos quando a cessão da empresa abrange as existências e o saber-fazer e até dois anos quando abrange apenas as existências), substituída por Comunicação publicada no JOCE n.º C 188, de 4/7/2001, p. 5 (n.º 15: "A experiência e a prática anteriores da Comissão revelaram que quando a cessão da empresa inclui ao mesmo tempo elementos de clientela e de saber-fazer, geralmente as cláusulas de não concorrência se justificam por um período até três anos; quando só estão incluídos elementos referentes à clientela, em geral essas cláusulas justificam-se por um período até dois anos").

(270) Tem havido divergências a respeito da aplicabilidade deste preceito ao caso. Afirmando-a, v. FERRER CORREIA, *últ. ob. cit.*, pp. 37-38, n. (1), e o cit. Ac. do STJ de 17/2/98, BMJ n.º 474, p. 5; negando-a, v. PIRES DE LIMA/ANTUNES VARELA, *ob. cit.*, vol. II, 4.ª ed., 1997, p. 101. Divergên-

Note-se, por último, que a obrigação implícita de não concorrência *pode ser afastada por estipulação contratual* (o sujeito dos interesses patrimoniais tutelados pela obrigação é o trespassário, que deles pode dispor livremente). Significa a cláusula de livre concorrência a inexistência de um verdadeiro trespasse (havendo simples alienação de elementos empresariais), ou uma efectiva transmissão do estabelecimento (ainda que algo desvalorizado)? Só a análise dos concretos casos permitirá responder... (271)

3. 4. 1. 4. *Trespasse de estabelecimento instalado em prédio arrendado.* "A cessão da posição do locatário está sujeita ao regime geral dos artigos 424.° e seguintes, sem prejuízo das disposições especiais deste capítulo" (CCiv., art. 1059.°, 2; v. também art. 1038.°, f)). Pois bem, uma das disposições especiais era a do art. 1118.°, 1, revogado pelo art. 3.°, 1, a), do DL 321-B/90, de 15 de Outubro (aprovou o RAU), e substituído-repetido pelo art. 115.°, 1, do dito RAU; por sua vez, o NRAU (de 2006) revogou o RAU (art. 60.°, 1) e (pelo art. 3.°) repôs no CCiv. o art. 1112.°, cujo n.° 1, a), retoma disposição idêntica. Assim, em caso de trespasse de estabelecimento comercial ou industrial instalado em prédio arrendado, *o trespassante-arrendatário pode ceder a sua posição de arrendatário ao trespassário sem necessidade de autorização do senhorio.*

É uma norma expressiva da tutela ou defesa da circulação negocial dos estabelecimentos e, eventual e concomitantemente, da própria manutenção deles — dada a importância dos prédios, a necessidade de autorização do senhorio

cias que vinham já de trás. Afirmando a aplicabilidade do art. 713.° do CCiv. de 1867 (art. correspondente ao actual 829.°, 1), v. A. P. S. VAZ SERRA, *Realização coactiva da prestação,* BMJ n.° 73 (1958), pp. 351-352, e ORLANDO DE CARVALHO, *ob. cit.*, p. 566, em nota; negando-a, v. RLJ cit., p. 208.

(271) Em sentido semelhante, v. COLOMBO, *ob. cit.*, pp. 177-178.

("regime geral") conduziria muitas vezes (quando a mesma fosse recusada) à quebra da referida defesa. Significa isto, seria escusado dizê-lo [(272)], que se protege o interesse dos trespassantes em transmitirem, sem entraves dos senhorios, estabelecimentos integrando direito de arrendamento [(273)], bem como o interesse dos trespassários em adquirirem empresas o mais possível valiosas e funcionais, e ainda o interesse económico-geral (que o direito não deve ignorar) na continuidade e desenvolvimento das empresas.

Diz o n.º 2 do art. 1112.º do CCiv. que "não há trespasse: a) quando a transmissão [da posição do arrendatário] não seja acompanhada de transferência, em conjunto, das instalações, utensílios, mercadorias ou outros elementos que integram o estabelecimento; b) quando a transmissão vise o exercício, no prédio, de outro ramo de comércio ou indústria ou, de um modo geral, a sua afectação a outro destino".

Interpretando "à letra" aquela al. a) (idêntica à al. a) do n.º 2 do art. 115.º do RAU e à al. b) do n.º 2 do art. 1118.º do CCiv. — ambos revogados), concluir-se-ia que o trespasse de um estabelecimento exige a transferência de todos os seus elementos, bastando a falta de um deles para que de trespasse não pudesse falar-se; inexistindo trespasse, a cessão da posição de arrendatário seria ilícita sem o consentimento do senhorio e (não concedido o mesmo) fundamento de reso-

---

(272) Mas não é — haja em vista o referido por CASSIANO DOS SANTOS, *ob. cit.*, p. 336, e A. PINTO MONTEIRO/PEDRO MAIA, *O Novo Regime do Arrendamento Urbano numa perspectiva jurídico-societária,* RLJ, ano 138.º (2008/2009), p. 27, n. (65) (além do mais, assinala-se aí, redutoramente, tão-só o interesse do trespassante na realização do valor do estabelecimento).

(273) Normalmente, isto traduz-se na maximização, pelo trespassante, do valor de realização do seu estabelecimento. Mas não necessariamente. É igualmente protegido, por exemplo, o interesse do pai em trespassar-doar ao filho um estabelecimento com a maior funcionalidade e valia.

lução do contrato de arrendamento (art. 1083.°, 2, e), do CCiv.). Ora, já sabemos que o estabelecimento existe e como tal se transmite quando existem os elementos do seu "âmbito mínimo" e se transferem esses mesmos elementos. Havendo estabelecimento e sendo *transferidos (ao menos) os bens constituintes do âmbito essencial de entrega, não há como infirmar, por aí, o trespasse*. Portanto, e de outra perspectiva, para que o n.° 1 do art. 1112.° não tenha aplicação, não é suficiente que (nomeadamente) o senhorio prove não ter sido transmitido um ou mais elementos componentes do estabelecimento; *terá de provar que sem esse(s) elemento(s) não subsiste aquele concreto estabelecimento*, que o mesmo não pode ter sido efectivamente negociado, tendo havido antes simulação de trespasse (dissimulando cessão da posição de arrendatário).

A al. b) do n.° 2 do art. 1112.° do CCiv. é diferente da al. a) do n.° 2 do art. 1118.° do CCiv. e da al. b) do n.° 2 do art. 115.° do RAU (: "quando, transmitido o gozo do prédio, passe a exercer-se nele outro ramo de comércio ou indústria ou quando, de um modo geral, lhe seja dado outro destino"). Fica agora (mais) claro que, *para efeitos do n.° 1, a), do art. 1112.°*, considera-se não haver trespasse quando, *no momento do negócio, havia a intenção de dar outro destino ao prédio*; o cessionário da posição de arrendatário tinha em vista (com ou sem conhecimento do cedente), *não a continuação do mesmo estabelecimento* (trespassado, na qualificação das partes), sim a constituição, no mesmo prédio, de estabelecimento novo (com eventual aproveitamento de bens daquele) ou a aplicação do imóvel a fins não comerciais ou industriais (habitação, por exemplo). A intenção de mudança de destino pode ser revelada logo por declarações constantes no escrito do negócio (de "trespasse") — hipótese pouco verosímil — ou por declarações (do cessionário, nomeadamente) externas mas concomitantes. Mais provável, porém, é ela ser revelada por factos posteriores. Um exemplo: *A* declara vender e *B* declara comprar um bar que funciona em prédio arrendado pertencente a *C*; dois meses depois, *B* reabre o prédio, verificando-se então que nele passou a funcionar (somente) um restaurante. *C* não terá especiais dificuldades em resolver o contrato de arrendamento com base em inexistência de trespasse e de consentimento seu para a cessão da posição de arrendatário, provando que a mudança de destino do prédio revela que *B* pretendeu adquirir, não propriamente o estabelecimento-bar, mas antes, essencialmente, a posição arrendatícia [(274)].

Contudo, o art. 1112.º termina com um enunciado normativo perturbador (sem antecedentes legislativos). Nos termos do n.º 5, "quando, após a transmissão, seja dado outro destino ao prédio (...), o senhorio pode resolver o contrato".

Defendeu-se já que esta norma não cria uma causa autónoma de resolução e/ou seria dispensável: se a mudança de destino significa que não houve trespasse, a situação está já prevista no n.º 2, al. b); se, apesar da mudança, houve trespasse, não há fundamento de resolução (n.º 1, a)), salvo se o contrato de arrendamento (em que agora é parte o trespassário) não permitia destinar o prédio a outro fim — caso em que o fundamento de resolução se encontra já no art. 1083.º, 2, c). [(275)]

---

(274) Também do ponto de vista objectivo — *e tendo em conta a norma em apreço* — pode dizer-se que em casos destes o cessionário não adquire efectivamente o estabelecimento, ainda que sejam transmitidos todos os elementos que integravam a empresa. Sabemos já (v. *supra,* sobretudo n.º 3. 1. 1.) que o estabelecimento *não é mero somatório ou agregado de bens*, mas *autónoma organização de meios para*, com relativa estabilidade, *se conseguirem determinados fins.* Se os elementos empresariais são transmitidos mas não aquela organização — suporte, também, das variadas relações de facto com valor económico já referidas —, não é, para os efeitos em questão, trespassado o estabelecimento.

(275) V. M. Januário C. Gomes, *Breves notas sobre as "Disposições especiais do arrendamento para fins não habitacionais" no Projecto do NRAU,* OD, 2005, p. 387, M. Olinda Garcia, *A nova disciplina do arrendamento urbano – NRAU anotado,* Coimbra Editora, Coimbra,

Também considero que a norma é criticável. Mas entendo que ela *cria fundamento autónomo de resolução*. E não é prejudicada pela norma da al. b) do n.º 2 do art. 1112.º (os campos de aplicação respectivos não coincidem necessariamente); o alcance prático desta fica, isso sim, diminuído. Por outro lado, há diferenças de regime consoante se aplique uma ou outra norma.

Recorde-se o exemplo apresentado há momentos.

a) A transformação do bar em restaurante revelou *não ter havido trespasse* (art. 1112.º, 2, b)). O senhorio (*C*) pode resolver o contrato de arrendamento com o fundamento previsto no art. 1083.º, 2, e) (cessão ilícita). Mas pode fazê-lo também com fundamento no n.º 5 do art. 1112.º.

b) Apesar da transformação do bar em restaurante, *houve trespasse* (*A* e *B* negociaram objectivamente o estabelecimento-bar, *B*, no momento do negócio, não tinha em vista exercer no prédio outro ramo de comércio). Dir-se-ia que, se o concreto contrato de arrendamento comportasse outros fins comerciais (incluindo o da restauração) — cfr. os arts. 1027.º, 1028.º, 1067.º —, não havia lugar para resolução — *B* (tal como *A* anteriormente), enquanto proprietário, podia perfeitamente converter o estabelecimento adquirido em outro estabelecimento; era assim (e bem) no direito pregresso. Mas é para casos destes que o (novo) n.º 5 do art. 1112.º (não o art. 1083.º, 2, c)) oferece ao senhorio fundamento próprio para a resolução. A *ratio* (frouxa) da norma

---

2006, p. 44, J. SOUSA RIBEIRO, *O novo regime do arrendamento urbano: contributos para uma análise,* CDP n.º 14, 2006, p. 18.

Registe-se que apareceram, entretanto, outras interpretações. Tenho presentes RICARDO COSTA, *ob. cit.*, pp. 498, ss., CASSIANO DOS SANTOS, *ob. cit.*, pp. 343, ss. [ambos os AA. aceitam também a ideia — avançada na 6.ª ed. deste vol., p. 307 — de que o n.º 5 do art. 1112.º cria fundamento autónomo de resolução, mas acrescentam elementos (não coincidentes entre si) de interpretação restritiva da norma], GRAVATO MORAIS, *ob. cit.*, p. 285, n. (259), e PINTO FURTADO, *ob. cit.*, pp. 726, ss. (ambos entendendo que o fundamento de resolução previsto no art. 1112.º, 5, está já no art. 1083.º, 2, c)).

será: a lei concede ao trespassante e ao trespassário o benefício consagrado no n.º 1, a), do art. 1112.º (não interferência do senhorio na cessão da posição de arrendatário) a fim de facilitar a transmissão negocial do estabelecimento de um para o outro; se este estabelecimento, cuja circulação se promoveu, não se mantiver, deverá então o senhorio poder interferir na relação arrendatícia, resolvendo o contrato.

c) Com base em *inexistência de trespasse* e de autorização para a cedência da posição de arrendatário, *C* pode não só resolver o contrato de arrendamento, mas também responsabilizar civilmente *A* e / ou *B* — quando os actos ilícitos e culposos destes (na cessão não autorizada da posição arrendatícia) lhe causem danos (quanto a *A*, se for caso disso, responsabilidade contratual; quanto a *B*, que responderá sempre, responsabilidade extracontratual). *Existindo trespasse e subsequente mudança de destino*, pode *C* resolver o contrato de arrendamento (n.º 5 do art. 1112.º), mas não terá direito a indemnização (a cessão da posição de arrendatário foi lícita e *B*, enquanto proprietário, tem o direito de converter o seu estabelecimento).

Nos termos do art. 1038.º, g), do CCiv., é obrigação do locatário "*comunicar* ao locador, dentro de quinze dias, a cedência do gozo da coisa por algum dos referidos títulos [entre os quais se conta a "cessão onerosa ou gratuita da sua posição jurídica" — al. f)], quando permitida [como no caso de trespasse] ou autorizada". Não sendo feita tal comunicação, a cessão da posição de locatário é ineficaz perante o locador (cfr. art. 424.º, 2, para que remete o art. 1059.º, 2). E pode o locador resolver o contrato, salvo "se tiver reconhecido o beneficiário da cedência como tal [de modo directo, ou indirecto — *v. g.*, recebendo renda ou aluguer do cessionário, ou autorizando este a proceder a reparações], ou ainda, no caso da alínea g) [do art. 1038.º], se a comunicação lhe tiver sido feita por este" (art. 1049.º).

Além destas normas de carácter geral, o CCiv. contém outras mais específicas relativamente ao dever de comunicação da cessão da posição de arrendatário em caso de trespasse e ao não cumprimento do mesmo.

O n.º 3 do art. 1112.º repete (escusadamente) que a transmissão da posição do arrendatário, sem dependência de autorização do senhorio, deve ser comunicada a este (276).

Sendo ineficaz relativamente ao senhorio a cedência da posição de arrendatário não comunicada atempadamente (pelo trespassante ou pelo trespassário), aquele, se não tiver reconhecido o cessionário como tal (art. 1049.º), pode resolver o contrato de arrendamento, de acordo com o previsto no art. 1083.º, 2, e) (cessão ineficaz). Mas, normalmente, a resolução não será decretada pelo tribunal (art. 1084.º, 2) pelo simples facto de a comunicação não ter ocorrido no prazo de quinze dias. É necessário, como se diz no proémio do n.º 2 do art. 1083.º, que o incumprimento, "pela sua gravidade ou consequências, torne inexigível à outra parte [o senhorio, neste caso] a manutenção do arrendamento". (277) Interessa, evidentemente, ao senhorio que lhe seja comunicada a cessão da posição de arrendatário: tem o direito de saber quem aparece como novo inquilino (com quem passará a comunicar) e de verificar se houve ou não trespasse válido que lhe imponha novo inquilino. Mas, havendo trespasse válido, o senhorio não tem poderes para recusar o trespassário como arrendatário. Pelo que, repita-se, para conduzir à resolução,

(276) Não especificando o preceito o prazo para a comunicação, vale o previsto no art. 1038.º, g) (quinze dias — a contar do dia seguinte ao do escrito de trespasse que inclui a transmissão da posição de arrendatário: cfr. os arts. 296.º e 279.º, b) e e)). Quanto à forma, a comunicação deve ser feita mediante escrito assinado (pelo trespassante ou pelo trespassário) e, normalmente, remetido por carta registada com aviso de recepção (v. art. 9.º, 1 e 6, do NRAU e Gravato Morais, *ob. cit.*, p. 287).

(277) Cfr. Olinda Garcia, *Arrendamentos para comércio...*, pp. 108, ss. e (para o quadro do art. 1083.º, 2 — cláusula geral e previsões específicas exemplificativas) Sousa Ribeiro, *ob. cit.*, pp. 20-21.

não será em geral suficiente uma pequena ultrapassagem do citado prazo de quinze dias. Será suficiente, por exemplo, um atraso de vários meses que tenha impedido o senhorio de, bem mais cedo, denunciar (livremente) o contrato de arrendamento (CCiv. arts. 1110.º, 1, 1101.º, c), e NRAU, arts. 26.º, 6, a), 28.º) ou actualizar sem faseamento a renda (art. 56.º, b), do NRAU).

3. 4. 2. Locação de estabelecimento

3. 4. 2. 1. *Noção e (algum) regime.* A locação de estabelecimento (comercial — em sentido jurídico — ou não comercial) é definível como o *contrato pelo qual uma das partes se obriga a proporcionar à outra o gozo temporário de um estabelecimento, mediante retribuição.* Esta noção ajusta-se perfeitamente à noção de locação (em geral) do art. 1022.º do CCiv. (apenas "estabelecimento" substitui "coisa" — e vimos já atrás que os estabelecimentos são coisas). Pretendemos com isto sublinhar três pontos: os estabelecimentos podem ser "locados" [(278)]; a locação de estabelecimento é contrato nominado — tanto na doutrina [(279)] como na lei [(280)]; tal contrato também é típico, isto é, está regulado na lei [(281)].

[(278)] Contra, v. I. GALVÃO TELLES (c/ colab. de JANUÁRIO GOMES), *Utilização de espaços nos "shopping centers"* (Parecer), CJ, 1990, t. II, p. 29, n. (7): "A nova fórmula ["locação de estabelecimento comercial", para significar o mesmo que "cessão de exploração de estabelecimento comercial"] não nos parece feliz, porque a lei não admite a locação de *universalidades*".

Sendo os estabelecimentos coisas móveis (cfr. arts. 204.º e 205.º do CCiv.) poderia falar-se de "aluguer" de estabelecimento (cfr. art. 1023.º). Contudo, porque as empresas solicitam por vezes um regime inspirado no dos imóveis (fazendo estes parte, normalmente, daqueles), porque aquela expressão é inusual na *praxis* e nas leis, e porque "locação de estabelecimento" possui já raízes na prática negocial, na doutrina, jurisprudência e legislação, preferimos esta última expressão.

[(279)] V., p. ex., FERRER CORREIA, *Reivindicação...*, p. 265, e ORLANDO DE CARVALHO, *Critério...*, p. 212 (o A. aponta também diversas expressões estrangeiras equivalentes a "locação de estabelecimento").

Este último ponto é agora (pós-NRAU) mais nítido. Sob a epígrafe "locação de estabelecimento", o art. 1109.°, 1, prescreve que tal contrato " rege-se pelas regras da presente subsecção [VIII — "disposições especiais do arrendamento para fins não habitacionais"], com as necessárias adaptações" (os precedentes arts. 1085.°, 1, do CCiv. e 111.°, 1, do RAU não prescreviam semelhantemente).

Vejamos então as normas desta subsecção aplicáveis e sondemos as "necessárias adaptações".

Nos termos do art. 1110.°, 1, do CCiv., "as regras relativas à duração, denúncia e oposição à renovação dos contratos de arrendamento para fins não habitacionais são livremente estabelecidas pelas partes, aplicando-se, na falta de estipulação, o disposto quanto ao arrendamento para habitação".

Portanto, as partes na locação de estabelecimento estipulam livremente a *duração* do contrato (prazo certo ou duração indeterminada). Contudo, se nada tiverem estipulado a respeito, não se aplica o disposto quanto ao arrendamento para habitação (v. o art. 1094.°, 3), antes se considera o contrato celebrado com prazo certo, pelo período de dez anos — assim determina o n.° 2 do art. 1110.° (282).

---

(280) V. CCiv., arts. 1109.°, 1682.°-A, 1, b), CSC, art. 246.°, 2, c). Todavia, em outras leis recentes foi retomada a expressão (tradicional na jurisprudência) "cessão da exploração de estabelecimento" — CIRS, art. 3.°, 2, e), RAU, art. 111.° (revogado).

(281) Alguma jurisprudência vinha considerando que a locação de estabelecimento é contrato atípico — v., p. ex., o Ac. do STJ de 6/5/98, BMJ n.° 447 (1998), p. 428; o Ac. do STJ de 13/7/04, CJ (ASTJ), 2004, t. II, p. 147, disse mesmo, talvez por gralha, tratar-se de "um tipo contratual atípico". Também o Ac. do STJ de 24/10/06, CJ, 2006, V, p. 9, qualificou a "cessão de exploração" como contrato atípico e, consequentemente, considerou válida a cláusula de contrato de arrendamento exigindo autorização do senhorio para o arrendatário locar o estabelecimento nele instalado. Ora, o prescrito no n.° 2 do art. 1109.° opõe-se à validade de tal cláusula (e já antes assim se devia entender).

(282) Porém, se o estabelecimento estiver instalado em prédio tomado de arrendamento pelo locador do estabelecimento e este contrato

O regime da *denúncia* do contrato de locação de estabelecimento é estabelecido livremente pelas partes; na falta de estipulação, aplica-se em princípio o disposto para o arrendamento habitacional (art. 1110.°, 1). Assim, tendo o contrato sido celebrado com prazo certo, na falta de regime convencional para a denúncia, vale o previsto no art. 1098.°, 2 (denúncia pelo locatário; o locador de estabelecimento não tem esse direito), excepto se o prazo certo de duração for o supletivo (dez anos), caso em que não poderá o locatário denunciar o contrato com antecedência inferior a um ano (art. 1110.°, 2). Se o contrato tiver sido celebrado por duração indeterminada, o regime supletivo da denúncia (pelo locatário e, agora, também pelo locador) será o constantes dos arts. 1100.°, 1101.°, c), e 1104.° (por remissão do art. 1110.°, 1).

O art. 1110.°, 1, refere-se também à "oposição à renovação" (*rectius*, prorrogação), tendo em vista os contratos com prazo certo. O que supõe, já se vê, a possibilidade de prorrogação ("renovação"). Quanto a esta possibilidade, aquela norma não remete para o art. 1096.°, 1; aplicar-se-á (aos arrendamentos para fins não habitacionais) o art. 1054.°. Ora, nenhuma destas normas (mais claramente a do art. 1096.°, 1) se aplicará ao contrato de locação de estabelecimento. Que, não sendo contrato de arrendamento, *caducará* findo o prazo (art. 1051.°, a)). Porém, podem as partes prever a prorrogação do contrato. Bem como regras relativas à oposição à "renovação" — se o não fizerem, deverá aplicar-se o art. 1055.°.

Segue-se, na subsecção VIII em análise, o art. 1111.°, relativo a obras de conservação. Dado que estão aí em causa obras em prédios e relações entre senhorio e arrendatário, e porque a locação de estabelecimento não é arrendamento de

---

durar menos de 10 anos, consider-se-á que a locação dura correspondentemente.

prédio, nem as partes nela são, enquanto tais, senhorio e arrendatário, aquele artigo é inaplicável à locação de estabelecimento [(283)].

Quanto à *forma* do contrato de locação de estabelecimento, é aplicável (com "adaptação" similar à que registámos a propósito do trespasse [(284)]) a primeira parte do n.º 3 do art. 1112.º: sob pena de nulidade, deve o contrato ser celebrado por *escrito*.

O n.º 2 do mesmo art. 1112.º, igualmente "adaptado", tem também alguma utilidade. Por exemplo: pertencendo ao "locador" do estabelecimento o prédio onde ele funciona, não há locação de estabelecimento se não forem incluídos no negócio elementos do âmbito mínimo da empresa (cfr. a al. a) do n.º 2) ou se as partes visarem "o exercício, no prédio, de outro ramo de comércio ou indústria ou, de modo geral, a sua afectação a outro destino" (al. b) do n.º 2) — havendo sim contrato de arrendamento; pertencendo o prédio a terceiro (senhorio), também não há locação de estabelecimento se se verificarem aquelas condições — havendo agora subarrendamento, que será ilícito sem autorização do senhorio (v. os arts. 1038.º, f), 1049.º, 1083.º, 2, e), 1109.º, 2).

Por último, é aplicável o art. 1113.º. A locação de estabelecimento *não caduca por morte do locatário*, podendo embora os sucessores renunciar à transmissão [(285)].

A propósito da aplicação da subsecção VIII da secção VII, demo-nos conta da aplicabilidade (com adaptações) à locação de estabelecimento de preceitos fora dessa subsecção. Indiquemos, sumariamente, mais alguns: arts. 1031.º (obrigações do locador), 1032.º-1035.º (vícios do estabelecimento

(283) Convergentemente, v. OLINDA GARCIA, *últ. ob. cit.*, pp. 170-171. Em sentido diferente, v. RICARDO COSTA, *ob. cit.*, p. 520.

(284) V. *supra*, n.º 3. 4. 1. 1.

(285) V., no mesmo sentido, OLINDA GARCIA, *ob. cit.*, pp. 171-172, RICARDO COSTA, *ob. cit.*, p. 520.

locado e outros vícios), 1036.º (reparações ou outras despesas urgentes), 1037.º (actos que impedem ou diminuem o gozo do estabelecimento), 1038.º (obrigações do locatário), 1039.º-1042.º (retribuição a pagar pelo locatário), 1043.º-1046.º, 1 (restituição do estabelecimento locado e benfeitorias), 1047.º-1050.º (resolução do contrato), 1051.º-1052.º (caducidade do contrato), 1057.º, 1058.º, 1059.º, 2 (transmissão da posição contratual). (286)

3. 4. 2. 2. *Âmbitos de entrega* (287). Tal como nos casos de trespasse, a locação de estabelecimento não pode prescindir dos elementos necessários ou essenciais para a identificação da empresa objecto do negócio; o âmbito *mínimo* tem de ser respeitado.

Salvo quando outra coisa resulte da lei ou do contrato, é de entender que os elementos empresariais se transferem *naturalmente* para o locatário. É que, além do mais (dito já a outros propósitos), o estabelecimento locado transmite-se (por definição) a título meramente temporário (vai para o locatário para regressar ao locador) e, enquanto é explorado pelo locatário, mantém-se ligado ao locador e está adstrito à satisfação de necessidades de um e outro.

---

(286) CASSIANO DOS SANTOS, *ob. cit.*, pp. 351, ss., apresenta sobre a locação de estabelecimento panóplia de originalidades (apesar da omissão, useira e vezeira, de discursos anteriores de teor semelhante ou discrepante): "locação de estabelecimento" é expressão inexacta, sendo mais adequada "cessão de exploração"; o contrato de locação de estabelecimento não é legalmente tipificado; as regras do CCiv. sobre locação são aplicáveis à "cessão de exploração" somente quando se verifique analogia [mas, em vários passos, aparecem *ibid.* directamente aplicáveis várias regras dessas: art. 1031.º, b), 1037.º; 1038.º, i), 1043.º; 1046.º...]; apesar da remissão do art. 1109.º, 1, nenhuma regra da referida subsecção VIII (excepto, porventura, o art. 1111.º) é aplicável à locação de estabelecimento; o art. 1109.º aplica-se apenas à transmissão de prédio coenvolvida em cessão de exploração. Claro que tudo isto é contestável, e é contestado pelo que ficou e ficará em texto.

(287) Sobre a significação geral destes âmbitos, v. *supra*, n.º 3. 4. 1. 2.

Assim, integra-se no âmbito natural de entrega a *generalidade dos meios empresariais pertencentes em propriedade ao locador*. Por exemplo, prédios, máquinas, ferramentas, mobiliário, matérias-primas, mercadorias, inventos patenteados, modelos de utilidade, desenhos ou modelos, recompensas. E também o logótipo e as marcas — cfr. os arts. 31.º, 5, e 304.º-P, 3, do CPI. É certo que estes artigos supõem a "transmissão" do estabelecimento. Todavia, a locação, enquanto transmissão temporária do estabelecimento, não pode deixar de ser abrangida ("transmitindo-se" aqueles sinais, claro, temporariamente também) (288).

Atendamos agora aos elementos empresariais que se encontrem na esfera jurídica do locador *a título obrigacional*. A *posição de empregador* decorrente dos contratos de trabalho para o locador transmite-se, pelo período da locação, para o locatário. É o que decorre designadamente do n.º 3 do art. 285.º do CT: "O disposto nos números anteriores é igualmente aplicável à *transmissão, cessão* ou reversão *da exploração* da empresa, estabelecimento ou unidade económica (...)". Quando o estabelecimento funciona em prédio arrendado, há-de entender-se que se transmite naturalmente para o locatário da empresa o *gozo do prédio*. Coisa semelhante deve valer para os bens empresariais detidos pelo locador de estabelecimento a título de *locação financeira* ou de simples *aluguer* — o cedente de exploração da empresa continua locatário dos bens, e o gozo destes transfere-se temporariamente (sem título negocial autónomo — a locação do estabelecimento é negócio unitário e sobre objecto unitário) para o cessionário da empresa, sem necessidade de conven-

(288) Como vimos, o n.º 5 do art. 31.º exige em certos casos "cláusula" para a transmissão dos referidos sinais. Penso, porém, que nos casos de locação de estabelecimento tal não deve ser exigido. Ter-se-á de proceder a uma redução teleológica do enunciado normativo. A tutela do direito ao nome não impõe nestas hipóteses a citada cláusula — o locador continua titular dos sinais e o seu uso por outrem aproveita também a ele.

ção das partes nem de autorização do locador dos referidos bens [289]. [290] E coisa semelhante deve ainda valer para as patentes, modelos de utilidade, desenhos ou modelos e marcas *objecto de licença de exploração* (o direito obtido por meio de licença não é "alienado" para o locatário do estabelecimento, não exigindo portanto "consentimento escrito do licenciante" — cfr. art. 32.°, 8, do CPI).

Tal como no trespasse, as situações de facto com valor económico elementos da empresa (nomeadamente o *saber-fazer*) incluem-se normalmente no âmbito natural de entrega.

Em face do art. 44.°, 1, do RRNPC, há-de entender-se que a *firma* integra-se no âmbito *convencional* de entrega [291]. [292]

Dissemos que, com a locação de um estabelecimento, diversos elementos empresariais de propriedade do locador se transferem para o locatário. A que título se dá essa transferência? Fica o locatário com a *propriedade* deles (designadamente dos bens constituintes do "capital circulante" — matérias-primas, produtos, mercadorias —, que ele pode consumir ou alienar), com um *direito locatício* sobre eles, ou com um *outro poder jurídico*? [293]

---

(289) Sobre a desnecessidade de autorização do locador destes bens, tenha-se em conta o que se dirá *infra*, no n.° 3. 4. 2. 4., a propósito do senhorio do prédio.

(290) Se o locador de estabelecimento for comodatário de elementos empresariais, parece resultar do art. 1135.°, f), do CCiv. a sua não inclusão no âmbito natural (nem convencional) de entrega.

(291) V. *supra*, n.° 6. 1. 5. do cap. II. Em termos divergentes (e mais razoavelmente), v. arts. 2561(1) e 2562 do *Codice Civile*.

(292) Com respeito aos créditos, posições contratuais e dívidas que não sejam meios empresariais vale, *mutatis mutandis*, quanto se escreveu *supra*, no excurso final do n.° 3. 4. 1. 2.

(293) A questão, atendendo nomeadamente à propriedade das mercadorias, tem sido muito discutida lá fora, sobretudo em Itália. Para indica-

Deve entender-se que — salvo estipulação estabelecendo diferentemente — a propriedade dos meios empresariais fica com o locador, não se transmite para o locatário. (294) O negócio da locação incide sobre o estabelecimento unidade jurídica-coisa, não sobre singulares elementos seus; o direito locatício sobre o todo com que fica o locatário não pode logicamente implicar direitos de propriedade sobre as partes. Por outro lado, a propósito de um dos elementos da empresa — o prédio (que pode sem dúvida pertencer em propriedade ao locador) —, o art. 1109.º, 1, do CCiv. não parece dar azo a hesitações ao falar de transferência temporária do gozo do mesmo. (295)

Com que direito, então, o locatário transforma e/ou aliena bens constituintes do capital circulante (ou, dizendo de outra maneira, os consome) (296) e aliena bens do "capital fixo" que é necessário substituir? Este poder ou direito de disposição sobre os meios empresariais não se funda no direito de propriedade (297), mas sim no *poder-dever de exploração do estabelecimento.* (298) Na verdade, o locatário tem

---

ções bibliográficas, v., p. ex., ROTONDI, *Diritto industriale* cit., pp. 410, ss.. Para o estado da questão na moderna doutrina alemã, v., p. ex., HÜFFER, *ob. cit.*, p. 113, CAPELLE/CANARIS, *ob. cit.*, pp. 121-122, K. SCHMIDT, *ob. cit.*, pp. 159-160.

(294) Em França é usual convencionar-se a venda do *stock* das mercadorias — v. P. DIDIER, *Droit commercial,* 1, PUF, Paris, 1970, p. 675.

Não deixe, no entanto, de notar-se que a venda de um elemento do âmbito mínimo poderá fazer com que o negócio sobre o estabelecimento não possa qualificar-se de locação...

(295) Esta argumentação será suficiente também para afastar a ideia de competirem ao locatário de estabelecimento vários direitos locativos relativamente aos singulares bens da empresa.

(296) "São consumíveis as coisas cujo uso regular importa a sua destruição ou a sua alienação" — art. 208.º do CCiv..

(297) Tal como se não fundam nele idênticos poderes de disposição ocorrentes noutras situações — *v. g.*, no usufruto de coisas consumíveis (art. 1451.º do CCiv.).

(298) Parece ser esta a concepção dominante em Itália — v., p. ex., ROTONDI, *ob. cit.*, p. 412, A. GIORDANO, *In tema di usufrutto e di affitto di azienda,* RDC, 1952, P. II, p. 105 ("Il potere di disporre delle merci e degli

não apenas o direito de explorar-gozar o estabelecimento mas também o dever de o fazer — sob pena de a empresa sofrer diminuição no seu valor económico ou mesmo extinguir-se (se, portanto, o locatário arbitrariamente encerrar, total ou parcialmente, temporária ou definitivamente, a empresa, ele viola o contrato de locação e o locador pode requerer resolução — cfr. art. 1047.º do CCiv.). Pois bem, o exercício de tal poder-dever implica necessariamente os referidos consumo e alienação de elementos empresariais.

3. 4. 2. 3. *Obrigações de não concorrência. Enquanto durar* a locação de estabelecimento, o locador (e, eventualmente, outras pessoas [(299)]) está obrigado a não concorrer num determinado espaço com o locatário — está obrigado, designadamente, a não iniciar actividade igual ou semelhante à exercida através do estabelecimento locado. Tal obrigação não é "implícita". Ela resulta de expressas disposições legais — arts. 1031.º, b), e 1037.º, 1, do CCiv. (é obrigação do locador assegurar ao locatário o gozo da coisa locada para os fins a que ela se destina, não lhe sendo permitido praticar actos que impeçam ou diminuam esse gozo).

E pode o locatário, *na vigência do contrato* de locação, iniciar o exercício de uma actividade concorrente com a exercida através da empresa locada e no espaço delimitado pelo raio de acção desta, sem o consentimento do locador? A resposta deve ser negativa. Tal comportamento provocaria, pelo menos, uma diminuição do valor do estabelecimento locado — e significaria, portanto, a violação do "dever de

altri beni destinati alla alienazione è una conseguenza del potere-dovere di gestione dell'azienda; esso si presenta, pertanto, come l'effetto di un effetto.").

(299) Lembre-se o escrito *supra,* no n.º 3. 4. 1. 3., acerca das pessoas que podem ficar vinculadas pela obrigação implícita de não concorrência em caso de trespasse.

manutenção e restituição da coisa" a cargo do locatário (art. 1043.º do CCiv.).

Terminado o contrato, e na ausência de um possível pacto de não concorrência, fica o ex-locatário obrigado a não concorrer com o ex-locador? As respostas têm sido diversificadas [(300)]. Entendo que o ex-locatário fica livre para concorrer. O princípio, recorde-se, é o da liberdade de iniciativa económica e de concorrência. É certo que o ex-locatário pode aproveitar conhecimentos sobre a clientela e a organização empresarial adquiridos durante a locação. Mas compete ao locador tomar em devida conta esse risco. Também os simples assalariados de um empresário podem, extinta a relação laboral, aproveitar-se igualmente de tais conhecimentos para se estabelecerem — sendo pacífico que eles gozam (salvo pacto dispondo diversamente) de liberdade de trabalho (cfr. art. 136.º do CT) e de empresa. Depois, os citados conhecimentos, além de terem sido adquiridos pelo locatário no decurso de uma exploração pela qual ele pagou ao locador, eram também pertença deste ou estavam ao seu alcance (cfr. al. b) do art. 1038.º do CCiv.) e podem continuar a ser usados na exploração do estabelecimento restituído.

3. 4. 2. 4. *Locação de estabelecimento e arrendamento.* A locação de estabelecimento, mesmo quando envolve (como normalmente envolve) prédio(s), *não é contrato de arrendamento* (cfr. o art. 1023.º do CCiv.) [(301)]. Apesar de o art. 1109.º, 1, afirmar que ela se rege pelas regras da subsecção VIII.

---

(300) Sobretudo em Itália — v. por todos, com referências bibliográficas, COLOMBO, *ob. cit.*, pp. 211-213. Em França, a doutrina e a jurisprudência têm respondido negativamente à questão — cfr. Y. SERRA, *ob. cit.*, p. 39. Entre nós, responde afirmativamente GRAVATO MORAIS, *Alienação e oneração...*, pp. 152, ss..

(301) Cfr. também, *supra*, n.º 3. 4. 2. 1.

O mesmo artigo logo acrescenta: "com as necessárias adaptações". E verificámos serem aplicáveis em maior número as normas da locação não específicas dos arrendamentos prediais.

Também *não é um contrato misto,* associando o arrendamento de prédio ou fracção e o aluguer de estabelecimento [302] ou dos móveis componentes do estabelecimento. O enunciado do n.º 1 do art. 1109.º sugere em alguma medida essa perspectiva [303]. Não obstante, a locação de estabelecimento prevista no art. 1109.º é negócio unitário com objecto (mediato) também unitário: o estabelecimento, feito embora de elementos vários [304]. O gozo do prédio-elemento do estabelecimento é transferido para o locatário a título não autónomo (absorvido no negócio locativo global), não há específico negócio incidindo no prédio (ou em outros elementos); *o prédio não é dado em arrendamento nem subarrendado (salvo acordo em contrário)* — o locador de estabelecimento e proprietário do imóvel não passa a senhorio (com referência ao prédio), o locador de estabelecimento e arrendatário do imóvel não cede a sua posição arrendatícia nem subarrenda.

---

(302) Qualifica-o assim, atendendo ao n.º 1 do art. 1109.º, J. PINTO FURTADO, *Do arrendamento urbano para fins não habitacionais,* OD, 2005, pp. 396-397 (diferentemente, o objecto mediato do contrato previsto no n.º 2 do art. 1109.º não é complexo — v. *ibid.*, p. 397), ou *Manual...*, pp. 762-763. Com outra perspectiva, v. JANUÁRIO GOMES, *Disposições especiais...*, p. 377. Por outro lado, deve entender-se que o n.º 1 do art. 1109.º é aplicável quer o prédio onde funciona o estabelecimento locado pertença ao locador, quer tenha sido arrendado ao mesmo (neste sentido, v. OLINDA GARCIA, *últ. ob. cit.*, p. 167).

(303) Menos equívocos eram o art. 1085.º, 1, do CCiv. e o art. 111.º, 1, do RAU: "Não é havido como arrendamento de prédio urbano ou rústico o contrato pelo qual alguém transfere temporária e onerosamente para outrem, juntamente com o gozo do prédio, a exploração de um estabelecimento comercial ou industrial nele instalado".

(304) A epígrafe do art. sugere isto mesmo, aliás.

Questão muitas vezes discutida nos tribunais e nos papéis de doutrina era a necessidade, ou não, de o *senhorio autorizar* a cedência do gozo do prédio arrendado aquando da locação de estabelecimento nele instalado. Paulatinamente, foi-se tornando dominante a tese da desnecessidade de autorização do senhorio [(305)].

Andou bem o NRAU ao consagrar no art. 1109.º, 2, a *desnecessidade de o senhorio autorizar* a cedência do gozo do prédio (tal como no trespasse, a promoção da circulação negocial e, eventual e concomitantemente, da própria manutenção dos estabelecimentos enquanto valores económico-sociais aconselha esta solução). Apesar de o ter feito sem rigor linguístico: o que "não carece de autorização do senhorio" não é "a transferência temporária e onerosa de estabelecimento instalado em local arrendado" (o estabelecimento é do locador, que não tem de obter ou deixar de obter autorização de terceiro para o negociar), é sim a transferência do gozo do prédio (pertencente ao senhorio) integrado no estabelecimento.

Até ao NRAU, havia também divergências na jurisprudência e na doutrina sobre se era obrigação do arrendatário de prédio e locador de estabelecimento (e / ou do locatário do estabelecimento) *comunicar ao senhorio* a cedência do gozo do prédio integrado na locação da empresa [(306)].

Também aqui o art. 1109.º, 2, consagrou a solução mais acertada (ainda que com impropriedade linguística): a transferência do gozo do prédio *deve ser comunicada ao senhorio* no prazo de um mês (o senhorio tem, na verdade, interesse legítimo em averiguar se houve ou não locação de estabele-

---

(305) V. indicações em COUTINHO DE ABREU, *Da empresarialidade...*, pp. 310, ss., e 5.ª ed. deste *Curso,* pp. 312, ss..

(306) Cfr. as duas *últs. obs. cits.*, pp. 314-315 e 317-318, respectivamente.

cimento — só quando ela exista é que a cedência do gozo do prédio não carece de autorização sua).

Faltando a comunicação no prazo referido [(307)], a cedência do gozo do prédio é ineficaz em relação ao senhorio. Que poderá, por isso (salvo se tiver reconhecido o beneficiário da cedência como tal — cfr. o art. 1049.º), resolver o contrato de arrendamento (que o liga ao locador do estabelecimento): art. 1083.º, 2, e). Mas, como dissemos a propósito do trespasse (*supra,* final do n.º 3. 4. 1. 4.), a falta de comunicação tem de, pela sua gravidade ou consequências, tornar inexigível ao senhorio a manutenção do arrendamento [(308)].

4. Recuperação de empresas em processo de insolvência

O CIRE, logo no art. 1.º, a propósito do plano de insolvência (via alternativa à da liquidação do património do insolvente [(309)]) refere-se à "recuperação da empresa compreendida na massa insolvente". Convém, no entanto, chamar a atenção para alguns pontos.

a) O "plano de insolvência" não tem de visar a recuperação de empresa. Embora o desígnio recuperativo do plano deva ser considerado primordial (cfr. o art. 1.º), é certo que aquele instrumento pode ser utilizado com objectivos que não passam pela recuperação empresarial (*v. g.*, pode o plano regular uma liquidação mais ou menos atomística da empresa) — v. os arts. 1.º e 192.º, 1.

---

(307) Curiosamente mais dilatado do que o prazo previsto no art. 1038.º, g)...

(308) Os exemplos apresentados *supra,* local citado, servem também aqui (cfr. o NRAU, arts. 26.º, 6, a), 28.º e 56.º, b)).

(309) Cfr. *supra,* n.º 4. 2. 2. 1. do cap. II.

b) A "recuperação" de que o CIRE trata (e presente até na designação do Código) deve ser entendida em sentido amplo. Em sentido estrito, uma empresa (em sentido objectivo) é ou pode ser objecto de medidas de recuperação se — por causa da sua organização produtiva (quantidade, natureza e combinação dos factores produtivos, espécie, qualidade e quantidade dos objectos produzidos) e/ou da estrutura do mercado em que está inserida (quantidade e qualidade das empresas concorrentes, preços de venda dos produtos em causa, níveis de consumo) — não está em condições de gerar lucros ou, ao menos, receitas suficientes para cobrir os respectivos custos de produção; a recuperação implica uma reorganização da empresa, de modo a (re)adquirir as condições de "vida" autónoma. Ora, é possível que o plano de insolvência preveja tão-só a continuidade ou manutenção da empresa, na titularidade do insolvente ou de terceiro (cfr. os arts. 195.°, 2, b), c), 199.°) (310). Esta manutenção está igualmente compreendida no significado normativo de "recuperação de empresa".

c) Mesmo na via da liquidação do património do insolvente está possibilitada, e potenciada, a recuperação-manutenção de empresa; mas já não, naturalmente na esfera jurídica do insolvente. Diz, com efeito, o art. 162.°, 1, do CIRE: "A empresa compreendida na massa insolvente é alienada como um todo, a não ser que não haja proposta satisfatória ou se reconheça vantagem na liquidação ou na alienação separada de certas partes".

---

(310) Na realidade, pode dar-se o caso de a empresa ser perfeitamente viável, resultando a situação de insolvência não dela própria mas, por exemplo, da má gestão pelo titular ou de prejuízos advindos de outros elementos patrimoniais dele. Quando a empresa (viável) continue a ser explorada pelo insolvente, o plano visará mais propriamente a "recuperação do titular da empresa" (art. 195.°, 1, b)) do que a "recuperação da empresa".

Vimos há pouco (na al. b)) que o plano de insolvência pode também prever a transmissão de empresa para terceiro. Nestes casos, porém, o terceiro adquirente que mais releva é a sociedade (ou sociedades) constituída(s) e organizada(s) nos termos indicados no plano (v., entre outros, o art. 199.º). (311)

d) Às duas vias aludidas (liquidação e plano de insolvência) não correspondem duas formas (especiais) de processo; há unicamente o "processo de insolvência" (art. 1.º do CIRE). Apesar do nome do Código ("da insolvência e da recuperação de empresas"), evocativo do precedente "Código dos Processos Especiais de Recuperação da Empresa e de Falência" (CREF), de 1993, que consagrou dois processos distintos (um de recuperação, outro de falência) (312). Por outro lado, o CIRE não dá prevalência a qualquer daquelas vias, nem prefere, portanto, a recuperação de empresa à liquidação; confere aos credores o poder de decidir. Também aqui o novo código se distancia do CREF, que concedia primazia à recuperação das empresas (313).

---

(311) Temos falado de (recuperação-)manutenção da empresa (também) quando ela seja transmitida. Mas é bom ter presente que, em qualquer caso de transmissão, a lei não impõe ao adquirente o dever de continuar a explorar a empresa durante um tempo mínimo (mas também não está excluída a hipótese de tal dever ser estipulado no plano de insolvência — cfr. arts. 195.º, 2, c), 217.º, 2, 220.º do CIRE)... Ao invés do que fazia a lei italiana sobre a administração extraordinária das grandes empresas em estado de insolvência (de 1999) — cfr., p. ex., MICHELE SANDULLI, *Le procedure concorsuali,* in V. BUONOCORE (a cura di), *Manuale di diritto commerciale,* 2.ª ed., Giappichelli, Torino, 1999, p. 1230.

(312) Teria sido preferível a designação "Código da Insolvência", à semelhança da alemã *Insolvenzordnung* de 1994 (*InsO*), grande inspiradora do diploma português; ou "Código das Falências", dada a tradição lusa mais que centenária (mas seja pela auto-estima lusíada: é bom deixar de ter "quebrados" e "falidos", e passar a contar somente com "insolventes").

(313) V., entre outros, o art. 1.º, 2, desta lei: "Só deve ser decretada a falência da empresa insolvente quando ela se mostre economicamente inviável ou se não considere possível, em face das circunstâncias, a sua recuperação financeira". Fonte de inspiração principal havia sido a legis-

A *empresa* era no CREF destinatário central (v. logo o art. 1.º, 1). E aquele Código apresentava no art. 2.º uma "noção de empresa". Que, embora não fosse inútil, era em grande medida falhada: a grande maioria das normas do CREF tomava a empresa em sentido bem diferente do estabelecido no art. 2.º [(314)].

O CIRE, não querendo ficar atrás, oferece também uma "noção de empresa" — substancialmente idêntica à do antecessor — no art. 5.º: "Para efeitos deste Código, considera-se empresa toda a organização de capital e de trabalho destinada ao exercício de qualquer actividade económica". A definição, timbrada com elementos típicos das noções económicas de empresa [(315)] e abstracto-geral em demasia, tem (ainda mais) escassa utilidade no CIRE. Porquanto: a empresa, embora importante para efeitos vários, não é essencial para a determinação do âmbito de aplicação subjectivo do Código; a grande latitude da actividade-objecto empresarial relevante ("qualquer actividade económica") — significativa no contexto do CREF — resulta já do art. 2.º do CIRE (os sujeitos aí indicados são comerciantes e não comerciantes, as actividades podem ser jurídico-mercantis ou não); o significado normativo das dezenas de referências à empresa que aparecem no Código alcança-se, em regra, com facilidade.

Não obstante, é de notar que agora o Código, quando se refere à empresa, o faz quase sempre respeitando a noção adiantada no art. 5.º — a empresa aparece em quase todas

---

lação francesa de 1985 relativa ao "redressement" e liquidação judiciais, que tinha estes objectivos: (1) salvar a empresa, (2) manter o emprego, (3) pagar aos credores (cfr., p. ex., C. SAINT-ALARY-HOUIN, *Droit des entreprises en difficulté,* 2e éd., Montchrestien, Paris, 1996, p. 30).

(314) V. J. M. COUTINHO DE ABREU, *Providências de recuperação de empresas e falência (Apontamentos de direito português),* BFD, 1998, pp. 108, ss..

(315) Cfr. *supra*, n.º 1. 2.

as normas em sentido objectivo, como objecto-instrumento de sujeito para o exercício de actividade económica [316]. É ver, por exemplo, os arts. 3.º, 3, b) (devedor titular de uma empresa), 53.º, 2 (empresa compreendida na massa insolvente), 55.º, 4 (contratação de trabalhadores para continuação da exploração da empresa), 161.º, 3, a) (venda da empresa), 195.º, 2, c) (manutenção em actividade da empresa, na titularidade do devedor ou de terceiro), 249.º, 1, a) (pessoa singular não titular da exploração de qualquer empresa) [317] [318].

E deve acrescentar-se que as notas caracterizadoras do conceito geral de empresa em sentido objectivo que vimos apresentando [319] informam igualmente, no essencial, a empresa relevante para efeitos do CIRE [320].

---

(316) Sobre a empresa em sentido objectivo, em sentido subjectivo e em outras acepções, v. COUTINHO DE ABREU, *Da empresarialidade...*, em particular o cap. V, e *supra*, n.º 2. 2.

(317) Excepcional e (tudo o indica) inadvertidamente (reproduzindo dizeres dos arts. 41.º, 1, e 126.º-A, 2, f) e g), do CREF), o CIRE utiliza "empresa" em sentido subjectivo nos arts. 66.º, 1 e 3 ("credor da empresa", "créditos sobre a empresa") e 186.º, 2, e) e f) ("personalidade colectiva da empresa", "em prejuízo da empresa", "para favorecer outra empresa").

(318) Aproveite-se para dizer que o "estabelecimento" mostra-se também (em menor número) no CIRE. Umas vezes com significado equivalente ao de empresa em sentido objectivo (p. ex., nos arts. 55.º, 4, e 156.º, 2), outras vezes significando parte (secção, sucursal, etc.) de empresa (p. ex., nos arts. 37.º, 7, 162.º, 2, e 270.º, 2).

(319) V., p. ex., *Da empresarialidade...*, pp. 303, ss. e *supra*, n.º 3. 3. (em síntese e com remissões).

(320) Discurso diferente apresenta CATARINA SERRA, *O novo regime português da insolvência – Uma introdução*, 2.ª ed., Almedina, Coimbra, 2005, p. 16: "... não se exige profissionalidade ou sistematicidade no exercício da actividade e por isso admitem-se as 'empresas ocasionais' [mas, apesar de a A. não dizer o que entende por "empresa ocasional", isto parece ser contraditado pelo facto de a empresa aparecer como "organização" cindível do respectivo sujeito, transmissível para outrem (art. 195.º, 2, b)), ou como organização que pode manter-se na titularidade do devedor (art. 195.º, 2, b), c)) e, em qualquer caso, com "valores de continuidade" (art. 3.º, 3, b))], não se exige fim lucrativo e por isso admitem-se as unidades de auto-consumo e as organizações com fim altruístico". [O lucro e o fim lucrativo não são elementos necessários para a definição de

O *plano de insolvência* é um instrumento de natureza jurídico-negocial [321] utilizável pelos credores que contém (em documento particular) primordialmente medidas de recuperação de empresa do devedor insolvente [322]. Se este continuar a explorar a empresa, os credores esperam satisfazer-se basicamente com os resultados empresariais; no caso de a empresa ser transmitida, satisfazem-se os credores principalmente com (parte de) o produto da venda e/ou a aquisição de participações em nova sociedade por troca de créditos sobre o insolvente.

Podem *apresentar proposta de plano* o devedor (quando se apresenta à insolvência ou posteriormente — art. 24.º, 3), o administrador da insolvência [323] (disso encarregado por deliberação da assembleia de credores que aprecia o relatório dele — arts. 36.º, n), 155.º, 1, c), 156.º, 3, 4 —, ou por sua própria iniciativa [324]), um credor ou grupo de credores com

---

diversas espécies empresariais. Mas também estas devem ser organizações produtivas para a troca (o que afasta as "unidades de auto-consumo" e as "organizações com fim altruístico" sem empresas). Tal característica tem igualmente apoio no CIRE — p. ex., a possibilidade de manutenção em actividade da empresa na titularidade do devedor, que pagará aos credores com os respectivos rendimentos (art. 195.º, 1, c)), supõe a empresa organização produtiva para a troca.]. Termina a A. *ibid.* por confundir em parte sujeito empresarial e empresa (em sentido objectivo). Mas, segundo o CIRE, não é esta que está sujeita à declaração de insolvência.

Contudo, será ajustado que algumas normas do CIRE referidas à empresa se apliquem também a realidades que, em geral, não são empresariais. P. ex., os arts. 223.º, ss. ("administração pelo devedor" quando na massa insolvente esteja compreendida uma empresa) serão aplicáveis a artesãos com ou sem empresa (acerca da distinção, v. a minha *últ. ob. cit.*, pp. 92, ss., e *supra,* n.º 3. 1. 3. 3.).

(321) V. R. BORK, *Einführung in das Insolvenzrecht,* 3. Aufl., Mohr Siebek, Tübingen, 2002, p. 153, e n. (2).

(322) Para o "conteúdo do plano", v., para já, sobretudo o art. 195.º do CIRE.

(323) Sobre a designação do administrador (não antes da sentença que declara a insolvência), v. os arts. 36.º, d), 52.º, 53.º, 56.º.

(324) V. L. CARVALHO FERNANDES/JOÃO LABAREDA, *Código da Insolvência e da Recuperação de Empresas anotado,* 2.ª ed., Quid Juris, Lisboa, 2008, pp. 637-638.

créditos correspondentes pelo menos a um quinto do total dos créditos não subordinados [325] e qualquer responsável legal pelas dívidas da insolvência [326] — art. 193.º.

Se o juiz *admitir* a proposta (ou propostas) de plano de insolvência (cfr. o art. 207.º), notificará as entidades mencionadas no art. 208.º para, querendo, emitirem *parecer* sobre ela(s). E *convocará a assembleia de credores* para discutir e votar a(s) proposta(s) de plano (art. 209.º, 1). Porém, a assembleia não poderá realizar-se antes de transitada em julgado a sentença de declaração de insolvência, de esgotado o prazo para a impugnação da lista de credores reconhecidos (v. os arts. 128.º, ss., sobretudo o art. 130.º, 1) e da realização da assembleia de apreciação do relatório (v. o art. 36.º, n)): art. 209.º, 2, na redacção introduzida pelo DL 200/2004 [327].

Para que a hipótese de recuperação empresarial pareça plausível aos credores em assembleia de discussão de proposta de plano de insolvência, é naturalmente importante que a empresa não se encontre paralisada e mantenha o maior activo possível. Ora, entre o início do processo de insolvência e a verificação das condições do art. 209.º, 2, há o risco de serem tomadas decisões (em particular pelo devedor, primeiro, e pelo administrador da insolvência, depois) que comprometam a manutenção da empresa. O Código

---

(325) Acerca das classes de créditos sobre a insolvência (garantidos e privilegiados, comuns, e subordinados), v. os arts. 47.º, 4, 48.º e 49.º.

(326) V. a definição de responsável legal no art. 6.º, 2.

(327) Antes da alteração, o n.º 2 do art. 209.º exigia, em vez do termo do prazo para a impugnação da lista de credores reconhecidos, a prolação da sentença de verificação e graduação de créditos e o esgotamento do prazo para a interposição de recursos desta sentença. O que causaria muitas vezes delongas incomportáveis. O legislador terá atendido às críticas lançadas em colóquio organizado pelo IDET em 30/4/2004 — v. FÁTIMA REIS SILVA, *Algumas questões processuais no Código da Insolvência e da Recuperação de Empresas — Uma primeira abordagem,* in IDET, Miscelâneas n.º 2, Almedina, Coimbra, 2004, pp. 54-55, e JOÃO LABAREDA, *O novo Código da Insolvência e da Recuperação de Empresas — Alguns aspectos mais controversos, ibid.*, pp. 23, ss..

prevê, porém, algumas medidas que diminuem o risco. Assim: antes da declaração de insolvência, pode o juiz ordenar medidas cautelares, designadamente nomear um administrador judicial provisório para administrar o património do devedor ou assistir este na administração (arts. 31.º, 33.º); antes da assembleia de credores de apreciação do relatório, o administrador da insolvência deve prover à continuação da exploração da empresa (art. 55.º, 1, b)), a menos que considere mais vantajoso encerrá-la (total ou parcialmente) e respeite as exigências do art. 157.º; a assembleia de credores de apreciação do relatório delibera sobre o encerramento ou manutenção em actividade da empresa ou parte(s) dela (art. 156.º, 2) e pode determinar a suspensão da liquidação e partilha da massa insolvente se encarregar o administrador da insolvência de elaborar um plano (art. 156.º, 3); a suspensão da liquidação e partilha é decretável ainda pelo juiz, quando requerida por proponente de plano de insolvência e se mostre necessária para não pôr em risco a execução do plano proposto (art. 206.º, 1 — mas v. o n.º 2); o administrador da insolvência deve obter o consentimento da comissão de credores ou, se ela não existir, da assembleia de credores, para vender a empresa (ou parte dela) ou alienar bens necessários à continuação da exploração da empresa (não encerrada) — art. 161.º [(328)]; mesmo a liquidação de bens da massa insolvente sobre que recaiam garantias reais poderá ser, pelo menos, retardada, se tal se mostrar necessário ou conveniente para a manutenção da empresa (cfr. o art. 166.º).

Na *assembleia de credores*, presidida pelo juiz (art. 74.º), têm direito de participar os credores (com ou sem direito de voto), bem como outras pessoas (sem direito de voto, natu-

(328) Todavia, se o administrador da insolvência violar o dever, não fica prejudicada a eficácia das alienações, excepto se as obrigações por ele assumidas excederem manifestamente as da contraparte (art. 163.º).

ralmente) — art. 72.º. Para se poder deliberar sobre plano de insolvência é necessário que estejam presentes ou representados na assembleia credores cujos créditos constituam, pelo menos, um terço do total dos créditos com direito de voto (arts. 212.º, 1, 211.º, 1) (329). Em geral, os créditos (não subordinados) conferem um voto por cada euro ou fracção (art. 73.º). Porém, em assembleia para apreciação de plano não conferem direito de voto, nos termos do n.º 2 do art. 212.º: "os créditos que não sejam modificados pela parte dispositiva do plano" (mas v. o n.º 3) (330); "os créditos subordinados de determinado grau, se o plano decretar o perdão integral de todos os créditos de graus hierarquicamente inferiores (331) e não atribuir qualquer valor económico ao devedor ou aos respectivos sócios, associados ou membros [*sic*], consoante o caso" (v. também o n.º 4) (332). A votação da(s) proposta(s) de plano de insolvência realizar-se-á, por norma, na assembleia (arts. 212.º, 1, 210.º); mas é possível que o juiz determine "votação por escrito" (fora de assembleia) — art. 211.º. Em qualquer caso, a proposta considerar-se-á *aprovada* se obtiver "mais de dois terços da totalidade dos votos emitidos e mais de metade dos votos emitidos correspondentes a créditos não subordinados, não se considerando como tal as abstenções" (art. 212.º, 1) (333).

(329) Este *quorum* constitutivo não é em regra exigido para as assembleias de credores (art. 77.º, *in fine*).

(330) Os créditos que beneficiam de garantias reais ou de privilégios creditórios só podem ser modificados ou afectados quando tal estiver expressamente previsto no plano (art. 197.º, a)).

(331) Parece dever valer aqui a graduação que se retira do art. 48.º (v. tb. o art. 177.º).

(332) Note-se que, salvo estatuição diversa no plano, todos os créditos subordinados consideram-se objecto de perdão — art. 197.º, b) (normalmente, nem os créditos comuns poderão ser integralmente satisfeitos...).

(333) A exigência da maioria simples dos votos correspondentes a créditos não subordinados foi acrescentada pelo DL 200/2004, "por forma a evitar que os credores subordinados possam, sem o acordo dos restantes credores, fazer aprovar um plano de insolvência" (preâmbulo do DL). A

O plano de insolvência aprovado pelos credores necessita, para que seja plenamente eficaz, de ser *homologado* por sentença judicial (cfr. o art. 217.º).

Segundo o art. 215.º, o juiz *recusa oficiosamente* a homologação em certos casos. Um é ter havido "violação não negligenciável de regras procedimentais ou das normas aplicáveis ao seu [do plano] conteúdo". *Vício de procedimento* "não negligenciável" existirá, por exemplo, quando um credor sem direito de voto tenha sido admitido à votação e os seus votos se revelem decisivos para a obtenção de alguma das maiorias exigidas no art. 212.º, 1, ou quando um credor tenha "vendido" os seus votos (cfr. o art. 194.º, 3). Quanto aos *vícios de conteúdo* relevantes, importa ressaltar a violação de normas legais impondo determinados consentimentos. Assim, por exemplo, é ilegal o plano segundo o qual o devedor pessoa singular deva continuar a exploração da empresa sem que ele tenha declarado por escrito disponibilidade para o efeito (art. 202.º, 1; v. também o art. 224.º), ou o plano dispondo a conversão de créditos em participações sociais (relativas à sociedade insolvente ou a nova sociedade) sem anuência dos respectivos titulares, prestada por escrito ou através de voto favorável à proposta do plano (art. 202.º, 2) [(334)]. Contudo, quanto a esta última hipótese, há que ressalvar os casos em que a lei *dispensa o consentimento*. Prescreve, com efeito (e em resumo), o art. 203.º, 1: não carece de consentimento dos respectivos titulares a conversão de créditos comuns ou subordinados [(335)] em participações sociais referentes à sociedade insolvente ou a nova sociedade (bem como a extinção desses créditos por

generalidade das deliberações da assembleia de credores basta-se com a maioria simples dos votos emitidos (art. 77.º).

(334) É (também) razoável: não devem os credores, sem ou contra a sua vontade, ser forçados a receber participações sociais em vez de dinheiro.

(335) Ficam a salvo, portanto, os créditos garantidos e privilegiados...

contrapartida da atribuição de opções de compra de participações sociais que resultem da conversão de créditos de grau superior) quando tais participações sejam acções livremente transmissíveis (em mercado regulamentado, logo que possível) [(336)].

Voltemos ao art. 215.º. O juiz *recusa ainda oficiosamente* a homologação do plano de insolvência quando, no prazo razoável que estabeleça, não se verifiquem as condições suspensivas do plano ou não sejam praticados os actos que devem preceder a homologação (sobre umas e outros, v. o art. 201.º, 1 e 2).

Em outra banda, o juiz *recusa* a homologação do plano *por solicitação de interessado(s)* (devedor-não proponente do plano, credor, sócio, associado ou membro do devedor) que haja(m) manifestado nos autos a sua oposição antes da aprovação do plano [(337)], quando o requerente demonstre em termos plausíveis que a sua situação ficará pior com o plano do que sem ele [(338)], ou que o plano proporciona a algum credor um valor patrimonial superior ao montante nominal dos seus créditos sobre a insolvência, acrescido do valor de eventuais contribuições a que fique obrigado [(339)] — art. 216.º, 1. Mas também aqui *não recusará* o juiz a homologação quando o plano cumpra as condições previstas nas três als. do n.º 3 do art. 216.º e o oponente (demonstrando embora alguma das situações referidas nas als. do n.º 1) seja o devedor, seu sócio, associado ou membro, ou um credor comum ou subor-

(336) E, por conseguinte, em princípio facilmente traduzíveis em dinheiro.

(337) Mas v. o n.º 2 do art. 216.º.

(338) Imagine-se, por exemplo, um credor titular de hipoteca sobre prédio do insolvente com valor bastante para satisfazer o crédito, mas que vê estatuído no plano uma redução do valor de todos os créditos da insolvência.

(339) Em violação, pois, do "princípio da igualdade" (art. 194.º, 1).

dinado (uma vez mais se salvaguarda a posição dos credores garantidos e privilegiados) — art. 216.º, 3 (340).

As providências ou *medidas de recuperação de empresa* que é possível estatuir num plano de insolvência são muito variadas, dependendo fundamentalmente da imaginação e vontade dos credores. O CIRE não mantém a taxatividade das providências de recuperação que o CREF consagrara (concordata, reconstituição empresarial, reestruturação financeira e gestão controlada) (341).

Ainda assim, o legislador do novo Código não se coibiu de indicar numerosas medidas. Algumas delas, aliás, não podiam ser acordadas pelos credores na ausência de permissão legal (v. nomeadamente o art. 198.º, 2). E algumas dessas medidas são idênticas ou afins das previstas no CREF (342).

Quase todas as *providências com incidência no passivo* do devedor exemplificadas no art. 196.º, 1, do CIRE eram adoptáveis em concordata e/ou reestruturação financeira. Aí se fala de perdão ou redução do valor dos créditos sobre a insolvência, com ou sem cláusula "salvo regresso de melhor fortuna" (343); condicionamento do reembolso de todos ou parte dos créditos às disponibilidades do devedor; modificação dos prazos de vencimento (pactuando-se moratórias, designadamente) ou das taxas de juro dos créditos; constituição de garantias; cessão de bens aos credores.

---

(340) V. ainda o n.º 4 do art. 216.º, limitando as possibilidades de oposição por sujeitos que não os credores garantidos ou privilegiados quando nem todas as condições previstas no n.º 3 se verifiquem.

(341) O que é positivo — v. F. REIS SILVA, *ob. cit.*, p. 55.

(342) No entanto, a "gestão controlada" não tem paralelo no CIRE.

(343) Se, no período em que vigora a cláusula, o devedor recuperar, podem os credores exigir o pagamento do valor dos créditos perdoados ou reduzidos.

O *saneamento por transmissão* (epígrafe do art. 199.º do CIRE), que assenta na *constituição de uma ou mais sociedades* para a exploração de um ou mais estabelecimentos adquiridos à massa insolvente [(344)], aproxima-se da "reconstituição empresarial" regulada no CREF. Mas o novo Código não reincide em alguns pontos de regime criticáveis no anterior instituto, não suscitando juízos de inconstitucionalidade [(345)].

Normalmente, a nova sociedade será constituída principalmente por credores da insolvência, que adquirem as respectivas participações sociais (partes, quotas, ou acções) em contrapartida da cessão à sociedade de créditos sobre o insolvente [(346)]. O plano de insolvência, em anexo, contém o estatuto social e provê quanto ao preenchimento dos órgãos. Deve ainda o plano discriminar o(s) estabelecimento(s) a adquirir pela nova sociedade à massa insolvente "mediante contrapartida adequada" (art. 199.º). Uma vez que a empresa (no todo ou em parte) se mantém, essa contrapartida equivalerá ao menos à soma dos "valores de continuidade" dos elementos empresariais (cfr. também os arts. 153.º, 2, e

(344) A expressão consagrada na epígrafe do art. 199.º traduz a alemã "übertragende Sanierung". Todavia, ela é empregue na Alemanha para significar a transmissão da empresa do insolvente (ou parte autónoma dela) não apenas para sociedade constituída de novo (por iniciativa de credores) mas também para sujeito (societário ou não) já existente (cfr. BORK, *ob. cit.*, p. 179).

(345) Acerca da inconstitucionalidade da "reconstituição empresarial", v. COUTINHO DE ABREU, *Providências...*, pp. 116-117.

(346) Mas não é vedada a participação de terceiros, que entrarão, nomeadamente, com dinheiro (também os credores da insolvência, é claro, podem efectuar entradas em dinheiro — bem como entradas em espécie diferentes da cessão de créditos sobre a insolvência). A verificação do valor das entradas em espécie (cessões de créditos ou outras) será feita por revisor oficial de contas designado no plano de insolvência— v. o art. 201.º, 2, do CIRE e o art. 28.º do CSC (por norma, o valor real da maioria dos créditos sobre a insolvência é inferior ao valor nominal).

195.º, 2, c), parte final)[347]. A sentença homologatória do plano de insolvência constitui título bastante para a "constituição da nova sociedade ou sociedades e para a transmissão em seu benefício dos bens e direitos que deva adquirir, bem como para a realização dos respectivos registos" (art. 217.º, 3, a)).

O "saneamento" da empresa (*rectius,* do empresário) pode ser tentado mantendo-se a *empresa na titularidade e exploração do devedor* insolvente (sem "transmissão", portanto) — cfr. o art. 195.º, 2, b), c). Cabe neste quadro inclusive a "administração pelo devedor" (arts. 223.º, ss.). Apesar de estar prevista num título próprio (o título X), ela pressupõe plano de insolvência (embora procedimentalmente sujeito a alguma disciplina específica) — v. os arts. 224.º, 2, b), 3, 228.º, 1, e).

Surpreendentes são algumas das "providências específicas de sociedades comerciais" indicadas no art. 198.º[348].

É razoável o disposto no n.º 1: o plano de insolvência pode ser condicionado à adopção e execução, *pelos órgãos sociais competentes*[349], de certas medidas — por exemplo, um aumento de capital deliberado pelos sócios.

Já o disposto no n.º 2 (associado a outros n.os) se me afigura desajustado. Aí se diz que pode ser adoptado *"pelo próprio plano de insolvência"* — pelos credores da sociedade insolvente, sem qualquer intervenção (decisiva) dos órgãos

---

(347) Ao preço de aquisição ("contrapartida") subtrair-se-á o valor dos créditos sobre a insolvência cedidos à sociedade pelos fundadores (há lugar a compensação) e, eventualmente, o valor de dívidas do insolvente assumidas pela nova sociedade (p. ex., o plano estatui a dação em pagamento de créditos comuns tendo por objecto créditos sobre a nova sociedade — cfr. o art. 202.º, 2, 3).

(348) Deve ser interpretada extensivamente a referência às sociedades comerciais, de maneira a abranger também as sociedades civis de tipo comercial (cfr. o art. 1.º, 4, do CSC).

(349) Repare-se que os órgãos sociais mantêm-se após a declaração de insolvência (art. 82.º, 1).

sociais (do sócio único ou da colectividade dos sócios, nomeadamente) — o seguinte.

a) *Redução do capital* social para cobertura de prejuízos, incluindo a redução a zero ou a montante inferior ao mínimo legal se, neste caso, for acompanhada de *aumento do capital* para montante igual ou superior àquele mínimo; porém, a redução a zero "só é admissível se for de presumir que, em liquidação integral do património da sociedade, não subsistiria qualquer remanescente a distribuir pelos sócios" (n.º 3).

b) *Aumento do capital* social a subscrever por *terceiros* ou por *credores* (designadamente mediante a conversão de créditos sobre a insolvência em participações sociais), *com ou sem respeito pelo direito de preferência dos sócios* previsto legal (cfr. arts. 266.º e 458.º do CSC) ou estatutariamente (350). Porém, a supressão do direito de preferência só é lícita se o capital social for previamente reduzido a zero, ou se ela não acarretar "desvalorização das participações que os sócios conservem" (n.º 4). Na primeira hipótese, a supressão do direito de preferência significa a *exclusão dos sócios* da sociedade — tenham ou não qualquer responsabilidade pela situação de insolvência, estejam ou não disponíveis para recapitalizar a sociedade... Quanto à segunda hipótese, dificilmente se poderá dizer que a não participação dos sócios em aumento de capital não acarreta *desvalorização* das suas participações; ainda que as novas participações sejam emitidas pelo valor real, os sócios actuais verão as respectivas posições relativas enfraquecidas — e isto traduzir-se-á normalmente em diminuição (também) do valor comercial das participações.

c) Outras *alterações dos estatutos* da sociedade (além dos aumentos e reduções do capital); *transformação* da socie-

(350) O art. 82.º, 2, do CREF, apesar de permitir aumentos do capital social aprovados pela assembleia dos credores, salvaguardava sempre o direito de preferência dos sócios.

dade (adopção de um tipo diferente); "*alteração dos órgãos sociais*" (mudança de titulares dos órgãos de administração e de fiscalização, parece) — als. c), d) e e) do n.º 2. Porém, a adopção destas medidas depende geralmente da estatuição no plano de um *aumento de capital* que proporcione a credores e/ou terceiros maioria de votos (maioria qualificada pelo menos com referência às als. c) e d)) — n.º 5.

d) *Exclusão de todos os sócios* de sociedade em nome colectivo ou em comandita simples (acompanhada de admissão de novos sócios) ou dos *sócios comanditados* de sociedade em comandita por acções (acompanhada de *redução do capital* a zero), recebendo os sócios excluídos "contrapartida adequada, caso as partes sociais não sejam destituídas de qualquer valor" (als. f) e g) do n.º 2 e n.º 6). Exclusão de todos os sócios de responsabilidade ilimitada, gerentes ou não [(351)], com ou sem influência na criação ou agravamento da situação de insolvência, seja ou não culposa a insolvência [(352)]!... E exclusão até dos sócios comanditários de sociedade em comandita simples!

É notável tantas medidas — que, segundo a legislação societária, em regra somente aos sócios é facultado tomar — poderem ser impostas pelos credores da sociedade [(353)]. É estranho que o Código não se baste com permitir aos credores disporem do património da sociedade ou condicionarem a continuação dela à adopção de medidas pelos órgãos respectivos (n.º 1 do art. 198.º) e lhes permita ainda infundirem alterações tão drásticas na organização pessoal da sociedade [(354)].

---

(351) V. os arts. 191.º, 1, 2, 3, e 470.º, 1, do CSC.

(352) V. os arts. 185.º, ss. do CIRE.

(353) As leis estrangeiras que mais influenciaram o CIRE (a *Insolvenzordnung* alemã, de 1994, e a *Ley Concursal* espanhola, de 2003) não contêm preceitos análogos.

(354) Compreender-se-á que o legislador afirme que os credores convertem-se, por força da insolvência, em "proprietários económicos da

Contudo, quando a insolvente seja uma *sociedade anónima*, cumpre ao juiz *recusar oficiosamente* a homologação do plano de insolvência que estatua algum *aumento ou redução do capital social*. Porquanto *o n.º 2 do art. 198.º viola a 2.ª Directiva em matéria de sociedades* (Dir. 77/91/CEE, de 13 de Dezembro de 1976, aplicável às sociedades anónimas), que não permite aos credores sociais decidir qualquer aumento (com ou sem direito de preferência dos sócios) ou redução do capital (v. os arts. 25.º, 29.º, 30.º) (355).

---

empresa" (final do n.º 3 do preâmbulo do DL 53/2004). Da empresa societária (ou, mais latamente, do património social), sim — os credores podem liquidá-la, transmiti-la... Mas não "proprietários" da sociedade...

(355) Cfr. os Acs. do TJCE de 30/5/91 (Karella e Karellas, C-19/90 e C-20/90), CJTJ, 1991, I, p. 2710, 24/3/92 (Syndesmos Melon, C-381/89), CJTJ, 1992, I, p. 2134, 12/11/92 (Kerafina, C-134/91 e C-135/91), CJTJ, 1992, I, p. 5713, 12/3/96 (Pafitis, C-411/93), CJTJ, 1996, I, p. 1363. Cfr. tb., em conformidade com a 2.ª Directiva, os arts. 85.º, 1, 456.º, 458.º e 460.º do CSC. A propósito do aumento de capital deliberado pela assembleia de credores — permitido pelo CREF —, havia já advertido para o problema M. ÂNGELA C. BENTO SOARES, *Aumento do capital,* in IDET, *Problemas do direito das sociedades,* Almedina, Coimbra, 2002, p. 243. Bom será que o legislador português reveja o art. 198.º do CIRE *(e sem olhar somente às sociedades anónimas).*

Capítulo IV

DOS SINAIS DISTINTIVOS DE EMPRESAS E DE PRODUTOS

1. Introdução

Estudaremos agora de modo sistemático sinais distintivos de empresas (logótipos e recompensas, normalmente) e de produtos (marcas, denominações de origem e indicações geográficas)[1].

Tradicionalmente, estes signos, em particular as marcas (bem como as firmas e os velhos nomes e insígnias de estabelecimentos), são agrupados sob a designação genérica "sinais distintivos do comércio". Todavia, não são sinais privativos do comércio (em sentido jurídico ou extra-jurídico), não individualizam somente empresas mercantis e produtos da mercancia; e não são actos de comércio objectivos, nem são utilizáveis apenas por comerciantes. Daí também a sua inclusão, não no direito comercial propriamente dito, mas num outro autónomo ramo jurídico que se vem chamando "direito industrial" ou "direito da propriedade industrial", essencialmente codificado entre nós no Código da Propriedade Industrial[2].

---

[1] Das firmas e denominações — sinais distintivos dos comerciantes e de outros sujeitos — tratámos já (n.º 6. 1. do cap. II).

[2] Também aqui o termo "industrial" (historicamente justificado) é algo enganador. A "propriedade industrial" não se restringe à indústria (em qualquer das suas acepções correntes), abrangendo, nas copiosas

Não obstante, justifica-se tratar destes sinais neste Curso. Desconsiderando razões históricas ligadas aos planos curriculares das Faculdades de Direito, é um facto a ligação íntima (embora nem sempre essencial ou incindível) dos sinais distintivos com as empresas — prevalecentemente comerciais (3).

O CPI vigente (tal como faziam os anteriores) fala de "propriedade" a propósito de vários sinais distintivos — arts. 224.º (marcas), 273.º, 276.º, c), 279.º (recompensas), 305.º, 4, 310.º (denominações de origens e indicações geográficas). E refere-se diversas vezes, mais amplamente, à "propriedade industrial" (abrangendo não só os sinais distintivos mas também as patentes, os modelos de utilidade, os desenhos ou modelos) — *v. g.*, arts. 1.º, 2.º, 4.º, 2, 316.º (4). Identicamente procedem outros diplomas normativos, como o CCiv. (art. 1303.º) e, a nível internacional, a CUP.

Não obstante, a natureza jurídica dos direitos sobre estes bens imateriais tem sido controvertida. Perfilho a concepção que tem dominado nos países latinos e anglo-saxónicos: estas coisas incorpóreas são objecto de direito de propriedade (embora com regime especial relativamente à propriedade de coisas corpóreas, p. ex. quanto aos modos de aquisição e à reivindicação; cfr. art. 1303.º, 1 e 2, do CCiv.); os respectivos titulares gozam "de modo pleno e exclusivo dos direitos de uso, fruição e disposição" destas coisas, "dentro dos limites da lei e com observância das restrições por ela impostas" (art. 1305.º do CCiv.) (5).

---

palavras da lei (art. 2.º do CPI), "a indústria e o comércio propriamente ditos, as indústrias das pescas, agrícolas, florestais, pecuárias e extractivas, bem como todos os produtos naturais ou fabricados e os serviços" (cfr. tb. o art. 1.º, 2, da Convenção de Paris para a Protecção da Propriedade Industrial de 20 de Março de 1883 — CUP).

(3) Demo-nos conta no capítulo anterior de que tais sinais são qualificáveis como meios ou elementos das empresas.

(4) O Código refere-se também a outros direitos reais de gozo, bem como de garantia, sobre estes bens (arts. 6.º, 30.º, 1, c)).

(5) Sobre esta problemática, v., entre muitos outros, ORLANDO DE CARVALHO, *Direito das coisas*, Centelha, Coimbra, 1977, pp. 190, ss., n. (2), A. TROLLER, *Précis du droit de la propriété immatérielle,* trad.,

2. Logótipos

2. 1. Noção

Durante longas décadas, o direito português pôs à disposição dos interessados dois sinais especificamente individualizadores das empresas (em sentido objectivo): nome de estabelecimento e insígnia de estabelecimento (sinal nominativo o primeiro, dominantemente figurativo ou emblemático o segundo).

O logótipo, enquanto sinal distintivo registável, fez a sua estreia no CPI de 1995 (arts. 246.º-248.º e, por remissão, artigos aplicáveis à insígnia de estabelecimento). Mantém-se no CPI actual (2003). Na versão originária deste, aos logótipos aplicavam-se directamente os arts. 301.º a 304.º; por remissão, eram aplicáveis "as disposições relativas aos nomes e insígnias de estabelecimento". Coexistiam, portanto, os três sinais distintivos — para, primeiramente, distinguir "estabelecimentos" (os dois mais velhos) ou "entidades" (os logótipos).

Também o jovem CPI sofreu (ou gozou?) alterações várias. Uma delas foi operada pelo DL 143/2008, de 25 de Julho (6). Que efectuou "a fusão [*sic*] de três modalidades

---

Helbing & Lichtenhahn, Bâle, 1978, p. 47, JUSTINO CRUZ, *Código da Propriedade Industrial,* 2.ª ed. (c/ colab. de Jorge Cruz), Livr. Arnado, Coimbra, 1985., pp. 25-26, G. COTTINO, *Diritto commerciale,* vol. I, 2.ª ed., Cedam, Padova, 1986, pp. 263, ss., A. CHAVANNE / J.-J. BURST, *Droit de la propriété industrielle,* 4e éd., Dalloz, Paris, 1993, p. 2, M. PUPO CORREIA, *Direito comercial – Direito da empresa,* 9.ª ed. (c/ colab. de António J. Tomás/O. Castelo Paulo), Ediforum, Lisboa, 2005, pp. 303, ss. (todos estes AA. defendem a doutrina do direito de propriedade); M. OHEN MENDES, *Propriedade industrial,* Polis, 4, 1986, cols. 1653-1654, R. FRANCESCHELLI, *Sui marchi di impresa,* 4.ª ed., Giuffrè, Milano, 1988, pp. 241, ss., J. OLIVEIRA ASCENSÃO, *Direito comercial,* vol. II (*Direito industrial),* Lisboa, 1988, pp. 393, ss., V. DI CATALDO, *I segni distintivi,* 2.ª ed., Giuffrè, Milano, 1993, pp. 2, ss., CARLOS OLAVO, *Propriedade industrial,* vol. I, 2.ª ed., Almedina, Coimbra, 2005, pp. 50, ss. (AA. sustentando outras concepções).

(6) O Código foi republicado em anexo a este DL. Menos de quatro meses antes tinha sido republicado em anexo à L 16/2008, de 1 de Abril (é verdade!).

de direitos da propriedade industrial (nomes, insígnias de estabelecimento e logótipos) numa só (logótipos). Esta agregação [*sic*] permite distinguir com mais clareza [?] as diversas modalidades de protecção da propriedade industrial, evitando o recurso a diversos registos e a diversos pagamentos para um mesmo fim" [(7)]. Mais precisamente, aquele DL revogou os artigos do CPI relativos ao nome e insígnia de estabelecimento (designadamente os arts. 282.º a 300.º), revogou também os citados arts. 301.º a 304.º e aditou ao CPI, além de outros, os arts. 304.º-A a 304.º-S para os logótipos [(8)].

É verdade que os (alguns) nomes e insígnias de estabelecimentos vão sobreviver durante algum tempo (v. o art. 11.º do DL 143/2008, especialmente o seu n.º 5) — mas a morte está anunciada. E enquanto perdurarem, aplicam-se-lhes, no essencial, as disposições do CPI dedicadas aos logótipos (arts. 12.º e 13.º do citado DL).

Posto isto, dizemos que o logótipo é *signo susceptível de representação gráfica para distinguir "entidade" ou sujeito e, eventualmente, estabelecimento(s) deste* (cfr. os arts. 304.º-A e 304.º-B do CPI).

O logótipo serve primordialmente para distinguir sujeitos (individuais ou colectivos, públicos ou privados: art. 304.º -B) que prestem serviços ou produzam bens destinados (total ou parcialmente) ao mercado (cfr. o n.º 2 do art. 304.º-A [(9)]).

---

(7) Excerto do preâmbulo do DL 143/2008.

(8) Uma segunda republicação do Código não teria sido boa oportunidade para a renumeração dos artigos?...

(9) Este preceito fala de "entidade que preste serviços ou comercialize produtos". No entanto, além dos serviços (onerosos ou gratuitos para os beneficiários), as actividades pertinentes não podem ser restringidas ao comércio (em sentido económico ou em sentido jurídico-mercantil). Entidade que "comercialize produtos" será qualquer sujeito que exerça actividade de produção para a troca (não somente, pois, quem exerça actividade de interposição nas trocas de produtos).

O sujeito titular de logótipo não tem de ser empresário. Não tem de ter empresa ou estabelecimento. Quando tenha estabelecimento (comercial ou não), é natural (mas não necessário) que use o logótipo (também) para individualizá-lo e distingui-lo de outros estabelecimentos (em função que era típica do nome e/ou da insígnia). Isto mesmo é assinalado na 2.ª parte do n.º 2 do art. 304.º-A: o logótipo pode "ser utilizado, nomeadamente, *em estabelecimentos,* anúncios, impressos ou correspondência" (10).

Podemos pois dizer que o logótipo é normalmente sinal distintivo *bifuncional*: distingue sujeitos e estabelecimentos.

Curiosamente, um mesmo sujeito, que só pode ter uma firma ou denominação (11), pode ter vários logótipos; nos dizeres da lei, "a mesma entidade pode ser individualizada através de diferentes registos de logótipo" (art. 304.º-C, 2). Talvez para permitir que um sujeito com diversos estabelecimentos individualize cada um com logótipo distinto. Mas parece que uma mesma entidade, tendo ou não estabelecimento, tenha um ou vários estabelecimentos, pode aceder à pluralidade de logótipos. E uma "mesma entidade" sem actividades profissionais diversas ser "individualizada" por vários logótipos parece piada carnavalesca...

2. 2. Composição e princípios informadores

2. 2. 1. Elementos componentes

"O logótipo pode ser constituído por um sinal ou conjunto de sinais susceptíveis de representação gráfica, nomeada-

(10) Quanto aos "anúncios, impressos ou correspondência", deve notar-se que, quando o titular do logótipo seja uma sociedade (de tipo) comercial, ela não fica dispensada de indicar a firma, etc. ainda que use (também) o logótipo — v. o art. 171.º, 1, do CSC.

(11) V. *supra,* n.º 6. 1. 3. 4. do cap. II.

mente por elementos nominativos, figurativos ou por uma combinação de ambos" (n.º 1 do art. 304.º-A).

São possíveis, portanto, logótipos *nominativos* (compostos por nomes ou palavras, incluindo os nomes, firmas ou denominações, completos ou abreviados, dos respectivos titulares), *figurativos* (formados por figuras ou desenhos) e *mistos* (combinando elementos nominativos e figurativos). Nisto aproximam-se das marcas (v. o art. 222.º, 1) e afastam-se das firmas e denominações (sempre nominativas). Também como vale para as marcas, os logótipos poderão ser constituídos por outros sinais representáveis graficamente (os exemplos do art. 304.º-A, 1, não são taxativos): *conjuntos de letras e/ou números, combinações de cores*, e ainda, talvez, *certos sons* e *formas tridimensionais* (mas não as formas de produtos, que podem constituir marcas: arts. 222.º, 1, 223.º, 1, b)) (12).

2. 2. 2. Princípio da capacidade distintiva

Enquanto sinais distintivos de entidades (e, muitas vezes, de estabelecimentos), os logótipos hão-de ser constituídos de modo a poderem desempenhar função individualizador-diferenciadora (cfr. art. 304.º-A, 2).

Por falta de capacidade distintiva, não são registáveis logótipos compostos *exclusivamente* por sinais referidos a entidade, estabelecimento, actividade ou produto que sejam *específicos, genéricos* ou *descritivos,* ou se tenham tornado *de uso comum*, ou sejam *forma natural, funcional ou esteticamente necessária* de algo, ou sejam *cores simples* (não

(12) Admitindo, antes da reforma de Julho de 2008, logótipos tridimensionais e sonoros, v. NUNO AURELIANO, *O logótipo – Um novo sinal distintivo do comércio,* em FDL/APDI, *Direito industrial,* vol. IV, Almedina, Coimbra, 2005, pp. 410, ss.. Já depois daquela reforma, mostrando-se contrário à admissibilidade de tais logótipos (bem como aos constituídos por cominações de cores), v. L. COUTO GONÇALVES, *Manual de direito industrial,* 2.ª ed., Almedina, Coimbra, 2008, pp. 290-291.

combinadas de forma peculiar) — v. o art. 304.º-H, 1, b) e c), que remete para o art. 223.º, 1, b) a e) [13].

Contudo, são excepcionalmente registáveis logótipos constituídos tão-só por sinais específicos, genéricos, descritivos ou de uso comum quando estes, antes do registo e depois do uso e publicidade que deles haja sido feito (como logótipos), tenham adquirido carácter distintivo (*secondary meaning*) — art. 304.º-H, 2.

2. 2. 3. Princípio da verdade

O logótipo não tem de conter indicações acerca da natureza, composição, actividade, etc. do respectivo titular (pode ser inteiramente fantasioso). Mas se contiver, tais indicações ou referências hão-de ser verdadeiras; *não é registável um logótipo deceptivo ou enganoso.*

Assim, por exemplo, deve ser recusado o registo de logótipo que contenha: sinais "susceptíveis de induzir em erro o público, nomeadamente sobre a actividade exercida pela entidade que se pretende distinguir" (art. 304.º-H, 3, d)); a Bandeira Nacional (entre outros elementos), quando isso possa induzir o público em erro sobre a proveniência geográfica dos produtos, ou possa levar a supor, erradamente, que os produtos têm origem em entidade oficial (art. 304.º-H, 5, a) e b)); nomes ou retratos de pessoas sem a devida autorização (art. 304.º-I, 1, d)); referência a determinado prédio rústico ou urbano que não pertença ao requerente do registo (art. 304.º-I, 3, c)).

2. 2. 4. Princípio da novidade

Para cumprir a função indivisualizador-diferenciadora, o logótipo de um sujeito deve ser *distinto, inconfundível ou*

---

(13) Para melhor compreensão e exemplos, v. *supra,* n.º 6. 1. 3. 3. do cap. II (firmas) , e *infra,* n.º 3. 2. 1. (marcas).

"novo" relativamente a logótipos de outros sujeitos. Nos termos do art. 304.º-I, 1, a), é fundamento de recusa do registo "a reprodução ou imitação, no todo ou em parte, de logótipo anteriormente registado por outrem para distinguir uma entidade cuja actividade seja idêntica ou afim à exercida pela entidade que se pretende distinguir, se for susceptível de induzir o consumidor em erro ou confusão" (v. também a al. f)) (14).

Um logótipo não é novo relativamente a outro quando, atendendo às respectivas *grafia e/ou sonoridade, figuração ou ideografia* (consoante a composição dos logótipos) — mormente dos núcleos caracterizantes —, o *consumidor "médio"* (o consumidor de normal capacidade, diligência e atenção) *não consegue distingui-los, antes os confunde, tomando um pelo outro e um sujeito por outro ou, não os confundindo embora, crê erroneamente referirem sujeitos especialmente relacionados* (crê, *v. g.*, que duas sociedades autónomas estão em relação de grupo). (15)

Deflui do citado art. 304.º-I, 1, a), que a novidade dos logótipos é exigida tão-só em relação a entidades que exercem *actividades idênticas ou afins* (actividades concorrentes) — vale aqui o chamado *princípio da especialidade;* sujeitos com actividades diferentes podem ter logótipos iguais ou semelhantes. Mas há excepções.

É fundamento de recusa do registo de logótipo o facto de ele ser confundível com um anterior que goze *de prestígio* em

---

(14) Recusado pode ser também o registo de logótipo que reproduza ou imite logótipo anteriormente usado mas não registado: quando se reconheça que o requerente do registo "pretende fazer concorrência desleal ou de que esta é possível independentemente da sua intenção" (art. 304.º-I, 1, e)) — quer dizer, quando se reconheça que o registo de logótipo confundível com anterior "logótipo de facto" possibilita futuros actos de concorrência contrária "às normas e usos honestos de qualquer ramo de actividade económica", designadamente a confusão entre empresas e/ou produtos (art. 317.º 1, e al. a)).

(15) Cfr. tb. *supra,* n.º 6. 1. 3. 2. do cap. II (firmas e denominações), e *infra,* n.º 3. 2. 4. (marcas).

Portugal, ainda que pertença a um sujeito exercendo actividade não concorrente, quando o logótipo posterior pudesse beneficiar indevidamente do carácter distintivo ou do prestígio do logótipo anterior, ou pudesse prejudicá-los (art. 304.º-I, 2, remetendo para o art. 242.º). [16]

Por outro lado, mesmo quando as respectivas actividades são idênticas ou afins, pode um sujeito conseguir o registo válido de logótipo confundível com um já registado em nome de outro sujeito: desde que este nisso *consinta* (art. 304.º-J, remetendo para o art. 243.º).

2. 2. 5. Princípio da licitude (residual) [17]

Segundo o art. 304.º-I, é fundamento de recusa do registo de logótipo a reprodução ou imitação, total ou parcial, de *marca* anteriormente registada por outrem para *produtos idênticos ou afins* aos produzidos ou fornecidos pela entidade que pretende o registo de logótipo, se for susceptível de induzir o consumidor em erro ou confusão (n.º 1, al. b)); a infracção de *outros direitos de propriedade industrial* ou de *direitos de autor* (1, c), 3, b)); a reprodução ou imitação, sem autorização, de *firma* ou denominação alheias, ou de parte característica das mesmas, se for susceptível de induzir o consumidor em erro ou confusão (3, a)).

Por sua vez, manda o art. 304.º-H que seja recusado o registo de logótipo que contenha certos símbolos, brasões, emblemas ou distinções, salvo autorização (n.º 3, als. a) e b)); "expressões ou figuras contrárias à lei, moral, ordem pública e bons costumes" (3, c)); (tão-só) a Bandeira Nacional ou alguns dos seus elementos (n.º 4); ou, entre outros componentes, a Bandeira Nacional, quando isso seja susceptível de

(16) Para melhor compreensão, v. *infra*, n.º 3. 1. (a propósitos das marcas de prestígio).

(17) V. *supra*, n. (178) do cap. II.

provocar desrespeito ou desprestígio dela ou de algum dos seus elementos (5, c).

2. 3. Conteúdo e extensão do direito sobre logótipo

Em princípio, o direito de propriedade sobre logótipo constitui-se pelo *registo* do mesmo no INPI [18]. O registo dura por dez anos, mas é indefinidamente renovável por iguais períodos (art. 304.º-L).

O titular de logótipo pode, naturalmente, usá-lo para se dar a conhecer, utilizando-o por exemplo em estabelecimento, anúncios, impressos ou correspondência (art. 304.º-A, 2). E tem, nos termos do art. 304.º-N, "o direito de *impedir terceiros de usar,* sem o seu consentimento, qualquer sinal idêntico ou confundível, que constitua reprodução ou imitação do seu" logótipo. Bem entendido, os terceiros não estão impedidos de usar "qualquer sinal" (posterior) confundível com o logótipo em qualquer circunstância. Estão impedidos de usar, *em actividade económica*, signos confundíveis *em função distintiva* (dos sujeitos, de estabelecimentos, de produtos)— cfr. também o art. 334.º; por outro lado, o uso destes signos só é proibido quando susceptível de induzir os consumidores em *erro ou confusão* (ressalva-se, porém, a hipótese de o logótipo ser de prestígio).

Mais analiticamente, a protecção do logótipo registado traduz-se principalmente no seguinte: o respectivo titular tem legitimidade para *reclamar* contra pedido de registo (feito por outrem) de logótipo ou outro sinal não "novos" (cfr. o art. 17.º), bem como para requerer judicialmente a *anulação* do registo de tais sinais (v., *v. g.*, arts. 304.º-R, 1, 266.º, 1, e 239.º, 1, b)); o respectivo titular tem direito de exigir judicialmente (inclusive em procedimento cautelar:

---

(18) Mas também os logótipos não registados podem ter alguma protecção — v. arts. 304.º-I, 1, e), 304.º-R, 1, e *supra,* n. (14).

art. 338.º-I) que os terceiros *deixem de usar* os referidos sinais (cfr. o art. 304.º-N) e, sendo caso disso, o *indemnizem* (art. 338.º-L); a propriedade de logótipo é tutelada contra-ordenacionalmente (art. 334.º).

2. 4. Transmissão dos logótipos

Sendo os logótipos sinais que distinguem primordialmente sujeitos, dir-se-ia serem intransmissíveis ou, tal como vale tradicionalmente para as firmas [19], transmissíveis tão-somente com estabelecimentos a que se achem ligados. [20] Não é assim, hoje...

Segundo o art. 304.º-P, um logótipo não usado em estabelecimento pode (como a marca) ser transmitido *autonomamente* (desvinculado de qualquer outro bem), salvo se tal for susceptível de induzir os consumidores em erro quanto à individuação do transmissário. É o que resulta do n.º 1 (em confronto com o n.º 2): "Os registos de logótipo são transmissíveis se tal não for susceptível de induzir o consumidor em erro ou confusão". Haverá possibilidade de indução em erro ou confusão quando, por exemplo, o logótipo contém nome, firma ou denominação do transmitente.

Diz, por sua vez, o n.º 2: "Quando seja *usado num estabelecimento*, os direitos emergentes do pedido de registo ou do registo de logótipo *só podem transmitir-se*, a título gratuito ou oneroso, *com o estabelecimento*, ou parte do estabelecimento, a que estão ligados".

E, transmitindo-se um estabelecimento, *transmite-se naturalmente com ele o respectivo logótipo* — salvo se este

---

[19] Cfr. *supra*, n.º 6. 1. 5. do cap. II.

[20] Na vigência do CPI de 1995, bem como na do CPI de 2003 — mas só até à assinalada reforma de Julho de 2008 —, os logótipos apenas podiam ser transmitidos com estabelecimento (v., respectivamente, arts. 248.º, 1, e 304.º).

contiver nome, firma ou denominação do titular, caso em que é necessária *convenção* (expressa ou tácita): arts. 304-P, 3, e 31.º, 5.

A transmissão de logótipo por acto entre vivos "deve ser provada por documento *escrito*" (art. 31.º, 6) — normalmente o documento que enforma a transmissão do estabelecimento, quando aquele com este seja transmitido.

A transmissão de logótipo, por acto *inter vivos* ou não, está sujeita a *averbamento* no INPI (art. 30.º, 1, a)). Só depois do averbamento produz a transmissão do logótipo efeitos em relação a terceiros (art. 30.º, 2).

2. 5. Extinção do direito sobre logótipo

O registo de logótipo é *nulo,* segundo o art. 304.º-Q, 1, nas hipóteses previstas no art. 33.º, 1 [(21)], ou nos casos em que o registo tenha sido concedido com violação do disposto nos n.os 1, 3, 4 e 5 do art. 304.º-H (proibições absolutas de registo) [(22)].

"A nulidade é invocável a todo o tempo por qualquer interessado" (art. 33.º, 2) e a respectiva declaração tem de ser feita por tribunal (art. 35.º, 1).

O registo é *anulável* quando na sua concessão tenha sido desrespeitado o disposto no art. 304.º-I (proibições relativas de registo) — art. 304.º-R, 1.

A acção de anulação pode ser proposta pelo M. P. ou qualquer interessado (art. 35.º, 2) no prazo de dez anos a contar da data do despacho de concessão do registo;

---

(21) Praticamente, apenas a al. b) deste n.º 1 releva para o efeito de modo autónomo.

(22) No entanto, não será declarada a nulidade quando certos sinais sem capacidade distintiva ao tempo do registo tenham entretanto adquirido *secondary meaning* (v. o n.º 2 do art. 304.º-Q).

mas o direito de acção não prescreve se o pedido de registo tiver sido feito de má fé (com conhecimento da existência de proibições relativas do registo conseguido) — art. 304.º-R, 2 e 3.

O registo de logótipo *caduca* quando tiver expirado o seu prazo de duração ou por falta de pagamento de taxas (art. 37.º, 1) (23).

E caduca também, nos termos do art. 304.º-S: "*a*) Por motivo de encerramento e liquidação do estabelecimento ou de extinção da entidade; / *b*) Por falta de uso do logótipo durante cinco anos consecutivos, salvo justo motivo".

A primeira parte da al. a) do art. 304.º-S é muito estranha. O logótipo, repita-se, é sinal que distingue primordialmente sujeito ou entidade; o sujeito, se possuir estabelecimento(s), tem a faculdade (não obrigação) de nele(s) (ou em alguns deles) usar o logótipo. Como pode, então, caducar o registo por causa do encerramento e liquidação de estabelecimento em que o logótipo não era usado, ou de estabelecimento em que era usado mas mantendo o sujeito outro ou outros estabelecimentos (com uso actual ou potencial do logótipo), ou do único estabelecimento ou de todos os estabelecimentos do sujeito (que usava nele(s) o logótipo) quando, ainda nesta hipótese, ele tem possibilidade de adquirir ou constituir estabelecimento e de nele (ou a propósito dele) voltar a usar (antes de cinco anos volvidos) o logótipo?... (24) Ora bem, se para algumas destas hipóteses

(23) Para o prazo de duração, reveja-se o art. 304.º-L; para as taxas, v. arts. 346.º, ss.. As referidas causas de caducidade operam automaticamente; não assim as demais (art. 37.º, 2).

(24) Para uma ou outra destas hipóteses, v. já NUNO AURELIANO, *ob. cit.* (parte II), em FDL/APDI, *Direito industrial*, vol. V, Almedina, Coimbra, 2008, p. 127 (o A. escreveu antes da reforma de 2008 do CPI — quando este remetia para a disciplina da caducidade dos nomes e insígnias de estabelecimento).

bastaria interpretar restritivamente o preceito em questão, não assim para outras. Por antinomia lógica e normativa desse preceito com o sistema disciplinador dos logótipos, deve o mesmo ser *interpretado revogatoriamente*.

O titular de logótipo pode também *renunciar* ao respectivo direito (art. 38.º).

3. Marcas

3. 1. Noção, espécies, funções

Com respeito à *noção*, diremos simplesmente que as marcas são *signos (ou sinais) susceptíveis de representação gráfica destinados sobretudo a distinguir certos produtos de outros produtos idênticos ou afins*.

Esta definição afasta-se um pouco da que decorre de diversos actos normativos. Diz, por exemplo, o CPI, no art. 222.º, 1[(25)]: "A marca pode ser constituída por um sinal ou conjunto de sinais susceptíveis de representação gráfica (...), que sejam adequados a distinguir os produtos ou serviços de uma empresa dos de outras empresas". Ora, "produtos ou serviços" (tal como "bens ou serviços", outra expressão recorrente no direito) é redundante. Os "produtos" são bens que resultam da "produção", da actividade produtiva — bens materiais ou corpóreos e bens imateriais ou serviços[(26)].

---

(25) Cfr. tb., *v. g.*, a Directiva 89/104/CEE (Primeira Directiva do Conselho, de 21 de Dezembro de 1988, que harmoniza as legislações dos Estados-membros em matéria de marcas), art. 2.º, e o Regulamento (CE) 40/94 do Conselho, de 20 de Dezembro de 1993, sobre a marca comunitária, art. 4.º.

(26) Nem sempre se entendeu assim, porém — cfr. J. M. COUTINHO DE ABREU, *Definição de empresa pública*, Coimbra, 1990, pp. 42-43.

A distinção entre "produtos" e "serviços" dever-se-á ao facto de, durante muito tempo, as marcas de serviços não terem sido disciplinadas

Por outro lado, os bens assinalados por uma determinada marca não têm de ser "de uma empresa" (embora o sejam as mais das vezes); como veremos neste n.º, podem ser produtos de não-empresa, e produtos (ainda que idênticos ou afins) de mais que uma empresa. Por outro lado ainda, não visam em regra as marcas individualizar certos bens de determinados sujeitos relativamente a quaisquer bens de outros sujeitos; veremos nos n.os seguintes que vigora também aqui, ainda que com derrogações(27), o chamado princípio da especialidade.

Vejamos agora algumas *espécies* de marcas, agrupadas segundo critérios variados.

Tendo em conta a natureza das actividades a que se ligam, fala-se de marcas *de indústria* (assinalam produtos da indústria transformadora e extractiva), *de comércio* (assinalam bens comercializados por grossistas e retalhistas(28)), *de agricultura* (assinalam os produtos da agricultura em sentido amplo), *de serviços* (assinalam actividades do chamado sector terciário, *v. g.* de agências de viagens e de publicidade, bancos, seguradoras, hotéis, empresas de radiodifusão, televisão, transportadoras)— cfr. art. 225.º, a), b), c), e).

Atendendo aos elementos componentes, pode falar-se de marcas *nominativas* (constituídas por nomes ou palavras)(29), *figurativas* (formadas por figuras ou desenhos),

---

legalmente. Terá sido nos E.U.A., em 1946, que apareceu pela primeira vez tal disciplina, hoje generalizada — cfr. por todos J. G. PINTO COELHO, *Marcas de serviço,* RLJ, ano 91.º (1958-1959), pp. 268, ss. (as marcas de serviço começaram por ser reguladas no nosso país com o DL 176/80, de 30 de Maio).

(27) Também por isto aparece na definição "sobretudo".

(28) Juntamente com as marcas comerciais, estes bens podem aparecer com outros tipos de marcas — industriais, *v. g.*.

(29) Nestas se incluem as marcas constituídas por "frases publicitárias" que possuam "carácter distintivo" — art. 222.º, 2. No Ac. do STJ de

marcas constituídas por *letras*, *números*[(30)], ou *cores*, marcas *mistas* (juntam elementos nominativos e figurativos, ou letras e números, etc.), *auditivas* (constituídas por sons representáveis graficamente — *v. g.*, sons musicais sinalizadores de programas de rádio ou televisão)[(31)], *tridimensionais* ou *de forma* (com três dimensões — comprimento, largura e altura — ou volume), *simples* (constituídas por um só elemento, nominativo ou figurativo, etc.) e *complexas* (compostas por vários elementos, do mesmo género ou não) — cfr. arts. 222.°, 223.°, 1, b), e).

Olhando agora para os possíveis titulares destes sinais, começaremos por referir que as marcas tanto podem pertencer a *empresários* (sujeitos de empresas em sentido objectivo) como a *não-empresários*. Tradicionalmente, as leis da maior parte dos países permitiam a titularidade de marcas individuais registadas somente a empresários. A situação é hoje diferente. Por exemplo, na França, na Itália e na Alemanha podem as marcas pertencer também a não-empresários[(32)]. Em Portugal, o n.° 4.° do art. 76.° do CPI de 1940 atribuía já o direito de usar marcas aos "artífices"

22/11/95, BPI n.° 3/96, pp. 909-910, dá-se conta do registo das marcas nacionais "Why Cotton When You Can Have Silk", "Porquê Algodão, Quando Pode Ter Seda", "Fique Seguro Connosco". Na Bélgica, no princípio do século XX, foi considerada marca válida para brinquedos o *slogan* "+ qu'hier et - que demain" (cfr. A. BRAUN, *Précis des marques,* 3e éd., Larcier, Bruxelles, 1995, p. 63).

(30) *L. U., B. J., B. S. A., K. M. S., 555, 4711* são exemplos de marcas deste tipo registadas em França e na Bélgica (cfr. *últ. A. e ob. cits.*, p. 66).

(31) Por não serem susceptíveis de representação gráfica, não podem constituir marcas os sinais olfactivos e gustativos.

(32) V., respectivamente, CHAVANNE/BURST, *ob. cit.*, pp. 561-562; DI CATALDO, *ob. cit.*, pp. 31, ss., F. ROVERATI, *Marchio ed imprenditorialità. La nuova formula dell' art. 22 legge marchi,* GC, 1993, pp. 496, ss.; W. BERLIT, *Das neue Markenrecht,* Beck, München, 1995, p. 15. Na Áustria mantém-se a concepção tradicional — cfr. H.-G. KOPPENSTEINER, *Österreichisches und europäisches Wettbewerbsrecht,* 3. Aufl., Orac, Wien, 1997, pp. 823, ss..

assalariados (não empresários, portanto)[33]. A possibilidade de não empresários obterem o registo de marcas ficou alargada depois do DL 40/87, de 27 de Janeiro, que alterou aquele art. 76.º. No actual CPI, o art. 225.º (semelhante ao art. 168.º do Código de 1995) começa por afirmar que "o direito ao registo da marca cabe a quem nisso tenha legítimo interesse, designadamente (...)"[34]. Assim, nada impede que, por exemplo, os inventores não empresários adoptem marcas para assinalar os produtos das suas patentes (para depois as transmitirem ou cederem em licença), as *holding* "puras" (que não exploram empresas)[35] tenham marcas, as "estrelas" do cinema ou da moda constituam marcas com os seus nomes para as transmitirem ou cederem em licença... Também o Estado (entendido em sentido amplo) pode ter marcas para produtos de organismos não empresariais (cfr. art. 224.º, 2). Por sua vez, é prevista a hipótese de "o agente ou representante do titular de uma marca registada num dos países membros da União [de Paris] ou da OMC mas não registada em Portugal pedir o registo dessa marca em seu próprio nome (...)" — art. 226.º)[36]. É de interpretar amplamente "agente ou representante", de modo a abranger mandatários, comissários, agentes propriamente ditos, concessionários, etc. Ora, sabemos já que estes sujeitos (ou alguns deles) não têm sempre de ser empresários.

Ao lado das chamadas marcas *individuais* é costume colocar as marcas *colectivas* (que, diga-se também agora, não

---

(33) Para a interpretação do preceito, v. J. G. PINTO COELHO, *Lições de direito comercial,* 1.º vol., Ed. C. E. Martins Souto, Lisboa, 1942, pp. 329, ss., A. FERRER CORREIA, *Lições de direito comercial,* vol. I (c/colab. de M. Henrique Mesquita e António A. Caeiro), ed. copiogr., Coimbra, 1973, p. 318.

(34) E mantém na al. d) a referência aos artífices (agora emparceirados com os "criadores").

(35) Cfr. DL 495/88, de 30 de Dezembro, sobre sociedades gestoras de participações sociais.

(36) V. tb. o art. 6.º - septies da CUP.

pertencem normalmente a sujeitos empresários[(37)]). Não significa isto, porém, que a propriedade destas marcas seja colectiva ou de uma pluralidade de sujeitos[(38)]. Na verdade, cada marca colectiva pertence a um só sujeito — mas que há-de ser entidade colectiva. Outra nota caracterizadora essencial destas marcas: são usadas para bens produzidos, por norma, por diversos e autónomos sujeitos. O CPI, nos arts. 228.°, ss., divide as marcas colectivas em marcas *de associação* (pertencem a associações de pessoas singulares e / ou colectivas e são ou podem ser usadas pelos respectivos associados) e em marcas *de certificação* ou *de garantia* (pertencem a pessoas colectivas que controlam a existência de determinadas qualidades em produtos ou que estabelecem normas técnicas a que eles ficam sujeitos)[(39)].

O CPI de 1995 havia introduzido entre nós a "marca de base". Definida como "marca que identifica a origem comercial ou industrial de uma série de produtos ou serviços

---

(37) Cfr. tb. o art. 7.° - bis da CUP.

(38) E não fique sem nota o facto de a marca "individual" poder ter vários titulares — cfr. arts. 5.°, C) -3), da CUP, 16.°, 3, do R(CE) 40/94.

(39) CARLOS OLAVO, *ob. cit.*, pp. 76, ss., diz que as marcas colectivas não são verdadeiras marcas, pois atestam certas características dos produtos, não visando distingui-los, e, além disso, afastam-se das marcas propriamente ditas quanto às possibilidades de utilização e transmissão. PUPO CORREIA, *ob. cit.*, p. 338, limita a exclusão do seio das "verdadeiras marcas" às marcas de certificação (por não terem função distintiva). Não penso assim. As marcas colectivas (de associação ou de certificação) individualizam certos produtos, distinguindo-os dos que são lançados no mercado por sujeitos não-membros das associações respectivas e / ou dos que não possuem determinadas qualidades; e as diferenças de regime existentes não são incompatíveis com a qualificação destes sinais como marcas (repare-se, aliás, que as marcas não-colectivas nem sempre foram transmissíveis e não estiveram sempre à disposição do mesmo tipo de sujeitos que hoje as podem usar...). Mas mais: ainda que as marcas colectivas não tivessem a citada função distintiva, seria necessário provar que apenas os sinais com a função distintiva típica das hodiernas marcas individuais merecem tal qualificação — prova (no mínimo) hoje difícil, prova impossível ontem (acerca da evolução histórica das marcas, v. por todos FRANCESCHELLI, *ob. cit.*, pp. 13, ss.).

produzidos por uma empresa de actividades múltiplas ou por um grupo de empresas" (art. 177.º). Todavia, a marca de base só poderia "ser usada quando acompanhada de marca específica relativa a cada produto ou serviço" (art. 179.º). Esta parelha marca de base / marca específica fazia lembrar uma outra, tradicional na doutrina: marca geral / marca especial. A marca *geral* distingue todos os produtos de uma mesma empresa; a marca *especial* distingue produtos de determinado tipo (uma empresa de produtos de tipo variado pode ter uma marca geral e várias marcas especiais)[40]. Contudo, não havia coincidência perfeita. A marca geral respeita a uma empresa que não tem de ser "de actividades múltiplas" — por exemplo, uma empresa que só produz alcatifas pode ter uma marca geral e marcas especiais para as alcatifas dos diversos tipos, uma empresa que só produz automóveis pode ter uma marca geral (*v.g.*, "Renault") e marcas especiais para os diversos modelos (*v. g.*, "Laguna", "Mégane"). Por outro lado, tem-se entendido que a marca especial pode ser usada desacompanhada da marca geral e vice-versa. A mais disto, e mais importante, o regime previsto no art. 178.º para as marcas de base era em grande medida incompreensível, quer em relação à "empresa de actividades múltiplas", quer quanto ao "grupo de empresas"[41]

Algumas das principais questões que se coloca(va)m no quadro problemático das "marcas de grupo" *(Konzernmarken)*: a) Pode uma sociedade do grupo — nomeadamente a sociedade-mãe, ainda que não explore directamente uma empresa própria — obter o registo de marca para bens produzidos por outras sociedades do grupo? b) Podem diversas sociedades do grupo ser co-titulares de uma marca? c) Sendo uma sociedade do grupo (designadamente a sociedade-mãe)

---

(40) V., p. ex., M. CASANOVA, *Impresa e azienda*, UTET, Torino, 1974, p. 461.

(41) V. as três primeiras edições deste livro. Aliás, cedo foi proposta a "supressão da marca de base" — v. J. OLIVEIRA ASCENSÃO, *Relatório final de actividade da Comissão de Acompanhamento do Código da Propriedade Industrial,* RFDUL, 1997, p. 347.

titular de uma marca, a que título pode esta ser usada por outras sociedades do mesmo grupo?[42]

Hoje, entre nós (bem como em muitos outros ordenamentos), serão correctas estas (brevíssimas) respostas: a) Pode — ainda quando a sociedade seja uma *holding* pura (já foi dito atrás); cfr. o proémio do art. 225.°. b) Podem — tanto mais quanto é certo o encadeamento das empresas do grupo[43]. c) Através de licenças (gratuitas ou onerosas) — cfr. arts. 32.°, 264.° —, ou outros acordos (inclusive informais)[44]. E nenhuma destas respostas, note-se por fim, exige que se conceba o grupo de empresas como *uma* empresa[45].

Quanto ao regime de protecção, há que distinguir as marcas *registadas* (v. art. 224.°, 1) das marcas *não registadas,* de facto ou livres — devendo ainda acrescentar-se que as marcas *notórias* e as de *prestígio,* mesmo quando não registadas, gozam de protecção especial (v. arts. 241.° e 242.°)[46].

Retornemos à noção de marcas. Começámos por dizer que elas têm por *função* primordial *distinguir* produtos. Mas distingui-los como? Em si mesmos, ou relacionando-os com determinada fonte produtiva ou de proveniência?

Segundo a concepção tradicional e dominante (pelo menos até há pouco), a função distintiva das marcas equi-

---

(42) Cfr. por todos (embora com diferentes soluções) H.- G. KOPPENSTEINER, *Konzernmarken und Konzernbegriff,* GRUR, 1972, pp. 394, ss., e R. FRANCESCHELLI, *Osservazioni sui marchi di gruppo,* RDI, 1988, P. II, pp. 58, ss..

(43) Cfr. J. M. COUTINHO DE ABREU, *Da empresarialidade (As empresas no direito),* Almedina, Coimbra, 1996 (reimpr. 1999), pp. 271-272.

(44) É interessante notar serem muito antigas as propostas de alteração do art. 5.°, C) -3), da CUP, no sentido da permissão das licenças de marca entre sociedades de grupo — v., p. ex., J. G. PINTO COELHO, *O problema da admissibilidade da "licença" em matéria de marcas,* RLJ, ano 94.° (1961-1962), pp. 291, ss., e BRAUN, *ob. cit.*, pp. 634, ss..

(45) Cfr. COUTINHO DE ABREU, *últ. ob. cit.,* pp. 256, ss., *maxime* ns. (686) e (703).

(46) V. *infra,* neste n.° e no n.° 3. 3.

vale essencialmente ou sobretudo a uma (jurídica) *função de indicação de origem* ou proveniência dos produtos — as marcas indicam que determinados bens provêm de determinada origem (constante)[(47)]. Origem por alguns autores entendida de forma estrita — *uma empresa* (a marca garante que os respectivos produtos provêm de uma mesma e única empresa) — e de modo alargado por outros, atendendo aos fenómenos das marcas colectivas (de associação), de grupo e das cedidas em licença (não exclusiva)[(48)]. Ainda segundo a concepção tradicional-dominante, a função de indicação de origem é (ou era) a única (ou a única essencial) função das marcas juridicamente tutelada (as chamadas funções publicitária e de garantia de qualidade seriam tão-só indirecta ou reflexamente protegidas)[(49)].

Todavia, cedo se ergueram vozes pondo em causa a função de indicação de origem das marcas (não necessariamente para negá-la, mais para negar o carácter essencial ou

---

(47) Sustentando esta concepção, v., p. ex., PINTO COELHO, *Lições...*, p. 323, e *O problema...*, pp. 289-290, A. VANZETTI, *Funzione e natura giuridica del marchio,* RDC, 1961, P. I, pp. 16, ss., F.-K. BEIER, *La territorialité du droit des marques et les exchanges internationaux,* JDI, 1971, n.º 1, pp. 19, ss., M. NOGUEIRA SERENS, *Firma e língua portuguesa (Parecer),* RN, 1994, pp. 103, ss., e *A "vulgarização" da marca na Directiva 89/104/CEE, de 21 de Dezembro de 1988 (*id est, *no nosso direito futuro),* Coimbra, 1995 (sep. do n.º especial do BFD — Estudos em homenagem ao Prof. Doutor António de Arruda Ferrer Correia), pp. 7, ss., 104-105, CARLOS OLAVO, *ob. cit.*, pp. 73, ss. (para outras indicações bibliográficas, v. sobretudo A. VANZETTI, *La nuova legge marchi,* Giuffrè, Milano, 1993, pp. 2-3, ns. (4) e (5)).

(48) V., p. ex., BEIER, *ob. cit.*, p. 22, NOGUEIRA SERENS, *A "vulgarização"...*, *loc. cit.* (nas pp. 104-105, a propósito de licenças e dos grupos, fala o A. de "única fonte produtiva"), P. SOUSA E SILVA, *Direito comunitário e propriedade industrial — O princípio do esgotamento dos direitos,* U. C./Coimbra Editora, Coimbra, 1996, pp. 68, ss. (atendendo às referidas espécies de marcas, a origem dos produtos significa "o centro de onde a produção é dirigida").

(49) V., p. ex., VANZETTI, *Funzione...*, *loc. cit.*, BEIER, *ob. cit.*, pp. 19, ss., NOGUEIRA SERENS, *Firma...*, pp. 109-113, *A "vulgarização"...*, p. 7, O.-F. VON GAMM, *Schwerpunkte des neuen Markenrechts,* GRUR, 1994, pp. 777, ss., CARLOS OLAVO, *últ. loc. cit.*.

fundamental de tal função). E disse-se que a marca é muitas vezes um sinal "anónimo", sem qualquer menção ao titular ou à empresa[(50)], que uma mesma marca pode ser usada (para produtos idênticos ou semelhantes) por diferentes empresas de um grupo, por diversas empresas a título de licença, etc.[(51)]. Posição recente que importa realçar é a de Vanzetti[(52)]. O Autor, durante muitos anos influente paladino da citada concepção tradicional-dominante, começa por justificar a sua anterior posição: o ordenamento italiano estabelecia uma ligação incindível entre marca e empresa desde o momento do pedido de registo (só acessível a empresários), passando pelo período de vida da marca (incessível sem a empresa ou parte dela), até ao momento terminal (caducidade da marca em caso de extinção da empresa do titular)[(53)]. Perante novos dados legislativos (de 1992), que apagaram aquela ligação incindível, continuar a falar tranquilamente de uma função jurídica de indicação de origem da marca é, escreve o Autor, "più che arduo, temo,

(50) F. FERRARA JR., *La teoria giuridica dell'azienda,* Il Castellaccio, Firenze, 1945, pp. 202-203 (citando Ghiron). A crítica não colhe cabalmente. Seria necessário provar que o público, além de desconhecer o nome do sujeito que usa a marca, não pode confiar ser sempre o mesmo sujeito (ou empresa) a usar essa marca para produtos do mesmo tipo...

(51) FRANCESCHELLI, *Sui marchi...*, pp. 247, ss.. Este argumento também não é inteiramente concludente. Sempre se poderá dizer que tal marca indica ainda a origem (alargada) dos correspondentes produtos — o público entenderá que estes produtos poderão vir não apenas de uma mas de várias empresas integrantes de um grupo, não apenas de um empresário mas de vários empresários licenciados (contudo, será forçado falar a propósito destas situações em "única fonte produtiva" ou em "centro de onde a produção é dirigida"...).

Entre nós, na esteira de Ferrara e Franceschelli, v. FERRER CORREIA, *ob. cit.*, pp. 313-314. Na n. (4), diz ainda o A. que a marca será efectivamente um sinal de origem ou de proveniência das mercadorias nos sistemas que só admitem a sua transmissão em conjunto com o estabelecimento.

(52) *La nuova legge marchi* cit., pp. 3, ss..

(53) Note-se já que a nossa legislação anterior ao CPI de 1995 se afastava em qualquer dos pontos assinalados da legislação transalpina.

impossibile". Acrescenta Vanzetti que num estudo de 1977, tendo também em vista ordenamentos europeus admitindo a cessão livre de marcas (sem as respectivas empresas), pugnava ainda pelo reconhecimento da função (única) de indicação de origem — esta função, apesar de não se verificar nos momentos (excepcionais) da cessão livre, é retomada logo depois, graças ao direito exclusivo de o novo titular indicar a (nova) proveniência do produto(54). Mas, conclui agora, era uma defesa não muito convincente — se a cessão é livre, não poderá a marca garantir uma origem empresarial constante (o consumidor não pode ter a certeza de que determinado produto marcado provirá amanhã da empresa de que provém hoje) (55).

Para pôr em questão a tradicional função de origem, acrescentarei: ela falha claramente nas marcas colectivas de certificação (cfr. art. 230.º do CPI), bem como nos casos em que é legítimo dois ou mais sujeitos não ligados por quaisquer relações jurídico-económicas(56) usarem a mesma marca para produtos idênticos ou semelhantes — cfr. arts. 243.º (possibilidade de registo de marca confundível com outra anteriormente registada quando o titular desta autorize), e 267.º (coexistência de marcas idênticas por tolerância do titular da marca primeiramente registada).

---

(54) De modo semelhante, mais recentemente, VON GAMM, *ob. cit.*, p. 770. KOPPENSTEINER, *Österreichisches...*, pp. 829-830, e *Aspectos da marca comunitária*, BFD, 1998, pp. 142, ss., defende também que a transmissibilidade das marcas sem as respectivas empresas (bem como o fenómeno das licenças de marcas) não desvirtua a função de origem — mas entendida como "função de identificação da marca" ("versão mais moderna" da função de origem): a marca cria fundadas expectativas no público de que os produtos com ela assinalados manterão propriedades idênticas (ou quase), mesmo quando a marca seja negociada...

(55) Anos mais tarde, A. VANZETTI, *La funzione del marchio in un regime di libera cessione,* RDI, 1998, pp. 71, ss, *maxime* 81, ss., recuperou a função — mas não única — de indicação de origem das marcas.

(56) Relações que existem já nos casos a que aludimos a propósitos das marcas de grupo, marcas colectivas de associação, licenças de marcas.

Posto isto, dizemos que a função distintiva das marcas não se confunde ou identifica com a de indicação de origem ou proveniência. Esta, embora deva continuar a ser reconhecida, é apenas parte — e nem sempre presente — daquela. Pela outra parte, sempre presente, as marcas destinam-se a distinguir os produtos através de outras mensagens. Como qualquer signo, as marcas comunicam ideias por intermédio de mensagens. O titular e / ou os utentes legítimos da marca (os emissores) comunicam por ela ao público (receptor) algo respeitante a produtos (referente) — comunicam, no mínimo, que os produtos assinalados com a marca são produtos individualizados e distintos (ainda que a diferença resida tão-só no signo...) de outros bens da mesma espécie (marcados — com outros signos —, ou não).

Será a função distintiva a única função jurídica das marcas?

Olhe-se para o art. 242.°, 1: "Sem prejuízo do disposto no artigo anterior, o pedido de registo será igualmente recusado se a marca, ainda que destinada a produtos ou serviços sem identidade ou afinidade, constituir tradução, ou for igual ou semelhante, a uma marca anterior que goze de prestígio em Portugal ou na Comunidade Europeia, se for comunitária, e sempre que o uso da marca posterior procure tirar partido indevido do carácter distintivo ou do prestígio da marca, ou possa prejudicá-los".[57] Como se vê, a protecção alargada das marcas *de prestígio* é agora assegurada por específico normativo relativo às marcas[58]. Protecção essa que rompe

(57) V. tb. a Directiva 89/104/CEE, arts. 4.°, 3 e 4, 5.°, 2, e o Regulamento (CE) 40/94, arts. 8.°, 5, 9.°, 1, c). V. ainda o art. 16.°, 3, do Acordo sobre os Aspectos dos Direitos de Propriedade Intelectual relacionados com o Comércio (ADPIC/TRIPs), anexo ao Tratado que criou a Organização Mundial do Comércio (JOCE n.° L 336, de 23/12/94, pp. 214, ss.).

(58) Até há poucos anos, antes de consagração legal expressa, a tutela alargada das marcas de prestígio (mais precisamente, das marcas "super-notórias" ou célebres, que não têm de coincidir com aquelas) era concedida nalguns países com fundamentos diversos — através, nomeada-

com o princípio da especialidade, não se limitando a prevenir ou impedir riscos de confusão. Já não está (ou não está tanto) em causa a tutela da função distintiva das marcas— a distância económico-sectorial entre os produtos do titular de marca de prestígio e os produtos de terceiro que adopte sinal idêntico ou semelhante pode ser de tal modo grande que se torna impossível justificar a ilicitude deste segundo sinal por ele violar a função distintiva daquela marca(59). O que está em causa é a tutela directa e autónoma da função *atractiva ou publicitária excepcional* (ou função evocativa de excelência) das marcas de prestígio(60). Embora radicadas em determinados produtos, estas marcas ganham asas e libertam-se em grande medida da função distintiva, aparecendo como símbolos de excelência.

Mas digamos um pouco mais sobre as marcas de prestígio e a sua protecção especial.

Embora devendo ser conhecidas de parte significativa do público interessado, tais marcas não têm de ser super-notórias ou *(hoc sensu)* célebres (e nem todas as marcas de

---

mente, de uma concepção muito ampla de afinidade entre produtos, da concorrência desleal, ou da responsabilidade civil extracontratual (v., p. ex., DI CATALDO, *ob. cit.*, pp. 105, ss., NOGUEIRA SERENS, *A "vulgarização"...*, pp. 12, ss., 126, ss., H. PIPER, *Der Schutz der bekannten Marken,* GRUR, 1996, p. 429). Sobre as propostas (baldadas) de introdução na CUP de preceito protegendo especialmente as marcas de prestígio excepcional, v. J. G. PINTO COELHO, *A protecção da marca notória e da marca de reputação excepcional,* RLJ, ano 92.º (1959-1960), pp. 3, ss..

(59) *V. g.*, a reputada marca "Kodak" não deixa de individualizar e de referir a certa origem os respectivos produtos fotográficos apesar de um produtor de bicicletas adoptar signo idêntico. Para referência a este e a outros exemplos jurisprudenciais (em diversos países) de marcas de prestígio (Dimple, White Horse, Johnnie Walker, Dior, Chanel, Dunhil, Players, Rolls-Royce, Mercedes, etc.), v. por todos R. SACK, *Sonderschutz bekannter Marken,* GRUR, 1995, pp. 83, ss..

(60) Cfr., p. ex., G. MASSA, *Funzione attrattiva e autonomia del marchio,* Jovene, Napoli, 1994, pp. 128, ss., M. MONTEAGUDO, *La protección de la marca renombrada,* Civitas, Madrid, 1995, pp. 167, ss..

larga notoriedade — quase sempre alcançada à custa de maciças campanhas publicitárias — são de grande prestígio); o fenómeno é não só quantitativo mas também qualitativo[(61)]. Para serem de prestígio, as marcas, além de notórias, hão-de ter boa reputação (boa "imagem") — assente na boa qualidade dos produtos respectivos e, eventualmente, na singularidade e originalidade dos signos[(62)].

A protecção especial de marca de prestígio é concedida, recordemos, "sempre que o uso da marca posterior procure tirar partido indevido do carácter distintivo ou do prestígio da marca, ou possa prejudicá-los" (art. 242.°, 1). Não haverá aproveitamento ilícito ("tirar partido indevido"), impeditivo do registo e uso da "marca posterior", quando, designadamente, o titular da marca de prestígio nisso consinta[(63)]. O uso da marca posterior tirará partido "do carácter distintivo" da marca prestigiada quando, nomeadamente, faça supor (erradamente) que os produtos assinalados por uma e outra marca provêm da mesma entidade ou de entidades diversas

---

(61) Cfr. Di Cataldo, *ob. cit.*, pp. 108-109, Vanzetti, *La nuova...*, p. 25, A. Kur, *Die notorisch bekannte Marke im Sinne von 6bis PVÜ und die "bekannte Marke" im Sinne der Markenrechtsrichtlinie,* GRUR, 1994, p. 333, Sack, *ob. cit.*, p. 86, Monteagudo, *ob. cit.*, pp. 45, ss., Nogueira Serens, *últ. ob. cit.*, p. 175; cfr. tb., para a interpretação do art. 5.°, 2, da Directiva (na mesma direcção), o Ac. do TJ de 14 / 9 / 99 (General Motors, C-357/97), CJTJ, p. I-5435. Na Alemanha, as marcas célebres ou famosas *(berühmte Marke)* deviam ser conhecidas por 65% a 70%, ou mais, do público (v. Sack, *ob. cit.*, p. 85); dizem agora alguns que o conhecimento por cerca de 30% do público pode bastar para que uma marca se diga *bekannte* (ou, na terminologia da nossa lei, de prestígio) — cfr. Sack, *ob. cit.*, p. 85, Piper, *ob. cit.*, pp. 432-433. Entre nós, continuam a defender a necessidade de uma notoriedade excepcional L. M. Couto Gonçalves, *Função distintiva da marca,* Almedina, Coimbra, 1999, pp. 168, ss. (tendencialmente, mais de 75% dos consumidores nacionais) e J. Oliveira Ascensão, *Marca comunitária e marca nacional (Parte II — Portugal),* RFDUL, 2000, p. 567 ("conhecimento generalizado da população").

(62) Cfr. C. Fernández-Novoa, *Derecho de marcas,* Montecorvo, Madrid, 1990, p. 128, Di Cataldo, *ob. cit.*, pp. 109-110, Kur, *ob. cit.*, p. 333, Nogueira Serens, *ob. cit.*, pp. 175-176, Piper, *ob. cit.*, p. 432.

(63) Cfr. Di Cataldo, *ob. cit.*, p. 110.

mas negocialmente relacionadas. E tirará partido "do prestígio da marca" reputada quando se verifique "transferência da imagem" de qualidade e de acreditamento no mercado desta marca para aquela[(64)]. Por sua vez, o uso do sinal posterior prejudicará o carácter distintivo da marca de prestígio quando provoque o "aguamento" *(Verwässerung, annacquamento, dilution)* ou banalização desta — que perde a sua posição singular ao passar a assinalar produtos de outro sujeito mais ou menos "distantes" daqueles a que ela tem estado associada[(65)]. E prejudicará o prestígio da marca quando desencadeie indesejáveis associações — por ser aplicado quer a produtos de pior qualidade, quer a produtos "incompatíveis" com os assinalados pela marca prestigiada (chocolates e preservativos, doces e raticidas, perfumes e queijos, bebidas e lixívias...)[(66)].

Outra questão: têm também as marcas uma função *de garantia de qualidade* directa e autonomamente tutelada pelo direito?

A resposta tradicional é negativa. A função de garantia de qualidade não seria autónoma, seria tão-só uma função derivada da função distintiva, mais precisamente da função de indicação de proveniência — garantindo a marca a constância da proveniência dos produtos, garante consequente e reflexamente a constância (tendencial) da qualidade dos mesmos produtos (o produtor, querendo conservar e aumentar a clientela dos produtos marcados, tenderá muito provavelmente a manter as qualidades essenciais desses bens); de resto, o produtor não estaria impedido de alterar a qualidade dos produtos marcados[(67)].

---

(64) Cfr. BERLIT, *ob. cit.*, p. 71, SACK, *ob. cit.*, p. 83.

(65) Cfr. SACK, *ob. cit.*, pp. 84, ss..

(66) V. SACK, *ob. cit.*, pp. 83-84.

(67) Neste sentido, v., p. ex., BEIER, *ob. cit.*, pp. 20, ss., NOGUEIRA SERENS, *Firma...*, pp. 111-112, BRAUN, *ob. cit.*, pp. 15, ss. (mas não quanto

Nós respondemos afirmativamente. Por um lado, não se vê como possa negar-se uma autónoma função de garantia relativamente às marcas colectivas de certificação (função essa que não tem que ver com a de indicação de origem) — v. arts. 230.º e 231.º, 1, a) [(68)]. Por outro lado, agora quanto às marcas "individuais", há que ter em conta a al. b) do n.º 2 do art. 269.º: o registo caduca se, após a data em que o registo foi efectuado, "a marca se tornar susceptível de induzir o público em erro, nomeadamente acerca da natureza, *qualidade* e origem geográfica desses produtos ou serviços, no seguimento do uso feito pelo titular da marca, ou por terceiro com o seu consentimento, para os produtos ou serviços para que foi registada" [(69)]. O preceito, note-se, não impõe uma constância qualitativa em sentido estrito. São naturalmente permitidas melhoras qualitativas; e também não são ilícitas pioras não essenciais ou sensíveis de qualidade (o produto mantém-se substancial-qualitativamente idêntico). Ilícitas (conducentes à caducidade) são apenas as diminuições de qualidade susceptíveis de induzir o público em erro, isto é, as deteriorações qualitativas sensíveis e ocultas ou não declaradas ao público [(70)]. Assim, havemos de concluir que também as marcas individuais cumprem uma função de garantia de qualidade autonomizável da função distintiva [(71)]. [(72)]

às marcas de certificação — *ibid,* p. 16), PUPO CORREIA, *ob. cit.*, p. 336, CARLOS OLAVO, *ob. cit.*, pp. 74-75.

(68) Cfr. tb., entre outros, FERNÁNDEZ-NOVOA, *ob. cit.*, pp. 55-56.

(69) Esta norma corresponde à do art. 12.º, 2, b), da Directiva 89/104/CEE.

(70) Neste sentido, v. VANZETTI, *últ. ob. cit.*, pp. 69, 133-134; contra, v. MASSA, *ob. cit.*, pp. 145-146.

(71) Imagine-se um produtor de fios de seda marcados com "Filseda". O *mesmo* produtor passa em certa altura a fabricar com a mesma marca (e sem qualquer advertência ao público) fios de polipropileno. A marca tornou-se deceptiva e sujeita a caducidade.

(72) Alguns autores (FERNÁNDEZ-NOVOA, *ob. cit.*, p. 27, MONTEAGUDO, *ob. cit.*, pp. 77-78, n.(119)) afirmam ainda a tutela autónoma da função

Não se conclua do acabado de dizer que a tutela dos interesses dos consumidores é objectivo central da legislação sobre marcas. Num sistema capitalista e de marcas facultativas, o direito sobre a marca serve essencial e primordialmente os interesses do respectivo titular(73): é ele que tem o direito de uso exclusivo do signo para distinguir produtos, é ele que tem o direito de impedir a terceiros o uso de sinais idênticos ou confundíveis (art. 258.º). Os consumidores também beneficiam, é certo, dessa função distintiva (podem mais facilmente escolher os produtos); mas este interesse só eventual e indirectamente é protegido, dado depender da reacção do titular da marca às contrafacções(74). Se a protecção dos interesses dos consumidores fosse objectivo central, proibiria a lei, por exemplo, a transmissibilidade das marcas (sobretudo quando desacompanhadas dos estabelecimentos)(75) — cfr. art. 262.º —, as licenças de marcas sem o dever de os licenciantes controlarem e garantirem a qualidade dos produtos dos licenciados (cfr. arts. 32.º e 264.º)(76), e a possibilidade de coexistência de marcas idênticas ou confundíveis nos termos do art. 267.º.

Contudo, também não se deve concluir que o regime da caducidade das marcas deceptivas "nada tem a ver com a necessidade de tutela dos interesses dos consumidores" (visando antes "evitar o benefício que, por força do engano do consumidor, adviria para o titular da marca deceptiva — benefício esse que, naturalmente, redundará em prejuízo para os seus concorrentes")(77). Os interesses dos consumi-

---

indicadora de qualidade com base no regime do "esgotamento" dos direitos sobre a marca (cfr. arts. 7.º da Directiva e 259.º do CPI) — não se verifica o esgotamento quando haja alteração qualitativa dos produtos operada por outrem que não o titular da marca ou alguém por ele autorizado. Todavia, nestes casos tutela-se directamente a função distintiva — os produtos *alterados* não têm verdadeiramente origem no titular da marca (cfr. BEIER, *ob. cit.*, pp. 21-22).

(73) Semelhantemente, v. PINTO COELHO, *A protecção da marca...*, p. 211.

(74) Cfr. DI CATALDO, *ob. cit.*, pp. 36, ss..

(75) Cfr. PINTO COELHO, *últ. ob. e loc. cits.*.

(76) Embora se não olvide a possibilidade de caducidade prevista no art. 269.º, 2, b).

(77) Os extractos são de NOGUEIRA SERENS, *A "vulgarização"...*, p. 94.

dores (assim como os dos — eventuais — concorrentes do titular da marca deceptiva) são aqui directamente tidos em conta e protegidos. Tanto mais quanto parece ser certo que os consumidores e as respectivas associações têm legitimidade para requerer ao INPI a caducidade de marcas deceptivas e recorrer das suas decisões (cfr. CPI, arts. 9.º, 270.º, 41.º; CRP, arts. 52.º, 1, 3, a), 60.º, 3; L 83/95, de 31 de Agosto — direito de participação popular em procedimentos administrativos e direito de acção popular; LDC, art. 18.º, 1, l))[78].[79]

3. 2. Princípios informadores da constituição das marcas

3. 2. 1. Capacidade distintiva

Os sinais, para serem marcas, hão-de ser capazes de individualizar e distinguir produtos (cfr. CPI, arts. 222.º, 223.º, 1, a).

Por falta de capacidade distintiva, não podem ser marcas "os sinais constituídos, *exclusivamente,* por indicações que possam servir no comércio para designar a espécie, a qualidade, a quantidade, o destino, o valor, a proveniência geográfica, a época ou meio de produção do produto ou da prestação do serviço, ou outras características dos mesmos" (art. 223.º, 1, c))[80]. Dizendo de outro modo, não são mar-

---

(78) Muito claro a este propósito é o Regulamento (CE) 40/94, art. 55.º, 1, a).

(79) Sobre a problemática das funções das marcas, v. tb. a citada monografia de COUTO GONÇALVES.

(80) Cfr. art. 3.º, 1, c), da Directiva 89/104/CEE. V. tb. o art. 238.º, 1, c), do CPI — será recusado o registo de marca "constituída, exclusivamente, por sinais ou indicações referidos nas alíneas b) a e) do n.º 1 do artigo 223.º". Para a interpretação do art. 3.º, 1, c), da Directiva (especialmente quanto aos sinais ou indicações que possam servir para designar a proveniência geográfica), v. o Ac. do TJ de 4 / 5 / 99 (Windsurfing Chiemsee, C-108 / 97 e C-109 / 97), CJTJ, 1999, pp. I-2821, ss..

cas os sinais (exclusivamente) específicos, descritivos e genéricos.

Específicos são os signos que designam ou denotam a "espécie" dos produtos — nomes comuns dos produtos ou figuras que os exprimem. Por exemplo, a palavra "ovo" ou o retrato de um ovo não podem ser marcas de ovos. Os sinais *descritivos* referem-se directamente a características ou propriedades dos produtos. Referem-se, por exemplo, à "qualidade" ("Pura Lã" para vestuário, desenho de cinco estrelas para azeite), à "quantidade" ("1 Kg" para pedaços de presunto, "1 Litro" para vinho), ao "destino" ("Cabedais", para pomada), ao "valor" ("Pechincha"), à "época de produção do produto ou da prestação do serviço" ("A toda a hora", para os serviços de uma clínica), à "proveniência geográfica" ("Coimbra" para louças fabricadas nesta cidade)[(81)]. Os signos *genéricos* designam um género ou categoria de produtos onde se incluem os produtos (-espécie) que se pretende marcar com um desses sinais (*v.g.*, "Refresco" para laranjadas).

Também não podem ser marcas, por falta de capacidade distintiva, os signos constituídos exclusivamente por sinais que se tenham tornado *de uso comum* para designar certos bens (*v. g.*, desenho retratando um peixe, para artigos de pesca) ou para qualificar quaisquer produtos (*v. g.*, "Super", "Óptimo", "Excelência", "Extra", "Ideal", "Delux") — cfr. art. 223.°, 1, d)[(82)].

Quando *estrangeiras,* as denominações específicas, descritivas, genéricas e de uso comum já podem valer como marcas? Se elas forem conhecidas do público português ou dos círculos de clientes interessados, a resposta é negativa. Caso contrário, há que distinguir. Se as denominações pertencerem a uma das línguas comunitário-europeias, parece

---

[(81)] Todavia, as marcas colectivas podem ser constituídas por sinais que apenas designem a origem geográfica dos produtos — art. 228.°, 2.

[(82)] Cfr. tb. o art. 3.°, 1, d), da Directiva 89/104/CEE.

que a regra deve ser a da inadmissibilidade das mesmas como marcas — Portugal é parte do mercado "comum" ou "único" onde circulam livremente produtos e pessoas; não é lícito, pois, ficarem os titulares de marcas registadas no nosso país beneficiados em face de produtores nacionais e estrangeiros sem possibilidade de noutros países registarem e usarem tais marcas e sem possibilidade de com idêntica facilidade chegarem a estrangeiros residentes ou em trânsito no nosso país. Por sua vez, se as denominações pertencerem a línguas exóticas ou mortas e muito pouco conhecidas, então já poderão ser marcas — tais denominações aparecem não como específicas, descritivas, etc., mas como de fantasia.[(83)]

Todos estes sinais sem capacidade distintiva são irregistáveis como marcas quando, repita-se, apenas eles estejam em causa, quando se pretenda registar marcas exclusivamente compostas por tais sinais. Não assim quando eles sejam tão-só um dos elementos (ao lado de outros com capacidade distintiva) das marcas (cfr. art. 223.º, 2). Contudo, excepcionalmente, são registáveis marcas constituídas exclusivamente por sinais específicos, descritivos, genéricos ou de uso comum quando estes, antes do registo e depois do uso e publicidade que deles foi feito, tenham adquirido carácter ou capacidade distintiva (Directiva, art. 3.º, 3, CPI, art. 238.º, 3). Acolheu-se, portanto, a doutrina do *secondary meaning,* de origem anglo-saxónica — um signo sem significado originário distintivo (enquanto marca) adquire através de certo uso um segundo ou "secundário" (no tempo) sentido, passando a distinguir em termos de marca determinados produtos[(84)].

---

(83) Acerca desta problemática, v., com discursos nem sempre coincidentes, CASANOVA, *ob. cit.*, pp. 470-471, FERNÁNDEZ-NOVOA, *ob. cit.*, pp. 73 -75, CHAVANNE/BURST, *ob. cit.*, pp. 520-521, 529-530, DI CATALDO, *ob. cit.*, pp. 70-71, BRAUN, *ob. cit.*, pp. 114-116.

(84) Cfr., p. ex., FERNÁNDEZ-NOVOA, *ob. cit.*, pp. 77, ss., DI CATALDO, *ob. cit.*, pp. 81-82, NOGUEIRA SERENS, *últ. ob. cit.*, pp. 78, ss., Ac. do TJ de

São possíveis, dissemo-lo já, as marcas tridimensionais, que podem ser constituídas designadamente pela "forma do produto ou da respectiva embalagem" (art. 222.°, 1). Mas nem todas as formas dos produtos ou das embalagens são susceptíveis de constituir marcas. Não podem ser marcas as formas sem qualquer capacidade distintiva nem as formas cujo carácter distintivo não releva no campo das marcas, relevando antes noutros domínios da propriedade industrial. Dizendo de outra maneira, não são marcas as *formas natural, funcional ou esteticamente necessárias*. É o que resulta do art. 223.°, 1, b): não satisfazem as condições para serem marcas "os sinais constituídos, *exclusivamente,* pela forma imposta pela própria natureza do produto, pela forma do produto necessária à obtenção de um resultado técnico ou pela forma que confira um valor substancial ao produto". (85)

"Forma imposta pela própria natureza do produto" é a forma usual ou normal de que se revestem os bens a cujo género ou espécie pertence o produto (*v. g.*, uma tesoura, que por definição é formada por duas lâminas que se movem em torno de um eixo comum; um parafuso, seja cilíndrico ou cónico; uma garrafa de forma cilíndrica para bebidas). "Forma do produto necessária à obtenção de um resultado

---

4 / 5 / 99 cit., pp. I-2827, ss.. FERNÁNDEZ-NOVOA, *ob. cit.*, p. 71 (com fundamento em lei de marcas espanhola, um pouco anterior à Directiva), e NOGUEIRA SERENS, *ob. cit.*, p. 86 (advogando interpretação restritiva de parte do art. 3.°, 3, da Directiva), entendem que o fenómeno do *secondary meaning* não releva com respeito aos signos genéricos (incluindo, na terminologia que perfilho, os signos específicos). Mas não resulta isso nem da Directiva nem do CPI (v. tb. o art. 7.°, 3, do Regulamento 40/94). E, afora o facto de os signos específicos muito dificilmente poderem adquirir "segundo sentido", não pode olvidar-se o prescrito nos arts. 6.°, 1, b), da Directiva e 260.°, b), do CPI: o titular de marca não pode impedir que terceiros usem (honestamente) na sua actividade económica "indicações relativas à espécie, à qualidade, à quantidade, ao destino, ao valor, à proveniência geográfica, à época de produção do produto ou da prestação do serviço ou a outras características dos produtos ou serviços".

(85) V. tb. o art. 238.°, 1, c). A al. b) do n.° 1 do art. 223.° reproduz a al. c) do n.° 1 do art. 3.° da Directiva 89/104/CEE.

técnico" é a forma dada a um objecto de que resulta um aumento da utilidade ou melhoria do aproveitamento do mesmo (mais facilmente manejável, mais resistente, menos custoso, etc.) e que poderá ser protegida como "patente" ou como "modelo de utilidade" (v. arts. 51.º, ss., 117.º, ss.). A lei não permite que as formas funcionais deste tipo sejam apropriadas a título de marcas, tuteladas por tempo potencialmente ilimitado (art. 255.º); podem, eventualmente, ser apropriadas apenas a título de patentes ou de modelos de utilidade, cuja duração não pode exceder 20 e 10 anos, respectivamente (arts. 99.º, 142.º) [(86)]. "Forma que confira um valor substancial ao produto" é a forma cujo carácter estético ou ornamental influi decisivamente no valor comercial dos produtos e que pode ser protegida (temporariamente) como "desenho ou modelo" (v. arts. 173.º, ss.) [(87)].

Por conseguinte, só as formas "arbitrárias" ou não "necessárias" podem ser marcas (*v.g.*, a forma de uma garrafa oval para aguardentes velhas, a forma invulgar de frascos para perfumes).

Ainda por falta de capacidade distintiva, uma *única cor* não pode ser marca; é possível, porém, constituir uma marca com duas ou mais cores, quando "forem combinadas entre si ou com gráficos, dizeres ou outros elementos por forma peculiar e distintiva" (art. 223.º, 1, e)) [(88)]. [(89)]

---

(86) Cfr. FERNÁNDEZ-NOVOA, *ob. cit.*, pp. 82 ss.. Não obstante, é muitas vezes difícil decidir que certa forma é funcionalmente necessária e, por isso, irregistável. Exemplo ilustrativo é o das peças encaixáveis dos conhecidos brinquedos "Lego": nalguns países europeus reconheceu-se judicialmente a protecção da forma respectiva como marca, noutros (a maioria) não — v. A. KUR, *Die Harmonisierung der europäischen Markengesetze. Resultate, offene Fragen, Harmonisierungslücken*, GRUR, 1997, p. 247.

(87) Cfr. FERNÁNDEZ-NOVOA, *ob. cit.*, pp. 86-87, DI CATALDO, *ob. cit.*, pp. 89-90.

(88) Para mais, v. FERNÁNDEZ-NOVOA, *ob. cit.*, pp. 98, ss., CHAVANNE/ /BURST, *ob. cit.*, pp. 491, ss., BRAUN, *ob. cit.*, pp. 76, ss..

3. 2. 2. Verdade

Também a propósito das marcas não tem o princípio da verdade "manifestações *positivas* necessárias" (o sinal pode ser de mera fantasia); a marca é verdadeira se não for deceptiva ou enganosa[(90)].

Estatui o art. 238.º, 4, d), do CPI a irregistabilidade das marcas que, em todos ou alguns dos seus elementos, contenham "sinais que sejam susceptíveis de induzir o público em erro, nomeadamente sobre a natureza, qualidades, utilidade ou proveniência geográfica do produto ou serviço a que a marca se destina".[(91)]

O ponto relativo à "proveniência geográfica" aconselha a considerar algumas hipóteses. 1) O sinal geográfico (nominativo, designadamente) é verdadeiro (os produtos a que a marca se destina são, por exemplo, fabricados na localidade referida pelo sinal): pode ser incluído na marca[(92)]. 2) Os produtos em causa não são originários da localidade ou região indicada pelo sinal geográfico: a) o sinal é uma "denominação de origem" ou uma "indicação geográfica" (v. arts. 305.º, ss.) — não pode fazer parte de marca, esta é irregistável porque deceptiva[(93)]; b) embora não seja denominação de origem nem indicação geográfica, o nome geográfico é

---

(89) Repare-se que, ao invés do que sucede com respeito aos sinais referidos nas als. a), c) e d) do n.º 1 do art. 223.º, o fenómeno do *secondary meaning* não releva quanto aos sinais referidos nas als. b) e e) — art. 238.º, 3, *a contrario*.

(90) CASANOVA, *ob. cit.*, p. 484.

(91) Cfr. art. 3.º, 1, g), da Directiva 89/104/CEE. Para outras manifestações do princípio da verdade, v. o art. 238.º, 6, a) e b), do CPI.

(92) Sabemos já que a marca individual não pode ser constituída exclusivamente por sinal indicativo de proveniência geográfica — art. 223.º, 1, c).

(93) Se a denominação de origem ou a indicação geográfica estiverem registadas, aplicam-se directamente os arts. 305.º, 4 e 5, e 312.º.

bastante conhecido e susceptível de induzir o público em erro quanto à proveniência (*v. g.*, "Cuba" para charutos fabricados em Lisboa com tabaco português): tal nome não pode integrar marca registável; c) o nome geográfico, pouco ou muito conhecido, surge aos olhos do público como denominação de fantasia ou arbitrária (*v. g.*, "Estoril" para cigarros fabricados em Beja): porque não deceptivo, pode ser (ou fazer parte de) marca. (94)

3. 2. 3. Licitude (residual) (95)

De acordo com o art. 238.°, é recusado o registo de marca que contenha certos símbolos, brasões, emblemas ou distinções, salvo autorização (n.° 4, als. a) e b)); "expressões ou figuras contrárias à lei, moral, ordem pública e bons costumes" (4, c))(96); (tão-só) a Bandeira Nacional ou alguns dos seus elementos (n.° 5); ou, entre outros componentes, a Bandeira Nacional, quando tal seja susceptível de provocar desrespeito ou desprestígio dela ou de algum dos seus elementos (6, c).

---

(94) Manifestação do princípio da verdade era também a regra presente nos CPI de 1940 e de 1995 (arts. 78.° e 183.°, respectivamente), segundo a qual, em geral, os dizeres das marcas deviam ser redigidos em língua portuguesa. Esta exigência desapareceu no Código actual. [Nas três primeiras edições deste livro criticara aquela regra: "No entanto, inserindo-se Portugal num espaço de integração como é a União Europeia (e afora o facto de portugueses e estrangeiros poderem registar no nosso país marcas em línguas estrangeiras...), a citada regra parece anacrónica..."].

(95) V. *supra*, cap. II, n. (178).

(96) Para exemplos jurisprudenciais estrangeiros de sinais considerados contrários à moral ou bons costumes — "Frohe Zukunft" (futuro feliz) para um contraceptivo (este exemplo suiço de 1910 é hoje capaz de nos fazer sorrir...), "Dominus vobiscum", a figura de S. Paulo para produtos de higiene e de beleza, "Stimul Eve" para preservativos (outro exemplo suíço...), etc. —, v., com indicações bibliográficas, BRAUN, *ob. cit.*, p. 133, NOGUEIRA SERENS, *ob. cit.*, pp. 2-3.

Outros fundamentos de recusa do registo de marca aparecem no art. 239.°. Tem interesse mencionar aqui especialmente: a reprodução ou imitação, total ou parcial (em marca), de logótipo anteriormente registado pertencente a sujeito que produz bens idênticos ou afins àqueles a que a marca se destina, se for susceptível de induzir o consumidor em erro ou confusão (n.° 1, b)); a infracção de outros direitos de propriedade industrial (1, c)); a reprodução de nomes ou retratos de pessoas sem autorização (1, d)); a reprodução ou imitação, total ou parcial, de firma ou denominação que não pertençam ao requerente de marca não autorizado, se for susceptível de induzir o consumidor em erro ou confusão (2, a)); a infracção de direitos de autor (2, b)).

3. 2. 4. Novidade e especialidade

Será ainda recusado o registo das marcas que sejam, diz a al. a) do n.° 1 do art. 239.° do CPI, "reprodução ou imitação, no todo ou em parte, de marca anteriormente registada por outrem para produtos ou serviços idênticos ou afins, que possa induzir em erro ou confusão o consumidor ou que compreenda o risco de associação com a marca registada".(97) Têm, pois, as marcas de ser *novas*, distintas ou inconfundíveis; mas tal novidade apenas tem de afirmar-se no âmbito de produtos idênticos ou afins (cfr. também o art. 245.°, 1, b)) — vigora aqui o princípio da *especialidade* (98).

Tendo em vista o art. 239.°, 1, a), do CPI e o art. 4.°, 1, da Directiva 89/104/CEE, é possível traçar o seguinte quadro dos casos em que o registo de marca deve ser recusado: a) a marca cujo registo se requer é *idêntica* à (reproduz) marca anteriormente registada (por outrem), e os produtos respec-

(97) Sobre a tutela das marcas não registadas, v. *infra*, n.° 3. 3. 4.

(98) Este princípio é (excepcionalmente) ultrapassado, sabemo-lo já, no domínio das marcas de prestígio — cfr. *supra*, n.° 3. 1.

tivos são também *idênticos* [99]; b) ambas as marcas são *idênticas* e os produtos são *afins,* existindo consequentemente um risco de erro ou confusão para os consumidores (ou utilizadores); c) as marcas são *semelhantes* e os produtos *idênticos,* com risco de erro ou confusão para os consumidores; d) tanto as marcas como os produtos são *semelhantes* ou *afins,* derivando daí a possibilidade de os consumidores serem induzidos em erro ou confusão [100].

Mais problemático é saber quando existe afinidade entre os produtos, semelhança entre as marcas (ou imitação de uma por outra) e risco de confusão.

São *afins ou semelhantes os produtos* com natureza ou características próximas e finalidades idênticas ou similares (*v. g.*, vinho maduro e vinho verde, esferográficas e canetas). Deve também entender-se que são afins os produtos de natureza marcadamente diversa mas com finalidades idênticas ou semelhantes (*v.g.*, fios de linho e fios de seda para confecções). Trata-se, num caso e noutro, de bens "concorrentes", intermutáveis ou substituíveis (satisfazem necessidades idênticas). Todavia, a afinidade não se fica por aqui [101]. Devem ainda ser considerados afins os bens não intermutáveis ou substituíveis que o público destinatário crê razoavelmente terem a mesma origem [102], por serem economicamente complementares (*v. g.*, artigos de couro e pomadas para tratar e conservar couro, fios de lã e vestuário de lã, câmaras de vídeo e videocassetes) ou por outras razões (*v. g.*,

---

(99) Nos casos de "dupla identidade" não há que questionar ou demonstrar a susceptibilidade de indução em erro ou confusão do consumidor — a confusão existe ou, noutra possível formulação, presume-se *juris et de jure.*

(100) Para o direito alemão, com quadro análogo, v. BERLIT, *ob. cit.*, p. 51.

(101) O princípio da especialidade não tem que ver somente com produtos "concorrentes"...

(102) Recorde-se que a indicação de origem é normalmente função primordial das marcas.

aguardentes e vinhos, automóveis ligeiros e tractores agrícolas).

Não se deverá ir para lá destas fronteiras. Parece irrazoável, por exemplo, que à sombra do argumento da crescente concentração / diversificação das empresas se entenda serem similares (por ser crível provirem da mesma origem) todos os produtos de jardinagem, desde as máquinas de aparar relva até às sementes de plantas(103). Por outro lado, irrazoável será também relativizar (como tantas vezes se faz) o conceito de afinidade dos produtos através da ponderação das marcas: a semelhança dos produtos dependeria (também) da semelhança das marcas (quanto mais semelhantes fossem estas, mais se poderia afirmar a afinidade entre os respectivos produtos) e de outras características das mesmas, especialmente da sua afirmação comercial ou notoriedade (quanto mais conhecida fosse uma marca, maior a possibilidade de se afirmar a afinidade entre os produtos assinalados por essa marca e outros produtos). A relativização deve actuar não a propósito da afinidade dos bens mas (vê-lo-emos melhor daqui a pouco) a propósito do risco de confusão (dependente da correlação afinidade dos produtos / semelhança das marcas)(104).

As *semelhanças ou parecenças entre as marcas* podem ser, principalmente, de natureza gráfica, figurativa ou fonética (art. 245.º, 1, c)). A grafia e / ou a fonética interessam particularmente para as marcas nominativas e as constituídas por letras ou números, bem como para as marcas mistas em que elementos daquele género prevaleçam. Para as mar-

(103) Cfr. CHAVANNE/BURST, *ob. cit.*, p. 539, n. (9), citando sentença de um tribunal parisiense.

(104) Neste sentido, v. H. KLIEMS, *Relätiver Ähnlichkeitsbegriff bei Waren / Dienstleistungen im neuen Markenrecht?*, GRUR, 1995, pp. 198, ss..

cas figurativas e tridimensionais interessa sobretudo atender à figura e configuração[105].

Não obstante, as semelhanças podem ser também de ordem sonora - não fonética (marcas auditivas). E há que contar ainda com as parecenças ideográficas ou conceituais (para quaisquer tipos de marcas)[106].

Andou bem, pois, o novo Código (art. 245.º, 1, c)) ao acrescentar "ou outra" à tríade "gráfica, figurativa ou fonética" que aparecia no art. 193.º, 1, c), da lei anterior.[107].

No juízo sobre a similitude, devem as marcas ser apreciadas global ou sinteticamente; não devem ser dissecadas analiticamente a fim de excluir do exame elementos ou segmentos, designadamente os que não têm ou têm pouca capacidade distintiva (o exame deverá recair sobre as marcas na sua totalidade)[108]. Não quer isto dizer, porém, que o juízo sobre a semelhança há-de ser "impressionístico", não

---

(105) Nas marcas figurativas ou emblemáticas deve atender-se nao apenas ao modo ou forma de representação mas também ao objecto representado (diversamente, FERRER CORREIA, *ob. cit.*, p. 331).

(106) Imagine-se a marca nominativa "Javali" e a marca figurativa representando um javali, ambas para munições de caça. Apesar de não existir parecença gráfica, figurativa ou fonética, não é irrelevante a semelhança ideográfica.

(107) Menos bem andou ao manter no art. 245.º, 1 ("conceito de imitação ou de usurpação") outras disposições — já criticadas — que apareciam no art. 193.º, 1, do Código anterior: estabelece como requisito da imitação de uma marca por outra a identidade ou afinidade dos produtos (al. b)); integra na imitação o risco de confusão (al. c)); embora especifique o "risco de associação" (que existe ainda quando o consumidor distingue as duas marcas), a citada al. c) termina pressupondo que o consumidor só pode distinguir as marcas "depois de exame atento ou confronto". Entretanto, positivo é também o facto de a parte do n.º 2 do referido art. 193.º relativa ao "aspecto exterior do pacote ou invólucro" não ter reaparecido no art. 245.º. Só que disposição similar reaparece — ainda desnecessária e deslocadamente — no art. 240.º...

(108) V. BRAUN, *ob. cit.*, pp. 326, ss., Acs. do TJ de 11 / 11 / 97 (Sabel, C-251 / 95), CJTJ, 1997, p. I-6224, e de 22 / 6 / 99 (Lloyd Schuhfabrik Meyer, C-342 / 97), CJTJ, 1999, p. I-3841. Diferentemente, v. FERRARA, *ob. cit.*, p. 254, com quem concorda FERRER CORREIA, *ob. cit.*, p. 330.

fundado em análise e ponderação das semelhanças e dissemelhanças. É claro que os elementos de carácter específico, descritivo, genérico ou de uso comum, embora não excluíveis da apreciação, têm peso menor do que os elementos arbitrários ou de fantasia; depois, nomeadamente nas marcas complexas (incluindo as mistas), há-de ter-se em especial conta a parte preponderante ou "vedeta", o "núcleo" ou "coração" dos signos em exame (a semelhança é mais significativa quando se verifica no "coração")(109).

Para que uma marca seja considerada não nova e insusceptível de registo não basta ser idêntica ou semelhante a marca anteriormente registada por outrem para produtos afins ou idênticos. É ainda necessário que tal identidade ou semelhança *possa induzir em confusão* o consumidor. Não existe risco de confusão sem que exista identidade ou semelhança entre os sinais e simultânea afinidade ou identidade entre os produtos. Mas estas correspondências entre marcas e produtos (identidade-afinidade, semelhança–identidade, semelhança-afinidade) não implicam necessariamente risco de confusão.

O risco de confusão deve ser entendido em sentido lato, de modo a abarcar tanto o risco de confusão em sentido estrito ou próprio como o risco de associação. Verifica-se o primeiro quando os consumidores podem ser induzidos a tomar uma marca por outra e, consequentemente, um produto por outro (os consumidores crêem erroneamente tratar-se da mesma marca e do mesmo produto). Verifica-se o segundo quando os consumidores, distinguindo embora os sinais, ligam um ao outro e, em consequência, um produto ao outro (crêem erroneamente tratar-se de marcas e pro-

(109) Neste sentido, v. por todos Di Cataldo, *ob. cit.*, pp. 99-100, e os Acs. do TJ citados na nota anterior, *locs. cits.*. Não merece inteira recepção, portanto, a frase antiga (e tantas vezes repetida) de Köhler: deve proceder-se "por *intuição* sintética e não por dissecação analítica" (sublinhado meu).

dutos imputáveis a sujeitos com relações de coligação ou licença, ou tratar-se de marcas comunicando análogas qualidades dos produtos)[(110)].

Ora, o risco de confusão depende de vários factores, nomeadamente do *tipo dos consumidores,* do *grau de semelhança* entre as marcas e entre os produtos assinalados, e da *força e notoriedade* da marca registada[(111)].

Os consumidores a considerar são, em primeiro lugar, aqueles a quem os produtos assinalados com as marcas em causa se destinam (*v. g.*, certas semelhanças entre sinais e entre produtos podem não induzir, ou induzir dificilmente, em erro industriais ou consumidores especialistas, enquanto que as mesmas semelhanças já podem criar facilmente confusão no espírito da generalidade dos consumidores). Depois, entre os consumidores destinatários, há-de atender-se ao consumidor "médio", nem particularmente atento nem particularmente distraído. Por outro lado, deve ver-se o consumidor médio a ser sensibilizado actualmente por certo sinal

---

(110) De modo terminologicamente diverso, fala a Directiva 89/104/ /CEE de "risco de confusão que compreenda o risco de associação" (v., p. ex., o art. 4.º, 1, b); da mesma maneira se exprime o Regulamento 40/94 — v., p. ex., o art. 8.º, 1, b)). Esta formulação (repetida em diversas leis nacionais) tem sido criticada sobretudo na Alemanha, por ser contraditória — o conceito de risco de confusão é mais estrito do que o de risco de associação (este é que envolve aquele, não o contrário); v. por todos, com indicações bibliográficas, R. Sack, *"Doppelidentität" und "gedanklisches Inverbindungbringen" im neuen deutschen und europäischen Markenrecht,* GRUR, 1996, pp. 664, ss., *maxime* 667. Explica-se tal formulação por um compromisso com os Estados do Benelux, cuja lei uniforme sobre marcas se referia (e refere) tão-só ao risco de associação— v. Braun, *ob. cit.*, pp. 318, ss., Sack, *últ. ob. cit.*, pp. 668-669. Como quer que seja, a questão é essencialmente de natureza terminológico-convencional. V. tb. o Ac. do TJ de 11 / 11 / 97 (Sabel) cit., *loc. cit.*, p. I-6223.

O CPI actual fala (melhor do que o anterior), em paralelo, do risco de confusão e do risco de associação (arts. 239.º, 1, a), 245.º, 1, c), 258.º). No entanto, não parece correcto anteceder o "risco de associação" com "ou que *compreenda*" (arts. 239.º, 1, a), 245.º, 1, c)); correcta é a formulação do art. 258.º

(111) V. tb. o 10.º considerando do preâmbulo da citada Directiva.

e, ao mesmo tempo, a recordar (mais ou menos imprecisamente) a marca registada cuja imitação se questiona (o confronto entre os dois sinais não é actual).

Releva também, evidentemente, o aludido grau de semelhança. O risco de confusão é tanto maior quanto maior for a semelhança entre os sinais e entre os produtos. E estas semelhanças hão-de ser correlacionadas: a afinidade entre os produtos pode ser tanto menor quanto maior for a semelhança entre os sinais, e vice-versa (112).

Por sua vez, o risco de confusão é maior quando a marca registada é "forte" (não "normal" nem "fraca"), ou muito conhecida: a marca que se pretende registar tem então de apresentar maiores dissemelhanças a fim de não induzir o público em erro (113). Marcas fracas ou débeis são marcas com pouca capacidade distintiva, por conterem elementos específicos, genéricos, descritivos ou de uso comum (referem-se directamente à natureza ou qualidades dos produtos — são marcas "expressivas" ou "sugestivas") (114). Pois bem, uma marca forte, tendo maior capacidade distintiva, desperta maior atenção no público e perdura mais na sua memória; daí que leves semelhanças ou imitações sejam susceptíveis de provocar trocas ou associações entre a marca de que se guarda memória e o signo que se pretende registar (115). A mais disto, importa dizer que o titular de uma marca expressiva há-de ter consciência de que a opção por tal signo o expõe a riscos: outros sujeitos têm legitimidade para compor as suas marcas igualmente com elementos

---

(112) V., p. ex., KLIEMS, *ob. cit.*, pp. 202-203, e PIPER, *ob. cit.*, pp. 431-432. V. tb. os Acs. do TJ de 29 / 9 / 98 (Canon, C-39 / 97), CJTJ, 1998, p. I-5532, e de 22 / 6 / 99 (Lloyd), *loc. cit.*, pp. I-3839 e I-3840.

(113) Cfr. os citados Acs. do TJ de 11 / 11 / 97 (Sabel), 29 / 9 / 98 (Canon) e 22 / 6 / 99 (Lloyd), *locs. cits.*, pp. I-6224 e I-6225, I-5532 e I-5533, e I-3840 e I-3841, respectivamente.

(114) Cfr. por todos FERRARA, *ob. cit.*, pp. 214, ss.. Pense-se, p. ex., em "Frigor" para frigoríficos, "Sumino" para sumos.

(115) Cfr. FERRARA, *ob. cit.*, p. 252, BRAUN, *ob. cit.*, pp. 332, ss..

sugestivos (cfr. art. 223.º, 2). A notoriedade da marca registada, dissemos, releva também. Ora, ainda que do ponto de vista empírico seja duvidoso que o risco de confusão em sentido estrito aumente à medida do crescimento da notoriedade da marca no mercado[(116)], certo é que o risco de associação é tanto maior quanto maior for a notoriedade da marca registada[(117)].[(118)]

3. 3. Conteúdo e extensão do direito sobre marca

3. 3. 1. Registo

Para que se constitua um direito de propriedade sobre uma marca é preciso que a mesma seja registada (no INPI)

---

(116) V. SACK, *Sonderschutz*..., p. 87, e a bibliografia aí citada, na n. (73).

(117) V. SACK, *últ. ob. e loc. cits.*, KUR, *Die Harmonisierung*..., pp. 248-249. Para diferente perspectiva, v. NOGUEIRA SERENS, *ob. cit.*, pp. 10-12.

(118) Para um vasto elenco de decisões jurisprudenciais portuguesas sobre "imitação" de marcas, v. JUSTINO CRUZ, *ob. cit.*, pp. 231-247. (Há decisões para todos os gostos. Recordista em casos de imitação é a marca "Coca-Cola". Decidiu-se que ela foi ilicitamente imitada por Totocola, Quincola, Piper-Cola, Prima-Cola, Spa-Cola, Line-Cola, Zimba Cola, Refrescola, Pom-Cola, Frusocola; decidiu-se em contrário a propósito das marcas Line-Cola, Raak-Cola, Swiss-Cola, Quincola, Prima-Cola, Coca--Line...). Para decisões mais recentes, v. Acs. do STJ de 20/10/92, BMJ n.º 420, 1992, p. 600 (Diezimbro e Apizimbro são inconfundíveis), 16/11/93, BMJ n.º 431, 1993, p. 503 (Cola-Cao-Vit imita Vit-A-Cau; o Ac. tem um voto de vencido), 25/11/93, BPI n.º 2/96, p. 474 (Cola Cao não imita Colacau, pois não há afinidade manifesta entre os respectivos produtos — "cacau e preparações de cacau" e "farinhas alimentares" !...), 24/10/94, BPI n.º 9/95, p. 3767 (Fluxema imita Fluidema; o Ac. tem um voto de vencido), 26/9/95, BMJ n.º 449, 1995, p. 365 (Tamoil imita Tamol), 24/10/95, BPI n.º 3/96, p. 897 (Mimo não imita Milo), 30/7/96, BPI n.º 11/96, p. 4180 (Prosumo não imita Frisumo), 2/10/03, CJ (ASTJ), 2003, t. III, p. 71 ("Contal" imita "Compal").

Para exemplos jusrisprudenciais franceses em que se verificou risco de associação, v. CHAVANNE/BURST, *ob. cit.*, pp. 668-669, n. (10) ("Laine nippone" e "Laine Japonaise", "La vache qui rit" e "La vache sérieuse", "Cogito" e "Ergosum", "Infernal" e "Diable", "Coup de foudre" e "Coup de coeur", etc.).

— art. 224.° do CPI. O processo normal de registo é regulado pelos arts. 233.°, ss..

Recentemente, pelo DL 125/2006, de 29 de Junho (que estabeleceu um regime especial de constituição *on-line* de sociedades por quotas e anónimas e alterou, entre outros, o DL 111/2005, de 8 de Julho — "empresa na hora"), foi regulado um processo muito mais simples para certas situações. Na constituição "imediata" e na constituição "*on-line*" de sociedades é possibilitada a simultânea aquisição do registo de marca ("marca na hora"), associada a firma idêntica. Foi para isso criada pelo RNPC e pelo INPI uma "bolsa de firmas reservadas e de marcas registadas a favor do Estado, compostas por expressões de fantasia" (art. 15.°, 2, do DL 111/2005). Mais recentemente ainda, o DL 318/2007, de 26 de Setembro, criou "um regime especial de aquisição imediata de marca registada", de que podem beneficiar não só sociedades mas quaisquer sujeitos com legitimidade para adquirir marcas (previamente criadas e registadas a favor do Estado).

Tem direito de prioridade para o registo quem primeiro apresentar regularmente o respectivo pedido (art. 11.°). No entanto, quem tiver apresentado regularmente em qualquer país da União de Paris ou da OMC, ou em qualquer organismo intergovernamental com competência para registar marcas que produzam efeitos em Portugal, um pedido de registo de marca gozará, para apresentar o mesmo pedido em Portugal, do direito de prioridade durante seis meses a partir da data do primeiro pedido (art. 12.° do CPI, art. 4.° da CUP). Também "aquele que usar marca livre ou não registada por prazo não superior a seis meses tem, durante esse prazo, direito de prioridade para efectuar o registo, podendo reclamar contra o que for requerido por outrem" (art. 227.°, 1,do CPI).

Os direitos conferidos pelo registo de marca no nosso país são eficazes em todo o território nacional (art. 4.°, 1).

O titular de marca registada no INPI que pretenda a protecção do sinal como marca noutros países requererá o registo nesses Estados. Contudo, não terá de o fazer com relação aos Estados partes do Acordo de Madrid relativo ao Registo Internacional de Marcas (de 14 de Abril de 1891, várias vezes revisto) ou do Protocolo relativo a esse Acordo (de 27 de Junho de 1989, aprovado em Conselho de Ministros de 12/9/96 e ratificado em 27/9/96 — v. D 31/96, de 25 de Outubro). Relativamente a estes países, o requerente ou titular de um registo de marca em Portugal, quando seja de nacionalidade portuguesa ou esteja domiciliado ou estabelecido no nosso país, pode requerer, por intermédio do INPI, o registo dessa marca na Secretaria Internacional da Organização Mundial da Propriedade Intelectual; a partir da data do registo na Secretaria, que o notificará sem demora às Administrações dos países onde se pretende a protecção da marca, a protecção dela em cada um desses países (que a não tenham recusado justificadamente) será a mesma que a marca teria se neles tivesse sido directamente registada (v. CPI, arts. 248.°, ss., Acordo de Madrid, arts. 1.°, ss., Protocolo, arts. 1.°, ss.).

Aludiu-se ainda agora à possibilidade de as Administrações dos países ou organizações partes dos citados Acordo e Protocolo recusarem a protecção nos correspondentes territórios a marcas de registo internacional. Todavia, tal recusa só pode fundar-se nos motivos previstos no art. 6.°- -quinquies, B), da CUP — v. arts. 5.°, 1, do Acordo e do Protocolo. Assim sendo, o art. 254.° do CPI viola (parcialmente) aquela norma de direito internacional (hierarquicamente superior)[(119)].

---

(119) Convergentemente, perante o art. 113.° do CPI de 1940, v. FERRER CORREIA, *ob. cit.*, p. 345, n. (1), e Ac. do STJ de 5/2/91, BMJ n.° 404 (1991), p. 473; relativamente ao art. 203.° do CPI de 1995, v. o Ac. do STJ de 26 / 5 / 2001, CJ (ASTJ), 2001, t. II, p. 39.

Uma menção breve, agora, às marcas comunitárias: têm carácter unitário, produzem os mesmos efeitos em toda a Comunidade Europeia, sendo o seu registo (único) efectuado num organismo da Comunidade — o Instituto de Harmonização do Mercado Interno (v. Regulamento 40/94).

3. 3. 2. Direitos conferidos pelo registo

O titular de uma (lícita) marca registada, gozando da "propriedade e do exclusivo dela" (art. 224.º, 1, do CPI), pode naturalmente usá-la para assinalar os produtos respectivos, utilizá-la na publicidade, transmiti-la e cedê-la em licença de exploração (arts. 31.º, 32.º, 262.º, 264.º), etc. Por outro lado, pode *reclamar* contra pedido de registo feito por outrem de marca idêntica ou semelhante (arts. 236.º, 237.º) — devendo o INPI, haja ou não reclamação, recusar tal registo se existir risco de confusão (art. 239.º, 1, a)) —, propor acção de *anulação* de registo concedido contra o disposto na norma por último citada (art. 266.º, 1), requerer judicialmente *medidas inibitórias* (cautelares ou definitivas) contra violações do seu direito (arts. 338.º-I, 338.º-N), bem como *indemnizações* (art. 338.º-L). Por outro lado ainda, o direito do titular de marca é protegido criminal e contra-ordenacionalmente (arts. 323.º, 324.º, 336.º; v. também o art. 319.º).

Umas palavras mais sobre o art. 258.º (bastante melhor redigido do que o art. 207.º do CPI anterior — cujas redacção e divergência relativamente ao art. 5.º, 1, da Directiva 89 /104/CEE foram aqui, nas três primeiras edições, criticadas). Diz ele: "O registo da marca confere ao seu titular o direito de impedir terceiros, sem o seu consentimento, de usar, no exercício de actividades económicas, qualquer sinal igual, ou semelhante, em produtos ou serviços idênticos ou afins daqueles para os quais a marca foi registada, e que, em consequência da semelhança entre os sinais e da afinidade dos produtos ou serviços, possa causar um risco de confusão, ou associação, no espírito do consumidor". É proibido o uso de sinais confundíveis com a marca registada "no exercício de actividades económicas". Assim, é claro que não há ofensa do direito à marca quando numa roda de amigos falamos depreciativamente de certa marca; ou quando um dirigente de associação de consumidores menciona em entrevista determinada marca para referir os malefícios de alguns componentes dos produtos respectivos. Depois, os sinais confundíveis com marca registada hão-de ser usados (em actividades económicas) como sinais distintivos, assinalando, distinguindo produtos (idênticos ou afins aos assinalados pela marca registada) — *v. g.*, os terceiros apõem tais sinais nos produtos por si fabricados, ou utilizam-nos na publicidade a esses produtos (v. o art. 5.°, 3, da Directiva). O direito à marca (em Portugal) não impede o uso daqueles sinais para fins diversos dos da individuação-diferenciação dos produtos (*v. g.*, para fins descritivos ou informativos) — cfr. também o art. 5.°, 5, da Directiva. Diga-se ainda [120] que os "direitos conferidos pelo registo" (epígrafe do art. 258.°) sofrem os limites que expomos já de seguida.

3. 3. 3. Limitações aos direitos conferidos pelo registo

O titular de marca registada não tem o direito de impedir que terceiros usem na sua actividade económica o seu próprio nome e endereço ou indicações relativas à espécie, qualidade, quantidade, destino, valor, proveniência geográfica e outras características dos produtos — apesar de tais signos serem idênticos ou semelhantes à marca e respeitarem a produtos idênticos ou afins. No entanto, isto só é

[120] Do risco de confusão (referido também no art. 258.°) falámos atrás (n.° 3. 2. 4.).

assim quando o uso (pelos terceiros) seja feito em conformidade com normas e usos honestos em matéria profissional (cfr. art. 260.º, a) e b), do CPI; cfr. também o art. 6.º, 1, a) e b), da Directiva sobre marcas)(121). Quer dizer, os aludidos signos hão-de aparecer em função descritiva, não como marcas; o terceiro deve utilizá-los, em regra, juntamente com uma marca própria, que apareça de modo destacado (os consumidores não devem ser induzidos a crer que aqueles sinais são marcas)(122).

O titular de marca registada não tem também o direito de impedir que terceiros usem na sua actividade económica essa mesma marca, quando tal uso não viole práticas honestas em matéria profissional e seja necessário para indicar o destino dos produtos, nomeadamente no caso de acessórios ou peças sobressalentes (arts. 6.º, 1, c), da Directiva, 260.º, c), do CPI). Assim, por exemplo, o produtor de peças sobressalentes para automóveis "Ford" pode utilizar esta marca desde que revele aos consumidores não serem essas peças fabricadas pelo produtor dos automóveis nem estar ele ligado (como concessionário, licenciado, etc.) a este — o que passa, normalmente, pela utilização de uma marca própria em função distintiva(123).

Outra importante limitação aos direitos conferidos pelo registo decorre do chamado princípio do *esgotamento*. Suponha-se que um produtor estabelecido em Portugal lança em Espanha, directamente ou através de um concessionário exclusivo, produtos seus com determinada marca a preços

(121) O art. 260.º fala de normas e usos honestos "em matéria industrial e comercial" (semelhantemente o art. 6.º, 1, da Directiva). Mas não estão em jogo somente a indústria e o comércio...

(122) Cfr. FERNÁNDEZ-NOVOA, *ob. cit.*, pp. 176, ss..

(123) Cfr. FERNÁNDEZ-NOVOA, *ob. cit.*, p. 179, DI CATALDO, *ob. cit.*, pp. 127-128. Cfr. tb. o Ac. do TJ de 23/2/99 (BMW, C-66/97), CJTJ, 1999, pp. I-946, ss..

inferiores aos praticados no nosso país. No país vizinho, um comerciante compra alguns desses produtos e pretende exportá-los para Portugal com a mesma marca. O citado produtor opõe-se à "importação paralela", invocando que em Portugal só ele tem direito a usar aquela marca para aqueles produtos (cfr. art. 258.º; v. também o art. 30.º do TCE). A oposições destas, que, a serem admitidas, conduziriam ao fechamento dos mercados nacionais, e que não são exigidas pela devida tutela dos direitos conferidos pela marca, cedo se opôs o TJCE: os direitos conferidos pela marca esgotam-se, exaurem-se relativamente aos produtos colocados no mercado pelo titular da marca ou por terceiro com o seu consentimento (concessionário, licenciado, sociedade filial, etc.)(124).

A Directiva 89/104/CEE acolheu esta jurisprudência comunitária no art. 7.º, que o art. 259.º do CPI (quase) reproduz (n.º 1: "Os direitos conferidos pelo registo não permitem ao seu titular proibir o uso da marca em produtos comercializados, pelo próprio ou com o seu consentimento, no espaço económico europeu".).

No entanto, a regra do esgotamento não é aplicável "sempre que existam motivos legítimos, nomeadamente quando o estado desses produtos seja modificado ou alterado após a sua colocação no mercado" (n.º 2 do art. 259.º; cfr. o art. 7.º, 2, da Directiva). Nestes casos de alteração do estado das mercadorias, impedir o titular da marca de reagir significaria postergar as funções de indicação de origem, de garantia de qualidade e publicitária que às marcas se reconhecem. E pode o titular da marca opor-se legitimamente à

(124) V., em primeiro lugar, o Ac. de 31/10/74 (Centrafarm/Winthrop, 16/74), RJC, 1974, p. 1183. O princípio do esgotamento é reconhecido pela jurisprudência alemã desde o início do século passado — v. BEIER, *ob. cit.*, pp. 12, ss., R. KLAKA, *Erschöpfung und Verwirkung im Licht des Markenrechtsreformgesetzes,* GRUR, 1994, p. 322 (para informações de direito comparado, v. *ibid.*, pp. 325-326).

comercialização posterior dos produtos quando o comerciante os tenha *reembalado* e neles tenha reaposto a marca? Pode, com base no n.º 2 dos arts. 259.º do CPI e 7.º da Directiva — mas exceptuados os casos em que se demonstre que a oposição contribui para estabelecer uma compartimentação artificial dos mercados entre Estados-membros; que a reembalagem não afecta o estado originário do produto; a identidade do fabricante e do reembalador é claramente visível na nova embalagem; a apresentação do produto reembalado não prejudica a reputação da marca (mais uma vez a função publicitária...) nem a do seu titular; o titular da marca foi avisado pelo comerciante acerca da reembalagem[(125)]. [(126)]

3. 3. 4. Protecção das marcas de facto, livres ou não registadas

As marcas de facto, além de poderem gozar do já referido direito de prioridade para o registo, nos termos do art. 227.º do CPI, podem ser também protegidas por efeito do disposto

---

(125) V. Ac. do TJ de 11/7/96 (Bristol-Myers Squibb, C-427/93, C-429/93 e C-436/93), CJTJ, 1996, p. I- 3457.

(126) O art. 7.º da Directiva (assim como o art. 13.º do Regulamento 40/94) refere-se explicitamente apenas ao esgotamento "comunitário" (incluindo, é claro, o "nacional"). Obstará isto a que os Estados-membros reconheçam legislativa ou jurisprudencialmente o esgotamento "internacional", "global" ou "mundial"? A maioria, parece, da doutrina de língua alemã responde afirmativamente — neste sentido, v., p. ex., KLAKA, *ob. cit.*, pp. 324, ss.; contra, v. KOPPENSTEINER, *Österreichisches...*, pp. 883-884 (ambos os AA. fornecem indicações bibliográficas a respeito da polémica; v. tb. KUR, *Die Harmonisierung...*, p. 245). Entre nós, defendendo que o art. 208.º do CPI anterior não se opunha ao esgotamento internacional, v. SOUSA E SILVA, *ob. cit.*, pp. 227, ss.. Entretanto, o TJ decidiu no Ac. de 16 / 7 / 98 (Silhouette International Schmied, C-355 / 96), CJTJ, 1998, p. I-4822, que o art. 7.º, 1, da Directiva impede que disposições nacionais admitam o esgotamento mundial; na mesma linha, v. o Ac. do TJ de 1 / 7 / 99 (Sebago e Maison Dubois, C-173 / 98), CJTJ, 1999, p. I-4114.

no art. 239.°, 1, e): deve ser recusado o registo de marca idêntica ou confundível com marca de facto quando se reconheça que o requerente "pretende fazer concorrência desleal ou que esta é possível independentemente da sua intenção" (cfr. art. 317.°, a); v. também o art. 266.°, 1). [127]

De protecção especial gozam as marcas de facto "notoriamente conhecidas". Diz o art. 241.°, 1: "É recusado o registo de marca que, no todo ou em parte essencial, constitua reprodução, imitação ou tradução de outra notoriamente conhecida em Portugal, se for aplicada a produtos ou serviços idênticos ou afins e com ela possa confundir-se ou se, dessa aplicação, for possível estabelecer uma associação com o titular da marca notória"[128]. Acrescenta o n.° 2 que "os interessados na recusa dos registos das marcas a que se refere o número anterior só podem intervir no respectivo processo depois de terem efectuado o pedido de registo da marca que dá origem e fundamenta o seu interesse".

Estas marcas hão-de ser notoriamente conhecidas em Portugal. Quer dizer, o conhecimento deve verificar-se no nosso país (não basta o eventual conhecimento notório noutro ou noutros países). E deve verificar-se nos meios interessados, nos círculos dos consumidores ou utilizadores dos produtos em causa[129]. Tal conhecimento, que pode resultar do uso das marcas e / ou da publicidade feita às mesmas[130],

---

(127) V. o Ac. do STJ de 6/7/04, CJ (ASTJ), 2004, t. II, p. 134.

(128) V. arts. 6.°-bis da CUP e 4.°, 2, d), da Directiva 89/104/CEE.

(129) Cfr. art. 16.°, 2, do ADPIC/TRIPs. V. tb. J. G. PINTO COELHO, *A protecção da marca "notoriamente conhecida"*, RLJ, ano 84.° (1951-1952), p. 164. Tradicionalmente, exige-se nalguns países (*v. g.*, França e Holanda) que a notoriedade se verifique junto do grande público, para lá, portanto, dos círculos dos consumidores directamente interessados — cfr. CHAVANNE/BURST, *ob. cit.*, p. 545, BRAUN, *ob. cit.*, p. 588.

(130) Cfr. art. 16.°, 2, do ADPIC. V. tb. PINTO COELHO, *últ. ob. cit.*, pp. 163-164.

há-de ser notório; isto é, uma clara maioria dos referidos consumidores conhece essas marcas [131].

Além de o INPI não dever registar marca que reproduza, imite ou traduza marca notoriamente conhecida, nos termos do n.º 1 do art. 241.º, tem o titular de uma marca destas o direito de reclamar contra o requerimento daquele registo depois de ter efectuado o pedido de registo da marca notória (n.º 2 do art. 241.º). Se, indevidamente, o INPI proceder àquele registo, pode o titular da marca notoriamente conhecida pedir a anulação do mesmo (art. 266.º, 1 e 2). Mesmo antes do registo da marca notoriamente conhecida (mas depois do respectivo pedido), o terceiro que a use, contrafaça ou imite está sujeito a responsabilidade criminal (arts. 323.º, d), 324.º).

Protecção semelhante à das marcas notoriamente conhecidas não registadas é concedida às marcas de prestígio não registadas (v. arts. 242.º, 266.º, 1 e 2, 323.º, e), 324.º) [132].

3. 4. Transmissões e licenças

3. 4. 1. Transmissões

O sistema hoje generalizado é o da transmissibilidade das marcas independentemente da transmissão das respectivas empresas [133]. Tal como acontecia no CPI de 1940 (art. 118.º, § 1.º) e no de 1995 (art. 211.º, 2), também na lei actual se consagra esse sistema — embora com limitações. A

---

(131) Exige-se tradicionalmente na Alemanha que mais de 60% do público directamente interessado as conheça — cfr. SACK, *Sonderschutz...*, p. 91; contra, afirmando ser suficiente uma percentagem de 20 a 30%, v. KUR, *Die notorisch...*, pp. 337-338.

(132) As marcas de prestígio, recorde-se, não exigem o grau de notoriedade das marcas notoriamente conhecidas e são protegidas para lá do âmbito do princípio da especialidade (*supra*, n.º 3. 1.).

(133) Cfr. tb. o art. 21.º do ADPIC.

propriedade de marca registada (bem como o pedido de registo) é transmissível a título gratuito ou oneroso independentemente do estabelecimento, "se tal não for susceptível de induzir o público em erro quanto à proveniência do produto ou do serviço ou aos caracteres essenciais para a sua apreciação" (art. 262.°, 1, 3)[(134)]. Por poder induzir o público em erro, será pois ilícita a transmissão autónoma de marca (sem o estabelecimento) quando, por exemplo, a marca contenha o nome ou a firma do transmitente, ou recompensas a ele atribuídas; ilícita será também quando os produtos do transmissário a assinalar com a marca sejam — embora da mesma "classe" classificativa — de natureza diversa ou qualidade consideravelmente inferior às dos produtos do transmitente[(135)].

Trespassando-se um estabelecimento, transmite-se naturalmente a marca (ou marcas) a ele ligada(s)[(136)]. Transferindo-se um estabelecimento a título temporário (*v. g.*, usufruto, locação), vale também a regra da transmissão natural das marcas[(137)].

A transmissão *inter vivos* das marcas (ou dos pedidos de registo), quando não integrada em negócio sobre estabelecimento exigindo escrito, deve fazer-se por documento escrito (cfr. art. 31.°, 6). Em qualquer caso, a transmissão só produz efeitos em relação a terceiros depois do respectivo averbamento no INPI (art. 30.°, 1, a), 2).

As marcas de facto, por não serem objecto de direito de propriedade, não são transmissíveis autonomamente. Mas,

---

(134) Todavia, as marcas colectivas "registadas a favor dos organismos que tutelam ou controlam actividades económicas não são transmissíveis, salvo disposição especial de lei, estatutos ou regulamentos internos" (art. 263.°).

(135) Cfr. PINTO COELHO, *Lições...*, pp. 446-447, OLIVEIRA ASCENSÃO, *Direito comercial* cit., vol. II, pp. 161-162.

(136) V. *supra*, n.° 3. 4. 1. 2. do cap. III.

(137) V. *supra*, n.° 3. 4. 2. 2. do cap. III.

enquanto elementos de empresas, podem com estas ser transmitidas[138].

3. 4. 2. Licenças

Atendendo à função de indicação de origem das marcas (entendida de modo estrito), defendeu-se entre nós (e não só) que, na falta de norma legal específica, eram ilícitos os contratos de licença de exploração das marcas[139].

O problema encontrou solução legal (admissibilidade das licenças) no DL 27/84, de 18 de Janeiro, que deu nova redacção ao art. 119.º do CPI de 1940. Actualmente, as licenças de exploração de marcas estão especialmente previstas nos arts. 32.º e 264.º do CPI[140].

Através de contrato (oneroso ou gratuito) pode o titular de marca registada cedê-la a terceiro em licença de uso ou exploração. A licença pode ser total ou parcial (para todos ou parte dos produtos para os quais a marca foi registada), destinada a certa zona ou a todo o território nacional, vigente por todo o tempo do registo ou por prazo inferior, exclusiva (obrigando-se o licenciante a não conceder outras licenças para a zona acordada enquanto aquela vigorar)[141] ou não exclusiva (ou simples) — cfr. art. 32.º, 1, 5, 6 e 7.

O contrato de licença está sujeito a forma escrita (art. 32.º, 3) e só produz efeitos em relação a terceiros depois de averbado no INPI (art. 30.º, 1, b), 2).

---

(138) V. PINTO COELHO, *últ. ob. cit.*, p. 455, FERRARA, *ob. cit.*, pp. 283-284, FERRER CORREIA, *ob. cit.*, p. 351.

(139) PINTO COELHO, *Lições...*, pp. 456, ss., *O problema da admissibilidade...*, pp. 289-290 (na p. 322, entendeu todavia o A. que a lei portuguesa poderia regular em certas condições as licenças de marca).

(140) Cfr. tb. o art. 8.º da Directiva 89/104/CEE.

(141) Se também o licenciante se obriga a não utilizar a marca na zona designada, poderá falar-se de licença exclusiva reforçada (FERNÁNDEZ-NOVOA, *ob. cit.*, p. 231).

"Salvo estipulação expressa em contrário, o licenciado goza, para todos os efeitos legais, das faculdades conferidas ao titular do direito objecto da licença (...)" – art. 32.°, 4. Todavia, salvo estipulação em contrário, o licenciado não pode ceder a sua posição contratual nem conceder sublicenças sem consentimento escrito do licenciante (art. 32.°, 8 e 9).

Não prevê a lei o dever-poder (legal) de o licenciante controlar a qualidade dos produtos com a sua marca assinalados pelo licenciado; nem prevê o dever (legal) de o licenciado respeitar os critérios de qualidade respeitados pelo licenciante e / ou outros licenciados. Contudo, sempre se poderá recorrer ao regime da caducidade previsto no art. 269.°, 2, b). O que a lei prevê (art. 264; cfr. art. 8.°, 2, da Directiva) é que, prevendo o contrato de licença algo sobre a qualidade dos produtos fabricados ou dos serviços prestados pelo licenciado (bem como outros aspectos relativos ao uso da marca), o licenciante pode invocar contra o licenciado que infrinja essa(s) cláusula(s) — além do regime geral do incumprimento dos contratos — "os direitos conferidos pelo registo" (v. designadamente os arts. 258.° e 323.°, f)).

Aparentado com o contrato de licença é o contrato de *merchandising* de marca – através do qual o titular de marca (registada) de prestígio concede a outrem o direito de usar o signo para distinguir produtos não idênticos nem afins dos produtos para que ela foi registada. Apesar de não tipificado legalmente, deve este contrato ser considerado lícito. Na verdade, o titular de uma marca de prestígio tem o direito de impedir que outrem a use para quaisquer espécies de produtos (cfr. arts. 242.°, 323.°, e)); por conseguinte, este uso só será legítimo havendo acordo do titular da marca.[142]

---

(142) Sobre o problema na Itália, v., p. ex., DI CATALDO, *ob. cit.*, p. 138, e MASSA, *ob. cit.*, pp. 100, ss.; entre nós, v. MARIA MIGUEL CARVALHO, Merchandising *de marcas (A comercialização do valor sugestivo*

3. 5. Extinção do registo das marcas ou de direitos dele derivados

3. 5. 1. Nulidade

Segundo o art. 265.º, 1, do CPI, o registo de marca é nulo nos casos previstos no art. 33.º, 1, e quando na sua concessão tenha sido desrespeitado o disposto nos n.os 1, 4, 5 e 6 do art. 238.º (proibições absolutas de registo) (143).

A declaração judicial da nulidade é requerível a todo o tempo por qualquer interessado ou pelo Ministério Público (arts. 33.º, 2, 35.º, 1, 2). No entanto, "a eficácia retroactiva da declaração de nulidade (...) não prejudica os efeitos produzidos em cumprimento de obrigação [relativa, *v. g.*, ao pagamento por parte de licenciado de retribuições vencidas], de sentença transitada em julgado [que, *v. g.*, tenha condenado ao pagamento de indemnização alguém que usou sinal imitando a marca posteriormente declarada nula], de transacção, ainda que não homologada, ou em consequência de actos de natureza análoga" (art. 36.º).

3. 5. 2. Anulação

É anulável o registo de marca quando na sua concessão tenha sido infringido o previsto nos arts. 239.º a 242.º — assim determina o art. 266.º, 1 (144).

---

das marcas), Almedina, Coimbra, 2003, e COUTO GONÇALVES, *ob. cit.*, pp. 231, ss..

(143) A remissão para o art. 33.º revela alguma utilidade somente quanto à al. b) do n.º 1. O estabelecido nas als. a) (demasiado vaga, aliás) e c) encontra-se também em outras normas para que remete o art. 265.º, 1.

(144) O art. 266.º, 1, remete ainda para o art. 34.º. Mas (quase) inutilmente. O proémio do n.º 1 deste art., bem como a sua al. a), são muito vagos; o previsto aí e na al. b) (em matéria de marcas) está também previsto no art. 266.º, 1, a). Tem interesse, contudo, o n.º 2 do art. 34.º (possibilidade de reversão do registo a favor do interessado, em vez de anulação) — mas não estabelece qualquer causa de anulabilidade...

As acções de anulação podem ser propostas pelo Ministério Público ou por qualquer interessado dentro do prazo de dez anos a contar da data do despacho de concessão do registo (arts. 35.º, 1, 2, 266.º, 4). Mas não prescreve o direito de pedir a anulação de marca registada de má fé (com conhecimento da existência de marca, sinal, ou direito anteriores incompatíveis com a marca cujo registo se obteve) — art. 266.º, 4.

Porém, "o titular de uma marca registada que, tendo conhecimento do facto, tiver tolerado, durante um período de cinco anos consecutivos, o uso de uma marca registada posterior, deixa de ter direito, com base na sua marca anterior, a requerer a anulação do registo da marca posterior, ou a opor-se ao seu uso, em relação aos produtos ou serviços nos quais a marca posterior tenha sido usada, salvo se o registo da marca posterior tiver sido efectuado de má fé" (art. 267.º, 1)[(145)]. [(146)]

3. 5. 3. Caducidade

O registo de marca caduca independentemente da invocação de causa (art. 37.º, 1): a) quando tiver expirado o seu prazo de duração[(147)]; b) por falta de pagamento de taxas[(148)]. E caduca se as respectivas causas forem invocadas por interessado e houver a correspondente declaração pelo INPI (v. os arts. 37.º, 2, e 270.º): 1) se a marca não tiver sido objecto de uso sério durante cinco anos consecutivos sem justo motivo (n.º 1 do art. 269.º); 2) se a marca se tiver transformado na designação usual no comércio do produto

(145) Cfr. art. 9.º, 1, da Directiva 89/104/CEE.

(146) Sobre efeitos da anulação, v. o art. 36.º.

(147) Que é de dez anos, mas indefinidamente renovável por iguais períodos (art. 255.º). V. tb. o art. 8.º.

(148) V. tb. os arts. 346.º, ss., sobretudo os arts. 349.º, 7, e 350.º.

para que foi registada, em consequência de actividade ou inactividade do titular (art. 269.°, 2, a)); 3) se a marca se tiver tornado deceptiva (art. 269.°, 2, b)) (149). (150)

As causas de caducidade referidas sob 1) e 2) merecem algumas linhas mais.

O uso de marca (tal como está registada ou em forma que, de harmonia com o disposto no art. 261.°, não lhe altere o carácter distintivo — art. 268.°, 1, a)) é "sério" quando ela assinala produtos colocados no mercado de modo estável ou não esporádico e em quantidades significativas ou não irrisórias, quando a utilização não é meramente "simbólica" (151). Mas o uso sério poderá bastar-se com a utilização da marca em campanhas publicitárias preparatórias da introdução dos bens no mercado (152). O uso relevante da marca pode ser feito pelo titular do registo, por licenciados (art. 268.°, 1, a)), por "terceiro, desde que o seja sob controlo do titular e para efeitos da manutenção do registo" (art. 268.°, 1, c)), ou, em geral, por quem seja autorizado pelo titular (*v. g.*, sociedades filiais) (153).

Há "justo motivo" para o não uso de marca quando existam circunstâncias independentes da vontade do titular que tal imponham — *v. g.*, casos de força maior (guerras, catás-

---

(149) Referimo-nos já a esta hipótese *supra,* no final do n.° 3. 1.

(150) As marcas colectivas caducam ainda nos casos previstos no art. 269.°, 3.

(151) V. FERNÁNDEZ-NOVOA, *ob. cit.*, pp. 247, ss., CHAVANNE/BURST, *ob. cit.*, pp. 584, ss., A. VANZETTI / V. DI CATALDO, *Manuale di diritto industriale,* Giuffrè, Milano, 1993, p. 217. O mercado de colocação dos produtos pode ser exclusivamente estrangeiro — art. 10.°, 2, b), da Directiva 89/104/CEE, art. 268.°, 1, b), do CPI.

(152) V. FERNÁNDEZ-NOVOA, *ob. cit.*, pp. 250, ss., VANZETTI / DI CATALDO, *ob. e loc. cits.*.

(153) Cfr. o art. 10.°, 3, da Directiva. Para as marcas colectivas, v. o art. 268.°, 2 e 3 (bastava um n.° — cfr. o citado n.° 3 do art. 10.° da Directiva — e mais precisamente redigido...).

trofes naturais) e medidas de autoridades públicas proibindo a produção ou a comercialização dos respectivos produtos[154].

De todo o modo, o registo não caduca por falta de uso injustificado da marca durante cinco anos consecutivos "se, antes de requerida a declaração de caducidade, já tiver sido iniciado ou reatado o uso sério da marca" (art. 269.º, 4); contudo, "o início ou o reatamento do uso sério nos três meses imediatamente anteriores à apresentação de um pedido de declaração de caducidade, contados a partir do fim do período ininterrupto de cinco anos de não uso, não é (...) tomado em consideração se as diligências para o início ou reatamento do uso só ocorrerem depois de o titular tomar conhecimento de que pode vir a ser efectuado esse pedido de declaração de caducidade" (arts. 269.º, 4, 268.º, 4; cfr. art. 12.º, 1, da Directiva).

O preceito do art. 269.º, 2, a), do CPI, que reproduz substancialmente o do art. 12.º, 2, a), da Directiva, refere-se ao fenómeno da chamada (sobretudo em Itália) "vulgarização" de marca[155].

O registo da marca é passível de caducidade quando ela se transforma na designação comercial usual do produto para que foi registada, quando se converte no nome comum ou signo "específico" do produto (a marca deixa de aparecer como sinal distintivo de bens com certo nome, aparecendo como denominação comum, como o próprio nome desses

---

(154) Cfr. art. 19.º, 1, do ADPIC/TRIPs.

(155) Sobre este fenómeno v., entre outros, J. G. PINTO COELHO, *O problema da conversão da marca em denominação genérica,* RLJ, ano 93.º (1960-1961), pp. 245, ss., *Ainda o problema da conversão da marca em denominação genérica,* RLJ, ano 95.º (1962-1963), pp. 257, ss., P. FRASSI, *Riflessioni sul fenomeno della volgarizzazione del marchio,* RDI, 1990, pp. 403, ss., FERNÁNDEZ-NOVOA, *ob. cit.*, pp. 300, ss., DI CATALDO, *ob. cit.*, pp. 77, ss., NOGUEIRA SERENS, *A "vulgarização"...*, pp. 88, ss..

bens)[156]. Esta conversão pode realizar-se por iniciativa do titular ou explorador da marca (utilizando-a como denominação específica), dos concorrentes (utilizando ilicitamente a marca de outrem), dos distribuidores ou comerciantes (usando ilicitamente a marca ou designando especificamente os produtos através da marca), dos consumidores (solicitando produtos não pelo seu nome ou pelo nome e marca mas por determinada marca).

Todavia, não basta o uso generalizado de uma marca como denominação específica de produto para que o registo possa ser declarado caduco. A lei não perfilhou a tese "objectiva" da caducidade por vulgarização, mas sim a "subjectiva". Isto é, a caducidade só pode ser declarada quando a vulgarização da marca seja "consequência da actividade, ou inactividade, do titular". Resulta da actividade do titular quando é ele que inicia ou promove a utilização da marca como nome comum do produto. Resulta da inactividade do titular quando são outros que iniciam ou promovem essa utilização sem que ele reaja, sem se opor a tal emprego[157]. [158]

---

(156) São clássicos os exemplos da Cellophane (Celofane), Thermos (Termo), Polaroid (Polaróide).

(157) P. ex., não se opõe ao uso ilícito da marca em produtos de outrem, não se opõe ao emprego da marca como nome comum de produtos em dicionários, enciclopédias, etc. (cfr. art. 10.° do Regulamento 40/94).

(158) FRASSI, *ob. cit.*, pp. 415, ss., e NOGUEIRA SERENS, *ob. cit.*, pp. 117, ss., interpretam restritivamente o enunciado do art. 12.°, 2, a), da Directiva (sobretudo a expressão "designação usual no *comércio*"): a vulgarização relevante seria a verificável não entre os consumidores mas entre os operadores comerciais (produtores e comerciantes) do sector a que o titular da marca pertence; a conversão da marca em designação genérica do produto haveria de verificar-se não na linguagem corrente mas na linguagem comercial, dos comerciantes. Não parece que assim seja. A perda da capacidade distintiva da marca (enquanto marca) há-de relevar também quando acontece no círculo dos consumidores — são eles os destinatários principais das mensagens diferenciadoras dos produtos veiculadas pelas marcas. Por outro lado, o "comércio" não se faz apenas entre comerciantes (em sentido jurídico), faz-se também, e principalmente, entre comerciantes e consumidores. Aliás, o "comércio" aparece noutras disposições da Directiva com um sentido que não abona aquela

3. 5. 4. Renúncia

Por declaração unilateral receptícia (dirigida ao INPI), pode o titular de marca renunciar (total ou parcialmente) ao direito de propriedade sobre ela (art. 38.º, 1, 2). Porém, "a renúncia não prejudica os direitos derivados [*v. g.*, fundados em licença de exploração] que estejam averbados, desde que os seus titulares, devidamente notificados, se substituam ao titular do direito principal, na medida necessária à salvaguarda desses direitos" (art. 38.º, 5).

4. Denominações de origem e indicações geográficas

4. 1. Noção

Denominação de origem é o nome de uma região, de um local determinado ou, em casos excepcionais, de um país, que serve para designar um produto originário dessa zona, cuja qualidade ou características se devem essencial ou exclusivamente ao meio geográfico — aos seus factores naturais (solo, clima) e / ou socio-económicos (técnicas de produção) — e que é produzido, transformado ou elaborado na área geográfica delimitada (art. 305.º, 1, do CPI)[159]. São

interpretação (v. designadamente o art. 3.º, 1, c)); o mesmo se diga com respeito ao CPI — v., no campo das marcas, os arts. 223.º, 1, c), 2, 228.º, 2.

(159) Este preceito repete praticamente o do art. 2.º, 2, a), do Regulamento (CEE) 2081/92 do Conselho, de 14 de Julho de 1992, relativo à protecção das indicações geográficas e denominações de origem de certos produtos agrícolas e géneros alimentícios, revogado e substituído pelo Regulamento (CE) 510/2006 do Conselho, de 20 de Março (o art. 2.º, 1, a), contém norma idêntica). Por sua vez, a norma comunitária inspirou-se no art. 2.º, 1), do Acordo de Lisboa de 31 de Outubro de 1958, relativo à protecção das denominações de origem e ao seu registo internacional (aprovado para ratificação pelo DL 46852, de 2 de Fevereiro de 1966). "Dão", "Madeira", "Porto" são exemplos de denominações de origem (para vinhos).

igualmente consideradas denominações de origem certas denominações tradicionais, geográficas ou não, que designem produtos originários de uma região ou local determinado, cujas qualidades ou características se devem essencialmente ao meio geográfico e cuja produção, transformação e elaboração ocorrem nas áreas geográficas delimitadas (art. 305.°, 2; cfr. art. 2.°, 3, do Regulamento 2081/92)[(160)].

Indicação geográfica é o nome de uma região, de um local determinado ou, em casos excepcionais, de um país, que serve para designar um produto originário dessa zona, cuja reputação, determinada qualidade ou outra característica podem ser atribuídas a essa origem geográfica e que é produzido, transformado ou elaborado na área geográfica delimitada (art. 305.°, 3)[(161)].

A diferença principal entre denominações de origem e indicações geográficas está no facto de as primeiras identificarem produtos cuja qualidade global ou características se devem essencialmente ao meio geográfico, enquanto as segundas designam produtos que, podendo embora ser produzidos com idêntica qualidade global noutras zonas geográficas, devem a sua fama ou certas características à área territorial delimitada de que deriva o nome-indicação geográfica (*v.g.*, "Maçã da Cova da Beira").[(162)]

Como se vê, as denominações de origem e as indicações geográficas visam distinguir produtos — tal como as marcas. Mas não se confundem com estas. As possibilidades de constituição das marcas (art. 222.°) são muito mais vastas do que as respeitantes àqueles sinais, sempre nominativos e consis-

---

(160) "Vinho Verde", "Queijo da Serra" serão exemplos destas denominações de origem.

(161) Este art. repete praticamente o art. 2.°, 2, b), do Regulamento de 1992 (ou o art. 2.°, 1, b), do Regulamento de 2006). É semelhante a definição dada pelo art. 22.°, 1, do ADPIC/TRIPs.

(162) Sobre o modo de delimitação das áreas geográficas, v. art. 306.°.

tindo quase sempre em nomes de zonas geográficas; as marcas pertencem a sujeitos determinados, e as denominações de origem e indicações geográficas são propriedade comum dos residentes ou estabelecidos, de modo efectivo e sério, na localidade, região ou território demarcados (art. 305.º, 4); ao invés da generalidade das marcas, aqueloutros sinais distinguem sempre produtos originários de certas áreas geográficas. Não obstante, é muito grande a proximidade entre as denominações de origem e indicações geográficas e as marcas colectivas constituídas por nomes indicando a proveniência geográfica dos produtos (cfr. art. 228.º, 2). Ainda aqui, porém, subsistem as diferenças relativas aos sujeitos que podem ser titulares e usuários de uns e outros sinais; a mais disso (e afora outras diferenças de regime previstas nos respectivos capítulos do CPI), deve notar-se que as possibilidades de controlo da produção e comercialização dos produtos assinalados por uns e outros sinais são em geral mais vastas no respeitante às marcas colectivas — v. arts. 228.º, 3, 231.º, 1, b), 2, 305.º, 5.

4. 2. Protecção

A tutela das denominações de origem e das indicações geográficas exige, em regra, que elas estejam registadas. O registo deve ser concedido às denominações e indicações respeitadoras dos requisitos previstos no art. 305.º, 1, 2 e 3; não confundíveis com denominações de origem ou indicações geográficas anteriormente registadas; não deceptivas; não ofensivas de (anteriores) direitos de propriedade industrial ou de direitos de autor; nem de lei, da ordem pública ou dos bons costumes; não susceptíveis de favorecer actos de concorrência desleal — art. 308.º.

O registo destes sinais confere o direito de impedir o uso da(s) palavra(s) característica(s) deles componente(s), ou de signos confundíveis, em marcas e outros sinais distintivos, etiquetas, rótulos, mensagens publicitárias, documentos mercantis para assinalar, apresentar ou referir produtos idênticos ou afins mas não provenientes das regiões demarcadas a que se reportam as denominações de origem ou as indicações geográficas (cfr. o prolixo art. 312.°, 1, a), 2 e 3). Mas aquele uso é ainda proibido em relação a produtos não idênticos nem afins quando a denominação de origem ou a indicação geográfica gozem de "prestígio" em Portugal ou na Comunidade Europeia e "sempre que o uso das mesmas procure, sem justo motivo, tirar partido indevido do carácter distintivo ou do prestígio da denominação de origem ou da indicação geográfica anteriormente registada, ou possa prejudicá-l[o]s" (art. 312.°, 4). Também nestes casos, portanto, é ultrapassado o "princípio da especialidade", semelhantemente ao que ocorre a propósito das marcas de prestígio (163). O art. 312.°, 1, permite impedir ainda "a utilização que constitua um acto de concorrência desleal, no sentido do artigo 10-bis da Convenção de Paris (...)" — al. b) — e "o uso por quem, para tal, não esteja autorizado pelo titular do registo" (al. c)). Disposições desnecessárias. Quanto à primeira, a tutela decorrente das restantes disposições do art. 312.° parece não deixar qualquer espaço para uma (autónoma) tutela em termos de concorrência desleal. A segunda encontra-se já, melhor formulada, no n.° 4 do art. 305.°. Além da protecção consagrada no art. 312.°, deve ser tida em conta a relativa à responsabilidade civil nos termos dos arts. 483.°, ss., do CCiv. (cfr. o CPI, arts. 305.°, 4, 310.°, 316.°, 338.°-L) e à responsabilidade criminal (art. 325.°).

As denominações de origem e indicações geográficas não registadas também gozam de alguma protecção. Salientemos aqui o disposto na parte final do art. 310.°: tais sinais são protegidos por regras "que forem decretadas contra as falsas

(163) Valem, pois, na interpretação do art. 312.°, 4, as considerações expendidas atrás (n.° 3. 1.) acerca do art. 242.°, 1, *mutatis mutandis*.

indicações de proveniência [v., *v. g.*, o Acordo de Madrid de 14 de Abril de 1891, com várias alterações], independentemente do registo (...)".

De protecção territorialmente alargada gozam as denominações de origem e as indicações de proveniência objecto de registo internacional (na Secretaria da União para a Protecção da Propriedade Industrial), nos termos do citado Acordo de Lisboa de 1958 (cfr. art. 309.º do CPI). Por sua vez, são protegidas em todos os Estados-membros da UE as denominações e indicações que, nos termos do Regulamento 510/2006, sejam registadas pela Comissão. (164)

4. 3. Extinção

O registo é *nulo,* designadamente, quando na sua concessão tenha sido violado o disposto nas als. b), d) e f) do art. 308.º (falta de requisitos essenciais para a qualificação como denominações de origem ou indicações geográficas, deceptividade originária, contrariedade à lei, à ordem pública ou aos bons costumes) — art. 313.º.

É *anulável* quando na sua concessão tenha sido desrespeitado o disposto nas als. a), c), e) e g) do art. 308.º (falta de

(164) Em face do Regulamento de 1992 — relativamente às denominações de origem e indicações geográficas por ele abrangidas — , questionou-se se os sistemas nacionais de protecção haviam sido abolidos e substituídos pelo sistema comunitário. Em sentido afirmativo pronunciava-se a Comissão e (menos categoricamente) o Tribunal de Justiça, assim como a maioria da doutrina (v., com indicações, A. F. RIBEIRO DE ALMEIDA, *Unicidade do sistema comunitário de protecção das denominações de origem e das indicações geográficas,* LRCC, 2000, pp. 9, ss.); parecer contrário foi defendido por autores alemães (Tilmann, Beier, Knaak) — v. R. KNAAK, *Der Schutz geographischer Herkunftsangaben im neuen Markengesetz,* GRUR, 1995, p. 110. Continua preferível aquele entendimento (afirmativo) — v. especialmente o art. 5.º, 6, do Regulamento de 2006 (v. tb. o considerando (11) do preâmbulo deste diploma: "Para beneficiarem de protecção nos Estados-Membros, as indicações geográficas e as denominações de origem deverão ser registadas ao nível comunitário".).

legitimidade do requerente, reprodução ou imitação de denominação de origem ou indicação geográfica anteriormente registadas, infracção de direito de propriedade industrial ou de direito de autor, possibilitação de actos de concorrência desleal) — art. 314.º, 1.

"O registo *caduca*, a requerimento de qualquer interessado, quando a denominação de origem, ou a indicação geográfica, se transformar, segundo os usos leais, antigos e constantes da actividade económica, em simples designação genérica de um sistema de fabrico ou de um tipo determinado de produtos" (art. 315.º, 1). Parece estar aqui consagrada uma concepção primordialmente "objectivista" (165). Contudo, não ficam sujeitos à caducidade por "vulgarização" "os produtos vinícolas, as águas mineromedicinais e os demais produtos cuja denominação geográfica de origem seja objecto de legislação especial de protecção e fiscalização no respectivo país" (art. 315.º, 2; v. tb. o art. 13.º, 2, do Regulamento 510/2006). (166)

5. Recompensas

As recompensas são prémios e títulos de distinção oficiais ou oficialmente reconhecidos (condecorações, medalhas, diplomas, atestados, etc.) concedidos a empresários por mor da bondade dos respectivos estabelecimentos e / ou produtos (cfr. arts. 271.º, 272.º, 273.º, 274.º, c) e d), 276.º, c), do CPI).

As recompensas conferidas aos empresários "constituem *propriedade* sua" (art. 273.º). E deve entender-se que a pro-

(165) Diversamente do estabelecido para as marcas — cfr. *supra,* parte final do n.º 3. 5. 3.

(166) Desenvolvidamente sobre as denominações de origem e as indicações geográficas, v. A. F. RIBEIRO DE ALMEIDA, *Denominação de origem e marca,* Coimbra Editora, Coimbra, 1999.

priedade lhes é reconhecida independentemente do registo das mesmas (cfr., além do art. 273.º, o art. 276.º, c)). Aqui, o registo parece não ser constitutivo; serve antes para, a mais de publicitar a titularidade das recompensas, garantir a veracidade e autenticidade dos títulos de concessão das mesmas (art. 4.º, 3) e possibilitar que na referência ou cópia delas se indique "Recompensa registada" ou «'R. R'», «'RR'» ou «RR» (art. 278.º).

O registo de recompensa é anulável quando se prove que a mesma não foi concedida ao sujeito mencionado no registo, ou quando o título da recompensa for anulado (art. 280.º); caduca quando a concessão da recompensa for revogada ou cancelada (art. 281.º, 1); e o titular pode a ele renunciar nos termos do art. 38.º.

ÍNDICE

Capítulo II
DOS COMERCIANTES

Capítulo III
DAS EMPRESAS

Capítulo IV
DOS SINAIS DISTINTIVOS DE EMPRESAS E DE PRODUTOS